普通高等财经院校会计系列教材

高级财务会计学

Advanced Financial Accounting

陈美华 主编

暨南大学出版社
JINAN UNIVERSITY PRESS

中国·广州

图书在版编目（CIP）数据

高级财务会计学/陈美华主编．—广州：暨南大学出版社，2011.8（2013.1 重印）
（普通高等财经院校会计系列教材）
ISBN 978-7-81135-888-9

Ⅰ.①高…　Ⅱ.①陈…　Ⅲ.①财务会计　Ⅳ.①F234.4

中国版本图书馆 CIP 数据核字(2011)第 114783 号

出版发行：暨南大学出版社

地　址：中国广州暨南大学
电　话：总编室（8620）85221601
营销部（8620）85225284　85228291　85228292（邮购）
传　真：（8620）85221583（办公室）　85223774（营销部）
邮　编：510630
网　址：http：//www.jnupress.com　http：//press.jnu.edu.cn

排　版：广州市天河星辰文化发展部照排中心
印　刷：湛江日报社印刷厂

开　本：787mm×1092mm　1/16
印　张：26.5
字　数：640 千
版　次：2011 年 8 月第 1 版
印　次：2013 年 1 月第 2 次
印　数：2001—4000 册

定　价：49.00 元

前言

在我国现行会计课程体系中，通常将财务会计学区分为初级财务会计学、中级财务会计学和高级财务会计学三个层次。其中，初级财务会计学主要介绍财务会计学的基本概念、基本方法和基本程序，因而又被称为会计学原理或基础会计学。由于该课程成型较早，人们对其内容界定基本不存异议。中级财务会计学与高级财务会计学均以能够充分体现企业相关各方共同要求的企业会计准则为依据而展开，其功能在于帮助学生全面学习各类企业不同业务类型的具体会计处理及报告问题，因此，二者通常又被并称为会计实务，但二者之间如何划分，以及高级财务会计学到底包括哪些内容，到目前为止仍无定论。

本教材依据以下原则确定高级财务会计学的基本内容：首先，高级财务会计学应属财务会计学范畴，因而应以能够充分体现经济主体各利害关系人共同需要的企业会计准则为会计确认、计量和报告的依据，至于主要以服务于内部管理为目的的会计方法或内容，如人力资源会计、内部责任会计及决策支持会计等均不应包含在本课程之中。其次，高级财务会计与中级财务会计均以指导学生全面学习企业会计实务为主要目的，二者在内容上应覆盖企业会计准则规范的全部会计业务，同时，二者之间应有恰当的分工与协作，在内容上既相互配合，又要尽量避免重叠和冗余。有些内容难免同时出现在两门课程之中，但应尽可能从不同的角度加以展开，以避免简单重复。再次，高级财务会计学与中级财务会计学同属财务会计学的基本内容，二者虽然在目标、方法及会计处理依据等方面是一致的，但在内容选择上应体现各自的特色，即中级财务会计学通常讲授一般企业常见会计业务的处理与报告问题，而高级财务会计学则主要讲授一般企业特殊业务或特殊环境下的会计处理与报告问题，以及特殊企业或特殊行业的会计处理与报告问题。最后，中级财务会计学与高级财务会计学的主要目标是帮助学生学习会计实务，因此，对会计实务进行系统总结的会计理论问题不包含在本课程之中。

根据以上原则，本书所确立的高级财务会计学的基本内容主要从以下五个方面共分二十一章加以展开：第一编导论，主要介绍高级财务会计学的历史演变及内容界定；第二编特殊业务会计，主要介绍一般工商服务企业常见会计业务的处理与报告问题；第三编特殊行业会计，主要介绍生物资产、石油天然气开采等特殊行业的会计处理与报告问题；第四编特殊报告会计，主要介绍企业三大报表及其附表之外的特殊会计报告问题；第五编特殊环境会计，主要介绍企业在通货膨胀期间或无法持续经营等特殊环境下的会计处理与报告问题。

本书由陈美华教授担任主编，马玉珍教授和张荣武教授任副主编，各编写人员的具体分工如下：第一章、第六章由陈美华编写；第二章、第三章、第四章、第八章、第九章由白革萍编写；第五章、第二十一章由孙燕东编写；第七章、第十五章、第十六章、第十七章、第十八章、第十九章由马玉珍编写；第十章、第十一章、第十二章、第十三章、第十四章由宇文猷花编写；第二十章由张荣武编写。全书最后由马玉珍教授、张荣武教授负责总体审核。

鉴于本书涉及面较广，相关会计准则对某些具体问题的处理尚不明确，加之编者学识有限，书中难免出现错漏或不当之处，恳请各位读者批评指正。

编　者

2011 年 7 月

目　录

第一编 导论

编头案例

美的集团有限公司创建于1968年，是一家以家电业为主的大型综合性现代化企业集团，旗下控制美的电器、小天鹅A、华凌集团（香港上市）及威灵控股（香港上市）四家上市公司，并拥有制冷家电、日用家电、电机及房地产四大产业集团，是中国最具规模的白色家电生产基地和出口基地之一。与此同时，美的集团还控制或共同控制美的集团财务有限公司、金鹰基金管理有限公司、美的地产发展集团等多个集团公司，产业范围拓展至房产、物流、金融等多个领域。1980年，美的正式进入家电业；1981年开始使用美的品牌。目前，美的集团有员工20万人，旗下拥有美的、小天鹅、威灵、华凌等十余个品牌，在国内建有广东顺德、广州、中山，重庆，安徽合肥、芜湖，湖北武汉、荆州，江苏无锡、淮安、苏州，山西临汾，河北邯郸，江西贵溪等14个生产基地，辐射华南、华东、华中、西南、华北五大区域。在海外建有越南、白俄罗斯、埃及三个生产基地。美的集团拥有中国最大最完整的产业链，包括空调产业链、洗衣机产业链、冰箱产业链、微波炉产业链和洗碗机产业链，拥有中国最大最完整的小家电产品群和厨房家电产品群。2010年，美的集团整体实现销售收入达1 150亿元，其中出口额50.8亿美元。在“2010中国最有价值品牌”的评定中，美的品牌价值达到497.86亿元，名列全国最有价值品牌第六位。2010年2月，在国际知名机构，英国品牌价值咨询公司Brand Finance公布的“全球最有价值500品牌排行榜”中，美的集团作为唯一的中国家电企业入选。2010年9月，在中国企业联合会、中国企业家协会发布的“中国企业500强”中，美的集团列第67位。迅速扩充的企业规模和产业范围，以及层层叠叠、错综复杂的控股关系，使美的集团会计业务的复杂程度远远超出了原来以单一制造业企业为主的会计处理模式。截至2010年，美的集团熟悉各行业及各种业务类型的会计人员达数千人，仅下属控股上市子公司美的电器一家公司的会计人员就多达802人。

第一章　高级财务会计学概论

【学习目标】

通过本章的学习，了解高级财务会计学的产生背景，正确理解高级财务会计学的内涵及外延，熟悉高级财务会计学的基本内容，从理论的高度认识和把握高级财务会计学产生和发展的基本规律，并为后续章节的学习奠定良好的基础。

【知识点】

初级财务会计学、中级财务会计学、高级财务会计学、特殊业务会计、特殊行业会计、特殊财务报告、特殊呈报事项、特殊环境会计。高级财务会计学的产生背景、高级财务会计学的本质特征、高级财务会计学的基本内容。

会计有广义与狭义之分，广义的会计是指对经济主体以货币表现的经济活动进行反映和控制的一种管理活动，具体包括财务、审计及狭义的会计等；狭义的会计，即一般意义上的会计，是针对特定经济主体而建立的一个以提供财务信息为主的经济信息系统。[①] 狭义的会计按照服务对象的不同又可分为财务会计和管理会计两个分支，其中，财务会计以经济主体各相关利害关系人为主要服务对象，因此，又被称为外部会计，其加工、处理会计信息的主要依据是能够充分体现经济主体各相关利害关系人共同需要的会计准则，所提供的会计信息具有完整性、连续性及系统性的特征；管理会计以经济主体管理当局为主要服务对象，因此，又被称为内部会计，其加工会计信息的方法具有针对性和灵活性。

在财务会计体系中，人们通常依据功能、难易程度或业务范围的不同将财务会计学分为初级财务会计学、中级财务会计学和高级财务会计学三个层次。其中，初级财务会计学主要介绍财务会计学的基本概念、基本方法和基本程序；中级财务会计学主要介绍一般行业常见经济业务的会计处理问题；高级财务会计学则主要介绍特殊行业或一般行业特殊业务的会计处理与报告问题。因此，初级财务会计学又常被称为会计学原理或基础会计学，而中级财务会计学与高级财务会计学则被并称为会计实务。近年来，尽管国内外有关高级财务会计学的著作与日俱增，高级财务会计学的研究范围亦渐趋稳定，但对于什么是高级财务会计学，以及高级财务会计学到底包括哪些内容，目前仍无定论。本教材从高级财务会计学的产生背景及其与中级财务会计学的关系方面对其进行理论总结，以期对高级财务会计学研究范围及内容作出恰当的界定。

① 葛家澍．会计学导论［M］．上海：立信会计图书用品社，1988.

第一节　高级财务会计学的产生背景

高级财务会计学的前身是合并财务报表会计、通货膨胀会计及外币交易会计等特殊事项会计。这些特殊事项会计要么基于企业经营环境的剧烈变化而形成，要么顺应企业新型经营业务的出现而产生。大约在20世纪60年代，为适应教学及会计实践的要求，这些特殊事项会计逐步融合成为一门相对独立的学科——高级财务会计学。因此，高级财务会计学的产生与发展是会计环境演变的必然结果，也是财务会计自身发展的客观要求。

一、会计基本假设的突破

会计假设是对系统运行条件和运行环境的一种合理判断或约定。环境是系统的外部制约因素，由于系统的外部制约因素极为复杂且缺乏稳定性，因此，必须采取抽象分析的方法，对其进行概括总结，并剔除其不稳定因素，以创立一个能够保证系统正常运行的外部环境，因此，会计假设是一系列会计方法和程序建立的前提。1964年，美国伊利诺伊州立大学一个研究小组曾发表题为《基本会计假设与原则说明》（*A Statement of Basic Accounting Postulates and Principles*）的研究报告。该报告认为会计假设具有五个特征：①假设在本质上是具有普遍性的，而且是指导其他命题的基础；②假设是不言自明的命题，它们直接与会计职业相关或是其构成的基石；③假设虽是普遍认可有效的，但却是无法证明的；④会计假设应具有内在一致性，它们不会互相冲突；⑤每个会计假设都是独立的基本命题，并不会与其他假设重复或交叉。也就是说，假设所代表的前提虽具有普遍意义，但并不排除意外情况或特殊环境的出现。事实上，只要这些意外情况或特殊环境不是很明显地违背会计系统运行的基本前提，人们可以将其忽略不计，这也正是会计假设提出的原因。然而，当客观经济环境发生剧烈变化，会计基本假设所要求的运行环境或运行条件被严重背离时，建立在这些基本假设基础上的会计方法和程序将不再适用，在这种情况下，必须寻找与特定环境或特定运行条件相适应的会计方法或程序，高级财务会计学的许多重要内容实际上就是在这种特殊背景下产生的。

（一）会计主体假设的突破

会计主体是对会计服务对象的范围所作的限定。典型的会计主体是一个具有独立经济活动的单个经济主体。20世纪初，西方国家逐步由自由竞争走向垄断，市场竞争更加激烈，于是出现了以控股合并为主要形式的第一次企业兼并浪潮。控股合并形成了以控制为联结点的企业集团。为全面了解企业集团财务活动的全貌，便有了编制合并财务报表的需要。第一次世界大战后，在美国经济快速发展的带动下，又产生了第二次企业兼并浪潮，进而“导致了合并报表的广泛应用，从而产生了一些重要思想，包括经济实体的概念，合并产生的商誉等”。[①] 20世纪60年代末，随着科学技术的突飞猛进，新型工业技术如计算机、激光、航天、核能、海洋开发及合成材料等的不断兴起，要求企业拥有巨额资本，继而出现了第

① 龚维敬．企业兼并论［M］．上海：复旦大学出版社，1996.

三次企业兼并浪潮，“本次企业兼并是以混合兼并占主导地位，包括相关联的各类企业，通过兼并，凑合成一个混合体，这个混合体在一个企业主统一指挥、统一管理、统一经营下进行运转”。[①] 以控股关系形成的企业集团的出现，使会计服务的对象不再局限于单个企业，会计主体的概念得以扩展。与此相对应的是，伴随着企业外部对企业经营管理活动关注度的提高，一些原本不属于会计主体的企业内部相对独立的经济单位亦成为对外报告的会计主体，并形成与此相适应的会计组成部分，如总分店会计和分部报告等。

（二）持续经营假设的突破

持续经营是指会计主体将按照既定的经营目标和经营方针持续地经营下去，在可预见的将来不会发生倒闭或清算。一般而言，任何企业都有在未来发生破产清算的可能性，也正是这一原因，才需要通过“假设”为会计方法的建立铺平道路。因此，持续经营假设是一系列会计方法建立的重要前提，离开这一前提，会计确认、计量及报告将失去存在的基础。然而，在激烈的市场竞争中，企业由于经营失败而陷入破产清算，或由于兼并或重组而被迫终止经营的情况时有发生，在企业持续经营的环境遭到破坏的情况下，原有的建立在持续经营条件下的会计方法或程序将失去存在的基础。为此，我国企业会计准则第 30 号《财务报表列报》第二章第四条明确规定：企业应当以持续经营为基础，根据实际发生的交易和事项，按照《企业会计准则——基本准则》和其他各项会计准则的规定进行确认和计量，在此基础上编制财务报表。以持续经营为基础编制财务报表不再合理的，企业应当采用其他基础编制财务报表，并在附注中披露这一事实。也就是说，当持续经营假设不再成立时，必须放弃以此为前提的会计方法或程序，代之以与特定经营条件相适应的会计方法进行确认、计量和报告，由此产生了一些适用于非持续经营基础上的会计处理方法，如破产清算会计、企业合并会计、企业重组会计，以及非持续经营条件下的会计披露事项等。

（三）会计分期假设的突破

会计分期假设，即人为地把持续不断的经营活动分割为首尾相接、间隔相等的期间。之所以要对持续不断的经营活动进行人为分期，是因为企业的经营活动持续不断，此起彼伏，很难按企业经营活动的周期截然分开，只有通过人为分期的方式才能及时或定期反映企业的经营成果和财务状况及现金流量。典型的会计分期包括年度和中期。年度，即以一个完整的会计年度为会计期间；中期，即以一个短于一年的期间为会计期间，具体包括月度、季度或半年度。但在会计实践中，这种分期方法常常由于特殊情况的出现而被打破，如在企业创建时期，企业的会计年度通常为企业经营活动开始日至当年 12 月 31 日；在企业破产清算期间，企业的年度一般为当年年初至法院裁定的破产清算日。当企业会计政策发生变更时，有必要对前期事项按变更后的会计政策进行追溯调整，此时的会计期间实际上已远远超过一个完整的会计年度。对于工程承包业务或农业企业往往要根据其特定的生产周期选择特定的会计期间，由于此类会计期间的选择有其特殊性，其会计处理方法自然不同于常规会计处理方法。

（四）货币计量假设的突破

货币计量假设是指会计计量应采用而且只能采用同质的货币单位作为计量单位。货币

① 龚维敬．企业兼并论［M］．上海：复旦大学出版社，1996.

计量是会计最重要的特征。之所以将会计计量称为假设，是因为货币计量至少蕴涵着以下三层含义：①在多种计量单位并存的情况下，会计计量只能选择货币作为计量单位；②在多种货币单位并存的情况下，会计计量只能选择一种货币作为记账本位币；③在选定的货币单位很难保证同质，即很难保证单位货币购买力相同的情况下，必须假定币值相对稳定，即所谓币值不变，只有这样才能保证货币单位的综合性和可比性。

就货币计量假设的第一层含义而言，这一假定尽管未受到严峻挑战，但会计信息使用者的多元化，要求会计必须提供越来越多的非货币单位信息，或以会计报表附注的形式提供更多的文字信息。就货币计量假设的第二层含义而言，随着国际贸易的迅速发展，资本市场的日益全球化，产生了大量的非记账本位币业务和汇兑业务，与此同时，跨国经营集团合并报表的编制又引发了外币报表折算问题。就会计计量假设的第三个层次而言，20世纪初西方国家发生的持续20多年的通货膨胀，以及60年代发生的持续性通货膨胀，对币值不变假设带来巨大冲击，为此，会计理论界和实务界不断寻找对策，最终形成了通货膨胀会计，而通货膨胀会计思想的出现则直接促进了高级财务会计学的产生。

二、特殊业务的不断涌现

第二次世界大战以后，尤其是1973年美国财务会计准则委员会（FASB）成立以后，财务会计学逐步走向成熟，财务会计学的内容亦渐趋稳定。也正是在这一期间，随着经济全球化步伐的加快，逐渐兴起了一些特殊经营业务，如衍生工具业务、租赁业务及债务重组业务等。这些特殊经营业务在会计处理上有别于企业一般经济业务，且大多属于非常见业务，因此，在学科设置上往往将此类问题归于高级财务会计学。

租赁业务是将资金融通、货物买卖与租赁融为一体的特殊经济业务，是现代企业的一项重要活动，其中的融资租赁业务在表面上或在法律形式上采取了租赁的形式，但其经济实质却是“资金融通”与“货物买卖”的合体。以租赁期满支付象征性买价的设备融资租赁为例，当承租人基于某种特殊需要向出租方提出购买某特定设备的请求时，出租方垫资购买该种设备并出租给承租方使用，这一行为可以认为是一种典型的融资行为；在租赁期间，承租人只有使用权而无所有权，并定期交纳租金，从而使这一行为具备了“租赁”的外观；租赁期满后，承租人只要支付一笔象征性的买价，就可以最终取得该设备的所有权，这一行为实质上又是一种典型的购买行为。因此，融资租赁实际上是资金融通、货物买卖和租赁等行为的合成，这种特殊的经济活动在会计处理上必然与简单交易形式有所不同。

现代企业的经济往来通常是建立在信用基础之上的，在债务人发生财务困难的情况下，债权人往往会通过适当让步与债务人达成给自己带来最小经济损失的方案，即通过债务重组使自己的损失减至最低。由于债务重组所涉及的问题极为复杂，这其中既有债权人的问题，又有债务人的问题；债务重组方式既包括以资产清偿债务、将债务转化为资本、修改其他债务条件，又包括三种方式的多种组合；所涉及的收益或损失既有债务重组本身带来的，又包括其他原因造成的。由于此类业务会同时涉及多个会计问题，若将其分散于财务会计的不同章节之中，会割裂其完整性和逻辑一致性，因此，将其单列于高级财务会计学之中是一种较为妥当的选择。

20世纪80年代以来，世界范围内掀起了金融自由化浪潮，各种金融衍生工具应运而生，并得到快速发展。远期合约、期货合约、期权和互换等衍生工具不断创新，衍生金融工具市场和交易量达到了空前的规模。相对于传统的资产负债项目，金融工具尤其是衍生金融工具的会计处理有其特殊之处，如远期交易方式下的交易双方只是在交易合同中订立了交易的有关条款，而实际交货付款则要在合同约定的交割时间进行，因此，在会计处理上必然与常规的现货交易有所不同，在合约签订、缴纳合约保证金、平仓了结合约，以及实物交割等方面的会计处理及会计报告方面必然有其特殊性。

全球经济一体化步伐的不断加快，使很多企业发生了涉及外国货币的经济活动，如外币交易业务、外币报表折算，以及为规避外汇风险而进行的远期外汇合同套期保值业务等。此类业务在会计处理上具有系统性和复杂性，因而不便在中级财务会计学中予以展开。

三、分行业、分经济成分会计制度的融合

1992年我国企业会计制度改革之前，一直沿用适用于计划经济体制的分行业会计制度。针对新出现的股份制企业及外商投资企业等新型经济体的特点，我国于1992年11月30日首次颁布了各行业、各种经济成分共同遵行的《企业会计准则——基本准则》，但仍分行业、分所有制形式制定了相应的分行业、分经济成分的会计制度。由于这种会计制度忽视了企业会计制度的统一性，在会计科目乃至会计报表格式和编制要求方面都存在较大差异，导致相同或类似的会计事项因所处行业或经济成分不同而有不同的会计处理方法和结果。针对这种情况，我国从1997年开始陆续公布了13项适用于所有企业的不分行业和经济成分的会计准则，并于2000年12月颁布了通用于各行业和各种经济成分的《企业会计制度》。这一制度的颁布，标志着我国过去分行业、分经济成分的会计制度正式退出历史舞台。

不分行业和经济成分的会计制度实行的同时，带来了另外一个问题，即企业的行业性质及业务性质极为繁杂，如果将企业可能面临的所有会计业务统置于同一个会计制度之中，必然使其失去针对性和适用性。同样，在同一本财务会计学教材中，如果将基本业务与特殊业务的会计处理混在一起，或者将一般行业会计业务与特殊行业会计处理混在一起，既不便于教学和学习，也难以保证各章节之间的内在逻辑性。针对这种情况，我国于2006年2月参照国际惯例制定并颁布实施了由1项基本准则和38项具体准则组成的会计准则体系。这一准则体系既考虑到各行业及各种业务会计处理的通用性，又考虑到特种行业或特殊业务的具体要求，同时也为中级财务会计学和高级财务会计学的分设奠定了基础。

四、特殊披露要求的出现

随着市场经济的发展和经济全球化，企业的生产经营规模不断扩大，企业财务关系日趋复杂化。与此同时，随着会计信息使用者的多元化、投资类型的复杂化，会计信息使用者不再满足于由资产负债表、利润表和现金流量表三大主体报表所提供的基础会计信息，而对会计信息质量和种类提出了更高的要求。

经营范围和经营规模的不断扩展，往往使企业成为从事多种产品生产经营或从事多种

业务经营活动的综合经营体，与此同时，经营的地域范围也会逐步扩大，很多企业在境内外设立分公司或子公司。在这种情况下，反映不同业务类型或不同地区经营风险和报酬的信息越来越受到会计信息使用者的重视，分部报告逐渐由内部管理会计报告演变为财务会计报告。

决策类型的增多，以及决策速度的加快，促使投资者、债权人等对公开披露的财务报告信息的相关性和及时性提出了更高的要求。在这种情况下，报告期间较短的中期报告，包括月度报告或季度报告可以使会计报表使用者更加迅速地了解企业的财务活动情况，更快地发现问题并寻找应对措施，并能及时进行业绩评价和管理监督。因此，中期报告成为对外报告的重要内容之一，而中期财务报告的编制在很多方面都有不同于年度财务报告的特殊之处，有待于对其进行专门研究和特别规范。

企业所有权关系的日益复杂化，使企业与企业之间、企业与个人之间通过控制、共同控制、施加重大影响等方式形成的关联方关系日趋多样化和复杂化，这既给企业经营带来了融资方面的便利，也给企业进行盈余管理或利润操纵大开方便之门。为此，担心自身利益受到侵害的会计报表使用者非常关心企业的关联方给企业带来的影响，并迫切要求企业披露关联方，以及企业与关联方交易的情况。

每股收益是投资者决策的一个重要参考指标，在存在稀释潜在普通股或采取增股、送股、配股等特殊股利政策融资策略的情况下，稀释每股收益的计算是投资者关心的一个重要问题，因此，会计信息使用者非常希望了解其计算过程及披露程度等方面的信息。

以上披露要求往往自成体系，且内容相对复杂，因而更适合在高级财务会计学中予以特别介绍。

第二节 高级财务会计学的内涵界定

高级财务会计学虽然从名称上早已为人们所熟知，在内容上也逐步稳定，它与中级财务会计学的分界亦渐趋明朗，但对其内涵的把握仍存争议，为准确把握其本质特征，有必要从以下几方面进行解析。

一、高级财务会计学本质上属财务会计学范畴

高级财务会计学是从财务会计学中分离出来的一个子学科，因而其在本质上应具有财务会计学的基本特征。财务会计学的基本特征可概括为以下五个方面：①以货币为主要计量单位；②会计目标是向会计信息使用者提供对其决策有用的信息；③以复式记账法为基础；④以体现企业相关各方共同利益的企业会计准则为会计确认、计量和报告依据；⑤所提供的信息具有完整性、连续性和系统性。其中，完整性是指财务会计的对象是企业整体的经济活动，而不是局部或部分经济活动；连续性是指会计记录应反映企业发生的每一项经济活动而不能有所遗漏；系统性则是指会计确认、计量和报告方法具有层次性、结构性和统一性。高级财务会计学同时具备了以上五个基本特征，因而在本质上应属财务会计学范畴。

二、高级财务会计学的内容具有特殊性

高级财务会计学与中级财务会计学同属财务会计学的基本内容，二者在目标、方法和会计处理依据等方面是完全一致的，但二者在具体内容上却有所不同。中级财务会计的内容主要是：一般工商服务类企业持续经营前提下常规会计事项的确认、计量和报告，如工业企业供产销业务的会计处理；企业常见资产、负债、收入及费用的确认与计量；资本投入与利润分配的确认与计量；资产负债表、利润表、现金流量表、所有者权益（或股东权益）变动表及会计报表附注等常规会计报告。高级财务会计学的内容则主要包括：①特殊行业或特殊企业的会计处理，如石油天然气企业、农业企业、金融保险企业等；②一般工商服务类企业的特殊业务的会计处理，如租赁业务、债务重组业务、外币业务及衍生金融工具的会计处理业务等；③特殊报告事项，如合并财务报告、分部报告、中期财务报告，以及关联方披露等报告事项；④特殊环境事项，如通货膨胀会计及破产清算会计等。

三、高级财务会计学应与中级财务会计学恰当配合

高级财务会计学与中级财务会计学以及初级财务会计学构成了一个完整的财务会计学学科体系。建立完整的财务会计学学科体系最重要的问题是中级财务会计学与高级财务会计学之间的分工与配合问题。也就是说，高级财务会计学的内容不仅取决于自身特性，还要看同一教材体系中中级财务会计学所包含的内容。二者应该做到各有重点、互不重复、相互配合。高级财务会计学与中级财务会计学同受企业会计准则的约束，因此，企业会计准则所规范的内容除在中级财务会计学中讲授的外，都应是高级财务会计学的内容。当然，二者在内容上有所交叉或重复在所难免，区别只是二者所强调的重点或讲述的详细程度不同而已。从目前的情况来看，我国企业会计准则仍在不断地发展和完善之中，许多内容尚未进行具体规范，如非持续经营条件下的会计处理、通货膨胀条件下的会计处理等，这些内容虽然暂未受到企业会计准则规范，但从世界范围或从我国企业会计的未来发展来看，由企业会计准则对其进行规范乃大势所趋，因此将其包括于高级财务会计学完全在情理之中。

第三节　高级财务会计学的内容框架

高级财务会计学是高等院校会计学专业的主干课程，其内容目前已成为会计师、高级会计师及注册会计师等高层次会计人员的必备专业知识，但从目前的情况来看，国内外各高校会计专业所开设的高级财务会计学或高级会计学的内容各不相同。随着我国新企业会计准则体系的颁布，高级财务会计学的内容选择不仅面临着横向比较的问题，还面临着内容更新的问题。

一、国内外同类教材比较

为全面了解国内外同类教材的内容选择情况，本教材选取了国内有一定影响的高级财

务会计学、高级财务会计或高级会计学进行比较。所选择的教材包括：①阎达武等主编的《高级会计学》，中国人民大学出版社 2007 年 8 月出版；②中国注册会计师教育教材编审委员会主编的《高级财务会计学》，东北财经大学出版社 2003 年 8 月出版；③葛敬东主编的《高级财务会计学》，中山大学出版社 2003 年 6 月出版；④汤云为主编的《高级财务会计》，上海三联书店 1995 年 6 月出版；⑤张劲松等主编的《高级财务会计》，科学出版社 2008 年 7 月出版；⑥刘永泽等主编的《高级财务会计》，东北财经大学出版社 2007 年 2 月出版；⑦王华主编的《高级财务会计》，东北财经大学出版社 2001 年 11 月出版；⑧杜兴强主编的《高级财务会计》，厦门大学出版社 2007 年 8 月出版；⑨储一昀主编的《高级财务会计》，复旦大学出版社 2006 年 8 月出版；⑩万宇洵主编的《高级财务会计学》，西南财经大学出版社 2003 年 8 月出版；⑪梁莱歆主编的《高级财务会计》，清华大学出版社 2007 年 7 月出版；⑫李现宗等主编的《高级财务会计学》，首都经济贸易大学出版社 2005 年 9 月出版；⑬［美］兰森主编的《现代高级会计》，立信会计出版社 2007 年 1 月出版；⑭帕勒著，杨有红等译的《高级会计学》，中国人民大学出版社 2006 年 1 月出版；⑮比姆斯著，陈宋生、杜美杰改编的《高级会计学》，中国人民大学出版社 2007 年 4 月出版；⑯汤湘希主编的《高级财务会计》，经济科学出版社 2008 年 1 月出版。以上教材所涉及的内容如表 1－1 所示。

表 1－1 高级财务会计学内容比较分析

序号	所选内容名称	涉及教材数量	备注
1	绪论或导论	1	
2	会计职业道德	1	
3	权益理论	1	
4	企业合并会计	16	包括分立或合并为一章的教材
5	合并财务报告	16	
6	外币交易会计	16	包括分立或合并为一章的教材
7	外币报表折算	16	
8	中期财务报告	9	包括分立或合并为一章的教材
9	分部报告（含增值表及分片报表）	10	
10	金融工具会计（期货及期货交易）	13	含套期保值
11	分支机构会计（含总分店会计）	12	包括分立或合并为一章的教材
12	合伙企业会计	10	
13	租赁	12	
14	债务重组	4	
15	养老金会计（含企业年金基金）	9	
16	或有事项	1	
17	破产清算会计（含清算与企业重组）	15	

（续上表）

序号	所选内容名称	涉及教材数量	备注
18	物价变动会计	13	
19	所得税会计	5	
20	人力资源会计	1	
21	资产减值	1	
22	生物资产	3	
23	矿产资源会计（含石油天然气会计）	3	
24	投资性房地产	8	
25	保险合同	3	
26	非货币性资产交换	2	
27	上市公司信息披露（含会计报表附注）	5	
28	遗产与信托	1	
29	政府与非营利组织会计	3	
30	权益变动会计（独资、公司会计）	3	
31	电子商务会计	1	
32	实证会计	1	

从表1-1可以看出，尽管高级财务会计学所涉及的内容互有差别，但内容却相对集中，这为高级财务会计学的内容选择提供了充分的依据。

二、高级财务会计学的内容选择

根据前述高级财务会计学的定义及特征，高级财务会计学的内容选择应遵循以下原则：

（一）内容选择应严格限制在财务会计学的范围之内

高级财务会计学不同于高级会计学。高级财务会计学有两个重要的特征，即以服务于外部各界的共同需要为基本目标；以企业会计准则为会计处理的基本依据。凡不符合这两条标准的内容均不应包括在高级财务会计学的范围之内，如会计职业道德、人力资源会计、政府及非营利组织会计等。其中，会计职业道德不同于企业会计准则。会计职业道德是从事会计工作的人员应遵循的行为规范，而企业会计准则是会计确认、计量和报告应遵循的业务规范，尽管会计职业道德规范对提高对外报告质量大有益处，但在性质上并不属于财务会计的基本内容；人力资源会计以人力资源所带来的收益和费用为主要核算对象，目前主要是为企业内部管理提供服务，尚未受企业会计准则的约束，因而属于管理会计的内容；政府及非营利组织会计尽管在基本概念、基本原则和基本方法方面与财务会计无异，如政府及非营利组织会计也使用复式记账法，在会计确认、计量、报告中遵循的基本原则，以及财务报告的方式与企业会计亦基本一致，但由于其不受企业会计准则的约束，

第二编 特殊业务会计

编头案例

广东华龙集团股份有限公司（以下简称“ST 华龙”）于 2000 年 12 月在上海证券交易所上市。自上市起，该公司负面新闻不断，2004 年和 2005 年连续两个会计年度亏损。根据上海证券交易所的有关规定，ST 华龙股票自 2006 年 5 月 9 日起实行退市风险警示的特别处理，股票简称相应变更为：“＊ST 华龙”。由于公司 2006 年继续亏损，公司股票自 2007 年 5 月 25 日起暂停上市交易。但在 2007 年和 2008 年，该公司却完成了一次神奇的蜕变，2007 年度公司实现净利润 720.32 万元，并于 2008 年 5 月 8 日向上海证券交易所提交了股票恢复上市申请。2008 年确定的每股收益高达 1.09 元，成为备受关注的复牌 ST 股。2009 年首个交易日，ST 华龙在停牌 1 年半后再度“复出”，公司股票于 2009 年 1 月 5 日起在上海证券交易所恢复上市交易。恢复上市首日的股票简称为“NST＊华龙”，以后公司的股票简称为“ST 华龙”。据了解，该公司于 2007 年实现盈利的主要原因是其与重庆新渝巨鹰实业发展有限公司等五家债权人签订《债务重组协议》，豁免公司债务 3 040.86 万元。通过债务重组，该公司实现营业外收入 3 040.86 万元。2007 年该公司通过资产拍卖获得收益 803.58 万元，获得农业部渔用柴油补贴收入 720.20 万元。2008 年该公司再度确认债务重组损益 29 460.70 万元。据财务报表显示，ST 华龙 2004—2008 年净利润分别为：－12 965.31 万元、－52 900.83 万元、－11 330.38 万元、720.32 万元和 19 436.71 万元；扣除非经常性损益后每年净利润分别为：－12 663.82 万元、－34 208.25 万元、－11 010.22 万元、－3 646.42 万元、－12 727.28 万元。可以说，ST 华龙在 2004—2008 年的五个年度中，企业经营没有任何起色，之所以没有退市则仅仅是因为获得了数目可观的非经常性损益。也就是说，如果不进行债务重组，该公司将不可避免地面临退市的命运。

第二章　外币折算会计

【学习目标】

通过本章的学习，理解外币业务的基本概念，掌握外币统账制和外币分账制会计处理方法；理解外币财务报表折算的基本含义，了解四种基本外币财务报表折算方法，掌握我国外币财务报表的折算方法；能熟练运用本章所学知识对外币交易业务与外币财务报表折算业务进行正确的会计处理。

【知识点】

记账本位币、外币业务、折算汇率、即期汇率、汇兑损益、交易损益、兑换损益、调整损益、折算损益、外币报表折算、现行汇率法、流动与非流动项目法、货币与非货币项目法、时态法。

第一节　外币折算概述

在经济日益全球化的趋势下，资本的跨国流动和国际贸易不断扩大。一方面，外币资本参股内资银行，外资企业在我国内地开办外商独资、合资企业，向内资企业或国内市场不断注入外币资本；另一方面，内资企业与国际市场之间的业务往来不断增加，逐步向国际市场拓展业务，参与国际资本市场竞争的程度和规模呈增长趋势，正在由资本输入向资本输出转变，在这种情况下，企业经常会涉及外币折算业务。

为了反映企业或企业集团的经营业绩和财务状况，需要将不同货币计量的资产、负债、收入、费用等折算为一种货币反映，或将以其他货币反映的子公司、联营企业、合营企业和分支机构的经营业绩和财务状况折算为企业记账本位币反映。企业选定的用于反映企业经营业绩和财务状况的货币即记账本位币，记账本位币以外的货币称外币，以外币计价或者结算的交易称外币交易，以外币反映的财务报表称为外币财务报表，将外币交易或外币财务报表折算为记账本位币反映的过程即外币折算。

本章着重讲解记账本位币的确定、外币交易的会计处理和外币财务报表的折算问题。

一、记账本位币的确定

（一）境内企业记账本位币的确定

记账本位币是指企业经营所处的主要经济环境中的货币。通常这一货币是企业主要收、支现金的经济环境中的货币。我国企业一般以人民币作为记账本位币，业务收支以人民币以外的货币为主的企业，可以选定其中一种货币作为记账本位币。

列报货币是指企业编制财务报表时所采用的货币。我国《会计法》规定，业务收支以人民币以外的货币为主的单位，可以选定其中一种货币作为记账本位币，但是编报的财务报告应当折算为人民币。同一企业的记账本位币与列报货币可能一致，也可能不一致，记账本位币可以是人民币以外的货币，但我国企业对外编报的财务报表只能是人民币。

我国外币折算准则中规定了确定记账本位币需要考虑的因素。企业确定记账本位币，应当考虑下列因素：

一是该货币主要影响商品和劳务销售价格，通常以该货币进行商品和劳务销售价格的计价和结算。如国内甲公司为从事贸易的企业，90%以上的销售收入以人民币计价和结算。人民币是主要影响甲公司商品和劳务销售价格的货币。

二是该货币主要影响商品和劳务所需人工、材料和其他费用，通常以该货币进行上述费用的计价和结算。如国内乙公司为工业企业，所需机器设备、厂房、人工及原材料等在国内采购，以人民币计价和结算。人民币是主要影响商品和劳务所需人工、材料和其他费用的货币。

三是融资活动获得的资金以及保存从经营活动中收取款项时所使用的货币。在有些情况下，企业根据收支情况难以确定记账本位币，需要在收支基础上结合融资活动获得的资金或保存从经营活动中收取款项时所使用的货币，进行综合分析后作出判断。

【例2－1】国内ABC外商投资企业，该企业超过80%的营业收入来自向各国的出口，其商品销售价格一般以美元结算，主要受美元的影响，因此，从影响商品和劳务销售价格的角度看，ABC企业应选择美元作为记账本位币。

如果ABC企业除厂房设施、25%的人工成本在国内以人民币采购外，生产所需原材料、机器设备及75%以上的人工成本都来自美国投资者以美元在国际市场的采购，则可进一步确定ABC企业的记账本位币是美元。

如果ABC企业的人工成本、原材料及相应的厂房设施、机器设备等95%以上在国内采购并以人民币计价，则难以确定ABC企业的记账本位币，需要考虑第三项因素。如果ABC企业取得的美元营业收入在汇回国内时可随时换成人民币存款，且ABC企业对所有以美元结算的资金往来的外币风险都进行了套期保值，则ABC企业应当选定人民币为其记账本位币。

在确定企业的记账本位币时，上述因素的重要程度因企业的具体情况不同而不同，需要企业管理当局根据实际情况进行判断。一般情况下，综合考虑前两项即可确定企业的记账本位币，第三项为参考因素，视其对企业收支现金的影响程度而定。在综合考虑前两项因素仍不能确定企业记账本位币的情况下，第三项因素对企业记账本位币的确定起重要作用。

需要强调的是，企业管理当局根据实际情况确定的记账本位币只有一种，该货币一经确定，不得改变，除非与确定记账本位币相关的企业经营所处的主要经济环境发生重大变化。

（二）境外经营记账本位币的确定

境外经营有两方面的含义：一是指企业在境外的子公司、合营企业、联营企业、分支机构；二是当企业在境内的子公司、合营企业、联营企业或者分支机构选定的记账本位币不同于企业的记账本位币时，也应当视同境外经营。确定境外经营，不是以位置是否在境外为判定标准，而是要看其选定的记账本位币是否与企业的记账本位币相同。

企业选定境外经营的记账本位币，除考虑前述因素外，还应考虑下列因素：

一是境外经营对其所从事的活动是否拥有很强的自主性。如果境外经营所从事的活动视同企业经营活动的延伸，该境外经营应当选择与企业记账本位币相同的货币作为记账本位币，如果境外经营所从事的活动拥有极大的自主性，境外经营不能选择与企业记账本位币相同的货币作为记账本位币。

二是境外经营活动中与企业的交易是否在境外经营活动中占有较大比重。如果境外经营与企业的交易在境外经营活动中所占的比例较高，境外经营应当选择与企业记账本位币相同的货币作为记账本位币；反之，应选择其他货币。

三是境外经营活动产生的现金流量是否直接影响企业的现金流量、是否可以随时汇回。如果境外经营活动产生的现金流量直接影响企业的现金流量，并可随时汇回，境外经营应当选择与企业记账本位币相同的货币作为记账本位币；反之，应选择其他货币。

四是境外经营活动产生的现金流量是否足以偿还其现有债务和可预期的债务。如果境外经营活动产生的现金流量在企业不提供资金的情况下，难以偿还其现有债务和正常情况下可预期的债务，境外经营应当选择与企业记账本位币相同的货币作为记账本位币；反之，应选择其他货币。

综上所述，企业确定本企业记账本位币或其境外经营记账本位币时，在多种因素混合在一起记账本位币不明显的情况下，应当优先考虑（一）中的一、二项因素，然后考虑融资活动获得的货币、保存从经营活动中收取款项时所使用的货币，以及（二）中的因素，以确定记账本位币。

【例2－2】国内ABC公司以人民币作为记账本位币，该公司在欧盟国家设有一家子公司C公司，C公司在欧洲的经营活动拥有完全的自主权：自主决定其经营政策、销售方式、进货来源等。ABC公司与C公司除投资与被投资关系外，基本不发生业务往来。C公司的产品主要在欧洲市场销售，其一切费用开支等均由C公司在当地自行解决。

由于C公司主要收、支现金的环境在欧洲，且C公司对其自身经营活动拥有很强的自主性，C公司与ABC公司之间除投资与被投资关系外，基本无其他业务，因此，C公司应当选择欧元作为其记账本位币。

二、记账本位币的变更

企业选择的记账本位币一经确定，不得改变，除非与确定记账本位币相关的企业经营所处的主要经济环境发生了重大变化。主要经济环境发生重大变化，通常是指企业主要收入和支出现金的环境发生重大变化，使用该环境中的货币最能反映企业主要交易业务的经济结果。

企业因经营所处的主要经济环境发生重大变化，确需变更记账本位币的，应当采用变更当日的即期汇率将所有项目折算为变更后的记账本位币，折算后的金额作为以新的记账本位币计量的历史成本，由于采用同一即期汇率进行折算，不会产生汇兑差额。企业需要提供确凿的证据证明企业经营所处的主要经济环境确实发生了重大变化，并应当在附注中披露变更的理由。

企业记账本位币发生变更的，在按照变更当日的即期汇率将所有项目折算为变更后的记账本位币时，其比较财务报表应当以可比当日的即期汇率折算所有资产负债表和利润表项目。

三、外币业务及类型

外币是指企业记账本位币以外的货币。外币业务包括外币交易和外币报表折算。外币交易是指以外币计价或者结算的交易。当企业采用本国货币作为记账本位币时，外币指的就是外国货币；当企业采用某种外国货币作为记账本位币时，外币还包括本国货币在内。例如，我国某企业使用美元作为记账本位币，那么对该企业而言，除美元之外的货币，包括人民币在内，从会计上讲均是外币。因此，外币交易也可以解释为以非记账本位币计量的交易。外币折算业务，即将以某种外币表述的财务报表折算为以另一种货币表述的财务报表。

外币折算准则规范的外币交易包括：

（1）买入或者卖出以外币计价的商品或者劳务。

（2）借入或者借出外币资金。

（3）其他以外币计价或者结算的交易。

买入或者卖出以外币计价的商品或者劳务，通常情况下指以外币买卖商品，或者以外币结算劳务合同。这里所说的商品，可以是有实物形态的存货、固定资产等，也可以是无实物形态的无形资产、债权或股权等。

【例2-3】以人民币为记账本位币的国内ABC公司向国外C公司出口商品，以美元结算货款；再如，ABC公司购买境内某公司发行的B股股票，或者购买海外某公司发行的欧元债券等，上述交易均属于ABC公司的外币交易。

企业与银行发生货币兑换业务，包括与银行进行结汇或售汇，都属于外币交易。

借入或者借出外币资金，指企业向银行或非银行金融机构借入以记账本位币以外的货币表示的资金，或者银行或非银行金融机构向人民银行、其他银行或非银行金融机构借贷以记账本位币以外的货币表示的资金，以及发行以外币计价或结算的债券等。

其他以外币计价或者结算的交易，指以记账本位币以外的货币计价或结算的其他交易，如接受外币现金捐赠等。

四、外汇汇率

汇率，又称汇价，是以一国货币表示另一国货币的价格，亦即将一国货币换算成另一国货币的比率。

（一）汇率的标价方法

汇率的标价，是以外国货币表示本国货币的价格或以本国货币表示外国货币的价格，可以用以下两种方式表述：

1. 直接标价法

直接标价法，是以一定单位的外币为标准折合成一定数额的本国货币。直接标价法的特点是：外币数固定不变，本国货币数随汇率高低发生变化，本国货币币值大小与汇率的高低呈反比。目前，世界上大多数国家汇率的标记采用直接标价法，我国也采用这一方法。

2. 间接标价法

间接标价法是以一定单位的本国货币为标准折合成一定数额的外国货币。间接标价法的特点是：本国货币数额固定不变，外币数额随汇率高低发生变化，本国货币币值的大小与汇率的高低呈正比。通常英国、美国采用间接标价方法，但美国对英国采用直接标价法。

（二）汇率的种类

汇率根据不同的要求，具有不同的分类，现介绍几种主要的分类：

1. 固定汇率和浮动汇率

（1）固定汇率是指两个国家的货币比价基本固定，汇率只能在一定波动幅度内波动，当汇率下跌到下限或上升到上限时政府有义务进行干预，以便汇率回到规定的波动幅度内。金本位制度和布雷顿森林体系下通行的汇率制度即固定汇率。

（2）浮动汇率是指一国货币对外国货币的汇率随着外汇市场上的供求状况自由涨落，各国政府或其货币当局原则上无义务进行干预。这是布雷顿森林体系垮台后西方国家普遍实行的汇率制度。

2. 即期汇率和远期汇率

（1）即期汇率，也称现汇率，是交易双方达成外汇买卖协议后，在两个工作日以内办理交割的汇率。这一汇率一般就是现时外汇市场的汇率水平。即期汇率是由当场交货时货币的供求关系情况决定的。在外汇市场上挂牌的汇率，除特别标明远期汇率以外，一般指即期汇率。即期汇率通常指中国人民银行公布的当日人民币外汇牌价的中间价。

（2）远期汇率，是属于预定的外汇买卖，按事先约定的将在未来一定时日，据以交割的外汇汇率。远期汇率的表示方法有两种：一是直接标明远期外汇的实际汇率；二是用升水、贴水和平价间接标明的远期汇率。升水，表示远期外汇价格高于即期外汇价格；贴水，表示远期外汇价格低于即期外汇价格；平价，表示远期外汇价格等于即期外汇价格。

在直接标价法，远期汇率可按以下方法计算：

升水时：远期汇率＝即期汇率＋升水数字

贴水时：远期汇率＝即期汇率－贴水数字

在间接标价法，远期汇率要按以下方法计算：

升水时：远期汇率＝即期汇率－升水数字

贴水时：远期汇率＝即期汇率＋贴水数字

3. 记账汇率和账面汇率

（1）记账汇率亦称现行汇率，是指企业发生外币经济业务进行会计账务处理所采用的汇率。这一汇率可以是会计记账当时的市场汇率，也可以把当月 1 日的市场汇率作为当期的记账汇率。由企业根据实行情况自行选定。由于汇率经常变动，为了减少会计核算工作量，更多地采用当月 1 日的汇率作为当日的记账汇率。记账汇率一般采用中间价，也可采用银行买入价，由企业自行选定。

（2）账面汇率也称历史汇率，是指企业以往外币业务发生时所采用的已经登记入账的汇率，即过去的记账汇率。会计账面上已经入账的所有外币业务的汇率都是账面汇率。

4. 即期汇率和即期汇率的近似汇率

无论是在交易日对外币交易进行初始确认时，还是在资产负债表日对外币交易余额进行处理，抑或对外币财务报表进行折算时，均涉及折算汇率的选择。外币折算准则规定了两种折算汇率：即期汇率和即期汇率的近似汇率。

（1）即期汇率，一般指当日中国人民银行公布的人民币汇率的中间价。

通常情况下，人民币汇率以直接汇率表示，在银行的汇率有三种表示方式：买入价、卖出价和中间价。无论买入价还是卖出价，均是立即交付的结算价格，也就是即期汇率。即期汇率是相对于远期汇率而言的，远期汇率是在未来某一日交付时的结算价格。企业发生单纯的货币兑换交易或涉及货币兑换的交易时，仅用中间价不能反映货币买卖的损益，需要用买入价或卖出价折算。

（2）即期汇率的近似汇率，是“按照系统合理的方法确定的、与交易发生日即期汇率近似的汇率”，通常指当期平均汇率或加权平均汇率等。当汇率变动不大时，为简化核算，企业在外币交易日或对外币报表的某些项目进行折算时也可以选择即期汇率的近似汇率折算。

【例2-4】以人民币兑美元的周平均汇率为例，假定人民币兑美元每天的即期汇率为：周一 7.80，周二 7.90，周三 8.10，周四 8.20，周五 8.15，周平均汇率为 8.03 [（7.80+7.90+8.10+8.20+8.15）÷5]。月平均汇率的计算方法与周平均汇率的计算方法相同。月加权平均汇率需要采用当月外币交易的外币金额作为权重进行计算。

无论是采用平均汇率还是加权平均汇率，或者是用其他方法确定的即期汇率的近似汇率，该方法应在前后各期保持一致。如果汇率波动使得采用即期汇率的近似汇率折算不适当时，应当采用交易发生日的即期汇率折算。至于何时不适当，需要企业根据汇率变动情况及计算即期汇率的近似汇率的方法等进行判断。

五、汇兑损益

（一）汇兑损益的概念

汇兑损益是指企业发生的外币业务在折合为记账本位币时，由于业务发生的时间不同，所采用的汇率不同而产生的记账本位币的差额，或者是不同货币兑换，由于两种货币采用的汇率不同而产生的折合为记账本位币的差额，它给企业带来收益或者损失，对此又称“汇兑差额”。

（二）汇兑损益的种类

1. 按业务归属划分

外币业务汇兑损益根据其业务划分，一般可分为四种经常性汇兑损益：

（1）交易损益，是指在发生以外币计价或结算的商品交易中，因收回或偿付债权债务而发生的交易汇兑损益。

（2）兑换损益，是指在发生外币与记账本位币，或一种外币与另一种外币进行兑换时产生的兑换汇兑损益。

(3) 调整损益，是指在会计期末将所有外币债权、债务和外币货币资金账户按规定的汇率进行调整时而产生的汇兑损益。

(4) 折算损益，是指在会计期末，为了编制合并财务报表或为了重新表述会计记录和财务报表金额，而把外币计量单位金额转化为记账本位币计量单位金额的过程中产生的折算汇兑损益。

2. 按本期实现与否划分

汇兑损益按其是否已经在本期实现，可分为以下两种：

(1) 已实现汇兑损益，是指产生汇兑损益的外币业务在本期内已经全部完成所产生的汇兑损益。例如，收到的外币存款在实际支付时，应收的外币债权在实际收回时，应付的外币债务在实际偿还时，不同货币在实际兑换时所产生的汇兑损益。一般而言，交易损益和兑换损益属于已实现汇兑损益。

(2) 未实现汇兑损益，是指产生汇兑损益的外币业务尚未完成。例如，收到的外币存款尚未实际支付，应收的外币债权尚未实际收回，应付的外币债务尚未实际偿还，一种货币尚未兑换为另一种货币。一般而言，调整损益和折损损益属于未实现的汇兑损益。

另外，对于交易损益还可以将其划分为已结算交易损益和未结算交易损益两种。已结算交易损益是在记录原始交易日与记录结算日所应用的汇率不同而产生的汇兑损益；未结算交易损益是在原始交易日与结算日跨越了两个会计期间的情况下，为了满足在会计期末编制财务报表的需要，对于尚未结算的债权债务按照编表日的汇率加以表述，我们将这种在交易结算日之前为编制报表所产生的损益，称作未结算交易损益。

(三) 汇兑损益的确认

由于汇兑损益一般情况下要作为财务费用计入期间费用，因而汇兑损益的确认问题直接影响企业损益的计算和企业纳税。对于汇兑损益的确认，存在着两种不同的观点：

(1) 第一种观点认为，要划分已实现汇兑损益和未实现汇兑损益。这种观点认为本期汇兑损益的确认，应以实现为准，即只有已实现的汇兑损益才能作为本期的汇兑损益登记入账。未实现的汇兑损益不能确认入账，待以后实现时才能予以确认。按照这种观点，除已实现的汇兑损益可以人账外，不管外部实际汇率发生多大变化，对于企业外币性资产和负债项目，一般不能因汇率变动而调整其账面的记账本位币金额。即使调整也应区分已实现汇兑损益和未实现汇兑损益，对于未实现汇兑损益要递延到以后会计期间，待实际业务发生或已结算完成后，再计入该期损益。

(2) 第二种观点认为，不必划分已实现汇兑损益和未实现汇兑损益。这种观点主张将本期已实现和未实现汇兑损益全部计入当期损益，即只要汇率发生变动，就应确认其汇兑损益已实现。因此，期末对于各项外币货币性项目均应按照规定的汇率作为折算汇率，重新调整所有外币账户的余额。产生的汇兑损益不论是否在本期内已经实现，全部计入当期损益。这种观点在运用中又可以分为两种做法：一种是每年调整一次，即在年末根据规定的汇率调整外币账户；另一种是每月调整一次，即在月末根据规定的汇率调整外币账户。

目前，在我国会计实务中，对于外币报表调整损益大多数企业采用的是第二种观点，而对于外币报表折算损益则先作递延处理，待处置境外经营时再计入当期损益。

(四) 汇兑损益的处理

我国企业会计准则规定，对汇兑损益应按照下列规定进行处理：

（1）外币货币性项目，采用资产负债表日即期汇率折算。因资产负债表日即期汇率与初始确认或者前一资产负债表日即期汇率不同而产生的汇兑损益，计入当期损益。

（2）以历史成本计量的外币非货币性项目，仍采用交易发生日即期汇率折算，不改变其记账本位币金额，由于已在交易发生日按当日即期汇率折算，资产负债表日不应改变其原记账本位币金额，不产生汇兑损益。

（3）以公允价值计量的外币非货币性项目，如交易性金融资产，采用公允价值确定日的即期汇率折算，折算后的记账本位币金额与原记账本位币金额的差额作为公允价值变动（含汇率变动）处理，计入当期损益。

（4）企业收到投资者以外币投入的资本，应当采用交易发生日即期汇率折算。不得采用合同约定汇率和即期汇率的近似汇率折算，外币投入资本与相应的货币性项目的记账本位币金额之间不产生外币资本折算差额。

（5）企业编制合并财务报表涉及境外经营的，如有实质上构成对外经营净投资的外币货币性项目，因汇率变动而产生的汇兑损益，应列在所有者权益“外币报表折算差额”项目；处置境外经营时，计入处置当期损益。

第二节　外币交易的会计处理

一、外币交易会计处理的基本方法

外币商品购销交易中，如果货物的交易和款项的结算没有同时进行，相应的会计处理方法取决于企业在记录外币交易业务时所选择的观点，即单一交易观点和两项交易观点。

（一）单一交易观点

单一交易观点，亦称一笔业务观点，是指企业将发生的外币购货或销货业务，以及以后的账款结算均分别视为一笔交易的两个阶段，外币业务按记账本位币反映的购货成本或销售收入，最终取决于它们结算日的汇率。因此，年终不确定未实现的汇兑损益。

这种方法的要点是：

（1）在交易发生日，按当日汇率将交易发生的外币金额折合为记账本位币入账。

（2）在资产负债表日，如果交易尚未结算，应按资产负债表日规定的汇率将交易发生额折算为记账本位币金额，并对有关外币资产、负债、收入、成本账户进行调整。

（3）在交易结算日，应按结算日汇率将交易发生额折算为记账本位币金额，并对有关外币资产、负债、收入、成本账户进行调整。

【例2－5】2008年12月1日，ABC公司向美国出口商购进商品一批，货已运到，计价10 000美元，约定于2009年1月31日付款，ABC公司记账本位币为人民币。

（1）交易发生日，12月1日，汇率为1美元＝8.70元人民币，编制会计分录如下：

借：库存商品　　87 000

　贷：应付账款——美元　　（$ 10 000×8.70）87 000

（2）报表编制日，12月31日，汇率为1美元＝8.85元人民币，由于汇率变动，使购货成本和应付账款增加 1 500 元人民币［ $ 10 000 × （8.85 － 8.70）］，应据以调整购货成本和应付账款，编制会计分录如下：

借：库存商品　　1 500

　贷：应付账款——美元　　1 500

(3) 交易结算日，1 月 31 日，汇率为 1 美元 = 8.90 元人民币，按结算日汇率，购货成本和应付账款 89 000 元人民币，与报表编制日相比增加金额为 500 元人民币（89 000 － 88 500），应据此调整购货成本和应付账款，编制会计分录如下：

借：库存商品　　500

　贷：应付账款——美元　　500

按当日汇率结清前欠款，编制会计分录如下：

借：应付账款——美元　　（ $ 10 000 × 8.90）89 000

　贷：银行存款——美元　　89 000

由以上分录可见，在单一交易观点下，外币交易损益作为存货成本调整处理。

（二）两项交易观点

两项交易观点，亦称两笔业务交易观点，是指企业发生的购货或者销货业务，将交易的发生以及以后的账款结算视为两笔交易，外币业务按记账本位币反映的采购成本或者销售收入，取决于交易日的汇率。

在两项交易观点下，在结算日前的汇兑损益有两种处理方法：第一种方法是作为已实现的损益，列入当期利润表；第二种方法是作为未实现损益作递延处理，列入资产负债表，待到结算日再作为已实现的汇兑损益入账。

1. 将汇兑损益作为已实现损益处理

【例 2 － 6】现仍按【例 2 － 5】说明两项交易观点的会计处理：

(1) 交易发生日，按当日汇率入账，编制会计分录如下：

借：库存商品　　87 000

　贷：应付账款——美元　　（ $ 10 000 × 8.70）87 000

(2) 报表编制日，按当日汇率调整应付外汇账款，差额 1 500 元人民币计入当期汇兑损益。编制会计分录如下：

借：财务费用——汇兑差额　　1 500

　贷：应付账款——美元　　1 500

(3) 交易结算日，按当日汇率调整应付账款，差额 500 元人民币计入当期汇兑损益。编制会计分录如下：

借：财务费用——汇兑差额　　500

　贷：应付账款——美元　　500

按当日汇率支付货款，编制会计分录如下：

借：应付账款——美元　　（ $ 10 000 × 8.90）89 000

　贷：银行存款——美元　　（ $ 10 000 × 8.90）89 000

2. 将汇兑损益作递延处理

(1) 交易发生日，按当日汇率入账，编制会计分录如下：

借：库存商品　　　　　　　　　　　　　　　　　　　　　87 000

　贷：应付账款——美元　　　　　　　　（＄10 000×8.70）87 000

（2）报表编制日，按当日汇率调整应付外汇账款，差额1 500元人民币予以递延。编制会计分录如下：

借：递延汇兑损益　　　　　　　　　　　　　　　　　　1 500

　贷：应付账款——美元　　　　　　　　　　　　　　　　1 500

（3）交易结算日，按当日汇率调整应付账款，差额500元人民币予以递延。编制会计分录如下：

借：递延汇兑损益　　　　　　　　　　　　　　　　　　500

　贷：应付账款——美元　　　　　　　　　　　　　　　　500

按当日汇率支付货款，编制会计分录如下：

借：应付账款——美元　　　　　　　（＄10 000×8.90）89 000

　贷：银行存款——美元　　　　　　　　（＄10 000×8.90）89 000

同时，将递延汇兑损益转作当期损失：

借：财务费用——汇兑差额　　　　　　　　　　　　　　2 000

　贷：递延汇兑损益　　　　　　　　　　　　　　　　　2 000

由上述分录可见，两项交易观点将汇率变动的影响确认为汇兑损益是比较合理的。因此，两项交易观点已为大多数国家的会计准则所采用。《国际会计准则第21号——汇率变动的影响》（IAS 21）规定，原则上采用两项交易观点的第一种方法，但也未完全否定第二种方法。我国基本上采用两项交易观点的第一种方法。

二、外币业务的记账方法

外币交易的记账方法有外币统账制和外币分账制两种。

（一）外币统账制

外币统账制是指企业在发生外币交易时，即折算为记账本位币入账。采用外币统账制进行外币核算，将外币折算为记账本位币时，有当日汇率法和期初汇率法两种方法可供选择。采用当日汇率法，需要了解每日的市场汇率信息，增加了会计工作量，这种方法适用于外币业务种类较少、外币业务量较小的企业；采用期初汇率法，只需掌握每月1日的市场汇率信息，减少了会计工作量，这种方法适用于外币业务较多的企业。外币统账制下的账户设置及其会计核算的基本程序如下：

1. 账户设置

外币统账制方法下，对外币交易的核算不单独设置科目，对外币交易金额因汇率变动而产生的差额可在“财务费用”科目下设置二级科目“汇兑差额”反映。该科目借方反映因汇率变动而产生的汇兑损失，贷方反映因汇率变动而产生的汇兑收益。期末余额结转入“本年利润”科目后一般无余额。

2. 基本程序

企业发生外币交易时，其会计核算的基本程序为：

第一，将外币金额按照交易日的即期汇率或即期汇率的近似汇率折算为记账本位币金额，按照折算后的记账本位币金额登记有关账户；在登记有关记账本位币账户的同时，按照外币金额登记相应的外币账户。

第二，期末，将所有外币货币性项目的外币余额，按照期末即期汇率折算为记账本位币金额，并与原记账本位币金额相比较，其差额记入“财务费用——汇兑差额”科目。

第三，结算外币货币性项目时，将其外币结算金额按照当日即期汇率折算为记账本位币金额，并与原记账本位币金额相比较，其差额记入“财务费用——汇兑差额”科目。

（二）外币分账制

外币分账制，是指企业在外币业务发生时，直接按照原币记账，不需要按一定的汇率折算成记账本位币，月末再将所有原币的发生额按一定的市场汇率折算成记账本位币，并确认汇兑损益。采用这种方法，需要按币种分设账户，分币种核算损益。这种方法减少了日常会计核算的工作量，又可及时、准确地反映外币业务情况，一般适用于外币业务繁多的企业。

从我国目前的情况看，绝大多数企业采用外币统账制，只有银行等少数金融企业由于外币交易频繁，涉及的外币币种较多，一般采用分账制记账方法进行日常核算。无论是采用分账制记账方法，还是采用统账制记账方法，只是账务处理程序不同，但产生的结果应当相同，即计算出的汇兑差额相同；相应的，会计处理也相同，即均计入当期损益。

三、外币交易的会计处理

外币交易折算的会计处理主要涉及两个环节：一是在交易日对外币交易进行初始确认，将外币金额折算为记账本位币金额；二是在资产负债表日对相关项目进行折算，将因汇率变动产生的差额记入当期损益。

（一）交易日的会计处理

企业发生外币交易的，应在初始确认时采用交易日的即期汇率或即期汇率的近似汇率将外币金额折算为记账本位币金额。这里的即期汇率可以是外汇牌价的买入价或卖出价，也可以是中间价，在与银行不进行货币兑换的情况下，一般以中间价作为即期汇率。

【例 2－7】国内 ABC 公司的记账本位币为人民币。2009 年 12 月 4 日，ABC 公司向国外 B 公司出口商品一批，货款共计 80 000 美元，尚未收到，当日汇率为 1 美元＝7.8 元人民币。

假定不考虑增值税等相关税费。ABC 公司应作以下账务处理：

借：应收账款——B 公司（美元）	624 000	
贷：主营业务收入		624 000

【例 2－8】国内 ABC 公司的记账本位币为人民币，属于增值税一般纳税企业。2009 年 5 月 12 日，从国外 B 公司购入原材料，共计 50 000 美元，当日的即期汇率为 1 美元＝7.8 元人民币，按照规定计算应缴纳的进口关税为 39 000 元人民币，应支付的进口增值税为 72 930 元人民币，货款尚未支付，进口关税及增值税已由银行存款支付。

相关会计分录如下：

借：原材料	429 000	
应交税费——应交增值税（进项税额）	72 930	
贷：应付账款——B 公司（美元）		390 000
银行存款		111 930

【例2-9】国内某企业选定的记账本位币是人民币。2008年7月18日从中国工商银行借入欧元12 000元，期限为6个月，年利率为6%，当日的即期汇率为1欧元=10元人民币。假定借入的欧元暂存银行，相关会计分录如下：

借：银行存款——欧元　　120 000

　贷：短期借款——欧元　　120 000

企业收到投资者以外币投入的资本，无论是否有合同约定汇率，均不得采用合同约定汇率和即期汇率的近似汇率折算，而是采用交易日即期汇率折算，这样，外币投入资本与相应的货币性项目的记账本位币金额相等，不产生外币资本折算差额。

【例2-10】国内ABC公司的记账本位币为人民币。2009年12月12日，公司与某外商签订投资合同，当日收到外商投入资本20 000美元，当日汇率为1美元=7.8元人民币，假定投资合同约定汇率为1美元=8.2元人民币。ABC公司应作以下账务处理：

借：银行存款——美元　　156 000

　贷：实收资本　　156 000

企业发生的外币兑换业务或涉及外币兑换的交易事项，应当以交易实际采用的汇率，即银行买入价或卖出价折算。由于汇率变动产生的折算差额计入当期损益。

【例2-11】ABC股份有限公司以人民币为记账本位币，对外币交易采用交易日的即期汇率折算。2009年6月1日，公司到银行将50 000美元兑换为人民币，银行当日的美元买入价为1美元=7.55元人民币，中间价为1美元=7.60元人民币。

本例中，企业与银行发生货币兑换，兑换所用汇率为银行买入价，而通常记账所用的即期汇率为中间价，相关会计分录如下：

借：银行存款——人民币　　377 500

　　财务费用——汇兑差额　　2 500

　贷：银行存款——美元　　380 000

【例2-12】ABC股份有限公司以人民币为记账本位币，对外币交易采用交易日的即期汇率折算。2009年6月1日，因外币支付需要，公司从银行购入10 000欧元，银行当日的欧元卖出价为1欧元=11.0元人民币，当日的中间价为1欧元=10.7元人民币。相关会计分录如下：

借：银行存款——欧元　　107 000

　　财务费用——汇兑差额　　3 000

　贷：银行存款——人民币　　110 000

（二）会计期末或结算日对外币交易余额的会计处理

资产负债表日，企业应当分别对外币货币性项目和外币非货币性项目进行处理。

1. 货币性项目的处理

货币性项目是企业持有的货币和将以固定或可确定金额的货币收取的资产或者偿付的负债。货币性项目分为货币性资产和货币性负债，货币性资产包括现金、银行存款、应收账款、应收票据、其他应收款以及长期应收款等；货币性负债包括应付账款、其他应付款、短期借款、应付债券、长期借款、长期应付款等。

期末或结算外币货币性项目时，应以当日即期汇率折算外币货币性项目，该项目因当日即期汇率不同于该项目初始入账时或前一期末即期汇率而产生的汇率差额作为财务费用处理，同时调增或调减外币货币性项目的记账本位币金额。汇兑差额指的是对同样数量的外币金额采用不同的汇率折算为记账本位币金额所产生的差额。

【例2-13】国内ABC公司的记账本位币为人民币。2008年12月4日，公司向国外B公司出口商品一批，货款共计80 000美元，货款尚未收到，当日即期汇率为1美元=7.80元人民币。假定2008年12月31日的即期汇率为1美元=7.90元人民币（假定不考虑增值税等相关税费），则：

对该笔交易产生的外币货币性项目"应收账款"采用2008年12月31的即期汇率1美元=7.90元人民币折算为记账本位币为632 000元人民币（80 000×7.90），与其交易日折算为记账本位币的金额624 000元人民币（80 000×7.80）的差额为8 000元人民币，应当计入当期损益，同时调整货币性项目的原记账本位币金额。相应的会计分录如下：

借：应收账款——B公司（美元）　　8 000

　贷：财务费用——汇兑差额　　8 000

假定2009年1月31日收到上述货款（即结算日），当日的即期汇率为1美元=7.85元人民币，ABC公司实际收到的货款80 000美元折算为人民币应当是628 000元人民币(80 000×7.85)，与当日应收账款中该笔货币资金的账面金额632 000元人民币的差额为-4 000元人民币。当日ABC公司应作会计分录如下：

借：银行存款——美元　　628 000

　　财务费用——汇兑差额　　4 000

　贷：应收账款——B公司（美元）　　632 000

【例2-14】国内ABC公司的记账本位币为人民币。2009年8月24日，公司向国外B供货商购入商品一批，商品已经验收入库。根据双方供货合同，货款共计100 000美元，货到后10日内ABC公司付清所有货款。当日即期汇率为1美元=7.80元人民币。假定2009年8月31日的即期汇率为1美元=7.90元人民币（假定不考虑增值税等相关税费），则：

对该笔交易产生的外币货币性项目"应付账款"采用8月31日即期汇率1美元=7.90元人民币折算为记账本位币为790 000元人民币（100 000×7.90），与其交易日折算为记账本位币的金额780 000元人民币（100 000×7.80）的差额为10 000元人民币，应计入当期损益，相应的会计分录如下：

借：财务费用——汇兑差额　　10 000

　贷：应付账款——B公司（美元）　　10 000

9月3日，ABC公司根据供货合同以自有美元存款付清所有货款（即结算日）。当日的即期汇率为1美元=7.85元人民币。ABC公司应作会计分录如下：

借：应付账款——B公司（美元）　　790 000

　贷：银行存款——美元　　785 000

　　　财务费用——汇兑差额　　5 000

【例2-15】沿用【例2-9】假定2008年7月31日的即期汇率为1欧元=10.5元人民币，则"银行存款——欧元"产生的汇兑差额为6 000元人民币［12 000×（10.5-10)］，"短期借款——欧元"产生的汇兑差额为6 000元人民币［12 000×（10.5-10)］，由于借贷方均为货币性项目，产生的汇兑差额相互抵消。相应的会计分录如下：

借：银行存款——欧元　　6 000

　贷：短期借款——欧元　　6 000

2009 年 1 月 18 日以人民币归还所借欧元，当日银行的欧元卖出价为 1 欧元 = 11.0 元人民币，假定借款利息在到期归还本金时一并支付，则当日应归还银行借款利息 360 欧元（12 000 × 6% ÷ 12 × 6），按当日欧元卖出价折算为 3 960 元人民币（360 × 11.0）。相关会计分录如下：

借：短期借款——欧元　　126 000

　　财务费用——汇兑差额　　6 000

　贷：银行存款——人民币　　132 000

借：财务费用——应计利息　　3 960

　贷：银行存款——人民币　　3 960

2. 非货币性项目的处理

非货币性项目是货币性项目以外的项目，如存货、长期股权投资、交易性金融资产（股票，基金）、固定资产、无形资产等。

（1）对于以历史成本计量的外币非货币性项目，已在交易发生日按当日即期汇率折算，资产负债表日不应改变其原记账本位币金额，不产生汇兑差额。因为这些项目在取得时已按取得时日即期汇率折算，从而构成这些项目的历史成本，如果再按资产负债表日的即期汇率折算，就会导致这些项目价值不断变动，从而使这些项目的折旧、摊销和减值不断地随之变动。这与这些项目的实际情况不符。

【例 2 - 16】ABC 公司记账本位币是人民币。2009 年 8 月 15 日，进口一台机器设备，设备价款 500 000 美元，尚未支付，当日的即期汇率为 1 美元 = 7.8 元人民币。2009 年 8 月 31 日的即期汇率为 1 美元 = 7.9 元人民币。假定不考虑其他相关税费，该项设备属于公司的固定资产，在购入时已按当日即期汇率折算为 3 900 000 元人民币（50 000 × 7.8）。由于“固定资产”属于非货币性项目，因此，2009 年 8 月 31 日，不需要按当日即期汇率进行调整。

但是，对于以成本与可变现净值孰低计量的存货，如果其可变现净值以外币确定，则在确定存货的期末价值时，应先将可变现净值折算为记账本位币，再与以记账本位币反映的存货成本进行比较。

【例 2 - 17】ABC 公司以人民币为记账本位币。2009 年 11 月 20 日，公司以每台 2 000 美元的价格从美国某供货商手中购入国际最新型号 H 商品 10 台，并于当日支付了相应货款（假定 ABC 公司有美元存款）。2009 年 12 月 31 日，已售出 H 商品 2 台，国内市场仍无 H 商品供应，但 H 商品在国际市场的价格已降至每台 1 950 美元。

11 月 20 日的即期汇率为 1 美元 = 7.8 元人民币，12 月 31 日的汇率为 1 美元 = 7.9 元人民币。假定不考虑增值税等相关税费，ABC 公司应作会计分录如下：

11 月 20 日，购入 H 商品：

借：库存商品——H 商品　　156 000

　贷：银行存款——美元　　156 000

12 月 31 日，由于库存 8 台 H 商品市场价格下跌，表明其可变现净值低于成本，应计提存货跌价准备：

借：资产减值损失　　　　　　（2 000 × 8 × 7. 8 － 1 950 × 8 × 7. 9）1 560

　贷：存货跌价准备　　　　　　　　　　　　　　　　　　　　　　　1 560

本例中，期末在计算库存商品——H 商品的可变现净值时，由于国内没有相应产品的价格，因此，只能依据 H 商品的国际市场价格为基础确定其可变现净值，但需要考虑汇率变动的影响。期末以国际市场价格为基础确定的可变现净值应按照期末汇率折算，再与库存 H 商品的记账本位币成本相比较，确定其应提的跌价准备。

（2）对于以公允价值计量的股票、基金等非货币性项目，如果期末的公允价值以外币反映，则应当先将该外币按照公允价值确定当日的即期汇率折算为记账本位币金额，再与原记账本位币金额进行比较，其差额作为公允价值变动损益计入当期损益。如属于可供出售外币非货币性项目的，形成的汇兑差额计入资本公积。

【例 2 － 18】国内 ABC 公司的记账本位币为人民币。2008 年 12 月 5 日，公司以每股 1. 5 美元的价格购入 C 公司 B 股 10 000 股作为交易性金融资产，当日即期汇率为 1 美元 = 7. 8 元人民币，款项已付。2008 年 12 月 31 日，由于市价变动，当月购入的 C 公司 B 股的市价变为每股 2 美元，当日即期汇率为 1 美元 = 7. 6 元人民币。假定不考虑相关税费的影响。

2008 年 12 月 5 日，该公司对上述交易应作以下财务处理：

借：交易性金融资产　　　　　　　　　　　　　　　　117 000

　贷：银行存款——美元　　　　　　　　　　　　　　　　117 000

根据《企业会计准则第 22 号——金融工具确认和计量》的规定，交易性金融资产以公允价值计量。由于该项交易性金融资产以外币计价，在资产负债表日，不仅应考虑美元市价的变动，还应一并考虑美元与人民币之间汇率变动的影响，上述交易性金融资产在资产负债表日的金额为 152 000 元人民币（2 × 10 000 × 7. 6），与原账面价值 117 000 元人民币（1. 5 × 10 000 × 7. 8）的差额为 35 000 元人民币，应计入公允价值变动损益。相应的会计分录如下：

借：交易性金融资产　　　　　　　　　　　　　　　　35 000

　贷：公允价值变动损益　　　　　　　　　　　　　　　　35 000

35 000 元人民币既包含 ABC 公司所购 C 公司 B 股股票公允价值变动的影响，又包含人民币与美元之间汇率变动的影响。

2009 年 2 月 27 日，ABC 公司将所购 C 公司 B 股股票按当日市价每股 2. 2 美元全部售出（即结算日），所得价款为 22 000 美元，按当日汇率 1 美元 = 7. 4 元人民币折算为 162 800元人民币，与其原账面价值 152 000 元人民币的差额为 10 800 元人民币，对于汇率的变动和股票市价的变动不进行区分，均作为投资收益进行处理。因此，售出当日，ABC 公司应作会计分录如下：

借：银行存款——美元　　　　　　　　　　　　　　　162 800

　贷：交易性金融资产　　　　　　　　　　　　　　　　152 000

　　　投资收益　　　　　　　　　　　　　　　　　　　　10 800

借：公允价值变动损益　　　　　　　　　　　　　　　35 000

　贷：投资收益　　　　　　　　　　　　　　　　　　　　35 000

四、分账制记账方法

分账制记账方法在资产负债表日，应当分别对货币性项目和非货币性项目进行处理，货币性项目按资产负债表日即期汇率折算，非货币性项目按交易日即期汇率折算，产生的汇兑差额计入当期损益。分账制记账方法下，为保持不同币种借贷方金额合计相等，需要设置“货币兑换”科目进行核算。实务中又可采取下面两种方法进行核算：

1. 所有外币交易均通过“货币兑换”科目处理

在这种方法下，会计处理包括以下内容：

（1）企业发生的外币交易同时涉及货币性项目和非货币性项目的，按相同外币金额同时记入货币性项目和“货币兑换（外币）”科目，同时，按交易发生日即期汇率折算为记账本位币的金额，记入非货币性项目和“货币兑换（记账本位币）”科目。

（2）企业发生的交易仅涉及记账本位币外的一种货币反映的货币性项目的，按相同币种金额入账，不需要通过“货币兑换”科目核算；如果涉及两种以上货币，按相同币种金额记入相应货币性项目和“货币兑换（外币）”科目。

（3）期末应将所有以记账本位币以外的货币反映的“货币兑换”科目余额按期末汇率折算为记账本位币金额，并与“货币兑换（记账本位币）”科目余额相比较，其差额转入“汇兑损益”科目：如为借方差额，借记“汇兑损益”科目，贷记“货币兑换（记账本位币）”科目；如为贷方差额，借记“货币兑换（记账本位币）”科目，贷记“汇兑损益”科目。

（4）结算外币货币性项目产生的汇兑差额计入“汇兑损益”。

【例2-19】假定ABC银行采用分账制记账方法，选定的记账本位币为人民币并以人民币列报财务报表。2007年9月，ABC银行发生以下交易：

（1）9月5日，收到投资者投入的货币资本100 000美元，无合同约定汇率，当日汇率为1美元=7.80元人民币。

（2）9月10日，以2 000美元购入一台固定资产，当日汇率为1美元=7.75元人民币。

（3）9月15日，某客户以39 000元人民币购入5 000美元，当日美元卖出价为1美元=7.80元人民币。

（4）9月20日，发放短期贷款5 000美元，当日汇率为1美元=7.85元人民币。

（5）9月25日，向其他银行拆借资金10 000欧元，期限为1个月，年利率为3%，当日的汇率为1欧元=9.50元人民币。

（6）9月30日的汇率为1美元=8.00元人民币，1欧元=10.00元人民币。

对于上述交易，企业应作如下会计分录：

（1）9月5日，收到美元资本投入：

借：银行存款——美元　　$ 100 000

　贷：货币兑换——美元　　$ 100 000

借：货币兑换——人民币　　¥780 000

　贷：实收资本　　¥780 000

(2) 9月10日，以美元购入固定资产：

借：固定资产 ¥15 500

  贷：货币兑换——人民币 ¥15 500

借：货币兑换——美元 $ 2 000

  贷：银行存款——美元 $ 2 000

(3) 9月15日，售出美元：

借：银行存款——人民币 ¥39 000

  贷：货币兑换——人民币 ¥39 000

借：货币兑换——美元 $ 5 000

  贷：银行存款——美元 $ 5 000

(4) 9月20日，发放美元短期贷款：

借：贷款——美元 $ 5 000

  贷：银行存款——美元 $ 5 000

(5) 9月25日，向其他银行拆借欧元资金：

借：银行存款——欧元 €10 000

  贷：拆入资金——欧元 €10 000

"货币兑换——美元"账户的贷方余额为 $ 93 000（$ 100 000 - $ 2 000 - $ 5 000），按月末汇率折算为人民币金额余额为¥744 000（93 000×8）。

"货币兑换——人民币"账户有借方余额¥725 500（780 000 - 15 500 - 39 000）。

"货币兑换"账户的借方余额合计为¥725 500，贷方余额合计为¥744 000，借贷方之间的差额为 - ¥18 500，即当期产生的汇兑差额，相应的会计分录如下：

借：货币兑换——人民币 ¥18 500

  贷：汇兑损益 ¥18 500

2. 外币交易的日常核算不通过"货币兑换"科目，仅在资产负债表日结转汇兑损益时通过"货币兑换"科目处理

在外币交易发生时直接以发生的币种进行账务处理，期末由于所有账户均需要折算为记账本位币列报，因此，所有以外币反映的账户余额均需要折算为记账本位币余额，其中，货币性项目以资产负债表日即期汇率折算，非货币性项目以交易日即期汇率折算。折算后，所有账户借方余额之和与所有账户贷方余额之和的差额即为当期汇兑差额，应当计入当期损益。

【例2-20】仍以【例2-19】为例，日常核算中相应的会计分录如下：

(1) 9月5日，收到美元资本投入：

借：银行存款——美元 $ 100 000

  贷：实收资本 $ 100 000

(2) 9月10日，以美元购入固定资产：

借：固定资产 $ 2 000

  贷：银行存款——美元 $ 2 000

(3) 9 月 15 日，售出美元：

借：银行存款——人民币　　¥39 000

　贷：银行存款——美元　　$ 5 000

(4) 9 月 20 日，发放美元短期贷款：

借：贷款——美元　　$ 5 000

　贷：银行存款——美元　　$ 5 000

(5) 9 月 25 日，向其他银行拆借欧元资金：

借：银行存款——欧元　　€10 000

　贷：拆入资金——欧元　　€10 000

资产负债表日，编制账户科目余额（人民币）的调节表：非人民币货币性项目以资产负债表日即期汇率折算，非人民币非货币性项目以交易日即期汇率折算，见表 2－1。

表 2－1　账户科目余额调节表

借方余额账户	币种	外币余额	汇率	人民币余额	贷方余额账户	币种	外币余额	汇率	人民币余额
银行存款	美元	88 000	8	804 000	拆入资金	欧元	10 000	10	100 000
	欧元	10 000	10						
贷款	美元	5 000	8	40 000	实收资本	美元	100 000	7.8	780 000
固定资产	美元	2 000	7.75	15 500					
银行存款	人民币			39 000					
人民币余额合计				898 500	人民币余额合计				880 000
汇兑损益									18 500

相应的会计分录如下：

借：货币兑换——人民币　　¥18 500

　贷：汇兑损益　　¥18 500

需要强调的是，无论是采用分账制记账方法，还是采用统账制记账方法，只是账务处理程序不同，但产生的结果应当相同，计算出的汇兑差额应当相同。

第三节　外币财务报表折算

以外币反映的财务报表称为外币财务报表，将外币财务报表折算为记账本位币反映的过程称为外币财务报表折算。

一、外币财务报表折算概述

（一）外币财务报表折算的概念

外币报表折算是指为了特定目的将以某一货币表示的财务报表转换为另一种货币表述。一般而言，外币报表折算只是改变表述的货币单位，并不改变报表项目之间的关系。

（二）外币财务报表折算的意义

（1）编制跨国公司的合并会计报表的需要。由于编制合并报表的主要目的是满足母公司股东和债权人等的需要，因而合并报表通常应以母公司报表所用货币来表述。

（2）母（总公司）公司为了考核、评价国外子公司（分支机构）的财务状况、经营成果以及现金流量情况，也需要将国外子公司用外币表述的报表转换为按母公司（总公司）所用货币表述的报表。

（3）在国外资本市场有证券上市交易的公司，必须按上市地区的货币对外报告，且有义务向其他国家的投资者和债权人报告财务信息。

如果外币报表折算的目的是编制合并报表，则应特别注意以下两点：

第一，在折算之前，应当统一母公司与国外子公司的会计报表决算日和会计期间，使子公司会计报表决算日和会计期间与母公司保持一致。二者不一致时，应当按照母公司本身会计报表决算日和会计期间，对子公司会计报表进行调整，根据调整后的会计报表进行折算，或者要求国外子公司按照母公司的要求编报相同会计期间的会计报表。

第二，母公司应当尽可能统一母公司与国外子公司所采用的会计政策和会计处理方法，使国外子公司所采用的会计政策和会计处理方法与母公司保持一致。当国外子公司所采用的会计政策和会计处理方法与母公司不一致时，母公司应当按照本身规定的会计政策和会计处理方法，对子公司的会计报表进行必要的调整，根据调整后的会计报表进行折算。

依据重要性原则，如果国外子公司所采用的会计政策和会计处理方法与母公司的要求差异不大，母公司也可直接根据该会计报表进行折算。

二、外币财务报表折算的基本方法

选用不同的汇率以及对外币折算差额采用不同的处理方式就形成了不同的折算方法。目前国际上常用的折算方法包括流动与非流动项目法、货币与非货币项目法、时态法和现行汇率法。

（一）流动与非流动项目法

流动与非流动项目法是将资产与负债项目区分为流动性项目与非流动性项目两大类，将流动性项目按现行汇率折算、非流动性项目按历史汇率折算的一种外币报表折算方法。这种方法的基本内容包括以下方面：

（1）流动资产与流动负债各项目按编表日现行汇率折算。

（2）其他资产负债表项目，除未分配利润项目之外，均按历史汇率折算。

（3）资产负债表上的未分配利润属于平衡数，不必按特定汇率折算，可倒计确定或从折算损益表转入。

（4）利润表上的折旧费用、摊销费用项目按有关资产取得时的历史汇率折算，其他项目按编表期的平均汇率折算。

（5）折算损益作为当期损益，以“折算损益”项目列入折算后损益表的税前收益项目之前，其金额由折算损益表其他项目金额计算得出。此时，资产负债表上的未分配利润项目由资产负债表其他项目折算后金额倒计得出，并转入作为折算后损益表（期末）未分配利润金额；折算利得作为递延项目，以“折算差额”项目列入资产负债表未分配利润项目之后。此时，折算后资产负债表上的未分配利润项目以及折算差额的确定方法同现行汇率法。

流动与非流动项目法是早期普遍采用的方法。美国注册会计师协会（AICPA）会计程序委员会（CAP）早在1939年的第4号会计研究公报（ARB）《国外经营活动与外汇利得》中就推荐使用流动与非流动项目法。然而，随着流动与非流动项目法在实务中的广泛应用，其缺陷日益暴露出来。一方面，按期末的现行汇率折算流动资产，意味着现金、应收账款和存货都承受汇率变动的风险。这对按历史成本计价的存货来说是不恰当的，因为存货应与固定资产一样，在按取得日的历史汇率折算后就与今后的汇率变动脱钩了。只有按外币固定金额表述的现金和应收款才会承受汇率变动的影响，因而要按期末现时汇率折算。另一方面，按历史汇率折算属于非流动资产的长期应收款以及非流动负债的长期应付款、长期借款等项目，由于它们按外币表述的金额是固定的，实际上却承受着汇率变动的影响，因而以历史汇率折算是不合理的，而应按期末现时汇率折算。

针对上述缺陷，美国注册会计师协会会计原则委员会（APB）在1965年的第6号意见书（APB Opinion）中，认为对所有的外币应付款和应收款都可按现时汇率折算，而不需区分流动性项目与非流动性项目。这实际上也标志着美国在外币报表折算程序上，已不再使用流动与非流动项目法。现在只有少数几个国家仍使用该方法。

（二）货币与非货币项目法

货币与非货币项目法是将资产与负债项目分为货币性项目与非货币性项目，将货币性项目按现行汇率折算、非货币性项目按历史汇率折算的一种外币报表折算方法。这种方法同流动与非流动法的区别在于对存货项目、投资项目的处理有差异。这种方法的基本内容包括以下方面：

（1）资产负债表上的货币性项目，包括货币性资产与货币性负债（如库存现金、应收账款、应付账款、长期负债等），都按现行汇率折算。

（2）资产负债表上的非货币性资产与负债项目（如存货、固定资产、交易性金融资产、持有至到期投资、可供出售金融资产以及长期股权投资等），都按其取得时的历史汇率折算。

（3）净资产项目中除未分配利润项目外，均按历史汇率折算。

（4）未分配利润项目属于平衡数，由资产负债表其他项目折算后金额倒计得出，并转入作为折算后损益表（期末）未分配利润金额。

（5）“折算损益”作为当期损益项目列入折算损益表的税前利润项目前。其金额由折算损益表其他项目金额计算得出。

（6）利润表上的折旧费用与摊销费用项目，同流动与非流动法一样，按有关资产取得时的历史汇率折算。

（7）由于存货按历史汇率，因而销售成本实际上也是按发生时的历史汇率折算的，在实际折算时，销售成本一般按倒计法确定。其计算公式为：

销售成本＝期初存货＋本期购货－期末存货

其中，期初存货按上年末汇率折算，本期购货按本期平均汇率折算，期末存货按期末现行汇率或取得时的平均汇率折算。

（8）利润表上的其他项目均按业务发生时的汇率或编表期的平均汇率折算。

货币与非货币项目法恰当地分析了汇率变动对资产和负债项目的影响，因此，在外币报表折算方法的演变过程中，它势必取代流动与非流动项目法而成为流行的方法。然而，货币与非货币项目法仍有其缺陷，它仍然没有超越对资产和负债项目进行某种分类组合的框框。它虽然恰当地分析了汇率变动对资产和负债项目的影响，从而提出货币性与非货币性项目的分类概念，以此作为选择折算汇率（现行汇率还是历史汇率）的准绳。但是，外币报表折算和外币交易折算涉及的是会计计量问题而不是分类问题，货币与非货币项目法未能触及外币折算问题的实质。

（三）时态法

时态法是以资产、负债项目的计量属性作为选择折算汇率依据的一种外币财务报表折算方法。这种方法的理论依据是，外币的折算实际上是将外币财务报表按一种新的货币单位重新表述的一个过程，其改变的只是被计量项目的计量单位，而不是计量属性。因此，各个外币财务报表项目应按其计量日期的实际汇率折算，这样才能保证不改变各外币财务报表项目的计量基础。时态法同货币与非货币项目法相比较，绝大部分内容相同，不同之处表现在以下方面：

（1）资产负债表上按历史成本计价的各项非货币性资产（如按成本计价的存货及投资、固定资产、无形资产等），按取得这些资产时的历史汇率折算。

（2）资产负债表上按现行市价计价的各项非货币性资产项目（如按市价计价的存货、投资等），按编表日的现行汇率折算。

从前面的叙述中可以看出，时态法是在货币与非货币项目法的基础上，用会计计量理论阐明了外币报表折算的原则。时态法不是对货币与非货币项目法的否定，而是对后者的进一步完善。显然，在历史成本计量模式下，由于非货币性项目都是按历史成本计量的，时态法和货币与非货币项目法的折算程序也就完全相同。只有在对存货和投资的计价采用成本与市价孰低的规则时，这两种方法才会得出不同的会计结果。

从另一方面看，如果一旦以公允价值（现时成本）计量模式全面取代历史成本计量模式，根据时态原则进行的折算程序，也就成为对所有资产和负债项目都按现时汇率折算的现时汇率法。但是，目前会计计量模式仍是以历史成本计量模式为主，综合运用其他计量属性。在历史成本计量模式下，时态法和现时汇率法还是有根本性差别的。

（四）现行汇率法

现行汇率法是一种以现行汇率为主要折算汇率的外币报表折算方法。这种方法的基本内容包括以下方面：

（1）资产负债表上各资产与负债项目均按编表日现行汇率进行折算。

（2）净资产项目中除留存利润或未分配利润项目外，均按发生时的当日汇率折算。

（3）折算差额作为所有者权益的调整额成为资产负债表上的留存利润或未分配利润项目的平衡数，可倒计确定，并在留存利润或未分配利润后单独列示。

折算差额的公式为：

折算差额＝折算后的资产总额－折算后的负债总额－（折算后的除未分配利润之外的资本总额＋折算后资产负债表上的未分配利润）

（4）折算后资产负债表上的未分配利润项目直接从折算后损益表上的未分配利润转入。

（5）利润表上的收入和费用项目，按现行汇率折算，或者按编表期内的平均汇率折算。

需要特别注意的是，如有股利发放则按照实际发放时的汇率进行折算。

采用现行汇率法折算外币财务报表简单易行，容易理解和掌握，但是其不足之处有两方面：一是不能真实地反映出各项目承担的汇率风险，因为企业各项资产和负债所承担的汇率风险是不同的，如货币资金、应收应付等货币性项目承担的汇率风险大，而存货、固定资产、无形资产等非货币性项目承担的汇率风险小；二是现行汇率法折算外币财务报表不符合目前各国普遍采用的历史成本原则。

通过对上述四种方法的介绍可以看出，从流动与非流动项目法到货币与非货币项目法，再到时态法，是外币报表折算理论不断发展、不断完善的结果。而现行汇率法相对于其他三种折算方法具有独特性，虽然其主要选择单一汇率进行外币报表折算缺乏足够的理论支持，但其突出优点在于保持了报表折算前后大多数财务指标的一致性。一般也称现行汇率法为单一汇率法，称其他三种方法为多种汇率法。

三、折算损益的处理

无论采用现行汇率法还是时态法折算，只要存在汇率波动，都会出现折算差异，即利得或损失，也称为折算损益。影响外币财务报表折算损益大小的因素主要有所采用的折算方法、汇率变动的方向和程度、外币资产和负债的比例等。

（一）折算损益与汇兑损益

外币财务报表折算损益与外币交易汇兑损益不同，主要表现在以下三个方面：

1. 发生的原因不同

外币交易汇兑损益是在交易过程中发生的，或资产负债表日将外币交易金额折算为记账本位币与原入账金额之间发生的差异；外币会计报表折算差额则是在子公司以外币表示的会计报表的基础上，将一种货币表示的会计报表折算为另一种货币表示的会计报表而产生的差异。

2. 性质不同

外币交易汇兑损益包括已实现的和未实现的损益；外币会计报表折算差额则全部为未实现的损益。

3. 记录的方式不同

外币交易汇兑损益应在会计账簿中进行记录；而外币会计报表折算差额通常不记录在会计账簿之中，而只是反映在折算后的会计报表之中。

（二）折算损益会计处理

1. 折算损益处理的基本方法

外币财务报表折算损益的会计处理，也是一个争论较多的难题，存在着多种不同的意见和见解。总体而言，在国际上主要采用两种处理方法：递延法和当期损益法。

（1）递延法下外币报表折算差额的会计处理。递延法是将外币会计报表折算差额以单独项目列示于资产负债表所有者权益之内，作为递延处理，而不与所有者权益的其他项目合并列示。这种处理方法认为，外币会计报表折算差额只是将外币表示的资产和负债项目以母公司的记账本位币（等值货币）重新计算所产生的调整数额，而不是已经实现的损益。如果将其计入当期损益，有可能使会计报表的使用者对子公司的盈利能力产生误解。采用递延法有利于保持子公司会计报表有关项目的原有比例关系，有利于财务比例的分析和对比。

（2）当期损益法下外币报表折算差额的会计处理。当期损益法是将本期发生的外币会计报表折算差额，以汇兑损益项目列入本期损益表，合并反映在资产负债表有关项目之中。这种处理方法认为，汇率变动是客观存在的，对合并会计报表的影响也是不容忽视的，采用递延处理方法实际上掩盖了汇率变动的客观现实，只有将外币会计报表的折算差额计入当期损益，才能给会计报表的使用者提供真实的财务信息。但这一方法将外币会计报表折算差额这一事实上并未实现的损益计入当期损益，可能会导致会计信息使用者对合并会计报表提供的信息产生误解。

除以上两种方法外，还有一些方法。例如，将折算差额借方发生额，即折算损失，计入损益；将折算差额贷方发生额，即折算收益，加入递延，计入所有者权益。

2. 我国企业外币报表折算损益处理

（1）企业将境外经营的会计报表并入其会计报表应当按现行汇率法折算。因折算产生的外币报表折算差额应当在并入后的资产负债表中作为所有者权益项目单独列示，其中属于少数股东权益的部分，应当并入少数股东权益项目。

（2）企业在处置境外经营时，应当将资产负债表中所有者权益项目下列示的、与该境外经营相关的外币财务报表折算差额，自所有者权益项目转入处置当期损益；部分处置境外经营的，应当按处置的比例计算处置部分的外币财务报表折算差额，并转入处置当期损益。

四、我国外币财务报表折算方法

境外经营，是指企业在境外的子公司、合营企业、联营企业、分支机构。在境内的子公司、合营企业、联营企业、分支机构，采用不同于企业记账本位币的，也视同境外经营。

企业的子公司、合营企业、联营企业和分支机构如果采用与企业相同的记账本位币，即使设在境外，其财务报表也不存在折算问题。但是，如果企业境外经营的记账本位币不同于企业的记账本位币，在将企业的境外经营通过合并报表、权益法核算等纳入企业的财务报表中时，需要将企业境外经营的财务报表折算为以企业记账本位币反映。

（一）境外经营财务报表的折算

在对企业境外经营财务报表进行折算前，应当调整境外经营的会计期间和会计政策，使之与企业会计期间和会计政策相一致，根据调整后会计政策及会计期间编制相应货币（记账本位币以外的货币）的财务报表，再按照以下方法对境外经营财务报表进行折算：

（1）资产负债表中的资产和负债项目，采用资产负债表日的即期汇率折算，所有者权益项目除“未分配利润”项目外，其他项目采用发生时的即期汇率折算。

（2）利润表中的收入和费用项目，采用交易发生日的即期汇率或即期汇率的近似汇率折算。

（3）产生的外币财务报表折算差额，在编制合并财务报表时，应在合并资产负债表中所有者权益项目下单独作为“外币报表折算差额”项目列示。

比较财务报表的折算按照上述规定处理。

【例2－21】国内ABC公司的记账本位币为人民币，该公司在境外有一子公司B公司，B公司确定的记账本位币为美元。根据合同约定，ABC公司拥有B公司70%的股权，并能够对B公司的财务和经营政策施加重大影响。ABC公司采用当期平均汇率折算B公司利润表项目。B公司的有关资料如下：

2009年12月31日的汇率为1美元＝7.7元人民币，2009年的平均汇率为1美元＝7.6元人民币，实收资本、资本公积发生日的即期汇率为1美元＝8.0元人民币，2008年12月31日的股本为500万美元，折算成人民币为4 000万元；累计盈余公积为50万美元，折算成人民币为405万元，累计未分配利润为120万美元，折算成人民币为972万元，ABC、B公司均在年末提取盈余公积，B公司当年提取的盈余公积为70万美元；本年度分配股利200万美元，折算成人民币为1 520万元。

其利润表、所有者权益变动表、资产负债表的折算见表2－2、表2－3和表2－4。

表2－2 利润表

（2009年） 单位：万元

项目	期末数（美元）	折算汇率	折算为人民币金额
一、营业收入	2 000	7.6	15 200
减：营业成本	1 500	7.6	11 400
营业税金及附加	40	7.6	304
管理费用	100	7.6	760
财务费用	10	7.6	76
加：投资收益	30	7.6	228
二、营业利润	380	—	2 888
加：营业外收入	40	7.6	304
减：营业外支出	20	7.6	152

（续上表）

项目	期末数（美元）	折算汇率	折算为人民币金额
三、利润总额	400	—	3 040
减：所得税费用	120	7.6	912
四、净利润	280	—	2 128
五、每股收益	—	—	—
六、其他综合收益	0	—	−210
七、综合收益总额	280	—	1 918

表 2－3　所有者权益变动表

（2009 年度）　　单位：万元

项目	实收资本			盈余公积			未分配利润		外币报表折算差额	股东权益合计
	美元	折算汇率	人民币	美元	折算汇率	人民币	美元	人民币		人民币
一、本年年初余额	500	8.0	4 000	50		405	120	972		5 377
二、本年增减变动金额										
（一）净利润							280	2 128		2 128
（二）其他综合收益										−210
其中：外币报表折算差额									−210	−210
（三）利润分配										−1 520
1. 提取盈余公积				70	7.6	532	−70	−532		0
2. 对股东的分配							−200	−1 520		−1 520
三、本年年末余额	500	8.0	4 000	120		937	130	1 048	−210	5 775

表 2－4　资产负债表

2009 年 12 月 31 日　　单位：万元

资产	期末数（美元）	汇率	折算为人民币金额	负债和股东权益	期末数（美元）	汇率	折算为人民币金额
流动资产：				流动负债：			
货币资金	100	7.7	770	短期借款	45	7.7	346.5

（续上表）

资产	期末数（美元）	汇率	折算为人民币金额	负债和股东权益	期末数（美元）	汇率	折算为人民币金额
应收账款	190	7.7	1 463	应付账款	285	7.7	2 194.5
存货	240	7.7	1 848	其他流动负债	110	7.7	847
其他流动资产	140	7.7	1 078	流动负债合计	440		3 388
流动资产合计	670		5 159	非流动负债：			
非流动资产：				长期借款	140	7.7	1 078
长期应收款	120	7.7	924	应付债券	80	7.7	616
固定资产	550	7.7	4 235	其他非流动负债	90	7.7	693
在建工程	80	7.7	616	非流动负债合计	310		2 387
无形资产	50	7.7	385	负债合计	750		5 775
其他非流动资产	30	7.7	231	股东权益：			
非流动资产合计	830		6 391	股本	500	8.0	4 000
				盈余公积	120		937
				未分配利润	130		1 048
				外币报表折算差额			-210
				股东权益合计	750		5 775
资产总计	1 500		11 550	负债和股东权益总计	1 500		11 550

当期计提的盈余公积采用当期平均汇率折算，期初盈余公积为以前年度计提的盈余公积按相应年度平均汇率折算后金额的累计，期初未分配利润记账本位币金额为以前年度未分配利润记账本位币金额的累计。

外币报表折算差额为以记账本位币反映的净资产减去以记账本位币反映的实收资本、累计盈余公积及累计未分配利润后的余额。

（二）包含境外经营的合并财务报表编制的特殊处理

在企业境外经营为其子公司的情况下，企业在编制合并财务报表时，应按少数股东在境外经营所有者权益中所享有的份额计算少数股东应分担的外币报表折算差额，并入少数股东权益列示于合并资产负债表。

母公司含有实质上构成对子公司（境外经营）净投资的外币货币性项目的情况下，在编制合并财务报表时，应分以下两种情况编制抵消分录：

（1）实质上构成对子公司净投资的外币货币性项目以母公司或子公司的记账本位币反映，该外币货币性项目产生的汇兑差额应转入“外币报表折算差额”。

（2）实质上构成对子公司净投资的外币货币性项目以母、子公司的记账本位币以外的货币反映，应将母、子公司此项外币货币性项目产生的汇兑差额相互抵消，差额计入“外币报表折算差额”。

如果合并财务报表中各子公司之间也存在实质上构成对另一子公司（境外经营）净投资的外币货币性项目，在编制合并财务报表时应比照上述原则编制相应的抵消分录。

（三）恶性通货膨胀经济中境外经营财务报表的折算

1. 恶性通货膨胀经济的判定

当一个国家经济环境显示出（但不局限于）以下特征时，应当判定该国处于恶性通货膨胀经济中：

（1）三年累计通货膨胀率接近或超过100%。

（2）利率、工资和物价与物价指数挂钩，物价指数是物价变动趋势和幅度的相对数。

（3）一般公众不是以当地货币而是以相对稳定的外币为单位作为衡量货币金额的基础。

（4）一般公众倾向于以非货币性资产或相对稳定的外币来保存自己的财富，持有的当地货币立即用于投资以保持购买力。

（5）即使信用期限很短，赊销、赊购交易仍按补偿信用期预计购买力损失的价格成交。

2. 处于恶性通货膨胀经济中境外经营财务报表的折算

企业对处于恶性通货膨胀经济中的境外经营财务报表进行折算时，需要先对其财务报表进行重述：对资产负债表项目运用一般物价指数予以重述，对利润表项目运用一般物价指数变动予以重述。然后，按资产负债表日即期汇率进行折算。

（1）资产负债表项目的重述。在对资产负债表项目进行重述时，由于现金、应收账款、其他应收款等货币性项目已经以资产负债表日的计量单位表述，因此不需要进行重述；通过协议与物价变动挂钩的资产和负债，应根据协议约定进行调整；非货币项目中，有些是以资产负债表日的计量单位列示的，如存货已经以可变现净值列示，不需要进行重述。其他非货币性项目，如固定资产、投资、无形资产等，应自购置日起以一般物价指数予以重述。

（2）利润表项目的重述。在对利润表项目进行重述时，所有项目金额都需要自其初始确认之日起，以一般物价指数变动进行重述，以使利润表的所有项目都以资产负债表日的计量单位表述。由于上述重述而产生的差额计入当期净利润。

对资产负债表和利润表项目进行重述后，再按资产负债表日的即期汇率将资产负债表和利润表折算为记账本位币报表。

在境外经营不再处于恶性通货膨胀经济中时，应当停止重述，按照停止之日的价格水平重述的财务报表进行折算。

（四）境外经营的处置

企业可能通过出售、清算、返还股东、放弃全部或部分权益等方式处置其在境外经营中的利益。企业应在处置境外经营的当期，将已列入合并财务报表所有者权益的外币报表折算差额中与该境外经营相关部分，自所有者权益项目转入处置当期损益。如果是部分处置境外经营，应当按处置的比例计算处置部分的外币报表折算差额，转入处置当期损益。

五、外币财务报表折算举例

【例2－22】ABC公司一境外子公司，其会计报表编报货币为美元。2009年12月31日，汇率为1美元＝8.00元人民币，2009年平均汇率为1美元＝7.90元人民币，子公司收到投入资本时汇率为1美元＝8.15元人民币，子公司对外投资时汇率为1美元＝8.10元人民币，存货和固定资产购入时的汇率分别为1美元＝7.95元和1美元＝8.05元人民币，长期负债发生时的汇率为1美元＝8.10元人民币，股利支付日汇率为1美元＝7.90元人民币。该子公司2009年度的报表见表2－5、表2－6，采用现行汇率法、流动与非流动项目法、货币与非货币项目法及时态法进行外币报表折算。

表2－5　利润表及留存收益情况

2009年　　单位：万美元

营业收入	1 095
减：营业成本	800
管理费用	70
销售费用	40
财务费用	60
营业利润	125
利润总额	125
减：所得税费用	40
净利润	85
加：期初留存收益	15
可分配利润	100
减：分配股利	50
期末留存收益	50

表2－6　资产负债表

2009年12月31日　　单位：万美元

资产	金额	负债和所有者权益	金额
货币资金	160	应付账款	140
应收账款	170	短期借款	160
存货	200	长期负债	200
长期投资	120	实收资本	250
固定资产	150	留存收益	50
资产总计	800	负债和所有者权益总计	800

（1）现行汇率法下折算结果，见表2－7、表2－8。

表2－7　已折算利润表及留存收益情况

2009年　　　　单位：万元

营业收入	1 095	7.90	8 650.5
减：营业成本	800	7.90	6320
管理费用	70	7.90	553
销售费用	40	7.90	316
财务费用	60	7.90	474
营业利润	125	—	987.5
利润总额	125	—	987.5
减：所得税费用	40	7.90	316
净利润	85	—	671.5
加：期初留存收益	15		125*
可分配利润	100	—	796.5
减：分配股利	50	7.90	395
期末留存收益	50		401.5

*见上年折算报表中留存收益项目的折合本位币金额。

表2－8　已折算资产负债表

2009年12月31日　　　　单位：万元

资产	美元	汇率	人民币	负债和所有者权益	美元	汇率	人民币
货币资金	160	8.00	1 280	应付账款	140	8.00	1 120
应收账款	170	8.00	1 360	短期借款	160	8.00	1 280
存货	200	8.00	1 600	长期负债	200	8.00	1 600
长期投资	120	8.00	960	实收资本	250	8.15	2 037.5
固定资产	150	8.00	1 200	留存收益	50		401.5
				折算损益			（39）
资产总计	800		6 400	负债和所有者权益总计	800		6 400

（2）流动与非流动项目法折算结果见表2－9、表2－10。

表2－9　已折算利润表及留存收益情况

2009年　　单位：万元

营业收入	1 095	7.90	8 650.5
减：营业成本	800	7.90	6 320
管理费用	70	7.90	553
销售费用	40	7.90	316
财务费用	60	7.90	474
折算损益			39.5
营业利润	125	—	948
利润总额	125	—	948
减：所得税费用	40	7.90	316
净利润	85	—	632
加：期初留存收益	15		125
可分配利润	100	—	757
减：分配股利	50	7.90	395
期末留存收益	50		362

表2－10　已折算资产负债表

2009年12月31日　　单位：万元

资产	美元	汇率	人民币	负债和所有者权益	美元	汇率	人民币
货币资金	160	8.00	1 280	应付账款	140	8.00	1 120
应收账款	170	8.00	1 360	短期借款	160	8.00	1 280
存货	200	8.00	1 600	长期负债	200	8.10	1 620
长期投资	120	8.10	972	实收资本	250	8.15	2 037.5
固定资产	150	8.05	1 207.5	留存收益	50		362
资产总计	800		6 419.5	负债和所有者权益总计	800		6 419.5

（3）货币与非货币项目法折算结果见表2－11、表2－12。

表2－11　已折算利润表及留存收益情况

2009年　　单位：万元

营业收入	1 095	7.90	8 650.5
减：营业成本	800	7.90	6 320

（续上表）

管理费用	70	7.90	553
销售费用	40	7.90	316
财务费用	60	7.90	474
折算损益			29.5
营业利润	125	—	958
利润总额	125	—	958
减：所得税费用	40	7.90	316
净利润	85	—	642
加：期初留存收益	15		125
可分配利润	100	—	767
减：分配股利	50	7.90	395
期末留存收益	50		372

表2－12 已折算资产负债表

2009年12月31日　　单位：万元

资产	美元	汇率	人民币	负债和所有者权益	美元	汇率	人民币
货币资金	160	8.00	1 280	应付账款	140	8.00	1 120
应收账款	170	8.00	1 360	短期借款	160	8.00	1 280
存货	200	7.95	1 590	长期负债	200	8.00	1 600
长期投资	120	8.10	972	实收资本	250	8.15	2 037.5
固定资产	150	8.05	1 207.5	留存收益	50		372
资产总计	800		6 409.5	负债和所有者权益总计	800		6 409.5

（4）时态法折算结果见表2－13、表2－14。

表2－13　已折算利润表及留存收益情况

2009年　　单位：万元

营业收入	1 095	7.90	8 650.5
减：营业成本	800	7.90	6 320
管理费用	70	7.90	553
销售费用	40	7.90	316
财务费用	60	7.90	474

（续上表）

折算损益			29.5
营业利润	125	—	958
利润总额	125	—	958
减：所得税	40	7.90	316
净利润	85	—	642
加：期初留存收益	15		125
可分配利润	100	—	767
减：分配股利	50	7.90	395
期末留存收益	50		372

表 2－14　已折算资产负债表

2009 年 12 月 31 日　　单位：万元

资产	美元	汇率	人民币	负债和所有者权益	美元	汇率	人民币
货币资金	160	8.00	1 280	应付账款	140	8.00	1 120
应收账款	170	8.00	1 360	短期借款	160	8.00	1 280
存货	200	7.95	1 590	长期负债	200	8.00	1 600
长期投资	120	8.10	972	实收资本	250	8.15	2 037.5
固定资产	150	8.05	1 207.5	留存收益	50		372
资产总计	800		6 409.5	负债和所有者权益总计	800		6 409.5

【例 2－23】国内 ABC 公司的记账本位币为人民币，该公司在意大利有一子公司 B 公司，B 公司确定的记账本位币为欧元。根据合同规定，ABC 公司拥有 B 公司 70% 的股权，并能够对 B 公司的财务和经营政策施加重大影响。2009 年 12 月 31 日，ABC 公司确认其在 B 公司的投资应分享或分担的 B 公司实现的净损益的份额时，需要先将 B 公司的欧元财务报表折算为人民币表述。有关资料如下所示：

2009 年 12 月 31 日的汇率为 1 欧元＝11 元人民币，2009 年的平均汇率为 1 欧元＝10 元人民币，实收资本发生日的即期汇率为 1 欧元＝8 元人民币，2008 年 12 月 31 日的累积盈余公积为 140 万欧元，折算为人民币为 1 190 万元，累计未分配利润为 100 万欧元，折算成人民币为 900 万元，ABC、B 公司均在年末提取盈余公积。其财务报表折算结果见表 2－15、表 2－16、表 2－17。

表 2－15　资产负债表

2009 年 12 月 31 日　　单位：万元

资产	期末数（欧元）	汇率	人民币	负债和所有者权益	期末数（欧元）	汇率	人民币
流动资产	4 300	11	47 300	流动负债	1 160	11	12 760
非流动资产	5 000	11	55 000	非流动负债	1 200	11	13 200
				负债合计	2 360		25 960
				股东权益：			
				实收资本	6 000	8	48 000
				盈余公积	300		2 790①
				未分配利润	640		6 300
				外币报表折算差额			19 250②
				股东权益合计	6 940		76 340
资产总计	9 300		102 300	负债及所有者权益总计	9 300		102 300

注：①盈余公积＝140＋160＝300（欧元）

盈余公积＝1 190＋160×10＝2 790（元人民币）

当年计提的盈余公积采用当期平均汇率折算，期初盈余公积为以前年度计提的盈余公积按相应年度平均汇率折算后金额的累计。

②外币报表折算差额为以记账本位币反映的净资产＝25 960＋48 000＋2 790＋6 300－102 300＝19 250（元）

表 2－16　利润表

2009 年　　单位：万元

项目	期末数（欧元）	折算汇率	折算人民币金额（万元）
营业收入	3 000	10	30 000
减：营业成本	1 800	10	18 000
管理费用	200	10	2 000
财务费用	100	10	1 000
营业利润	900	—	9 000
加：营业外收入	100	10	1 000
利润总额	1 000	—	10 000
减：所得税费用	300	10	3 000
净利润	700	—	7 000
其他综合收益	0	—	19 250
综合收益总额	700	—	26 250

表 2-17 所有者权益变动表

2009 年度　　单位：万元

	实收资本			盈余公积			未分配利润		外币报表折算差额	股东权益合计
	欧元	折算汇率	人民币	欧元	折算汇率	人民币	欧元	人民币		人民币
一、本年年初余额	6 000	8	48 000	140		1 190	100	900		50 090
二、本年增减变动金额										
（一）净利润							700	7 000		7 000
（二）直接计入所有者权益的利得和损失										19 250
其中：外币报表折算差额									19 250	19 250
（三）利润分配										0
提取盈余公积				160	10	1 600	-160	-1 600		0
三、本年年末余额	6 000	8	48 000	300		2 790	640	6 300	19 250	76 340

【复习题】

一、简答题

1. 企业确定记账本位币应考虑的因素有哪些？
2. 什么是汇兑损益？如何对其进行确认和处理？
3. 外币财务报表折算的基本方法有哪些？有何区别？
4. 我国外币财务报表折算的方法如何确定？

二、业务题

1. A 有限责任公司外币业务采用每月月初的市场汇率进行核算，按月计算汇兑损益。

（1）2008 年 1 月 1 日的市场汇率为 1 美元 =8.10 元人民币。各外币账户的年初余额如下：应收外汇账款 400 万美元，人民币金额为 3 240 万元；银行存款 700 万美元，人民币金额为 5 670 万元；应付外汇账款 160 万美元，人民币金额为 1 296 万元；长期外汇借款 500 万美元，人民币金额为 4 050 万元（仅为购建固定资产而借入）。

（2）公司 2008 年 1 月有关外币业务如下：①本月发生应收账款 200 万美元；②本月收回应收账款 100 万美元，款项已存入银行；③以外币银行存款偿还为购建甲固定资产的外币 120 万美元，此固定资产正在建造中；④接受投资者投入的外币资本 1 000 万美元，作为实收资本，合同约定的汇率为 1 美元 =7.90 元人民币。收到外币当日的市场汇率为

1 美元 =7.95 元人民币，外币已经存入银行。

（3）1 月 31 日的市场汇率为 1 美元 =8.0 元人民币。

要求：

（1）编制 A 公司接受外币资本投资的会计分录。

（2）分别计算 2008 年 1 月 31 日各外币账户的汇兑收益或损失金额。

（3）计算当月应计入损益的汇兑收益或损失金额。

（4）编制月末与汇兑损益有关的会计分录。

2. C 公司为增值税一般纳税人，适用的增值税税率为 17%，C 公司以人民币作为记账本位币，外币业务采用交易发生日的即期汇率折算，按月计算汇兑损益。

（1）C 公司有关外币账户在 2008 年 2 月 28 日余额见下表。

C 公司有关外币账户表

项目	外币账户余额（万美元）	汇率	人民币账户余额（万元人民币）
银行存款	800	8.05	6 440
应收账款	400	8.05	3 220
应付账款	200	8.05	1 610
长期借款	1 200	8.05	9 660

（2）C 公司 2008 年 3 月发生有关外币交易和事项如下所示：

① 3 月 3 日，将 40 万美元兑换为人民币，取得人民币存入银行，当日市场汇率为 1 美元 =8.10 元人民币，当日银行买入价为 1 美元 =7.11 元人民币。

② 3 月 10 日，从国外购入一批原材料，货款总额为 600 万美元。该原材料已验收入库，货款尚未支付。当日市场汇率为 1 美元 =7.10 元人民币。另外，以银行存款支付该原材料的进口关税 876 万元人民币，增值税为 969 万元人民币。

③ 3 月 14 日，出口销售一批商品，销售价款为 800 万美元，货款尚未收到。当日市场汇率为 1 美元 =7.08 元人民币。假定不考虑相关税费。

④ 3 月 20 日，收到应收账款 300 万美元，当日存入银行。当日市场汇率为 1 美元 =7.05 元人民币。该应收账款系 2 月份出口销售发生的。

⑤ 3 月 31 日，计提长期借款第一季度发生的利息。该长期借款系 2008 年 1 月 1 日从中国银行借入，用于购买建造某生产线的专用设备，借入款项已于当日支付给该专用设备外国的供应商。该生产线的土建工程已于 2007 年 10 月开工，该外币借款为 1 200 万美元，期限 2 年，年利率为 4%，按季度计提借款的利息，到期一次还本付息，该专用设备于 2 月 20 日验收合格并投入安装。到 2008 年 3 月 31 日，该生产线尚处于建设过程当中。

⑥ 3 月 31 日，市场汇率为 1 美元 =7.00 元人民币。

要求：

（1）编制 C 公司 3 月份外币交易和事项相关的会计分录。

（2）填列C公司2008年3月31日发生的汇兑损益，并编制汇兑损益相关的会计分录。

3. D公司的境外子公司会计报表编报货币为美元。期初汇率为1美元=7.2元人民币，期末汇率为1美元=7.6元人民币。母公司对子公司投资的历史汇率为1美元=7.5元人民币。收入和费用项目采用当期平均汇率1美元=7.4元人民币。该公司采用期末汇率法对子公司的外币会计报表进行折算。有关外币会计报表见下表。请填写折算后的外币财务报表相关数据。

利润表及留存收益情况

单位：万元

项目	折算前（美元）	折算汇率	折算后（人民币）
主营业务收入	3 000		
减：主营业务成本	2 400		
主营业务利润	600		
减：管理费用	200		
营业利润	400		
加：营业外收入	15		
利润总额	415		
减：所得税	120		
净利润	295		
减：利润分配	120		
未分配利润	175		

资产负债表（折算前后）

单位：万元

资产	折算前	汇率	折算后	负债和所有者权益	折算前	汇率	折算后
应收账款	300			流动负债	300		
存货	250			长期负债	200		
长期投资	120			股本	200		
固定资产	150			未分配利润	175		
无形及其他资产	55			外币报表折算差额			
合计	875			合计	875		

第三章　租　赁

【学习目标】

通过本章的学习，理解租赁业务的基本概念、种类，理解融资租赁的判断标准，掌握融资租赁业务及经营租赁业务的会计处理方法，熟悉售后租回业务的概念及账务处理，了解租赁业务披露的基本要求。

【知识点】

租赁、经营租赁、融资租赁、租赁期、租赁开始日、担保余值、未担保余值、最低租赁收款额、最低租赁付款额、或有租金、履约成本、租赁期、未确认融资费用、未实现融资收益、售后租回。

租赁业务作为企业融资的重要形式，需求日益增长，越来越多的企业通过租赁的形式获取相关资产的使用权。

第一节　租赁概述

租赁，是指在约定的期间内，出租人将资产使用权让与承租人，以获取租金的协议。租赁的主要特征是有偿转让资产的使用权。租赁资产的对象可以是动产，如机器设备；也可以是不动产，如办公或营业用房。

一、与租赁相关的概念

与租赁相关的概念主要有：①租赁期；②租赁开始日；③租赁期开始日；④担保余值；⑤未担保余值；⑥最低租赁付款额；⑦最低租赁收款额。

租赁期，是指租赁协议规定的不可撤销的租赁期间。如果承租人有权选择续租该资产，并且在租赁开始日就可以合理确定承租人将会行使这种选择权，不论是否再支付租金，续租期也包括在租赁期之内。

租赁开始日，是指租赁协议日与租赁各方就主要条款作出承诺日中的较早者。在租赁开始日，承租人和出租人应当将租赁认定为融资租赁或经营租赁，并确定在租赁期开始日应确认的金额。

租赁期开始日，是指承租人有权行使其使用租赁资产权利的日期，表明租赁行为的开始。在租赁期开始日，承租人应当对租入资产、最低租赁付款额和未确认融资费用进行初始确认；出租人应当对应收融资租赁款、未担保余值和未实现融资收益进行初始确认。

担保余值，就承租人而言，是指由承租人或与其有关的第三方担保的资产余值；就出租人而言，是指就承租人的担保余值加上独立于承租人和出租人的第三方担保的资产余值。其中，资产余值是指在租赁开始日估计的租赁期届满时租赁资产的公允价值。为了促使承租人谨慎地使用租赁资产，尽量减少出租人自身的风险和损失，租赁协议有时要求承租人或与其有关的第三方对租赁资产的余值进行担保，此时的担保余值是针对承租人而言的。除此以外，担保人还可能是独立于承租人和出租人的第三方，如担保公司，此时的担保余值是针对出租人而言的。

未担保余值，指租赁资产余值中扣除就出租人而言的担保余值以后的资产余值。对出租人而言，如果租赁资产余值中包含未担保余值，表明这部分余值的风险和报酬并没有转移，其风险由出租人承担，因此，未担保余值不能作为应收融资租赁款的一部分。

最低租赁付款额，是指在租赁期内，承租人应支付或可能被要求支付的各种款项（不包括或有租金和履约成本），加上由承租人或与其有关的第三方担保的资产余值，不过由出租人支付但可退还的税金不包括在内。

最低租赁收款额，是指最低租赁付款额加上独立于承租人和出租人的第三方对出租人担保的资产余值。

二、租赁类型的判断

正确判断租赁类型是租赁业务会计处理的基础。

（一）租赁的分类

我国会计准则采取与国际会计准则一致的分类方法。根据租赁资产上所有权的风险和报酬是否转移给承租人，可以将租赁分为融资租赁和经营租赁。

融资租赁，也称资本租赁，是指出租人实质上将与资产所有权有关的全部风险和报酬都转移给承租人的一种租赁，其所有权最终可能转移，也可能不转移。所谓与资产所有权相关的一切风险，是指由于生产能力的闲置或工艺技术的陈旧所可能造成的损失，以及由于经济情况变动所可能造成的收入变动。所谓与资产所有权相关的一切报酬，是指在资产的有效使用年限内直接使用租赁资产而可能获取的利益，以及因资产升值或变卖余值所可能实现的收入。

如果与资产所有权有关的风险和报酬实质上并未转移给承租人，那么这种租赁就应归为经营租赁。经营租赁资产的所有权不转移，租赁期届满后，承租人有退租或续租的选择权，而不存在优惠购买权。

（二）租赁类型的判断

承租人和出租人应当在租赁开始日将租赁分为融资租赁和经营租赁。

满足下列一项或数项标准的，即应认定为融资租赁；除融资租赁以外的租赁为经营租赁。

（1）在租赁期届满时，租赁资产的所有权转移给承租人。如果在租赁协议中已经约定，或者根据其他条件在租赁开始日就可以合理地判断，租赁期届满时出租人会将资产的所有权转移给承租人，那么该项租赁应当认定为融资租赁。

（2）承租人有购买租赁资产的选择权，所订立的购买价款预计将远低于行使选择权时租赁资产的公允价值，因而在租赁开始日就可合理地确定承租人将会行使这种选择权。

例如，出租人和承租人签订了一项租赁协议，租赁期限为3年，租赁期届满时承租人有权以10 000元的价格购买租赁资产，在签订租赁协议时估计该租赁资产租赁期届满时的公允价值为40 000元，由于购买价格仅为公允价值的25%（远低于公允价值40 000元），如果没有特别的情况，承租人在租赁期届满时将会购买该项资产。在这种情况下，在租赁开始日即可判断该项租赁应为融资租赁。

（3）即使资产的所有权不转移，租赁期占租赁资产使用寿命的大部分（通常≥75%）。如果租赁资产是旧资产，在租赁前已使用年限超过资产自全新时起算可使用年限的75%以上时，则这条判断标准不适用，不能使用这条标准确定租赁的分类。

（4）就承租人而言，租赁开始日最低租赁付款额的现值几乎相当于（通常≥90%）租赁开始日租赁资产公允价值；就出租人而言，租赁开始日最低租赁收款额的现值几乎相当于（通常≥90%）租赁开始日租赁资产公允价值。

（5）租赁资产性质特殊，如果不作较大改造，则只有承租人才能使用。这条标准是指租赁资产是由出租人根据承租人对资产型号、规格等方面的特殊要求专门购买或建造的，具有专购、专用性质。这些租赁资产如果不作较大的改造，其他企业通常难以使用。这种情况下，该项租赁应当认定为融资租赁。

对于同时涉及土地和建筑物的租赁，企业通常应当将土地和建筑物分开考虑。将最低租赁付款额根据土地部分的租赁权益和建筑物的租赁权益的相对公允价值的比例进行分配。在我国，由于土地的所有权归国家所有，土地租赁不能归类为融资租赁。对于建筑物的租赁，应按租赁准则的规定标准进行相应的分类。如果土地和建筑物无法分离或不能可靠计量，应归为一项融资租赁，除非两部分都明显是经营租赁，在后一种情况下，整个租赁应归为经营租赁。

第二节　融资租赁的会计处理

融资租赁的会计处理包括两方面：承租人的会计确认和计量；出租人的会计确认和计量。

一、承租人的会计确认和计量

承租人融资租赁的账务处理主要包括以下问题：①租赁资产的初始确认和计量；②未确认融资费用的分摊；③租赁资产折旧的计提；④履约成本的账务处理；⑤或有租金的账务处理；⑥租赁期满时的账务处理等。

（一）租赁资产的初始确认和计量

在租赁期开始日，承租人应当将租赁开始日租赁资产公允价值与最低租赁付款额现值二者中较低者，作为租入资产的入账价值基础，将最低租赁付款额作为长期应付款的入账价值，其差额作为未确认融资费用。

承租人发生的初始直接费用，应当计入租入资产价值。初始直接费用是指在租赁谈判和签订租赁合同的过程中发生的可直接归属于租赁项目的费用。承租人发生的初始直接费用，通常有印花税、佣金、律师费、差旅费、谈判费等。

承租人在计算最低租赁付款额的现值时，应当选择合理的折现率，具体分为三种情况：如果知悉出租人的租赁内含利率，应当采用出租人的租赁内含利率作为折现率；如果不知悉出租人的租赁内含利率，应当采用租赁合同规定的利率作为折现率；如果出租人的租赁内含利率和租赁合同规定的利率均无法知悉，应当采用同期银行贷款利率作为折现率。

注意，这里所讲的租赁内含利率，是指在租赁开始日，使最低租赁收款额的现值与未担保余值的现值之和等于租赁资产公允价值与出租人的初始直接费用之和的折现率。

【例3－1】2006年12月1日，A公司（承租人）与B公司（出租人）签订了一份租赁合同，合同主要条款如下：

（1）租赁标的物：塑钢机。

（2）起租日：2006年12月31日。

（3）租赁期：2006年12月31日—2009年12月31日，共36个月。

（4）租金支付：自2006年12月31日，每隔6个月于月末支付租金180 000元。

（5）该机器的保险、维护等费用均由A公司负担，估计每年约12 000元。

（6）该机械在2006年12月31日的公允价值为859 000元。

（7）租赁合同规定的利率为7%（6个月利率）。

（8）A公司在租赁谈判和签订租赁合同过程中发生可归属于租赁项目的手续费、差旅费1 000元。

（9）该机器的估计使用年限为8年，已使用3年，期满无残值。A公司采用年限平均法计提折旧。

（10）租赁期届满时，A公司享有优惠购买该机器的选择权，购买价为120元，估计该日租赁资产的公允价值为96 000元。

（11）2008年和2009年两年，A公司每年按该机器所生产的产品年销售收入的5%向B公司支付经营分享收入。

以下说明承租人（A公司）在租赁期开始日2006年12月31日的会计处理。

（1）判断租赁类型。

存在优惠购买权。优惠购买价120元远低于行使选择权日租赁资产的公允价值96 000元（120÷96 000＝1.25%＜5%），因而在租赁开始日就可以合理地确定A公司会行使这种选择权，所以该租赁为融资租赁。

（2）计算租赁开始日最低租赁付款额的现值，确定租赁资产入账价值。

最低租赁付款额＝各期租金之和＋行使优惠购买选择权支付的金额

＝180 000×6＋120＝1 080 120（元）

最低租赁付款额的现值＝180 000×（P/A，7%，6）＋120×（P/F，7%，6）

＝180 000×4.767＋120×0.666＝858 140（元）（＜859 000元）

根据公允价值与最低租赁付款额现值孰低原则，租赁资产的入账价值应为最低租赁付款额现值858 140元。

(3) 计算未确认融资费用。

未确认融资费用 = 1 080 120 - 858 140 = 221 980 (元)

(4) 将初始直接费用 1 000 元计入资产价值，则 A 公司融资租入资产的入账价值为 859 140 元 (858 140 + 1 000)。

(5) 会计分录。

2006 年 12 月 31 日的会计分录如下：

借：固定资产——融资租入固定资产　　859 140
　　未确认融资费用　　221 980
　贷：长期应付款——应付融资租赁款　　1 080 120
　　　银行存款　　1 000

(二) 未确认融资费用的分摊

在融资租赁下，承租人向出租人支付的租金中，包含了本金和利息两部分。承租人支付租金时，一方面应减少长期应付款，另一方面应将未确认的融资费用按一定的方法确认为当期融资费用。

承租人应当采用实际利率法分摊未确认的融资费用。在实际利率法下，根据租赁开始日租赁资产和负债的入账价值基础不同，融资费用分摊率的选择也不同，具体分为四种情况：以出租人的租赁内含利率为折现率将最低租赁付款额折现，且以该现值作为租赁资产入账价值的，应当将租赁内含利率作为未确认融资费用的分摊率；以合同规定利率为折现率将最低租赁付款额折现，且以该现值作为租赁资产入账价值的，应当将合同规定利率作为未确认融资费用的分摊率；以银行同期贷款利率为折现率将最低租赁付款额折现，且以该现值作为租赁资产入账价值的，应当将银行同期贷款利率作为未确认融资费用的分摊率；以租赁资产公允价值为入账价值的，应当重新计算分摊率，该分摊率是使最低租赁付款额的现值等于租赁资产公允价值的折现率。

存在优惠购买选择权的，在租赁期届满时，未确认融资费用应全部摊销完毕，并且租赁负债也应当减少为优惠购买金额。在承租人或与其有关的第三方对租赁资产提供了担保或由于在租赁期届满时没有续租而支付违约金的情况下，在租赁期届满时，未确认融资费用应当全部摊销完毕，租赁负债还应减少至担保余值。

【例 3 - 2】沿用【例 3 - 1】，下面列示未确认融资费用分摊的处理。

(1) 确定融资费用分摊率。

由于租赁资产入账价值为最低租赁付款额现值，因此应当将合同规定利率 7% 作为未确认融资费用的分摊率。

(2) 在租赁期内采用实际利率法分摊未确认融资费用 (参见表 3 - 1)。

表 3-1 未确认融资费用分摊表

2006 年 12 月 31 日 单位：元

日期	租金①	确认的融资费用 ② = 上期④ × 7%	应付本金减少额 ③ = ① - ②	应付本金余额 ④ = 上期④ - ③
2006 年 12 月 31 日				858 140
2007 年 6 月 30 日	180 000	60 070	119 930	738 210
2007 年 12 月 31 日	180 000	51 675	128 325	609 885
2008 年 6 月 30 日	180 000	42 692	137 308	472 577
2008 年 12 月 31 日	180 000	33 080	146 920	325 657
2009 年 6 月 30 日	180 000	22 796	157 204	168 453
2009 年 12 月 31 日	180 000	11 667**	168 333*	120
2009 年 12 月 31 日	120		120	0
合计	1 080 120	221 980	858 140	

*尾数调整：168 333 = 168 453 - 120

**尾数调整：11 667 = 180 000 - 168 333

（3）会计分录。

2007 年 6 月 30 日，支付第一期租金，并分摊未确认融资费用：

借：长期应付款——应付融资租赁款 180 000

　贷：银行存款 180 000

借：财务费用 60 070

　贷：未确认融资费用 60 070

以后各期支付租金、分摊未确认融资费用分录略。

（三）租赁资产折旧的计提

承租人应对融资租入的固定资产计提折旧。

1. 折旧政策

对于融资租入资产，计提租赁资产折旧时，承租人应采用与自有应折旧资产相一致的折旧政策。同自有应折旧资产一样，租赁资产的折旧方法一般有年限平均法、工作量法、双倍余额递减法、年数总和法等。如果承租人或与其有关的第三方对租赁资产余值提供担保，则应计提折旧总额为租赁期开始日固定资产的入账价值扣除担保余值后的余额；如果承租人或与其有关的第三方未对租赁资产余值提供担保，且无法合理确定租赁届满后承租人是否能够取得租赁资产所有权，应计提折旧总额为租赁期开始日固定资产的入账价值。

2. 折旧期间

确定租赁资产的折旧期间应以租赁合同而定。如果能够合理确定租赁期届满时承租人将会取得租赁资产所有权，即可认为承租人拥有该项资产的全部使用寿命，因此应以租赁期开始日租赁资产的寿命作为折旧期间；如果无法合理确定租赁期届满后承租人是否能够取得租赁资产的所有权，应以租赁期与租赁资产寿命二者中较短者作为折旧期间。

【例3－3】沿用【例3－1】，下面列示融资租入固定资产折旧的处理。

在租赁期开始日（2006年12月31日）可以合理地确定租赁期届满后承租人能够取得该资产的所有权，因此在采用年限平均法计提折旧时，应按租赁期开始日租赁资产寿命5年（估计使用年限8年减去已使用年限3年）计提折旧。本例中租赁资产不存在担保余值，应全额计提折旧。融资租入固定资产折旧计算如表3－2。

表3－2　融资租入固定资产折旧计算表（年限平均法）

2006年12月31日　　单位：元

日期	固定资产原价	折旧率	当年折旧费	累计折旧	固定资产净值
2006年12月31日	859 140				859 140
2007年12月31日	859 140	20%	171 828	171 828	687 312
2008年12月31日	859 140	20%	171 828	343 656	515 484
2009年12月31日	859 140	20%	171 828	515 484	343 656
2010年12月31日	859 140	20%	171 828	687 312	171 828
2011年12月31日	859 140	20%	171 828	859 140	0
合计		100%	859 140		

2007年12月31日，计提本年折旧会计分录如下：

借：制造费用　　171 828

　贷：累计折旧　　171 828

以后各年分录略。

（四）履约成本的处理

履约成本是指租赁期内为租赁资产所支付的各种使用费用，如技术咨询和服务费、人员培训费、维修费、保险费等。承租人发生的履约成本通常应计入当期损益。

【例3－4】沿用【例3－1】，2007年12月31日，A公司发生该机器保险费、维护费12 000元。会计分录如下：

借：制造费用　　12 000

　贷：银行存款　　12 000

（五）或有租金的处理

或有租金是指金额不固定、以时间长短以外的其他因素（如销售量、使用量、物价指数等）为依据计算的租金。由于或有租金的金额不固定，无法采用系统合理的方法对其进行分摊，因此或有租金在实际发生时计入当期损益。如果或有租金是以销售量、使用量为依据计算的，应借记“销售费用”科目；如果或有租金是以物价指数为依据计算的，应借记“财务费用”科目。

【例3－5】沿用【例3－1】，2008年、2009年A公司分别实现塑钢窗户销售收入120 000元和180 000元，根据租赁合同规定，这两年应支付给B公司经营分享收入分别为6 000元和9 000元。2008年12月31日的会计分录如下：

借：销售费用　　　　　　　　　　　　　　　　　　　　　　　6 000

　贷：其他应付款——B公司　　　　　　　　　　　　　　　　　　　6 000

2009年12月31日分录略。

（六）租赁期届满时的处理

租赁期届满时，承租人对租赁资产的处理通常有三种情况：返还、优惠续租和留购。

1. 返还租赁资产

租赁期届满，承租人向出租人返还租赁资产时，通常借记“长期应付款——应付融资租赁款”、“累计折旧”科目，贷记“固定资产——融资租入固定资产”科目。

2. 优惠续租租赁资产

承租人行使优惠续租选择权，应视同该项租赁一直存在而作出相应的账务处理。

如果租赁期届满时没有续租，根据租赁合同规定须向出租人支付违约金时，借记“营业外支出”科目，贷记“银行存款”等科目。

3. 留购租赁资产

在承租人享有优惠购买选择权的情况下，支付购买价款时，借记“长期应付款——应付融资租赁款”科目，贷记“银行存款”等科目；同时，将固定资产从“融资租入固定资产”明细科目转入有关明细科目。

【例3-6】沿用【例3-1】，2009年12月31日，A公司向B公司支付购买价款120元。会计分录如下：

借：长期应付款——应付融资租赁款　　　　　　　　　　　　　　120

　贷：银行存款　　　　　　　　　　　　　　　　　　　　　　　　120

借：固定资产——大型纺织机械　　　　　　　　　　　　　　859 140

　贷：固定资产——融资租入固定资产　　　　　　　　　　　　　859 140

二、出租人的会计确认和计量

出租人融资租赁的账务处理主要包括以下问题：①租赁期开始日租赁债权确认；②未确认融资收益的分配；③未担保余值发生变动时的处理；④或有租金的账务处理；⑤租赁期满时的账务处理等。

（一）租赁期开始日的处理

在租赁期开始日，将应收融资租赁款、未担保余值之和与其现值的差额确认为未实现融资收益，在将来收到租金的各期内确认为租赁收入。出租人发生的初始直接费用，应包括在应收融资租赁款的初始计量中，并减少租赁期内确认的收益金额。

【例3-7】沿用【例3-1】，融资租赁固定资产账面价值为859 000元。B公司在租赁谈判和签订租赁合同过程中发生可归属于租赁项目的手续费、差旅费1 000元。以下说明出租人B公司的会计处理。

（1）判断租赁类型。

存在优惠购买权。优惠购买价120元远低于行使选择权日租赁资产的公允价值96 000元（$120 \div 96\ 000 = 1.25\% < 5\%$），因而在租赁开始日就可以合理地确定A公司会行使这种选择权，所以该租赁为融资租赁。

(2) 计算租赁开始日最低租赁收款额及其现值和未实现融资收益。

应收融资租赁款入账价值 = 最低租赁收款额 + 初始直接费用

= 180 000 × 6 + 120 + 1 000 = 1 081 120 (元)

最低租赁收款额现值 = 租赁开始日租赁资产公允价值 + 初始直接费用

= 859 000 + 1 000 = 860 000 (元)

未实现融资收益 = 1 081 120 - 860 000 = 221 120 (元)

(3) 会计分录。

2006 年 12 月 31 日的会计分录如下:

借: 应收融资租赁款	1 081 120	
贷: 银行存款		1 000
融资租赁资产		859 000
未实现融资收益		221 120

在本例中,融资租赁固定资产在租赁期开始日的账面价值正好与公允价值一致。如果账面价值高于或者低于公允价值,其差额应当计入当期损益,通过“营业外收入”或“营业外支出”科目核算。

在计算内含报酬率时已考虑了初始直接费用的因素,为了避免未实现融资收益高估,在初始确认时应对未实现融资收益进行调整,借记“未实现融资收益”科目,贷记“长期应收款——应收融资租赁款”科目。相应的会计分录如下:

借: 未实现融资收益	1 000	
贷: 长期应收款——应收融资租赁款		1 000

(二) 未实现融资收益的分配

根据租赁准则的规定,未实现融资收益应当在租赁期内各个期间进行分配,确认为各期的租赁收入。分配时,出租人应当采用实际利率法计算当期应当确认的租赁收入。出租人每期收到租金时,按收到的租金金额,借记“银行存款”科目,贷记“应收融资租赁款”科目。同时,每期确认租赁收入时,借记“未实现融资收益”科目,贷记“租赁收入”科目。

【例 3-8】沿用【例 3-1】,下面说明出租人对未实现融资租赁收益的处理。

(1) 计算租赁内含利率。

最低租赁收款额 = 180 000 × 6 + 120 = 1 080 120 (元)

最低租赁收款额的现值 = 860 000 (元)

180 000 × (P/A, r, 6) + 100 × (P/F, r, 6) = 860 000

用插值法计算租赁内含利率 r = 6.93%。

(2) 计算租赁期内各期应分摊的融资收益(参见表 3-3)。

表3-3 未确认融资收益分配表（实际利率法）

2006年12月31日　　单位：元

日期	租金①	确认的融资收益 ②=期初④×6.93%	租赁投资净额减少 ③=①-②	租赁投资净额余额 ④=期初④-③
2006年12月31日				860 000
2007年6月30日	180 000	59 598	120 402	739 598
2007年12月31日	180 000	51 254	128 746	610 852
2008年6月30日	180 000	42 332	137 668	473 184
2008年12月31日	180 000	32 792	147 208	325 976
2009年6月30日	180 000	22 590	157 410	168 566
2009年12月31日	180 000	11 554**	168 446*	120
2009年12月31日	120		120	0
合计	1 080 120	220 120	860 000	

*尾数调整：168 446=168 566-120

**尾数调整：11 554=180 000-168 446

（3）会计分录。

2007年6月30日，收到第一期租金并分配未实现融资收益：

借：银行存款　　180 000

　贷：长期应收款——应收融资租赁款　　180 000

借：未实现融资收益　　59 598

　贷：租赁收入　　59 598

以后各期收到租金、分配未实现融资收益分录略。

（三）未担保余值发生变动时的处理

未担保余值变动方向不同，其会计处理有所不同。

1. 未担保余值发生减少和已确认损失的未担保余值得以恢复的处理

由于未担保余值的金额决定了租赁内含利率的大小，从而决定了未实现融资收益的分配，因此，为了真实地反映企业的资产和经营业绩，根据谨慎性原则的要求，在未担保余值发生减少和已确认损失的未担保余值得以恢复的情况下，均应当重新计算租赁内含利率，以后各期根据修正后的租赁投资净额和重新计算的租赁内含利率确定应确认的租赁收入。其账务处理如下：

期末，出租人的未担保余值的预计可收回金额低于其账面价值的差额，借记“资产减值损失”科目，贷记“未担保余值减值准备”科目。同时，将未担保余值减少额与由此所产生的租赁投资净额的减少额的差额，借记“未实现融资收益”科目，贷记“资产减值损失”科目。

如果已确认损失的未担保余值得以恢复，应在原已确认的损失金额内转回，借记“未担保余值减值准备”科目，贷记“资产减值损失”科目。同时，将未担保余值恢复额与由此所产生的租赁投资净额的增加额的差额，借记“资产减值损失”科目，贷记“未实现融资收益”科目。

2. 未担保余值增加的处理

未担保余值增加时，不作任何调整。

（四）或有租金的处理

出租人在融资租赁下收到的或有租金应计入当期损益。

【例3－9】沿用【例3－1】，2008年和2009年，该机器所生产产品的年销售收入120 000和180 000元。根据租赁合同的规定，两年应向A公司收取的经营分享收入分别为6 000元和9 000元。2008年会计分录如下：

借：银行存款（或应收账款）　　6 000

　贷：租赁收入　　6 000

2009年会计分录略。

（五）租赁期届满时的处理

租赁期届满时，出租人对租赁资产的处理通常有三种情况：收回、优惠续租和出售。

1. 出租人收回租赁资产

出租人收回租赁资产，有可能出现以下三种情况：

（1）对资产余值全部担保的，出租人收到承租人交还的租赁资产时，应当借记“融资租赁资产”科目，贷记“长期应收款——应收融资租赁款”科目。如果收回租赁资产的价值低于担保余值，则应向承租人收取价值损失补偿金，借记“其他应收款”科目，贷记“营业外收入”科目。

（2）对资产余值部分担保的，出租人收到承租人交还的租赁资产时，借记“融资租赁资产”科目，贷记“长期应收款——应收融资租赁款”、“未担保余值”等科目。如果收回租赁资产的价值扣除未担保余值后的余额低于担保余值，则应向承租人收取价值损失补偿金，借记“其他应收款”科目，贷记“营业外收入”科目。

（3）对资产余值全部未担保的，出租人收到承租人交还的租赁资产时，借记“融资租赁资产”科目，贷记“未担保余值”科目。

2. 优惠续租租赁资产

如果承租人行使优惠续租选择权，则出租人应视同该项租赁一直存在而作出相应的账务处理，如继续分配未实现融资收益等。

如果租赁期届满时承租人未按租赁合同规定续租，出租人应向承租人收取违约金，并将其确认为营业外收入。同时，将收回的租赁资产按上述规定进行处理。

3. 出租人出售租赁资产

租赁期届满时，承租人行使了优惠购买选择权。出租人应按收到的承租人支付购买资产的价款，借记“银行存款”等科目，贷记“长期应收款——应收融资租赁款”科目。

【例3－10】沿用【例3－1】，2010年1月1日，B公司收到A公司支付的购买资产的价款120元。会计分录如下：

借：银行存款　　120

　贷：长期应收款——应收融资租赁款　　120

三、融资租赁的信息列报

（一）承租人的信息列报

承租人应当在资产负债表中，将与融资租赁相关的长期应付款减去未确认融资费用的差额，分别以长期负债和一年内到期的长期负债列示。

承租人应当在附注中披露与融资租赁有关的下列信息：①各类租入固定资产的期初和期末原价、累计折旧额；②资产负债表日后连续三个会计年度每年将支付的最低租赁付款额，以及以后年度将支付的最低租赁付款额总额；③未确认融资费用的余额，以及分摊未确认融资费用所采用的方法。

（二）出租人的信息列报

出租人应当在资产负债表中，将应收融资租赁款减去未实现融资收益的差额，作为长期债权列示。

出租人应当在附注中披露与融资租赁有关的下列信息：①资产负债表日后连续三个会计年度每年将收到的最低租赁收款额，以及以后年度将收到的最低租赁收款额总额；②未实现融资收益的余额，以及分配未实现融资收益所采用的方法。

第三节 经营租赁的会计处理

经营租赁的会计处理包括两方面：承租人的会计处理；出租人的会计处理。

一、承租人的会计处理

承租人的会计处理主要包括以下内容：

（一）租金的处理

在经营租赁下，承租人不必将租赁资产资本化，只需将支付或应付的租金按一定的方法计入相关资产成本或当期损益。

承租人应当将经营租赁的租金在租赁期内各个期间按照直线法计入相关资产成本或当期损益；其他方法更为系统合理的，也可以采用其他方法。一般情况下，采用直线法将承租人支付的经营租赁租金确认为费用较为合理，但在某些特殊情况下，则应采用比直线法更系统合理的方法，如根据租赁资产的使用量来确认租金费用。例如，某企业租入一台起重机，根据起重机的工作小时来确认当期应分摊的租金费用就比按年限平均法确认更为合理。

承租人确认的租金费用，借记“制造费用”、“销售费用”、“管理费用”等科目，贷记“银行存款”等科目。

（二）初始直接费用的处理

对于承租人在经营租赁中发生的初始直接费用，应计入当期损益。其账务处理为：借记“管理费用”等科目，贷记“银行存款”等科目。

（三）或有租金的处理

在经营租赁中，承租人对或有租金的处理与融资租赁中相同，即在实际发生时计入当期损益。其账务处理为：借记“销售费用”等科目，贷记“银行存款”等科目。

（四）出租人提供激励措施的处理

出租人提供免租期的，承租人应将租金总额在不扣除免租期的整个租赁期内，按直线法或其他合理的方法进行分摊，免租期内应当确认租金费用及相应的负债。出租人承担了承租人某些费用的，承租人应将该费用从租金费用总额中扣除，按扣除后的租金费用余额在租赁期内进行分摊。

（五）相关信息的披露

承租人对于重大的经营租赁，应当在附注中披露下列信息：①资产负债表日后连续三个会计年度每年将支付的不可撤销经营租赁的最低租赁付款额；②以后年度将支付的不可撤销经营租赁的最低租赁付款额总额。

二、出租人的会计处理

出租人的会计处理主要包括以下内容：

（一）租金的处理

在一般情况下，出租人应采用直线法将收到的租金在租赁期内确认为收益，但在某些特殊情况下，则应采用比直线法更系统合理的方法。出租人应当根据应确认的收益，借记“银行存款”等科目，贷记“租赁收入”、“其他业务收入”等科目。

（二）初始直接费用的处理

经营租赁中出租人发生的初始直接费用，是指在租赁谈判和签订租赁合同的过程中发生的可归属于租赁项目的手续费、律师费、差旅费、印花税等，应当计入当期损益。金额较大的应当资本化，在整个经营租赁期内按照与确认租金收入相同的基础分期计入当期损益。

（三）租赁资产折旧的计提

对于经营租赁资产中的固定资产，应当采用出租人对类似应折旧资产通常所采用的折旧政策计提折旧。

（四）或有租金的处理

在经营租赁中，出租人对或有租金的处理与融资租赁相同，即在实际发生时计入当期收益。

（五）出租人对经营租赁提供激励措施的处理

出租人提供免租期的，出租人应将租金总额在不扣除免租期的整个租赁期内，按直线法或其他合理的方法进行分配，免租期内出租人应当确认租金收入。出租人承担了承租人某些费用的，出租人应将该费用自租金收入总额中扣除，按扣除后的租金收入余额在租赁期内进行分配。

（六）经营租赁资产在会计报表中的处理

在经营租赁下，与资产所有权有关的主要风险和报酬仍然留在出租人一方，因此出租人应当将出租资产作为自身拥有的资产在资产负债表中列示。如果出租资产属于固定资产，则列在资产负债表固定资产项下，如果出租资产属于流动资产，则列在资产负债表有关流动资产项下。

（七）相关信息的披露

出租人对经营租赁，应当在附注中披露各类租出资产的账面价值。

第四节 售后租回的会计处理

售后租回交易，是指资产卖主（承租人）将资产出售后再从买主（出租人）租回的交易，它是一种特殊形式的租赁业务。其特点是：①售后租回的目的，就卖主（承租人）而言是为了融通资金，就买主（出租人）而言是为了投资；②售后租回交易中资产的售价和租金是相互关联的，它是以一揽子方式谈判一并计算的，因此资产的出售和租回实质上是同一笔业务。

无论是承租人还是出租人，均应按照租赁准则的规定，将售后租回交易认定为融资租赁或经营租赁。对出租人而言，售后租回交易与其他租赁业务的会计处理相同。对承租人而言，与资产所有权有关的全部报酬和风险并未转移，并且售后租回交易的租金和资产的售价往往是以一揽子方式进行谈判的，应视为一项交易，因此售后租回交易同其他租赁业务的会计处理有所不同。其区别在于，出售资产的损益不应确认为当期损益，而应予以递延，分摊计入租回各期的损益。

一、售后租回交易形成融资租赁

在形成融资租赁的售后租回交易方式下，卖主（承租人）应将出售资产的售价与其账面价值之间的差额（售价无论是高于还是低于资产账面价值）作为未实现售后租回损益递延，并按资产的折旧进度进行分摊，作为折旧费用的调整。

承租人对售后租回交易中售价与资产账面价值的差额应通过“递延收益——未实现售后租回损益（融资租赁）”科目进行核算，分摊时，按既定比例减少未实现售后租回损益，同时相应增加或减少折旧费用。

【例3－11】2008年12月31日，A公司将一台机床按70 000元的价格销售给B公司。该机床的公允价值为70 000元，账面原价为100 000元，已提折旧40 000元。同时又签订了一份融资租赁协议将机床租回。A公司对该机床采用年限平均法计提折旧，折旧期限5年。

A公司对售后租回交易中售价与资产账面价值的差额会计处理如下：

（1）2008年12月31日，结转出售固定资产的账面价值。

借：固定资产清理	60 000	
累计折旧	40 000	
贷：固定资产——机床		100 000

（2）2008年12月31日，向B公司出售机床。

借：银行存款	70 000	
贷：固定资产清理		60 000
递延收益——未实现售后租回损益		10 000

（3）2009 年 12 月 31 日，确认本年度应分摊的未实现售后租回损益（计算过程参见表 3－4）。

表 3－4　未实现售后租回收益分摊表（年限平均法）

2008 年 12 月 31 日　　单位：元

日期	售价	账面价值	摊销期	分摊率	摊销额	未实现售后租回损益
2008 年 12 月 31 日	70 000	60 000	5 年			10 000
2009 年 12 月 31 日				20%	2 000	8 000
2010 年 12 月 31 日				20%	2 000	6 000
2011 年 12 月 31 日				20%	2 000	4 000
2012 年 12 月 31 日				20%	2 000	2 000
2013 年 12 月 31 日				20%	2 000	0
合计				100%	10 000	

会计分录如下：

借：递延收益——未实现售后租回损益（融资租赁）　　2 000

　贷：制造费用——折旧费　　2 000

其他会计分录略。

二、售后租回交易形成经营租赁

企业售后租回交易认定为经营租赁的，应当分情况处理：在有确凿证据表明售后租回交易是按照公允价值达成的，售价与资产账面价值的差额计入当期损益。如果售后租回交易不是按照公允价值达成的，卖主（承租人）应将出售资产的售价与其账面价值之间的差额（售价无论是高于还是低于资产账面价值）作为未实现售后租回损益递延，并在租赁期内按照与确认租金费用相一致的方法进行分摊，作为租金费用的调整；此时，承租人对售后租回交易中售价与资产账面价值的差额应通过“递延收益——未实现售后租回损益（经营租赁）”科目进行核算，分摊时，按既定比例减少未实现售后租回损益，同时相应增加或减少租金费用。

【例 3－12】2009 年 1 月 1 日，A 公司将一套全新办公用房按照 3 000 000 元的价格售给 B 公司，并立即签订了一份租赁合同，从 B 公司租回该办公用房，租期为 4 年。办公用房原账面价值为 2 900 000 元，预计使用年限为 75 年。租赁合同规定，在租期的每年年末支付租金 70 000 元。租赁期满后预付租金不退回，B 公司收回办公用房使用权。该办公用房公允价值为 2 900 000 元。

A 公司的会计处理如下：

（1）判断租赁类型。根据资料分析，该项租赁属于经营租赁。

（2）计算未实现售后租回损益。

未实现售后租回损益＝售价－资产的账面价值＝3 000 000－2 900 000＝100 000（元）

（3）在租赁期内按直线法分摊未实现售后租回损益（参见表 3－5）。

表 3－5 未实现售后租回收益分摊表

2009 年 1 月 1 日　　　　单位：元

日期	售价	账面价值	支付租金	租金支付比率	摊销额	未实现售后租回损益
2009 年 1 月 1 日	3 000 000	2 900 000				100 000
2009 年 12 月 31 日			70 000	25%	25 000	75 000
2010 年 12 月 31 日			70 000	25%	25 000	50 000
2011 年 12 月 31 日			70 000	25%	25 000	25 000
2012 年 12 月 31 日			70 000	25%	25 000	0
合计	3 000 000	2 900 000	280 000	100%	100 000	

（4）会计分录。

①2009 年 1 月 1 日，结转出售固定资产的账面价值：

借：固定资产清理　　2 900 000

　贷：固定资产——办公用房　　2 900 000

②2009 年 1 月 1 日，向 B 公司出售办公用房：

借：银行存款　　3 000 000

　贷：固定资产清理　　2 900 000

　　递延收益——未实现售后租回损益（经营租赁）　　100 000

③2009 年 12 月 31 日，支付租金：

借：管理费用——租赁费　　70 000

　贷：银行存款　　70 000

④2009 年 12 月 31 日，分摊未实现售后租回损益：

借：递延收益——未实现售后租回损益（经营租赁）　　25 000

　贷：管理费用——租赁费　　25 000

其他会计分录略。

【例 3－13】沿用【例 3－12】，其他条件不变，现有确凿证据表明该办公房产目前公允价值为 3 000 000 元，则 A 公司应当将售价与资产账面价值的差额计入当期损益。A 公司的会计处理如下：

借：银行存款　　3 000 000

　贷：固定资产清理　　2 900 000

　　营业外收入——处置非流动资产利得　　100 000

其他会计分录略。

三、售后租回的会计披露

承租人和出租人应当在附注中披露各售后租回交易以及售后租回合同中的重要条款。

【复习题】

一、简答题

1. 何谓租赁？如何判断经营租赁与融资租赁？

2. 何谓最低租赁付款额？何谓最低租赁收款额？

3. 承租人在计算最低租赁付款额现值时，如何确定折现率？承租人如何确定未确认融资费用的分摊率？

4. 简述融资租赁业务中承租人与出租人各自的会计处理。

5. 简述经营租赁业务中承租人与出租人各自的会计处理。

6. 何谓售后租回？简述售后租回业务中承租人与出租人各自的会计处理。

7. 不同形式的租赁，承租人和出租人各自在附注中披露的与租赁有关的信息有哪些？

二、业务题

1. 目的：练习融资租赁业务的会计处理。

资料：2006 年 12 月 1 日，甲公司与乙公司签订了一份租赁合同，向乙公司租入塑钢机一台。合同主要条款如下。

（1）起租日：2006 年 12 月 31 日。

（2）租赁期：2006 年 12 月 31 日至 2009 年 12 月 31 日，共 36 个月。

（3）租金支付：自 2006 年 12 月 31 日，每隔 6 个月于月末支付租金 150 000 元。

（4）该机器的保险、维护等费用均由甲公司负担，估计每年约 10 000 元。

（5）该机器在 2006 年 12 月 1 日的公允价值为 700 000 元。

（6）租赁合同规定的利率为 7%（6 个月利率）（乙公司租赁内含利率未知）。

（7）甲公司在租赁谈判和签订租赁合同过程中发生可归属于租赁项目的手续费、差旅费 1 000 元。

（8）该机器的估计使用年限为 8 年，已使用 3 年，期满无残值。承租人采用年限平均法计提折旧。

（9）租赁期届满时，甲公司享有优惠购买该机器的选择权，购买价为 100 元，估计该日租赁资产的公允价值为 80 000 元。

（10）2008 年和 2009 年两年，甲公司每年按该机器所生产的产品——塑钢窗户的年销售收入的 5% 向乙公司支付经营分享收入。

其他资料：该项租赁资产不需要安装。2008 年、2009 年，甲公司分别实现塑钢窗户销售收入 100 000 元和 150 000 元。

要求：分别为甲、乙公司编制会计分录。

2. 目的：练习经营租赁业务的会计处理。

资料：丙公司为提高设备利用率，将一台闲置设备出租给丁公司，该设备账面原值 50 000 元，年折旧率为 10%，负担的月保险费为 60 元（在年初时已一次支付）。该设备租赁期为 9 个月，每月租金为 3 000 元，双方约定先预付 50% 租金，其余的 50% 按月分期支付。

要求：为丙公司和丁公司编制会计分录。

第四章　债务重组

【学习目标】

通过本章的学习，理解债务重组的概念和特征，了解债务重组的方式，掌握债务重组方式下债务方及债权方的会计处理原则和方法，熟悉债务重组的信息披露要求。

【知识点】

债务重组、债务重组方式、债务重组损失、资产转让损益、债务重组收益、抵债资产、以资产清偿债务、将债务转为资本、修改其他债务条件、混合重组方式。

债务重组涉及债权人与债务人，对债权人而言，为“债权重组”；对债务人而言，为“债务重组”。为便于表述，统称为“债务重组”。

第一节　债务重组概述

公司发生会计困难，债权人作出让步，在避免债务人陷入更困难的境地甚至破产的同时，使债权人可以最大限度地收回债权。

一、债务重组的概念

债务重组，是指在债务人发生财务困难的情况下，债权人按照其与债务人达成的协议或者法院的裁定作出让步的事项。

债务重组强调了债务人处于财务困难的前提条件，并突出了债权人作出让步的实质。债务人发生财务困难、债权人作出让步是债务重组准则所定义的债务重组的基本特征。“债务人发生财务困难”，是指因债务人出现资金周转困难、经营陷入困境或者其他原因，导致其无法或者没有能力按原定条件偿还债务。“债权人作出让步”，是指债权人同意发生财务困难的债务人现在或者将来以低于重组债务账面价值的金额或者价值偿还债务。债权人作出让步的情形包括债权人减免债务人部分债务本金或者利息、降低债务人应付债务的利率等。

二、债务重组的方式

债务重组的方式主要包括：①以资产清偿债务；②将债务转为资本；③修改其他债务条件；④混合重组方式。

以资产清偿债务，是指债务人转让其资产给债权人以清偿债务的债务重组方式。债务人用于清偿债务的资产包括现金资产和非现金资产，主要有：现金、存货、金融资产、固定资产、无形资产等。

将债务转为资本，是指债务人将债务转为资本，同时，债权人将债权转为股权的债务重组方式。债务转为资本时，对股份有限公司而言，是将债务转为股本，对其他企业而言，是将债务转为实收资本。其结果是，债务人因此而增加股本（或实收资本），债权人因此而增加长期股权投资等。

修改其他债务条件，是指不包括上述两种方式在内的修改其他债务条件进行的债务重组方式，如减少债务本金、减少或免去债务利息等。

混合重组方式，是指采用以上三种方式共同清偿债务的债务重组方式。其组合偿债方式可能是：债务的一部分以资产清偿，一部分转为资本，另一部分则修改其他债务条件。

第二节　债务重组的确认和计量

一、以资产清偿债务

（一）以现金清偿债务的会计处理

以现金清偿债务的，债务人应当将重组债务的账面价值与实际支付现金之间的差额确认为债务重组利得，计入营业外收入。重组债务的账面价值，一般为债务的面值或本金、原值，如应付账款；如有利息的，还应加上应计未付利息，如长期借款等。

债权人应当将重组债权的账面余额与收到的现金之间的差额，确认为债务重组损失，计入营业外支出；如果债权人已对债权计提减值准备的，应当先冲减减值准备；冲减后尚有余额的，计入营业外支出；冲减后减值准备仍有余额的，应予转回并抵减当期资产减值损失。

【例 4－1】2009 年 1 月 5 日，A 公司销售一批材料给 B 公司，含税价为 351 000 元。因 B 公司发生财务困难，无法按合同规定偿还债务，2009 年 9 月 10 日，与 A 公司协商进行债务重组。双方达成的债务重组协议内容如下：A 公司同意减免 B 公司 51 000 元债务，余款立即用现金清偿。A 公司已对该债权计提坏账准备 6 000 元。

债务人 B 公司的会计处理如下：

借：应付账款——A 公司	351 000	
贷：银行存款		300 000
营业外收入——债务重组利得		51 000

债权人 A 公司的会计处理如下：

借：银行存款	300 000	
坏账准备	6 000	
营业外支出——债务重组损失	45 000	
贷：应收账款——B 公司		351 000

（二）以非现金资产清偿债务的会计处理

公司用来清偿债务的非现金资产类别不同，其会计处理也略有不同。

1. 债务人的处理

以非现金资产清偿债务的，债务人应分清债务重组利得与资产转让损益的界限，并于债务重组当期予以确认。债务重组利得是指重组债务的账面价值超过非现金资产（即抵债资产）的公允价值之间的差额，应计入营业外收入。

非现金资产的公允价值应当按照下列规定进行计量：非现金资产属于企业持有的股票、债券、基金等金融资产，且该金融资产存在活跃市场的，应当以金融资产的市价作为非现金资产的公允价值。非现金资产属于金融资产但该金融资产不存在活跃市场的，应当采用《企业会计准则第22号——金融工具确认和计量》规定的估值技术等合理的方法确定其公允价值。非现金资产属于存货、固定资产、无形资产等其他资产，且存在活跃市场的，应当以其市场价格为基础确定其公允价值；不存在活跃市场但与其类似资产存在活跃市场的，应当以类似资产的市场价格为基础确定其公允价值；在上述两种情况下仍不能确定非现金资产公允价值的，应当采用估值技术等合理的方法确定其公允价值。

资产转让损益，是指抵债的非现金资产的公允价值与其账面价值之间的差额。非现金资产公允价值与账面价值的差额，应按照相关准则规定处理。例如，非现金资产为存货的，应作为销售处理；非现金资产为固定资产的，应视同固定资产处置处理；非现金资产为无形资产的，视同无形资产处置处理。

非现金资产的账面价值，一般为非现金资产的账面余额扣除其资产减值准备后的金额。其中，非现金资产的账面余额，是指非现金资产账户在期末未扣除其资产减值准备之前的余额。未计提减值准备的非现金资产，其账面价值就是账面余额。

2. 债权人的处理

对债权人而言，以非现金资产清偿债务的，债权人应当对受让的非现金资产按其公允价值入账，重组债权的账面余额与受让的非现金资产的公允价值之间的差额，确认为债务重组损失，计入营业外支出。重组债权已经计提了减值准备的，分别对以下情况进行处理：

债权人对重组债权个别计提减值准备的，只需要将上述差额冲减已计提的减值准备，减值准备不足以冲减的部分作为债务重组损失，计入营业外支出，如果减值准备冲完该差额后，仍有余额，应予转回并抵减当期资产减值损失，不再确认债务重组损失。如果债权人对重组债权不是个别计提减值准备，而是采取组合计提减值准备的方法，则债权人应将对应于该债务人的损失准备倒算出来，再确定是否确认债务重组损失。

【例4-2】2008年11月5日，A公司销售一批材料给B公司，含税价为234 000元。因B公司发生财务困难，无法按合同规定偿还债务，2009年9月10日，与A公司协商进行债务重组。双方达成的债务重组协议内容如下：A公司同意B公司用其存货、固定资产抵偿该账款。2009年9月20日，抵债资产均已转让完毕。其中，用于抵债的产品市价为80 000元，增值税税率为17%，产品成本为70 000元；抵债设备的账面原价为120 000元，累计折旧为30 000元，评估确认的净值为85 000元。B公司发生的设备运输等相关费用为650元。A公司已对该项债权计提坏账准备1 800元，A公司在接受抵债资产时，安装设备发生的安装成本为1 500元。不考虑其他相关税费。

债务人B公司的会计处理如下：

（1）计算。

①重组债务应付账款的账面价值与抵债资产公允价值及增值税销项税额之间的差额

=234 000－［80 000×（1＋17%）＋85 000］=234 000－178 600=55 400（元）

差额55 400元为债务重组利得，计入营业外收入。

②抵债资产公允价值与账面价值之间的差额

=（80 000－70 000）＋［85 000－（120 000－30 000）］=10 000－5 000=5 000（元）

差额5 000元，扣除转让资产过程中发生的相关税费（本例中为设备运输费用）650元后的数额为4 350元，为资产转让收益。

各种非现金资产的转让损益计算如下：

抵债产品的公允价值80 000元与其账面价值70 000元（若计提了存货跌价准备，应扣除计提的存货跌价准备）的差额10 000元，为转让存货收益，体现在营业利润中。

抵债设备的公允价值85 000元与其账面价值90 000元（账面原价－累计折旧－计提的减值准备，即120 000－30 000－0）的差额为－5 000元，扣除650元的设备运输等相关费用后为－5 650元，为转让固定资产损失，计入营业外支出。

（2）会计分录。

①将固定资产净值转入固定资产清理：

借：固定资产清理——××设备	90 000	
累计折旧——××设备	30 000	
贷：固定资产——××设备		120 000

②支付清理费用：

借：固定资产清理——××设备	650	
贷：银行存款		650

③结转债务重组利得及转让资产损益：

借：应付账款——A公司	234 000	
贷：主营业务收入		80 000
应交税费——应交增值税（销项税额）		13 600
固定资产清理——××设备		85 000
营业外收入——债务重组利得		55 400

④结转产品成本：

借：主营业务成本	70 000	
贷：库存商品		70 000

⑤结转处置固定资产损益：

借：营业外支出——处置非流动资产损失	5 650	
贷：固定资产清理——××设备		5 650

债权人A公司的会计处理如下：

（1）计算。

重组债权应收账款的账面余额与受让资产的公允价值及增值税进项税额之间的差额

$=234\,000-[80\,000\times(1+17\%)+85\,000]=234\,000-178\,600=55\,400$（元）

差额55 400元扣除计提的减值准备1 800元后的余额53 600元，作为债务重组损失，计入营业外支出。

（2）会计分录。

①结转债务重组损失：

借：库存商品	80 000	
应交税费——应交增值税（进项税额）	13 600	
在建工程——在安装设备	85 000	
坏账准备	1 800	
营业外支出——债务重组损失	53 600	
贷：应收账款——B公司		234 000

②支付安装成本：

借：在建工程——在安装设备	1 500	
贷：银行存款		1 500

③安装完毕达到可使用状态：

借：固定资产——××设备	86 500	
贷：在建工程——在安装设备		86 500

二、将债务转为资本

1. 债务人的处理

对债务人而言，将债务转为资本，应当将债权人放弃债权而享有股份的面值总额（或者股权份额）确认为股本（或者实收资本），股份（或者股权）的公允价值总额与股本（或者实收资本）之间的差额确认为股本溢价（或者资本溢价）计入资本公积。

重组债务账面价值超过股份的公允价值总额（或者股权的公允价值）的差额，确认为债务重组利得，计入当期营业外收入。

对于上市公司，其发行的股票有市价，通常应以市价作为股份或者股权的公允价值；对于其他企业，债权人因放弃债权而享有的股份或者股权可能没有市价，因此，应当采用恰当的估值技术确定其公允价值。

2. 债权人的处理

对债权人而言，将债务转为资本，应当将因放弃债权而享有股份的公允价值确认为对债务人的投资，重组债权的账面余额与股份的公允价值之间的差额，确认为债务重组损失，计入营业外支出。债权人已对债权计提减值准备的，应当先将该差额冲减减值准备，减值准备不足以冲减的部分，确认为债务重组损失，计入营业外支出。发生的相关税费，分别按照长期股权投资或者金融工具确认和计量等准则的规定进行处理。

【例4-3】2009年2月10日，A公司销售一批材料给B公司，应收账款117 000元，合同约定6个月后结清款项。6个月后，由于B公司发生财务困难，无法支付货款，与A

公司协商进行债务重组。经双方协议，A 公司同意 B 公司将该债务转为 B 公司的股份。A 公司对该项应收账款计提了坏账准备 5 000 元。转股后 B 公司注册资本为 5 000 000 元，净资产的公允价值为 7 600 000 元，抵债股权占 B 公司注册资本的 1%。相关手续已办理完毕，不考虑其他相关税费。

债务人 B 公司的会计处理如下：

（1）计算。

重组债务应付账款的账面价值与所转股权的公允价值之间的差额

= 117 000 − 7 600 000 × 1% = 117 000 − 76 000 = 41 000（元）

差额 41 000 元作为债务重组利得，所转股份的公允价值 76 000 元与实收资本 50 000 元（5 000 000 × 1%）的差额 26 000 元作为资本公积。

（2）会计分录。

借：应付账款　　117 000

　贷：实收资本　　50 000

　　资本公积——资本溢价　　26 000

　　营业外收入——债务重组利得　　41 000

债权人 A 公司的会计处理如下：

（1）计算。

重组债权应收账款的账面余额与所转让股权的公允价值之间的差额

= 117 000 − 7 600 000 × 1% = 117 000 − 7 600 = 41 000（元）

差额 41 000 元，扣除坏账准备 5 000 元，计 36 000 元，作为债务重组损失，计入营业外支出。

（2）会计分录。

借：长期股权投资——B 公司　　76 000

　　营业外支出——债务重组损失　　36 000

　　坏账准备　　5 000

　贷：应收账款　　117 000

三、以修改其他债务条件清偿债务

修改其他债务条件清偿债务，是指债务人与债权人达成债务重组协议，以减少未来债务本金、降低利率、减少或免除债务利息等方式清偿债务。

企业采用修改其他债务条件进行债务重组的，应当区分是否涉及或有应付（或应收）金额进行会计处理。所谓或有应付（或应收）金额，是指需要根据未来某种事项出现而发生的应付（或应收）金额，而且该未来事项的出现具有不确定性。

（一）不涉及或有应付金额的债务重组

对债务人而言，以修改其他债务条件进行债务重组，如修改后的债务条款中不涉及或有应付金额，则重组债务的账面价值大于重组后债务的入账价值（即修改其他债务条件后债务的公允价值）的差额为债务重组利得，计入营业外收入。

对债权人而言，以修改其他债务条件进行债务重组，如修改后的债务条款中不涉及或有应收金额，则债权人应当将修改其他债务条件后的债权的公允价值作为重组后债权的账面价值，重组债权的账面余额与重组后债权的账面价值之间的差额为债务重组损失，计入营业外支出。如债权人已对该债权计提减值准备的，应当先将该差额冲减减值准备，减值准备不足以冲减的部分，作为债务重组损失，计入营业外支出。

【例4－4】A公司2008年6月30日销售给B公司一台设备，价值1 170 000元，货款以6个月的不带息票据支付。B公司因发生财务困难，未能如期支付票据款项。2008年12月31日，经与A公司协商，A公司同意将债务减免至1 000 000元，并延期至2009年末偿还。

债务人B公司的会计处理如下：

(1) 计算。

重组债务应付票据的账面价值与重组后债务的入账价值之间的差额

＝1 170 000－1 000 000＝170 000（元）

差额170 000元作为债务重组利得，计入营业外收入。

(2) 会计分录：

①2008年12月31日，债务重组：

借：应付票据	1 170 000	
贷：应付账款——债务重组		1 000 000
营业外收入——债务重组利得		170 000

②2009年12月31日，偿还债务：

借：应付账款——债务重组	1 000 000	
贷：银行存款		1 000 000

债权人A公司的会计处理如下：

(1) 计算。

重组债权应收票据账面余额与重组后债权的账面价值之间的差额

＝1 170 000－1 000 000＝170 000（元）

差额170 000元作为债务重组损失，计入营业外支出。

(2) 会计分录。

①2008年12月31日，债务重组：

借：应收账款——债务重组：	1 000 000	
营业外支出——债务重组损失	170 000	
贷：应收票据	1 170 000	

②2009年12月31日，收回债权：

借：银行存款	1 000 000	
贷：应收账款——债务重组		1 000 000

（二）涉及或有应付金额的债务重组

以修改其他债务条件进行的债务重组，修改后的债务条款如涉及或有应付金额，且该或有应付金额符合或有事项准则中有关预计负债确认条件的，债务人应当将该或有应付金额确认为预计负债，并根据或有事项准则的规定确定其金额。重组债务的账面价值与重组后债务的入账价值（即重组后债务的公允价值）和预计负债金额之和的差额，作为债务重组利得，计入营业外收入。上述或有应付金额在随后会计期间没有发生的，企业应当冲销已确认的预计负债，同时确认营业外收入。

对债权人而言，以修改其他债务条件进行债务重组，修改后的债务条款中涉及或有应收金额的，不应当确认或有应收金额，不得将其计入重组后债权的账面价值。根据谨慎性原则，或有应收金额属于或有资产，或有资产不予确认。只有在或有应收金额实际发生时，才计入当期损益。

【例4－5】沿用【例4－4】，若B公司2009年盈利，则收取6%的利息，其他资料不变。

债务人B公司的会计处理如下：

（1）计算。

重组债务应付票据的账面价值与重组后债务的入账价值和预计负债金额之间的差额

＝1 170 000－（1 000 000＋1 000 000×6%）＝110 000（元）

差额110 000元作为债务重组利得，计入营业外收入。

（2）会计分录。

①2008年12月31日，债务重组：

借：应付票据	1 170 000	
贷：应付账款——债务重组		1 000 000
预计负债		60 000
营业外收入——债务重组利得		110 000

②2009年12月31日，偿还债务：

若2009年盈利，则：

借：应付账款——债务重组	1 000 000	
预计负债	60 000	
贷：银行存款		1 060 000

若2009年未盈利，则：

借：应付账款——债务重组	1 000 000	
贷：银行存款		1 000 000
借：预计负债	60 000	
贷：营业外收入——债务重组利得		60 000

债权人A公司的会计处理如下：

（1）计算。

重组债权应收票据账面余额与重组后债权的账面价值之间的差额

＝1 170 000－1 000 000＝170 000（元）

差额170 000元作为债务重组损失，计入营业外支出。

（2）会计分录。

①2008年12月31日，债务重组：

会计分录同【例4－4】。

②2009年12月31日，收回债权：

若B公司2009年盈利，则：

借：银行存款　　1 060 000

　贷：应收账款——债务重组　　1 000 000

　　　财务费用　　60 000

若B公司2009年未盈利，则会计分录同【例4－4】。

四、以组合方式清偿债务

（一）债务人的处理

债务重组以现金、非现金资产、债务转为资本、修改其他债务条件等方式组合偿债的，对债务人而言，应当依次以支付的现金、转让的非现金资产公允价值、债权人享有股份的公允价值冲减重组债务的账面价值，修改其他债务条件的，应当将修改其他债务条件后债务的公允价值作为重组后债务的入账价值。重组债务的账面价值与重组后债务的入账价值之间的差额，作为债务重组利得，计入营业外收入。修改后的债务条款如涉及或有应付金额，且该或有应付金额符合预计负债确认条件的，债务人应当将该或有应付金额确认为预计负债。重组债务的账面价值，与重组后债务的入账价值和预计负债金额之和的差额，计入营业外收入。以上所产生的债务重组利得、资产转让损益等均于债务重组当期确认。

（二）债权人的处理

债务重组采用以现金、非现金资产、债务转为资本、修改其他债务条件等方式组合偿债的，对债权人而言，应先以收到的现金、受让非现金资产的公允价值、因放弃债权而享有的股权的公允价值冲减重组债权的账面余额，差额与将来应收金额进行比较，据此计算债务重组损失。债权人已对债权计提减值准备的，应当先将该差额冲减减值准备，减值准备不足以冲减的部分，作为债务重组损失，计入营业外支出。以上产生的债务重组损失于债务重组当期确认。

【例4－6】A公司2009年3月6日销售给B公司一批商品，货款3 510 000元尚未收到。2009年10月7日，A公司与B公司协商进行债务重组，重组协议内容如下：B公司支付现金1 000 000元，其余款项部分以一间营业用房偿还，另一部分转为资本。营业用房的账面原值2 000 000元，已提折旧1 500 000元，公允价值900 000元；A公司获得B公司1%的股权，其对应的注册资本为300 000元，公允价值1 000 000元。A公司未对该应收账款计提坏账准备。不考虑相关税费。

债务人B公司的会计处理如下：

（1）计算。

重组债务应付账款的账面价值与支付现金、抵债资产公允价值以及所转股权的公允价值之间的差额＝3 510 000－（1 000 000＋900 000＋1 000 000）＝610 000（元）

差额610 000元作为债务重组利得，计入营业外收入。

（2）会计分录。

借：固定资产清理　　500 000
　　累计折旧　　1 500 000
　贷：固定资产　　2 000 000

借：应付账款　　3 510 000
　贷：银行存款　　1 000 000
　　固定资产清理　　500 000
　　营业外收入——处置非流动资产利得　　400 000
　　实收资本　　300 000
　　资本公积——资本溢价　　700 000
　　营业外收入——债务重组利得　　610 000

债权人 A 公司的会计处理如下：

（1）计算。

重组债权应收账款的账面价值与收到现金、受让资产公允价值以及所转股权的公允价值之间的差额 = 3 510 000 –（1 000 000 + 900 000 + 1 000 000）= 610 000（元）

差额 610 000 元作为债务重组损失，计入营业外支出。

（2）会计分录。

借：银行存款　　1 000 000
　　固定资产　　900 000
　　长期股权投资　　1 000 000
　　营业外支出——债务重组损失　　610 000
　贷：应收账款　　3 510 000

第三节　债务重组的会计披露

一、债务人的披露

债务人应当在附注中披露与债务重组有关的下列信息：①债务重组方式；②确认的债务重组利得总额；③将债务转为资本所导致的股本（或者实收资本）增加额；④或有应付金额；⑤债务重组中转让的非现金资产的公允价值、由债务转成的股份的公允价值和修改其他债务条件后债务的公允价值的确定方法及依据。

二、债权人的披露

债权人应当在附注中披露与债务重组有关的下列信息：①债务重组方式；②确认的债务重组损失总额；③债权转为股份所导致的投资增加额及该投资占债务人股份总额的比例；④或有应收金额；⑤债务重组中受让的非现金资产的公允价值、由债权转成的股份的公允价值和修改其他债务条件后债权的公允价值的确定方法及依据。

【复习题】

一、简答题

1. 何谓债务重组？如何理解债务重组的特征？

2. 债务重组的方式有哪些？简述不同债务重组方式的会计处理。

3. 债权人和债务人各自应当在附注中披露的与债务重组有关的信息有哪些？

二、业务题

1. 目的：练习债务重组的会计处理。

资料：乙公司于2008年6月30日购买原材料欠丙公司货款100万元，后发生财务困难，无力偿还到期债务。截至2009年12月31日，丙公司已对该应收账款计提坏账准备7万元。同日，经协商，丙公司同意将债务本金减少到80万元，乙公司当即支付现金清偿。

要求：为乙、丙公司编制会计分录。

2. 目的：练习债务重组的会计处理。

资料：沿用业务题1的资料，其他资料不变，经协商，丙公司接受乙公司以公允价值93万元的交易性金融资产清偿债务，该资产的账面价值与公允价值相等。

要求：为乙、丙公司编制会计分录。

3. 目的：练习债务重组的会计处理。

资料：沿用业务题1的资料，其他资料不变，经协商，丙公司接受乙公司发行普通股股票清偿债务，丁公司发行了10万股面值1元、市价9元的普通股股票。

要求：为乙、丙公司编制会计分录。

第五章　非货币性资产交换

【学习目标】

通过本章的学习，了解非货币性资产交换的概念，理解公允价值计量属性的适用条件，掌握以公允价值计量的非货币性资产交换会计处理方法，掌握以账面价值计量的非货币性资产交换会计处理及方法。了解非货币性资产交换信息披露的基本要求。

【知识点】

货币性资产、非货币性资产、商业实质、非货币性资产交换、非货币性资产交换损益、公允价值。

非货币性资产交换是一种非经常性的特殊交易行为，交易双方通过这种交换，一方面可以满足各自生产经营的需要，另一方面也可在一定程度上减少货币性资产的流出。

第一节　非货币性资产交换概述

一、货币性资产与非货币性资产

非货币性资产是相对于货币性资产而言的。货币性资产，是指企业持有的货币资金和将以固定或可确定的金额收取的资产，包括现金、银行存款、应收账款和应收票据以及准备持有至到期的债券投资等。非货币性资产是指货币性资产以外的资产。非货币性资产与货币性资产相比，该类资产在将来为企业带来的经济利益是不固定的或不可确定的。资产负债表列示的项目中属于非货币性资产的项目通常有：存货（原材料、包装物、低值易耗品、库存商品、委托加工物资、委托代销商品等）、长期股权投资、投资性房地产、固定资产、在建工程、工程物资、无形资产等。

二、非货币性资产交换

非货币性资产交换是指交易双方通过存货、固定资产、无形资产和长期股权投资等非货币性资产进行的交换，有时也只涉及少量货币性资产（即补价）。认定涉及少量货币性资产的交换是否为非货币性资产交换，通常以补价占整个资产交换金额的比例是否低于25%作为参考。也就是说，支付的货币性资产占换入资产公允价值（或占换出资产公允价值与支付的货币性资产之和）的比例，或者收到的货币性资产占换出资产公允价值（或占换入资产公允价值和收到的货币性资产之和）的比例低于25%的，视为非货币性资产交换；高于25%（含25%）的，视为货币性资产交换。

第二节 公允价值基础上的非货币性资产交换

一、公允价值计量基础的运用条件

公允价值是指在公平交易中，熟悉情况的交易双方自愿进行资产交换或者债务清偿的金额。

非货币性资产交换同时满足下列两个条件的，应当以公允价值和应支付的相关税费作为换入资产的成本，公允价值与换出资产账面价值的差额计入当期损益：①该项交换具有商业实质；②换入资产或换出资产的公允价值能够可靠地计量。

（一）商业实质的判断

非货币性资产交换符合下列条件之一的，视为具有商业实质：①换入资产的未来现金流量在风险、时间和金额方面与换出资产显著不同；②换入资产与换出资产的预计未来现金流量现值不同，且其差额与换入资产和换出资产的公允价值相比是重大的。

换入资产的未来现金流量在风险、时间和金额方面与换出资产显著不同，通常包括但不限于以下几种情况：①未来现金流量的风险、金额相同，时间不同；②未来现金流量的时间、金额相同，风险不同；③未来现金流量的风险、时间相同，金额不同。

换入资产与换出资产的预计未来现金流量现值不同，且其差额与换入资产和换出资产的公允价值相比是重大的。这种情况是指换入资产对换入企业的特定价值（即预计未来现金流量限制）与换出资产存在明显差异。资产预计未来现金流量的现值，应当按照资产在持续使用过程和最终处置时预计产生的税后未来现金流量，根据企业自身而不是市场参与者对资产特定风险的评价，选择恰当的折现率对其进行折现后的金额加以确定。

在确定非货币性资产交换是否具有商业实质时，企业应当关注交易各方是否存在关联方关系。关联方关系的存在可能导致发生的非货币性资产交换不具有商业实质。

（二）公允价值的可靠计量

属于以下三种情形之一的，公允价值视为能够可靠计量：①换入资产或换出资产存在活跃市场。对于存在活跃市场的存货、长期股权投资、固定资产、无形资产等非货币性资产，应当以该资产的市场价格为基础确定其公允价值。②换入资产或换出资产不存在活跃市场，但同类或类似资产存在活跃市场。对于同类或类似资产存在活跃市场的存货、长期股权投资、固定资产、无形资产等非货币性资产，应当以同类或类似资产的市场价格为基础确定其公允价值。③换入资产或换出资产不存在同类或类似资产可比市场交易，应当采用估值技术确定其公允价值。该公允价值估计数的变动区间很小，或者在公允价值估计数变动区间内，各种用于确定公允价值估计数的概率能够合理确定，视为公允价值能够可靠计量。

二、非货币性资产交换的确认和计量

以公允价值计量的非货币性资产交换，其会计确认和计量非货币性资产包括两个方面：①非货币资产交换损益的确认和计量；②换入资产成本的确定。

（一）非货币性资产交换损益的确认和计量

在以公允价值计量的情况下，不论是否涉及补价，只要换出资产的公允价值与其账面价值不相同，就一定会涉及损益的确认。非货币性资产交换损益通常是换出资产公允价值与换出资产账面价值的差额：

应确认的损益=换出资产的公允价值－换出资产的账面价值

应确认的损益在具体核算时，应视不同情况分别处理：①换出资产为存货的，应当视同销售处理，按照公允价值确认销售收入，同时按照账面价值结转销售成本。②换出资产为固定资产、无形资产的，换出资产公允价值和换出资产账面价值的差额应计入营业外收入或营业外支出。③换出资产为长期股权投资、可供出售金融资产的，换出资产公允价值和换出资产账面价值的差额计入投资收益。

（二）换入资产成本的确定

非货币性资产交换具有商业实质且公允价值能够可靠计量的，应当以换出资产的公允价值和应支付的相关税费作为换入资产的成本，除非有确凿证据表明换入资产的公允价值比换出资产公允价值更加可靠。

1. 不涉及补价的换入资产成本的确定

不涉及补价情况下，以公允价值为基础确定换入资产的成本，其计算公式如下：

换入资产的成本=换出资产的公允价值+应支付的相关税费

=换入资产的公允价值+应支付的相关税费

若换入的资产是存货或固定资产，在确定换入资产的成本时，还需要减去可抵扣的进项税额。

换入资产与换出资产涉及相关税费的，如换出存货视同销售计算的销项税额，换入资产作为存货或固定资产应当确认的可抵扣增值税进项税额，以及换出固定资产、无形资产视同转让应缴纳的营业税等，按照相关税收规定计算确定。

【例5－1】2009年8月，A公司以生产经营过程中使用的一台设备交换B家具公司生产的一批办公家具，换入的办公家具作为固定资产管理。A、B公司均为增值税一般纳税人，适用的增值税税率均为17%。设备的账面原价为100 000元，在交换日的累计折旧为30 000元，公允价值为81 900元。办公家具的账面价值为80 000元，在交换日的公允价值为70 000元，计税价格等于公允价值。B公司换入A公司的设备是生产家具过程中需要使用的设备。

A公司此前没有为该项设备计提资产减值准备，整个交易过程中，除支付清理费1 500元外没有发生其他相关税费。B公司此前也没有为库存商品计提存货跌价准备，其在整个交易过程中没有发生除增值税以外的其他税费，根据税法规定，A公司换入固定资产支付的增值税可以抵扣。该交换具有商业实质。

说明：该例A公司设备的公允价值为81 900元，B公司办公家具的公允价值为70 000元，销项税额为11 900元（70 000×17%），B公司的交换总额为81 900元，与A公司的交换总额相当。故本例中交换不涉及补价。

A公司的账务处理如下：

（1）计算。

换入资产的成本=81 900－（70 000×17%）=70 000（元）

应确认的损益 = 81 900 − （100 000 − 30 000 + 1 500） = 10 400（元）

（2）会计分录。

①借：固定资产清理　　70 000
　　累计折旧　　30 000
　贷：固定资产——设备　　100 000

②借：固定资产清理　　1 500
　贷：银行存款　　1 500

③借：固定资产——办公家具　　70 000
　　应交税金——应交增值税（进项税额）　　11 900
　贷：固定资产清理　　71 500
　　营业外收入——处置非流动资产利得　　10 400

B 公司的账务处理如下：

（1）计算。

换入资产的成本 = 81 900（元）

应确认的损益 = 70 000 − 80 000 = −10 000（元）

（2）会计分录。

①借：固定资产——设备　　81 900
　贷：主营业务收入　　70 000
　　应交税金——应交增值税（销项税额）　　11 900

②借：主营业务成本　　80 000
　贷：库存商品——办公家具　　80 000

2. 涉及补价的换入资产成本的确定

涉及补价情况下，以公允价值为基础确定换入资产的成本，交易双方的计算公式分别如下：

支付补价方：

换入资产的成本 = 换出资产的公允价值 + 支付的补价 + 应支付的相关税费

或 = 换入资产的公允价值 + 应支付的相关税费

收到补价方：

换入资产的成本 = 换出资产的公允价值 − 收到的补价 + 应支付的相关税费

或 = 换入资产的公允价值 + 应支付的相关税费

若换入的资产是存货或固定资产，在确定换入资产的成本时，还需要减去可抵扣的进项税额。

【例 5 − 2】2009 年 10 月，A 公司以其拥有的全部用于经营出租目的的一幢公寓楼与 B 公司持有的交易目的的股票投资交换。A 公司的公寓楼符合投资性房地产定义，公司未采用公允价值模式计量。在交换日，该幢公寓楼的账面原价为 500 万元，已提折旧 180 万元，公允价值为 400 万元，营业税额为 20 万元，未计提减值准备；B 公司持有的交易目的的股票投资账面价值为 300 万元，在交换日的公允价值为 350 万元，B 公司支付了 50 万元给 A 公司。B 公司换入公寓楼后仍然继续用于经营出租目的，并拟采用公允价值计量模式，A 公司换入股票投资后仍然用于交易目的。转让公寓楼的营业税尚未支付，假定除营业税外，该项交易过程中不涉及其他相关税费。该交换具有商业实质。

A 公司的账务处理如下：

（1）计算。

①交易性质的认定。

A 公司收到的货币性资产占 A 公司资产交换金额的比例

=50 万元÷400 万元=12.5%<25%

该交换属于非货币性资产交换。

②计算换入资产的成本和应确认的损益。

换入资产的成本=400－50=350（万元）

应确认的损益=400－（500－180+20）=60（万元）

（2）会计分录。

①借：其他业务成本	3 200 000	
投资性房地产累计折旧	1 800 000	
贷：投资性房地产		5 000 000
②借：其他业务成本	200 000	
贷：应交税费——应交营业税		200 000
③借：交易性金融资产	3 500 000	
银行存款	500 000	
贷：其他业务收入		4 000 000

B 公司的账务处理如下：

（1）计算。

① 交易性质的认定。

B 公司支付的货币性资产占 B 公司资产交换金额的比例

=50 万元÷（350+50）万元=12.5%<25%

该交换属于非货币性资产交换。

②计算换入资产的成本和应确认的损益。

换入资产的成本=350+50=400（万元）

应确认的损益=350－300=50（万元）

（2）会计分录。

借：投资性房地产	4 000 000	
贷：交易性金融资产		3 000 000
投资收益		500 000
银行存款		500 000

第三节　账面价值基础上的非货币性资产交换

非货币性资产交换不具有商业实质，或者虽然具有商业实质但换入资产和换出资产的公允价值均不能可靠计量的，应当以换出资产账面价值为基础确定换入资产成本，无论是否支付补价，均不确认损益。

一、不涉及补价

不涉及补价情况下，以账面价值为基础确定换入资产的成本，其计算公式如下：

换入资产的成本＝换出资产的账面价值＋应支付的相关税费

若换入的资产是存货或固定资产，在确定换入资产的成本时，还需要减去可抵扣的进项税额。

【例5－3】沿用【例5－1】，其他资料不变，A公司与B公司的非货币性资产交换不具有商业实质。

A公司的账务处理如下：

（1）计算。

换入资产的成本＝（100 000－30 000）＋1 500－11 900＝59 600（元）

（2）会计分录。

①借：固定资产清理　　70 000
　　　累计折旧　　30 000
　　贷：固定资产——设备　　100 000

②借：固定资产清理　　1 500
　　贷：银行存款　　1 500

③借：固定资产——办公家具　　59 600
　　　应交税金——应交增值税（进项税额）　　11 900
　　贷：固定资产清理　　71 500

B公司的账务处理如下：

（1）计算。

换入资产的成本＝80 000＋11 900－11 900＝80 000（元）

（2）会计分录。

借：固定资产——设备　　80 000
　　应交税金——应交增值税（进项税额）　　11 900
　贷：库存商品——办公家具　　80 000
　　　应交税金——应交增值税（销项税额）　　11 900

二、涉及补价

涉及补价情况下，以账面价值为基础确定换入资产的成本，交易双方的计算公式分别如下：

支付补价方：

换入资产的成本＝换出资产的账面价值＋支付的补价＋应支付的相关税费

收到补价方：

换入资产的成本＝换出资产的账面价值－收到的补价＋应支付的相关税费

若换入的资产是存货或固定资产，在确定换入资产的成本时，还需要减去可抵扣的进项税额。

【例5-4】A公司拥有一台专有设备，该设备账面原价30万元，已计提折旧22万元，B公司拥有一项长期股权投资，账面价值7万元，两项资产均未计提减值准备。双方经协商，A公司以其专有设备交换B公司拥有的长期股权投资。由于专有设备系当时专门制造、性质特殊，其公允价值不能可靠计量；B公司拥有的长期股权投资在活跃市场中没有报价，其公允价值也不能可靠计量。交易双方以两项资产账面价值的差额为基础，B公司支付A公司1万元补价。假定交易中没有涉及相关税费。

A公司的账务处理如下：

（1）计算。

①交易性质的认定。

A公司收到的货币性资产占A公司资产交换金额的比例

=1万元÷8万元=12.5%<25%

该交换属于非货币性资产交换。

②计算换入资产的成本。

换入资产的成本=8-1=7（万元）

（2）会计分录。

①借：固定资产清理	80 000	
累计折旧	220 000	
贷：固定资产——专有设备		300 000
②借：长期股权投资	70 000	
银行存款	10 000	
贷：固定资产清理		80 000

B公司的账务处理如下：

（1）计算。

①交易性质的认定。

B公司支付的货币性资产占B公司资产交换金额的比例

=1万元÷（7+1）万元=12.5%<25%

该交换属于非货币性资产交换。

②计算换入资产的成本。

换入资产的成本=7+1=8（万元）

（2）会计分录。

借：固定资产——专有设备	80 000	
贷：长期股权投资		70 000
银行存款		10 000

第四节　多项非货币性资产交换的确认和计量

与单项非货币性资产之间的交换一样，多项非货币性资产交换的计量，企业也应当首先判断是否符合非货币性资产交换准则以公允价值计量的两个条件，再分情况确定各项换入资产的成本。

多项非货币性资产交换，一般应先计算换入资产的总成本，其计算与单项非货币资产交换换入资产成本的计算原理相同；然后再按一定的比例，对换入资产的总成本进行分配，确定各项换入资产的成本。会计处理可以分为以下四种情况：

第一种情况：资产交换具有商业实质且各项换出资产和各项换入资产的公允价值均能够可靠计量。在这种情况下，换入资产的总成本应当按照换出资产的公允价值总额为基础确定，除非有确凿的证据证明换入资产的公允价值总额更可靠。各项换入资产的成本，应当按照各项换入资产的公允价值占换入资产公允价值总额的比例，对换入资产总成本进行分配，确定各项换入资产的成本。

第二种情况：资产交换具有商业实质且换入资产的公允价值能够可靠计量、换出资产的公允价值不能可靠计量。在这种情况下，换入资产的总成本应当按照换入资产的公允价值总额为基础确定；各项换入资产的成本，应当按照各项换入资产的公允价值占换入资产公允价值总额的比例，对换入资产总成本进行分配，确定各项换入资产的成本。

第三种情况：资产交换具有商业实质且换出资产的公允价值能够可靠计量、换入资产的公允价值不能可靠计量。在这种情况下，换入资产的总成本应当按照换出资产的公允价值总额为基础确定；各项换入资产的成本，应当按照各项换入资产的原账面价值占换入资产原账面价值总额的比例，对按照换出资产公允价值总额确定的换入资产总成本进行分配，确定各项换入资产的成本。

第四种情况：资产交换不具有商业实质或换入资产和换出资产的公允价值均不能可靠计量。在这种情况下，换入资产的总成本应当按照换出资产原账面价值总额为基础确定；各项换入资产的成本，应当按照各项换入资产的原账面价值占换入资产原账面价值总额的比例，对按照换出资产账面价值总额为基础确定的换入资产总成本进行分配，确定各项换入资产的成本。

上述前三种情况，换入资产总成本都是按照公允价值计量，但各单项换入资产成本的确定，视各单项换入资产的公允价值能否可靠计量而分情况处理；第四种情况属于不符合公允价值计量的条件，换入资产总成本按照换出资产账面价值总额确定，各单项换入资产成本按照各单项换入资产的原账面价值占换入资产原账面价值总额的比例确定。

【例5－5】以公允价值计量的情况。A公司和B公司均为增值税一般纳税人，适用的增值税税率均为17%。2009年5月，为适应业务发展的需要，A公司以生产经营过程中使用的数控车床、库存商品换入B公司生产经营过程中使用的发电设备、客运汽车。A公司数控车床的账面原价为180万元，在交换日的累计折旧为100万元，公允价值为60万元；库存商品的账面余额为250万元，公允价值为300万元，公允价值等于计税价格。B公司发电设备的账面原价为200万元，在交换日的累计折旧为90万元，公允价值为120万元；客运汽车的账面原价为300万元，在交换日的累计折旧为80万元，公允价值为240万元。B公司用银行存款向A公司支付补价51万元，向运输公司支付运杂费1.2万元。

假定A公司和B公司都没有为换出资产计提减值准备；整个交易过程中没有发生除增值税以外的其他相关税费；A公司换入B公司的发电设备、客运汽车均作为固定资产使用和管理；B公司换入A公司的数控车床作为固定资产使用和管理，换入的库存商品作为原材料使用和管理。A公司开具了增值税专用发票。该项涉及多项资产的非货币性资产交换，具有商业实质。

A公司的账务处理如下：

(1) 计算。

①交易性质的认定。

A公司收到的货币性资产占A公司整个资产交换金额的比例

$=51$ 万元 $\div$（$60+300+300\times17\%$）万元 $=12\%<25\%$

该多项资产的交换属于非货币性资产交换。

②根据增值税的有关规定，企业以库存商品换入其他资产，视同销售行为发生，应计算增值税销项税额，缴纳增值税。

换出库存商品的增值税销项税额 $=300\times17\%=51$（万元）

③计算换入资产、换出资产公允价值总额。

换出资产公允价值总额 $=60+300=360$（万元）

换入资产公允价值总额 $=120+240=360$（万元）

④计算换入资产总成本。

换入资产总成本 = 换出资产公允价值 − 收到的补价 + 应支付的相关税费

$=360-51+51=360$（万元）

⑤计算确定换入各项资产的公允价值占换入资产公允价值总额的比例。

发电设备公允价值占换入资产公允价值总额的比例 $=120\div360=1/3$

客运汽车公允价值占换入资产公允价值总额的比例 $=240\div360=2/3$

⑥计算确定换入各项资产的成本。

发电设备的成本 $=360\times1/3=120$（万元）

客运汽车的成本 $=360\times2/3=240$（万元）

(2) 会计分录。

①借：固定资产清理	800 000	
累计折旧	1 000 000	
贷：固定资产——数控车床		1 800 000
②借：固定资产——发电设备	1 200 000	
——客运汽车	2 400 000	
银行存款	510 000	
营业外支出——处置非流动资产损失	200 000	
贷：固定资产清理		800 000
主营业务收入		3 000 000
应交税费——应交增值税（销项税额）		510 000
③借：主营业务成本	2 500 000	
贷：库存商品		2 500 000

B公司的账务处理如下：

(1) 计算。

①交易性质的认定。

B公司支付的货币性资产占B公司整个资产交换金额的比例

=51万元÷（120+240+51）万元=12%<25%

该多项资产的交换属于非货币性资产交换。

②根据增值税的有关规定，企业以其他资产换入原材料，视同购买行为发生，应计算增值税进项税额，抵扣增值税。

换入原材料的增值税进项税额=300×17%=51（万元）

③计算换入资产、换出资产公允价值总额。

换出资产公允价值总额=120+240=360（万元）

换入资产公允价值总额=60+300=360（万元）

④确定换入资产总成本。

换入资产总成本

=换出资产公允价值+支付的补价+应支付的相关税费-可抵扣的增值税进项税额

=360+51+1.2-51=361.2（万元）

⑤计算确定换入各项资产的公允价值占换入资产公允价值总额的比例。

数控车床公允价值占换入资产公允价值总额的比例=60÷360=1/6

原材料公允价值占换入资产公允价值总额的比例=300÷360=5/6

⑥计算确定换入各项资产的成本。

数控车床的成本=361.2×1/6=60.2（万元）

原材料的成本=361.2×5/6=301（万元）

（2）会计分录。

①借：固定资产清理	3 300 000	
累计折旧	1 700 000	
贷：固定资产——发电设备		2 000 000
——客运汽车		3 000 000
②借：固定资产——数控车床	602 000	
原材料	3 010 000	
应交税费——应交增值税（进项税额）	510 000	
贷：固定资产清理		3 300 000
营业外收入——处置非流动资产利得		300 000
银行存款		522 000

【例5-6】以账面价值计量的情况。2009年6月，A公司因经营战略发生较大转变，产品结构发生较大调整，原生产其产品的专有设备、专利技术等已不符合生产新产品的需要，经与B公司协商，将其专用设备连同专利技术与B公司正在建造过程中的一幢建筑物进行交换。A公司换出专有设备的账面原价为800万元，已提折旧500万元；专利技术账面原价为300万元，已摊销金额为150万元。B公司在建工程截止到交换日的成本为450万元。由于A公司持有的专有设备和专利技术市场上已不多见，因此，公允价值不能可靠计量。B公司的在建工程因完工程度难以合理确定，所以其公允价值不能可靠计量。假定A、B公司均未对上述资产计提减值准备。

A公司的账务处理如下：

（1）计算。

换入资产在建工程成本 = 换出资产账面价值总额 = 300 + 150 = 450（万元）

（2）会计分录。

①借：固定资产清理　　3 000 000

　　累计折旧　　5 000 000

　贷：固定资产——专有设备　　8 000 000

②借：在建工程　　4 500 000

　　累计摊销　　1 500 000

　贷：固定资产清理　　3 000 000

　　无形资产——专利技术　　3 000 000

B 公司的账务处理如下：

（1）计算。

①计算换入资产、换出资产账面价值总额。

换入资产账面价值总额 = 300 + 150 = 450（万元）

换出资产账面价值 = 450（万元）

②确定换入资产总成本。

换入资产总成本 = 换出资产账面价值 = 450（万元）

③计算各项换入资产账面价值占换入资产账面价值总额的比例。

专有设备占换入资产账面价值总额的比例 = 300 ÷（300 + 150）= 2/3

专有技术占换入资产账面价值总额的比例 = 150 ÷（300 + 150）= 1/3

④确定各项换入资产成本。

专有设备成本 = 450 × 2/3 = 300（万元）

专利技术成本 = 450 × 1/3 = 150（万元）

（2）会计分录。

借：固定资产——专有设备　　3 000 000

　无形资产——专利技术　　1 500 000

贷：在建工程　　4 500 000

第五节　非货币性资产交换的会计披露

企业应当在附注中披露与非货币性资产交换有关的下列信息：①换入资产、换出资产的类别；②换入资产成本的确定方式；③换入资产、换出资产的公允价值以及换出资产的账面价值；④非货币性资产交换确认的损益。

【复习题】

一、简答题

1. 何谓货币性资产？何谓非货币性资产？二者划分的依据是什么？

2. 何谓非货币性资产交换？若涉及货币性资产，如何判断交易性质？

3. 非货币性资产交换换入资产成本的确定有哪两种计价基础？各自的前提条件是什么？

4. 简述在不同计价基础下，单项非货币性资产交换的会计处理。

5. 简述在不同计价基础下，多项非货币性资产交换的会计处理。

6. 企业应当在附注中披露与非货币性资产交换有关的哪些信息？

二、业务题

1. 目的：练习不涉及补价情况下非货币性资产交换的会计处理。

资料：甲、乙公司均为旅游公司。甲公司以其运营的大巴客车与乙公司运营的中巴客车相交换，双方交换的目的都是为了运营。甲公司大巴客车的账面原值为500 000元，交换日累计折旧为280 000元，公允价值为240 000元。乙公司中巴客车的账面原值为420 000元，交换日累计折旧为160 000元，公允价值为240 000元。不考虑交易中其他相关税费。

要求：为甲、乙公司编制会计分录。

2. 目的：练习涉及补价情况下非货币性资产交换的会计处理。

资料：丙、丁两公司均为商业企业，丙公司将库存商品羊毛衫与丁公司库存商品羽绒服相交换，双方交换商品都是为了销售。丙公司羊毛衫的账面价值60 000元，公允价值310 000元，增值税税率为17%，计税价格等于公允价值。丁公司羽绒服的账面价值310 000元，增值税税率为17%，公允价值290 000元，计税价格等于公允价值。丁公司以银行存款支付给丙公司23 400元。

要求：为丙、丁公司编制会计分录。

3. 目的：练习涉及补价情况下非货币性资产交换的会计处理。

资料：甲、乙公司均为制造业公司。甲公司以一座仓库与乙公司的长期股权投资相交换。甲公司的仓库账面原价120万元，已提折旧30万元，乙公司的长期股权投资账面价值80万元，两项资产均未计提减值准备。甲公司的仓库地处较偏僻，其公允价值不能可靠计量；乙公司的长期股权投资无活跃市场报价，其公允价值也不能可靠计量。双方商定，乙公司以两项资产账面价值的差额为基础支付给甲公司10万元补价。不考虑交易中其他相关税费。

要求：为甲、乙公司编制会计分录。

4. 目的：练习多项非货币性资产交换的会计处理。

资料：甲、丁公司均为制造业公司。甲公司以其生产的饮料和自用的发电设备换入丁公司一处用于经营出租目的的商铺。甲公司的饮料账面价值60万元，公允价值100万元，增值税税率为17%，计税价格等于公允价值；发电设备账面原价200万元，已提累计折旧30万元，公允价值180万元。丁公司的商铺符合投资性房地产定义，公司未采用公允价值模式计量。在交换日，该商铺的账面原价100万元，已提折旧30万元，公允价值300万元，营业税额为15万元，未计提减值准备。甲公司支付了3万元给乙公司。甲公司换入商铺是为了自用，乙公司换入饮料是为了出售，换入发电设备是为了自用。转让商铺的营业税尚未支付，假定除营业税外，该项交易过程中不涉及其他相关税费。

要求：为甲、丁公司编制会计分录。

第六章　衍生工具会计

【学习目标】

通过本章的学习，了解金融工具的概念及主要特征；熟悉衍生工具的基本内容；在把握衍生金融工具计价原则及计价特征的基础上，理解衍生工具公允价值确定方法；熟练掌握衍生工具及套期保值的会计处理方法，并熟悉衍生金融工具披露的基本要求。

【知识点】

金融工具、基本金融工具、衍生金融工具、混合金融工具、金融资产、金融负债、权益工具、远期合约、期货合约、期权合约、互换合约、套期保值、公允价值套期、现金流量套期、经营净投资套期。

金融，即资金融通。而金融工具则是能使资金融通或现金流动的工具或手段。20世纪后期，以自由竞争为基调的金融自由化席卷全球，几乎与此同时，维系全球经济的布雷顿货币体系正式宣告解体，发达国家纷纷取消了汇率管制制度，放松了对金融机构及金融业务的限制。为使资金筹集、投机套利和规避风险更为方便，金融界在传统金融工具的基础上创新了大量的衍生金融工具（以下统称“衍生工具”），衍生工具市场和交易量达到了空前的规模。

衍生工具具有高收益、高风险、初始投资较少，以及在未来交割等特征。这些特征使其难以同传统金融工具一样进行会计确认、计量和披露。随着衍生工具在企业经济活动中的地位日益重要，自20世纪80年代开始，美国财务会计准则委员会（FASB）和国际会计准则委员会（IASB）开始研究、制定并陆续发布了有关衍生工具的会计准则。我国于2006年2月15日也发布了与衍生工具有关的企业会计准则，涉及相关内容的企业会计准则有：CAS22《金融工具确认和计量》、CAS23《金融资产转移》、CAS24《套期保值》，以及CAS37《金融列报》等。

第一节　金融工具与衍生工具

一、金融工具的概念及特征

（一）金融工具的概念

金融工具一般是指金融市场上资金的需求者向供应者出具的书面凭证，如支票、汇票、债券、息票、股票、认股权证、交割单、信托收据、收款凭证等。经济学家戈德·史密斯在《金融结构与金融发展》一书中指出：“金融工具是其他经济单位的债权凭证和所有权凭证。”[①]美国财务会计准则委员会于 1991 年 12 月发布的第 107 号财务会计准则（SFAC107）《披露金融工具的公允价值》所下的定义是，金融工具的定义为现金，一个实体的所有者权益凭证或一份同时具有以下特征的合约：对一个实体形成合约义务；向另一实体交割现金或另一种金融工具，或在潜在不利的条件下与另一实体交换金融工具；赋予另一实体合约权利，具体包括从前一实体接受现金或另一金融工具，或在潜在有利条件下与前一实体交换金融工具。CAS22《金融工具确认和计量》将金融工具定义为：“金融工具，是指形成一个企业的金融资产，并形成其他单位的金融负债或权益工具的合同。”

（二）金融工具的特征

由以上定义可以概括出金融工具的基本特征：

1. 金融工具是一种合同规定的权利和义务

这句话至少包括以下几方面的含义：第一，金融工具作为一种合同，其签约人至少要有两个，即买方或卖方，收现方或付现方。也就是说，收现或付现的对象是在合同中约定好的，有些资产如存货、固定资产、无形资产等具有创造现金流入的能力，但却不是金融工具。这是因为这些资产不是一种合同约定的权利，而且这些资产所创造的现金流入并不是固定地从合同约定的另一方流入企业。第二，一种合同可以呈现多种形式，而不一定采取签订书面协议的形式，如票据、股权证等。第三，非合同性质的负债或资产，如因政府的法定要求而征收的所得税就不属于金融资产或金融负债。

2. 金融工具以收付现金为基本条件

金融工具以收到或支付现金或其他金融工具为基本条件。例如，预付货款或预付费用在将来所收到的未来经济利益是商品或劳务而不是现金，因而不属于金融资产；同样，预收账款在将来所付出的不是现金，而是商品或劳务，因而也不是金融负债。

3. 金融工具所带来的现金流入或流出具有不确定性

金融工具所带来的现金流入或流出是否发生可以是不确定的，其发生的金额也可以是不固定的。例如，融资担保的担保人可能因被担保人违约而代为偿还借款，也可能因被担保人未违约而不必代为偿还借款。股票发行企业可按固定金额支付股利，也可根据企业盈利状况决定股利发放的多少。这一点也恰恰是金融工具项目与货币性项目的主要区别。

二、金融工具的分类

金融工具可按不同标准进行分类。按照其存在形式不同可分为基础金融工具、衍生金融工具和混合金融工具；按照其性质不同可分为金融资产、金融负债和权益工具；按照其确认计量特点不同可分为以公允价值计量且其变动计入当期损益的金融资产或金融负债，持有至到期投资、贷款和应收款项、可供出售的金融资产，以及其他金融负债等。

（一）按金融工具的存在形式分类

1. 基础金融工具

基础金融工具，即一般意义上的以支付或收取现金为目的的金融工具。具体包括企业持有的现金、存放于金融机构的款项、普通股，以及代表在未来期间收取或支付金融资产

① 戈德·史密斯．金融结构与金融发展．周朔等译．上海：三联书店上海分店，上海人民出版社，1994. 5.

的合同权利或义务等，如应收账款、应付账款、其他应收款、其他应付款、存出保证金、存入保证金、客户贷款、客户存款、债券投资、应付债券等。

2. 衍生工具

衍生工具是指具有下列特征的金融工具或其他合同：

（1）其价值随特定利率、金融工具价格、商品价格、汇率、价格指数、费率指数、信用等级、信用指数或其他类似变量的变动而变动。变量为非金融变量的，该变量与合同的任何一方不存在特定关系。

（2）不要求初始净投资，或与对市场情况变化有类似反应的其他类型合同相比，要求很少的初始净投资。企业从事衍生工具交易不要求初始净投资，通常指签订某项衍生工具合同时不需要支付现金。例如，某企业与其他企业签订一项将来买入债券的远期合同，就不需要在签订合同时支付将来购买债券所需的现金。但是，不要求初始净投资，并不排除企业按照约定的交易惯例或规则缴纳一笔保证金，如企业进行期货交易时缴纳的初始保证金。缴纳保证金不构成一项企业解除负债的现时支付，因为保证金仅具有“保证”性质。在某些情况下，企业在从事衍生工具交易也会遇到要求进行现金支付的情况，但该现金支付只是一笔相对较少的初始净投资。例如，从市场上购入备兑认股权证，就需要先支付一笔款项，但相对于行权时购入相应股份所需支付的款项，此项支付往往是很小的。又如，企业进行货币互换时，通常需要在签订合同时支付某种货币表现款项，但同时也会收到以另一种货币表现的“等值”款项，无论是从该企业的角度，还是从其对手（合同的另一方）看，初始净投资均为零。

（3）在未来某一日期结算。

在未来某一日期结算，表明衍生工具结算需要经历一段特定期间。衍生工具通常在未来某一特定日期结算，也可能是在未来多个日期结算。例如，利率互换可能涉及合同到期前多个结算日期。另外，有些期权属于价外期权而到期不行权，也是在未来日期结算的一种方式。

3. 混合金融工具

混合金融工具是指将衍生工具嵌入到基础金融工具之中所形成的金融工具，如可转换公司债券等。其中，嵌入衍生工具指嵌入到非衍生工具（即主合同）中，使混合工具的全部或部分现金流量随特定利率、金融工具价格、商品价格、汇率、价格指数、费率指数、信用等级、信用指数或其他类似变量的变动而变动的衍生工具。嵌入衍生工具与主合同构成混合工具。

（二）按金融工具的性质分类

1. 金融资产

金融资产是指企业的下列资产：①现金；②持有的其他单位的权益工具；③从其他单位收取现金或其他金融资产的合同权利；④在潜在有利条件下，与其他单位交换金融资产或金融负债的合同权利；⑤将来须用或可用企业自身权益工具进行结算的非衍生工具的合同权利，企业根据该合同将收到非固定数量的自身权益工具；⑥将来须用或可用企业自身权益工具进行结算的衍生工具的合同权利，但企业以固定金额的现金或其他金融资产换取固定数量的自身权益工具的衍生工具合同权利除外。其中，企业自身权益工具不包括本身就是在将来收取或支付企业自身权益工具的合同。

2. 金融负债

金融负债是指企业的下列负债：①向其他单位交付现金或其他金融资产的合同义务；②在潜在不利条件下，与其他单位交换金融资产或金融负债的合同义务；③将来须用或可用企业自身权益工具进行结算的非衍生工具的合同义务，企业根据该合同将交付非固定数量的自身权益工具；④将来须用或可用企业自身权益工具进行结算的衍生工具的合同义务，但企业以固定金额的现金或其他金融资产换取固定数量的自身权益工具的衍生工具合同义务除外。其中，企业自身权益工具不包括本身就是在将来收取或支付企业自身权益工具的合同。

3. 权益工具

权益工具是指能证明拥有某个企业在扣除所有负债后的资产中的剩余权益的合同。按照这一定义，权益工具既可以指表明本企业持有的其他企业剩余权益的合同权利，也可以指其他企业或个人享有的本企业的剩余权益。但从一般意义上讲，权益工具仅指后者。

三、衍生工具的基本内容

尽管衍生金融工具品种繁多，且创新不断，但其基本形式却不外乎远期合约、期货合约、期权合约和互换合约四种基本类型。

（一）远期合约

远期合约是最简单的衍生工具，它是双方约定在未来某一确定时日，按照既定价格买卖一定数量的某种资产的协议。也就是说，交易双方在合同签订日约定交易对象、交易价格、交易数量，并在约定的交易时间进行实际交割和资金收付。尽管远期合约非常简单，但却对消除经济活动中的不确定性具有极其重要的意义。远期合约的缺陷主要表现在以下几个方面：①远期合约每笔交易的特殊性太强，较难找到恰好符合要求的交易对手；②远期合约签订后再转让也较为麻烦，需要耗费大量的交易成本或搜寻成本；③远期合约到期后必须履行实物交割的义务，而无法在到期前通过反向对冲等手段解除合约；④远期合约缺乏对交易对手信用风险的强有力约束，如果对手违约，就会给交易方带来损失。

按照标的物的不同，远期合约可分为商品远期、外汇远期和利率远期等。其中，外汇远期和利率远期统称为金融远期。

1. 远期外汇合约

远期外汇合约是指客户与经营外汇的银行之间，或经营外汇的银行相互之间签订合约，在双方约定的未来日期按约定的远期汇率将一种货币兑换成另一种货币的交易行为。在期汇交易中签订的合约即远期外汇合约，合约的标的物为外汇。为了确保即使在汇率发生不利变动的情况下交易者也能履行合约，远期外汇交易大多只限在资信较高的金融机构之间进行。一些信用好的大企业为了保值或获利，也可进入期汇市场或委托银行等专业机构进行期汇交易，但必须提供足额的保证金。

2. 远期利率协议

远期利率协议是一种以利率为标的物的远期合约，通过这种合约，买方和卖方可以把未来某一时点开始的某个预先约定的期间内的利率锁定。具体而言，远期利率协议是双方协定以未来一定期间、一定名义的本金为计算基础，将约定利率与约定期间开始日的市场利率之差形成的利息差额的现值，由一方支付给另一方的合约。在大多数情况下，市场利率的参考为该币种的英国伦敦银行同业拆放利率（LIBOR）、美国基准利率（Prime Rate）等权威利率。远期利率协议的主要作用是将未来某个时间的借款或短期票据投资的利率固定在企业可接受的范围以内。应强调的是，远期利率协议是一种“远期对远期”的合约，即利率期间是从未来某一时点开始的一段时期，而且远期利率协议只需对利息差额进行交付，不进行本金的交付，所交付的差额也是以贴现方式在约定期间开始日支付的。

（二）期货合约

期货合约实际上就是标准化了的远期合约，与远期合约一样，期货合约也是买卖双方签订的在未来某一时日按约定条件交割某项资产的协议。与远期合约相比，其特点主要表现在以下几方面：①期货合约通常有标准化的合约条款，其规模、交易日期、交割地点都是标准化的，且在合约上都有明确的规定，无须双方再行商定，价格往往是期货合约的唯一变量，因此，交易双方最主要的工作就是选择适合自己的期货合约，并通过交易所竞价确定交易价格；②在期货交易中，交易双方并不直接接触，期货交易所充当期货交易的中介，交易所通过保证金等制度防范信用风险；③与远期合约不同的是，由于金融期货合约是标准化合约，具有较强的流动性，绝大多数合约在到期前被平仓，到期交割的比例极小。可见，期货和远期在本质上是完全相同的两种衍生工具，二者之间最大的差别在于交易机制的设计不同。期货交易通过标准化的合约条款、交易场所和保证金制度等制度设计，提高了交易的流动性，降低了信用风险，从而大大促进了交易的发展。

期货合约主要包括商品期货和金融期货。根据标的物的不同，金融期货又可分为外汇期货、利率期货和股指期货等。

1. 外汇期货

外汇期货是指交易双方在有组织的交易场所按照交易规则，通过公开竞价，买卖特定币别、特定数量、特定交割期的标准合约的交易。外汇期货合约的标的物通常是各种可自由兑换的货币，主要用于规避汇率变动风险或利用汇率变动获取收益。

2. 利率期货

利率期货也是在有组织的场所内，按照交易规则，通过公开竞价，买卖特定数量、特定交割期的标准合约的交易。利率期货合约标的物是各种利率的载体，通常包括商业票据、定期存单、国债及其他政府公债等。利率期货通过签订约定远期利率协议，使投资者能够锁定未来的利率水平，实现套期保值。

3. 股指期货

股指期货是以股票价格指数作为合约标的物的期货合约。股指期货合约的价格是按指数的点数与一个固定金额（如恒生指数期货相应的固定金额为50港元）相乘计算得出的，合约以现金进行结算或交割。股指期货是在20世纪80年代初美国采取紧缩政策致使股价全面下跌时出现的，它为防范股票市场的系统风险提供了有效的手段。

（三）期权合约

期权合约实际上是一种未来选择权。具体而言，期权就是按事先约定的价格在将来某一特定时日或在该时日之前购买或出售某标的物的选择权。对期权拥有者而言，期权不是一种义务，而是一种选择权。在将来某一特定时日，期权拥有者拥有履行和不履行该项权利的自由。必须说明的是，证券期权的卖方未必拥有该种证券，期权交易可以“买空卖空”，而不一定进行实物交割。由此可见，期权投资是一种高风险的投资活动。该项投资活动的成本就是为取得该项期权而付出的期权费，期权的价值就是将来执行或不执行该期权所带来的期权溢价的现值。

期权按照不同分类标准可分为以下几种类别：①按执行时间不同，期权可分为欧式期权和美式期权。欧式期权只允许期权的购买者在到期日进行买卖；而美式期权允许期权购买者在到期日或到期日之前的任何一天进行交易。②按性质不同，期权可分为买方期权和卖方期权。买方期权又称看涨期权或择购权，是指期权的买方向卖方支付一定数额的期权费后，即拥有在期权合约有效期内按约定价格向期权卖方买入一定数量的期权标的物的权利，但不负有必须买进的义务。卖方期权又称看跌期权或择售权，是指期权卖方向买方支付一定数额的期权费后，即拥有在期权合约有效期内按约定价格向期权买方卖出一定数量的期权标的物的权利，但不负有必须卖出的义务。③按标的物不同，期权可分为外汇期权、利率期权、股票期权和股票指数期权等。

1. 外汇期权

外汇期权是以外汇为标的物的期权交易，即在合约买方支付权利金的前提下，赋予合约买方在规定期限内按合约双方约定的价格购买或出售一定数量外汇的权利。外汇期权又分为现汇期权和外汇期货期权。现汇期权是指期权买方在期权到期日或之前，有权决定是否购售外汇现货的合约；外汇期货期权则指期权买方在期权到期日或之前，有权决定是否购售外汇期货的合约。

2. 利率期权

利率期权是指在合约买方支付权利金的前提下，赋予买方在规定期限内按合约双方约定的价格购买或出售一定数量的某种利率商品（如商业票据、国债或其他政府公债）的权利。合约卖方取得权利金后，有义务在买方要求履约时进行出售和购买。

3. 股票期权

股票期权是在合约买方支付权利金的前提下，赋予其在规定期限内按合约双方约定的价格购买或出售一定数量的某种股票的权利，合约卖方取得权利金后，有义务在买方要求履约时进行出售或购买。

4. 股票指数期权

股票指数期权是以股票指数为标的物的合约权利，又称股指期权。与外汇期权、利率期权、股票期权不同的是，股指期权合约的价格是以点数衡量的，这一点与股指期货最为相似，即合约价格是按指数的点数与一个固定金额相乘计算的，最终合约实际交割的是现金。

（四）互换合约

互换合约是指当事人按一定条件在金融市场上将不同金融工具进行交换的合约。金融互换交易通常基于合约各方所拥有的独特优势，通过相互交换实现盈利、风险防范或交换现金流，最终形成双赢或多赢的目的。互换交易通常在场外进行，在互换市场上，交易双方就互换标的、互换金额、互换期限及利益分享方式进行具体协商，以满足交易双方的特殊需要，但也因此而必须承担一定的交易成本和信用风险。互换合约主要包括货币互换和利率互换等形式。

1. 货币互换

货币互换是指以一种货币表示的一定数量的资本额及在此基础上产生的利息支付义务，与另一种货币表示的相应数量的资本额及在此基础上产生的利息支付义务进行相互交换。货币互换的前提是要存在两个在期限和金额上利益相同而对货币需求相反的潜在交易者，双方按预先约定进行资本额的互换，互换后，每年以约定利率和资本额为基础进行利息支付，协议到期后，再按照原约定的利率将原资本额换回。由于不同的市场交易者在不同的货币市场上具有各自的比较优势，因此不同发行者可以通过在自己具有比较优势的货币市场上发行债务工具，然后与其他货币市场上具有比较优势的另一方进行互换，使双方都可以达到降低筹资成本或规避汇率风险的目的。

2. 利率互换

利率互换是在货币互换的基础上产生的。它是指在计息方法不同（一方以固定利率计息，另一方以浮动利率计息）或利率水平不一致的债权或债务之间进行的转换。与货币互换不同的是，利率互换往往是在利率不同的同一种货币之间互换，并且不进行本金的互换，只是在协议约定的各期互换由于利率不同而产生的利息差额；由于没有期初及最后的本金互换，利率互换的资金流动只发生在计息日，而且由于是净额结算，因此资金的流动是单向的。利率互换与货币互换尽管在形式上有所不同，但大都基于市场参与者改变债务结构、降低管理风险及筹资成本等方面的需要而产生，而降低筹资成本的需要通常是产生利率互换的主导因素。

第二节　衍生工具的计量

一、衍生工具的计价原则

（一）衍生工具的初始计量

按照 CAS22《金融工具确认和计量》的规定，企业初始确认金融资产或金融负债时，应当按照公允价值计量。对于以公允价值计量且其变动计入当期损益的金融资产或金融负债，相关交易费用应当直接计入当期损益；对于其他类别的金融资产或金融负债，相关交易费用直接计入其初始成本。

（二）衍生工具的后续计量

按照 CAS22《金融工具确认和计量》的规定，金融资产的后续计量与金融资产的分类密切相关。企业应当按照以下原则对金融资产进行后续计量：①以公允价值计量且其变动计入当期损益的金融资产，包括交易性金融资产和指定为以公允价值计量且其变动计入当期损益的金融资产，应当按照公允价值计量；②可供出售金融资产，应当按公允价值计量；③持有至到期投资及贷款和应收款项，按摊余成本计量。按照前述持有至到期投资、贷款和应收款项、可供出售的金融资产的定义，衍生金融工具不可能确认为后三种金融资产，因此，衍生工具只能以公允价值进行后续计量。

二、衍生工具公允价值的确定

（一）公允价值的概念及特征

我国于2006年2月颁布的CAS22《金融工具确认和计量》给公允价值下的定义是：“公允价值，是指在公平交易中，熟悉情况的交易双方自愿进行资产交换或者债务清偿的金额。在公平交易中，交易双方应当是持续经营企业，不打算或不需要进行清算、重大缩减经营规模，或在不利条件下仍进行交易。”这一定义看似简练精辟，实则存在重大缺陷。因为，按照这一定义，我们将无法区分过去的公平交易价格与现在的公平交易价格哪个才是我们心目中的公允价值，也无法弄清公允价值到底是指“成本”还是指“价值”，因为买方的采购成本与卖方的销售价格不过是同一交易价格的两种不同表现形式。2000年12月，金融工具国际联合工作组（JWG）发布的《准则草案与结论依据——金融工具及类似项目的会计处理》征求意见稿给公允价值下了一个完全不同的新定义：“公允价值是指在计量日，由正常的商业考虑推动的，按照公平交易出售一项资产时企业收到的或解除一项负债时企业应付出的价格估计。”2006年9月，FASB在其发布的SFAS157《公允价值计量准则》中，将公允价值定义为：“计量日市场参与者之间的有序交易中出售资产收到的或转让负债支付的价格。”从上述定义的经济内涵及演进趋势看，随着公允价值计量应用范围的不断扩大，人们对公允价值的认识越来越清晰，对其本质特征的把握越来越准确，概括起来主要表现在以下三个方面：

1. 公允性

公允价值是基于企业各利害关系人的共同需要而产生的计量属性，因此，“公允性”是公允价值所应具备的最基本的特征。公允性特征要求公允价值必须建立在一个重要前提——公平交易的基础之上。关于什么是公平交易，IAS39《金融工具：确认和计量》第98段指出：“在公允价值定义中隐含着一项假定，即企业是持续经营的，不打算或不需要清算，不会大幅度缩减其经营规模，或按不利条件进行交易。因此，公允价值不是企业在强制性交易、非自愿清算或亏本销售中收到或支付的金额。”如前所述，JWG给公允价值下的定义特别强调：公允价值是由正常的商业考虑推动的公平交易价格。由此，我们可以把公平交易的基本条件概括为：①买卖双方为平等自主的交换主体；②交易双方从事与财产转移或劳务提供有关的活动时，应按照价值规律的客观要求进行等价交换；③交易的目的是出于正常的商业考虑，关联方之间的转移价格等不包括在内；④交易双方均熟悉市场行情，且自愿地而非被迫地进行商品交换。

2. 现时性

公允价值计量的目的在于满足企业众多利益相关者的决策需要。能够满足决策需要的信息，必须是与决策相关的、及时的信息。如前所述，无论是JWG还是SFAS157，所下的定义都特别强调：公允价值是“计量日”所发生的一种价格估计。可见，立足现时是公允价值与历史成本、未来成本或未来市价最根本的区别。在过去某一时点发生的公平交易价格，只能称之为“历史成本”，而不能称之为“公允价值”；同样，在将来某一时点发生的公平交易价格，只能称之为“未来成本”或“未来市价”。在初始计量时，由于交易日与计量日重叠，历史成本与公允价值往往是相同的；在后续计量时，历史成本已时过境迁，不再代表现时的公平交易价格，因而不再是公允价值。当然，在物价变动不大，其他相关因素亦未发生明显变动的情况下，历史成本与公允价值在金额上可能较为接近，甚至完全等同，但这并不能掩盖二者在时间基础上的本质区别。

3. 估计性

估计性是指在初始计量而无法获取交易价格时，或在对资产负债项目进行后续计量时，公允价值均不是实际发生的交易记录，而是计量主体基于市场信息对计量客体的价值作出的主观认定。一般而言，除非计量日与实际交易日重叠，公允价值一般都不是实际发生的交易价格，而是根据同类资产的市场价格或采用某种估价技术估计得出的。正如井尻雄士所说："公允价值通常由市价决定，但在下述意义上，公允价值的含义比市价更宽广，当资源常常不在市场上交易时，公允价值包括一个假设的市价。"也就是说，公允价值可以是建立在实际交易基础上的实际交易价格，也可以是建立在假定发生的交易基础上的估计价格。事实上，从会计报告日这一特定计量日来看，大多数资产、负债项目的公允价值都是靠估计得出的，因此，估计性往往被认为是公允价值的一个重要特征。

（二）公允价值的确定程序

公允价值的确定程序是为提高公允价值的可靠性而对其获取方法的先后顺序所作的原则性规定。严格地说，公允价值获取方法的选择受多种因素的影响，各种方法只有适合不适合的问题而无先后之分或好坏之分。但在现实生活中，由于受计量环境、计量成本等因素的影响，有的方法可靠性较高，而有的方法的可靠性则难以保证，这就形成了事实上的优劣之分。IASC 发布的 IAS39《金融工具：确认和计量》第 99、100 条规定：在活跃市场上的公开标价通常是公允价值的最好证据，如果金融工具市场不够活跃，则需对公开标价作出调整，以获得可以可靠计量的公允价值。

FASB 于 2006 年 9 月发布的"公允价值计量准则"（SFAS157），该准则将公允价值估价技术所用的参数划分为三个级次：一级参数是计量日主体准入的活跃市场中相同资产或负债的报价；二级参数是类似资产或负债的直接或间接可观察参数；三级参数是不可观察参数。层级性规范强调的是估价技术所使用的参数，而不是估价技术本身。

CAS22《金融工具确认和计量》将公允价值的获取顺序分为三个层级：①初始取得或源生的金融资产或承担的金融负债，应当以市场交易价格作为确定其公允价值的基础。②存在活跃市场的金融资产或金融负债，活跃市场中的报价应当用于确定其公允价值。③金融工具不存在活跃市场的，企业应当采用估值技术确定其公允价值。

可见，公允价值的确定程序实际上是对公允价值的不同获取方法按其可靠性高低所做的基本排序。根据以上分析，可对公允价值获取方法作一个通用的原则性排序。

1. 计量当日实际发生的公平交易价格

计量当日发生的实际交易价格，本应是公允价值的直接体现，但这种价格并不一定就是公允价值，只有符合公平交易条件的，也就是说在公平交易中，由熟悉情况的双方自愿成交的金额才能称为公允价值。不符合公平交易条件的实际交易价格即使是计量当日实际发生的，也不属于公允价值。一般而言，实际发生的公平交易价格主要用于资产负债的初始计量。在计量日或报告日对资产负债项目进行后续计量时，交易日与报告日相互重叠的事例极为少见，但也并非没有，因此，这种价格若确实存在，它理应是公允价值的首选。当然在现实生活中，并不一定把实际交易价格限制在“计量当日”发生，在市场条件未发生明显变化的情况下，“计量当日最近”发生的实际交易价格也可以视为公允价值的首要选择。推而广之，企业在近期发生的用于初始确认的实际交易价格，若没有反面证据证明其已明显偏离现行市价，也可以将其视为公允价值。

2. 来自活跃市场的同类项目的公开标价

活跃市场是指在任何时候都可以找到自愿的买方或卖方且价格公开的商品交易市场。活跃市场上的公开标价一般是指当前成交价或当日收市价。由于在活跃市场上存在大量的买方或卖方，当前成交价通常是卖方要价和买方出价的相交点，也就是说是由买方和卖方根据当天的市场行情自愿达成的交易价格，这种价格既符合公允价值的本质要求，又可以较为方便地查证，因而是公允价值的最佳选择。在有些情况下，买卖双方并没有直接成交而是通过中间人进行交易，如外汇交易，这时的公开价格可以是买入价或卖出价，也可以是中间价。在此情况下，对于持有的资产或将发行的负债，恰当的标价通常是当时的买方出价，而对于将购买的资产或持有的负债，则是当时的卖方开价或要价。如果企业有匹配的资产头寸和负债头寸，也可以恰当地使用市场中间价作为确定公允价值的基础。

3. 来自活跃市场的类似项目的公开标价

事实上，并非所有的商品都存在一个活跃市场，由于受市场发达程度、商品交易量及商品自身用途或性能等因素的限制，对很多商品而言，这种活跃市场通常并不存在。在这种情况下，若活跃市场上存在与其在性能、结构或用途较为类似的商品，且有公开标价，也可以选择与计量对象相类似的产品的公开标价作为其公允价值。

4. 采用现值法或特定计价模型估计公允价值

如果不存在计量日或其最近日实际发生的公平交易价格，也不存在活跃市场上相同或类似项目的公开标价，则只能通过各种估价技术或计价模型来获取计量对象的公允价值。这里所说的估价技术或计价模型通常包括现值技术、期权定价法及其他资产估价方法，如根据资产的建造成本，或资产组成部分的市场价格或采购价格来确定整体资产的公允价值的现行成本法等。一般而言，这些技术或方法既无优劣之分，亦无先后之分。在具体选用时，要综合考虑各种获取技术或计价模型的适用性、可靠性，以及应用条件是否具备等因素。

三、衍生金融工具公允价值的确定

（一）衍生金融工具公允价值的计价特征

1. 远期合约的计价特征

由于远期合约是非标准合约，其流动性较差，难以转让，因此绝大部分远期合约必须到期进行实际交割。IAS39《金融工具：确认和计量》规定：“对于买入或卖出非金融资产或金融负债的承诺，如果报告企业打算在正常业务中通过实物交割进行结算，同时又没有进行净额折算（与对方或通过抵消合同）的惯例时，则不应作为衍生工具处理而应作为待执行合同处理。”因此，作为衍生工具的远期合约主要指远期外汇合约和远期利率合约，而不包括商品期货合约。远期外汇合约的公允价值主要取决于合同约定的远期汇率与预计到期汇率之差，以及剩余时间、折现率这三个因素；与远期外汇合约相似，远期利率合约的公允价值亦决定于约定利率与预期利率之差，以及剩余时间、折现率这三个因素。因此，远期合约公允价值可根据按预期到期汇率或利率计算的交易金额与按约定汇率或利率计算的交易金额之差的现值确定。

2. 期货合约的计价特征

期货合约的价格通常取决于四个因素，即约定交易价格、期货标的物预期市场价格、预期投资报酬率及剩余时间。其中，期货标的物预期市场价格是交易双方根据当前市场信息对未来价格作出的判断；预期投资报酬率主要取决于合约标的物市场价格的波动性或风险性；剩余时间则是指期货合同计量日至交割日之间的时间间隔。上述四个因素中，约定交易价格为既定价格；剩余时间越短，对期货价格作出的判断就越准确；预期投资报酬率是无风险报酬率与该项投资所要求的风险报酬率之和。因此，在影响期货合约价格的四个因素中，最难作出判断的因素就是期货标的物的市场价格。然而，从会计计量的角度来说，期货合约是一种在期货市场上可以随时买卖的标准合约，其现行市场价格通常可以直接从期货交易市场上获得，因此，对期货价格的估计一般可采用“逐日盯市”（Mark to Market）法直接获取。

3. 期权合约的计价特征

期权合约的价格通常受以下因素影响：①期权标的物的市场价格。一般而言，期权标的物可以是股票、债券、外汇、股指和期货等，标的物的市场价格对期权价值有着重要的影响。对择购权而言，标的物的市场价格越高，择购权的价值就越大，反之则越小。对择售权而言，市场价格越高，期权收益就越小，反之亦然。②执行价格。执行价格是指期权合约规定的交易价格。③时间价值。当短期利率上升时，投资于期权的机会成本增大，相应的期权价格会降低，而当短期利率下降时，投资于期权的机会成本降低，期权的价格则会升高。④剩余时间。剩余时间是指计量日到执行日之间的时间长短。一般而言，剩余时间越长，期权标的物市场价格变化的机会就越大，期权的价值相应较高。⑤市场波动性。市场波动性是指期权标的物市场价格的变动频率和变动幅度。市场波动性通常可用期权标的物市场价格变动的均方差或标准差来表示。一般而言，市场价格越是易变，给期权投资人带来的获取高收益的机会就越多，因此，市场波动性越强，期权价值越高。为能准确地确定期权合约的价格，人们通常通过构建数学模型的方法，将上述各影响因素进行综合考虑。

4. 互换合约的计价特征

各种互换交易的形成原因通常有两种：一是交易双方在金融市场上有着各自不同的需求和比较优势；二是交易双方对某一交易对象的未来价格有着截然不同的看法。因此，交易双方除了利用合约直接分享因各自的比较优势所带来的经济利益外，还可能取得基于对未来利率或汇率的预测不同所带来的风险收益。如在利率交换协议中，其中一方在浮动利率贷款中有比较优势，却更需要或喜好风险较小的固定利率贷款，而另一方却更需要或喜好风险较大的浮动利率贷款，由此而导致交易形成。因此，互换合约的公允价值实际上就是按照预期利率或汇率计算的交易金额与按照约定利率或汇率计算的交易金额之差。从理论上说，依据到期日的预期利率或汇率计算的合约标的物的价格更符合公允价值的要求，但这种价格由于受多种因素的共同影响而在现实中很难获得，因而按照现行市场利率或汇率计算的合约标的物的现行价格往往更具有现实意义。

（二）衍生工具公允价值的确定方法

如前所述，衍生工具公允价值的确定可采用市价法，或参照实质上相同或类似的其他金融工具的公开标价，以及现金流量折现法或期权定价模型等方法确定。下面对各种定价方法的适用性及有效性进行分析。

1. 来自活跃市场上的公开标价

来自活跃市场上的公开标价既符合公允价值的本质要求，又可以较为方便地验证，因而是公允价值确定的最佳选择。然而，在现实生活中，并非所有的商品都存在一个活跃市场，由于受市场发达程度、商品交易量及商品自身用途或性能等因素的限制，对很多商品而言，这种活跃市场通常并不存在。就衍生金融工具而言，远期合约属非标准和约，其交易对手和交易对象的特殊性太强，通常很难在合约到期前将其转让出去，也难以通过反向对冲等手段解除合约义务，因而很难找到一个可以随时买卖合约的活跃市场，自然也就不存在一个来自活跃市场的报价。期货合约属于在交易场所公开交易的标准化合约，其公开报价一般可以从交易场所随时获得。期权合约按照交易场所的不同，可以分为交易所期权（场内交易期权）和场外期权，交易所期权在集中性的金融期货交易所交易，一般有标准化的期权合约和交易机制，其交易数量、执行价格、履约时间等均由交易所统一规定，因而其公开报价能够随时取得；场外期权属非标准化合约，其交易要素由交易双方自由议定，且不在集中性的交易场所进行交易，因而也就无所谓来自公开市场上的公开报价。互换合约属于两个对手之间的合约，为了达成交易，互换合约的一方必须找到愿意与之交易的另一方，如果对期限或现金流有特殊要求，则难以找到交易对手。同样，如果没有双方同意，也不能更改、终止或转让合约。近年来，为了解决互换市场流通性不足的问题，互换市场出现了专门做市的交易商，但由于范围较窄，通常难以形成较为公开的报价制度。可见，能够从活跃市场上直接获取其公开报价的衍生金融工具只有期货合约和场内交易的期权合约。

2. 现金流量折现法

现金流量折现法又叫现值法。现值法是应用范围极为广泛的一种公允价值获取方法。可以说，只要计量对象所带来的现金流量能够可靠地估计，并且能够找到一个在时间、风险等方面都与其现金流量相适应的折现率，现值法对任何项目的公允价值获取都是适用的。在计算现值时，按照计量对象所能带来的未来现金流量是否确定，可将现值法计算区分为单一现金流量法和期望现金流量法。

（1）单一现金流量法。

单一现金流量法也称传统法，这种方法通常只使用一组单一的预计现金流量和与其相适应的考虑了风险因素的折现率进行折算。美国财务会计委员会第7号概念公告认为，传统法之所以不失为一种有用的，甚至是常用的现值计算方法，是因为传统法相当容易运用，更为重要的是计量对象所带来的现金流量通常是单一的，如债券投资所带来的利息收入通常是既定的；融资租入固定资产在未来需要付出的现金流量通常是在合同中规定好的。对这些项目而言，传统法往往是最简捷且最合理的现值计算方法。单一现金流量法简便易行，对于已在合同中规定了现金流量和相应的风险折现率的计量对象，或是可以在市场上找到参照物的计量对象而言，这一方法无疑是适合的，但对于现金流量的大小及流入流出时间不确定的计量对象而言，这一方法显得过于粗糙。

（2）期望现金流量法。

期望现金流量法是在计量对象所带来的未来现金流量有多种可能的情况下，通过计算未来现金流量的期望值来计算其现值的方法。未来现金流量的期望值是未来现金流量的各个可能值以其相应的发生概率进行加权平均所得到的加权平均数。用数学公式可表示为：

$$E = \sum P_i V_i$$

上式中，E 表示期望现金流量；V_i表示第 i 种现金流量的可能取值；P_i表示第 i 种现金流量可能值出现的概率，其中，$0 \leqslant P_i \leqslant 1$，$\sum P_i = 1$。计量对象所带来的未来现金流量的不确定性有两种表现形式，即金额不确定的期望现金流量和时点不确定的现金流量。金额不确定的期望现金流量通常指在某一特定时间，计量对象所能带来的现金流量有多种可能；时点不确定的现金流量则是指未来现金流量流入流出时点可能会有多种可能。期望现金流量法的优点在于它把计量的重心直接放在了对现金流量的分析和计量时所采用的各种假设上，因而能够有效地解决未来现金流量在金额、时点等方面的不确定性问题。

现值法是一种看似简单实则极为复杂的计算方法。其简单之处在于，当未来现金流量的金额、时间及相应的折现率既定的情况下，计算其现值是一件非常容易的事；其复杂之处在于，现金流量的发生时间、金额及可能性概率的确定，以及折现率的选择都离不开人的主观估计，而且很难对估计过程中人为因素进行控制。因此，通过计算衍生工具未来现金流量的现值来确定其公允价值的方法，虽然在理论上是最完美的，但在实际运用中是最难操作的一种方法。

3. 矩阵法

矩阵法是指参照与被计量对象类似的有市场标价的衍生工具的公允价值，通过调整相关因素来确定其公允价值的方法。一般而言，如果衍生工具本身不存在来自活跃市场上的公开标价，或即使有但可靠程度不高，而与之类似的衍生工具却有公开市场标价，可采用这种方法确定其公允价值。在实际运用过程中，应首先确定与被计量对象类似的衍生工具作为参照物；然后以该参照物在公开市场上的公开标价为基础，对风险差异、利率差异、期限差异及提前偿付风险差异等相关因素进行适当调整，最终计算出被计量衍生工具的公允价值。矩阵法实际上是一种近似的市场报价法，在很难从活跃市场上找到完全同质的衍生工具的情况下，这种方法是一种较为适用的公允价值估价方法。但此法也有其不可避免的缺陷。首先，在判定两种衍生工具是否类似时，不可避免地存在人为估计的因素；其次，在确定相关影响因素及其影响方向和影响程度时，很难找到一个适当的量化标准或修订系数；最后，由于两种衍生工具发生作用的时间和场合不一致，即使其他因素均判断正确，也很难说所作出的估价金额是正确的。

4. B－S 定价模型

自期权交易产生以来，人们一直致力于从科学定量的角度解决期权的定价问题。1973年，美国芝加哥大学教授 Fischer Black 和 Myron Scholes 发表《期权定价与公司负债》一文，提出了被誉为金融理论经典之一的 B－S 期权定价模型。

同任何一个理论模型一样，B-S 模型需要建立在一系列假设条件基础之上，其主要假设条件如下：①期权为欧式看涨期权，期权标的物为股票；②股价变动呈对数正态分布，其期望值与方差一定；③交易成本及税率为零，所有证券可无限分割；④期权有效期内无股息分配；⑤证券交易为连续性的，不存在无风险套利机会；⑥投资者可以无风险利率进行借贷；⑦无风险利率是恒定的。在这些假设条件的基础上，Black 和 Scholes 得到了如下适用于无收益资产的欧式期权的一个微分方程：

$$rV=\frac{\partial V}{\partial t}+rS\,\frac{\partial V}{\partial s}+\frac{1}{2}\sigma^2S^2\,\frac{\partial^2 V}{\partial S^2}$$

通过解这个微分方程，可得到欧式看涨期权和看跌期权的定价公式：

$$V_h=SN_{(d_1)}-X_e{}^{-r(T-t)}N_{(d_2)}$$

$$V_l=X_e{}^{-r(T-t)}N_{-d_2}-SN_{(d_1)}$$

上式中，d_1 及 d_2 可按下式计算得出：

$$d_1=\left[LnS/X+(r+\sigma^2/2)(T-t)\right]/\sigma\sqrt{T-t}$$

$$d_2=\left[LnS/X+(r-\sigma^2/2)(T-t)\right]/\sigma\sqrt{T-t}=d_1-\sigma\sqrt{T-t}$$

公式中的 N_{d_1}、N_{d_2}是指累积的正态分布的概率，也就是一个呈现标准正态的变量小于 d_1 及 d_2 的概率，一般可以通过查表得到；V_h、V_l 分别代表欧式看涨期权与看跌期权的价值，其他符号同前。

从以上公式可以看出，前述影响期权定价的五个因素全部体现在该定价模型之中，且作用方向与前述直观分析一致，因而是一个较为合理的估价模型。但该模型是否适合作为期权公允价值的确定依据，却有许多值得商榷的问题：①就估价目的而言，B-S 模型主要是基于投资者的决策需要而产生的，是期权费确定的主要依据，而期权的公允价值则体现了包括投资者在内的会计信息使用者的共同需要，在各影响参数的具体设置上二者显然有不同的考虑。②该模型主要是针对欧式股票期权而建立的，因而其适用范围受到很大限制。③该模型建立在一系列严格的假设基础之上，如完备市场假设、风险中性假设、交易成本为零假设、股票可无限分割假设等，在现实中未必符合条件，在这样的前提下作出的价格估计很难说是正确、可靠的。④在 B-S 模型中的五个影响因素中，S、X、r、$T-t$ 都是确定的，但市场波动率（σ）却需要人为估计。一般而言，市场波动率的估计主要有两种计算方法，即历史波动率法和隐含波动率法。用历史波动率预测未来，其缺陷显而易见，如曾被人们认为是十大金股的佛山照明，2008 年第一季度竟然出现预亏，就是一个根据任何历史数据都无法作出的结果。隐含波动率是在期权价格及其他参数都已知的情况下倒挤出来的，其结果与历史波动率相似。失之毫厘，谬以千里，因此，如果市场波动率估计错误的话，即使估价模型再精确，也无法避免主观估计的结果。⑤期权价值由期权内在价值和期权风险价值两部分组成，期权的风险价值来自其未来不确定性，按照谨慎性原则，会计计量时应尽量避免高估具有不确定性的资产价值，因此，依据未来不确定性所作出的价格估计并不符合会计信息的质量要求。

第三节 衍生工具的会计处理

按照我国《企业会计准则——应用指南》的规定，衍生金融资产及衍生金融负债在“衍生工具”科目中核算，“衍生工具”科目的借方余额为衍生金融资产，贷方余额为衍生金融负债。

一、期货交易的会计处理

期货交易的基本程序如下：当企业签订期货合约（或购买期货标合约）时，通常要缴纳初始保证金（Initial Margin Deposit），初始保证金属应收款性质，当期货合约的公允价值变动时，应逐日计算并调整初始保证金金额，使之达到规定的保持线，即必须具备一定数额保持保证金。规定的保持线通常为交易标的物价格的一定比例。当保证金存款额降低到保持线以下时，期货合约购买者必须追加缴付保证金；相反，当保证金存款额超过保持线时，超过部分可予以退回。期货合约购买者通常不会等到合约到期后再进行实际交割，而是根据行情的变化在合约到期前转手平仓，通过保证金存款办理结算，以收回在买卖中赚取的利润，如果结算时的亏损额超过保证金存款，则需偿付不足部分。

当企业成为期货交易的一方时，应该在表内确认相应的金融资产和金融负债；当期货合约公允价值变动时，应确认该合约其公允价值变动部分，并将其公允价值变动确认为当期损益；转手平仓，进行差额结算时，应将赚取的差价确认为当期损益。

【例6－1】2010年1月5日，ABC公司与期货经纪人签订合约，购入3个月期的债券期货，当日市价200 000元，按当日市价的10%缴纳初始保证金。按照规定，若期货市价的涨跌幅超过2%时，应补交或退回相应金额的保证金。2010年1月31日，该债券的市价涨至205 000元。2月28日，ABC公司预测其市价将会走软，进而以204 000元的价格转手平仓，支付手续费100元，并通过差额结算，收回保证金余额。相应的会计分录如下：

（1）1月5日，签约并支付保证金时：

借：衍生工具——债券期货　　200 000

　贷：其他应付款——债券期货　　200 000

借：存出保证金　　20 000

　贷：银行存款　　20 000

（2）1月31日，公允价值变动，并补交保证金时：

借：衍生工具——债券期货（公允价值变动）　　5 000

　贷：公允价值变动损益　　5 000

借：存出保证金　　500

　贷：银行存款　　500

（3）2 月 28 日，转手平仓，并进行差额结算时：

借：银行存款　　24 400

　　其他应付款——债券期货　　200 000

　　投资收益　　1 100

　贷：衍生工具——债券期货　　200 000

　　　衍生工具——债券期货（公允价值变动）　　5 000

　　　存出保证金　　20 500

分录中，24 400 =4 000（赚取的差价）+20 500（保证金收回）-100（手续费）

（4）2 月 28 日，将为实现持有利得转为投资收益时：

借：公允价值变动损益　　5 000

　贷：投资收益　　5 000

ABC 公司在此项交易中共赚取差价 4 000 元，另支付转让手续费 100 元，实际实现投资收益 3 900 元。

二、期权交易的会计处理

期权交易的基本程序如下：当企业签订期权合约（或购买期权标合约）时，通常要缴纳一定金额的期权费。期权费不同于期货合约的初始保证金，通常表现为期权标的物的执行价格与其现行市价之差，因此又被称为期权合约的内在价值。当期权标的物的现行市价不断变动时，期货合约的内在价值亦随其上下浮动。期权合约可在到期前提前转让，若不提前转让，到期后，期权购买者在对其有利的条件下可选择执行该合约，在对其不利的条件下可放弃执行该合约。

当企业成为期权合约的签约一方时，应该在表内确认所缴纳的期权费，对于期权合约所形成的金融资产或金融负债，因其只是一种可能的资产或负债，按照我国企业会计准则的规定，企业一般不在表内确认可能发生的资产或负债，因此，对期权合约所形成的金融资产或金融负债一般只需在表外披露即可。当期权合约的公允价值（或期权费的公允价值）发生变动时，应确认其公允价值变动，并将其公允价值变动确认为当期损益；当企业将期货合约转让时，应将期权转让价格与其账面价值的差异确认为当期损益；当企业决定放弃执行期权合约时，应将期权费的账面价值确认为当期损益；当企业决定执行该期权时，应确认所形成的股权，并将股权市场价格与其执行价格之差与期权费进行比较，差价确认为当期损益。

【例 6 -2】2010 年 1 月 5 日，ABC 公司与期货经纪人签订合约，购入甲公司股票期权 10 000 股，股票期权执行日为 2010 年 3 月 5 日，执行价格 8 元，当日市场价格 12 元，当日缴纳期权费 40 000 元。2010 年 1 月 31 日，该债券的市价涨至 13 元。2 月 28 日，ABC 公司预测该股票市价将会走软，进而以 4.8 元的价格将其转让，另按 1% 支付交易税费。相应的会计分录如下：

（1）1 月 5 日签约，并支付保证金时：

借：衍生工具——股票期权　　40 000

　贷：银行存款　　40 000

(2) 1月31日，公允价值变动时：

借：衍生工具——股票期权（公允价值变动）	10 000	
贷：公允价值变动损益		10 000

(3) 2月28日，将股票期权转让时：

借：银行存款	47 520	
投资收益	2 480	
贷：衍生工具——股票期权		40 000
衍生工具——股票期权（公允价值变动）		10 000

其中，47 520 = 48 000 - 48 000 × 1%

(4) 2月28日，将未实现持有利得转为投资收益时：

借：公允价值变动损益	10 000	
贷：投资收益		10 000

【例6-3】承【例6-2】，若2010年2月28日股票市价上升为14元，ABC公司预测该股票市价继续上升，进而选择执行该项期权合约，购入该股票后将其确认为交易性金融资产。相应的会计分录如下：

(1) 1月5日、1月31日会计分录同【例6-2】。

(2) 2月28日，将股票期权转让时：

借：交易性金融资产——股票	140 00	
贷：衍生工具——股票期权		40 000
衍生工具——股票期权（公允价值变动）		10 000
银行存款		80 000
投资收益		10 000

(3) 2月28日，将未实现持有利得转为投资收益时：

借：公允价值变动损益	10 000	
贷：投资收益		10 000

【例6-4】承【例6-2】，若2010年1月31日，该股票的市价跌至9元。2月28日ABC公司预测该股票市价在近期内将会跌至8元以下，且不会出现反转，进而放弃执行该项合约。相应的会计分录如下：

(1) 1月5日会计分录同【例6-2】。

(2) 1月31日，公允价值变动时：

借：公允价值变动损益	30 000	
贷：衍生工具——股票期权（公允价值变动）		30 000

(3) 3月5日，决定放弃该股票期权时：

借：投资收益	10 000	
衍生工具——股票期权（公允价值变动）	30 000	
贷：衍生工具——股票期权		40 000

(4) 3月5日，将未实现持有利得转为投资收益时：

借：投资收益	30 000	
贷：公允价值变动损益		30 000

三、互换交易会计处理

（一）利率互换的会计处理

利率互换通常是指同一种货币之间因计息方法或利率水平不一致而导致差别的债权或债务之间的交换，如固定利率计息与浮动利率计息的互换。利率互换一般不进行本金的互换，只是在协议中约定互换由于利率不同而产生的利息差额，由于没有期初及最后的本金互换，利率互换的资金流动通常只发生在计息日，且以净额结算。在利率互换交易中，企业所确认的衍生工具为互换交易费及其变动。

【例6－5】2010年1月5日ABC公司按面值发行5年期，年利率为5%，面值100 000元的公司债券。为达到节约利息的目的，公司与国内某商业银行达成一项利率协议，将5%的固定利率调换为每6个月浮动一次的浮动利率。假定互换后，2010年1月1日—6月30日的浮动利率为5.2%；7月1日—12月31日的浮动利率为4.6%。该公司每半年计息一次，并于年终支付利息和计算互换交易费。相应的会计分录如下：

（1）1月5日，发行债券时：

借：银行存款　　100 000

　贷：应付债券　　100 000

（2）6月30日，确认应付债券利息及互换手续费时：

借：财务费用　　2 500

　贷：应付利息　　2 500

借：衍生工具——利率互换　　100

　贷：应付利息　　100

该分录中，利率互换所产生的利率超支额为100元［100 000×（5.2%－5.0%）÷2］。

（3）12月31日，计算应付债券利息及互换手续费时：

借：财务费用　　2 500

　贷：应付利息　　2 500

借：应付利息　　200

　贷：衍生工具——利率互换　　200

该分录中，利率互换所产生的利率节约为200元［100 000×（5%－4.6%）÷2］。

（4）12月31日，支付应付债券利息及互换手续费时：

借：应付利息　　4 900

　贷：银行存款　　4 900

借：衍生工具——利率互换　　100

　贷：投资收益——互换收益　　100

本例中，ABC公司因利率互换所产生的利息费用节约为100元，即前半年多支付100元，后半年节约200元，共节约100元。

（二）货币互换的会计处理

货币互换是交易双方以不同种货币举债，因双方在不同的货币市场上各自具有比较优势，为达到增加收益、节约利息费用或降低风险的目的而进行互换。因此，互换可分为以提高内含报酬率为目的的互换、以节约利息费用为目的的互换，以及以避险为目的的互换。在互换过程中，企业因互换所产生的收益的增加及费用的节约应确认为衍生工具。

【例6-6】2010年1月1日，中国甲公司需要贷入1年期，金额为＄10 000 000的美元贷款，在本国美元贷款利率为10%，同期人民币贷款利率为6.8%；美国ABC公司需要贷入1年期的人民币68 000 000元，在本国人民币贷款利率为8%，同期美元贷款利率为10.2%。贷款日美元兑人民币的汇率为1:6.8。中美双方为达到利用比较优势节约利息的目的，签订了一份互换合约，约定由甲公司在中国贷入人民币，ABC公司在美国贷入美元，然后互换，并约定利息的相对节约额由双方平分。假定双方每半年计提一次利息，到期后换回。则甲公司的相关会计分录如下：

(1) 1月1日甲公司贷入人民币时：

借：银行存款　　68 000 000

　贷：短期借款　　68 000 000

(2) 1月1日，与美方换入美元时：

借：银行存款——美元户　　(＄10 000 000) 68 000 000

　贷：银行存款　　68 000 000

(3) 6月30日，确认应付利息及互换收益时：

借：财务费用　　2 482 000

　贷：衍生工具——货币互换　　170 000

　　　应付利息　　2 312 000

(4) 12月31日，计算应付利息及互换收益时：

借：财务费用　　2 482 000

　贷：衍生工具——货币互换　　170 000

　　　应付利息　　2 312 000

(5) 12月31日，将货币换回时：

借：银行存款　　68 000 000

　贷：银行存款——美元户　　(＄10 000 000) 68 000 000

(6) 12月31日，偿还贷款并实际支付利息时：

借：短期借款　　68 000 000

　　应付利息　　4 624 000

　　衍生工具——货币互换　　340 000

　贷：银行存款　　72 964 000

本例中，若甲公司在本国贷入美元，ABC公司在所在国贷入人民币，则利息总额为12 240 000元（68 000 000×8%+10 000 000×10%×6.8）。

若甲公司在本国贷入人民币，ABC公司在所在国贷入美元，则利息总额为11 560 000元（68 000 000×6.8%+10 000 000×10.2%×6.8）。

因此，互换所带来的节约共计680 000元，因双方约定签约双方各分享50%，即甲方全年共节约利息费用340 000元，半年节约利息费用170 000元。

（三）嵌入衍生工具的会计处理

嵌入衍生工具的会计处理，尽可能使嵌入衍生工具与单独存在的衍生工具采用一致的原则进行处理。《金融工具确认和计量》规定，单独存在的衍生工具，通常应采用公允价值进行初始计量和后续计量，但主合同（非衍生工具）可能因为划分的类别不同（如划分为持有至到期投资、贷款和应收款项等），不会采用公允价值进行后续计量。因此，如果混合工具没有整体指定为以公允价值计量且其变动计入当期损益的金融资产或金融负债，则应当考虑能否将其从混合工具中分拆。具体的会计处理流程见图6－1。

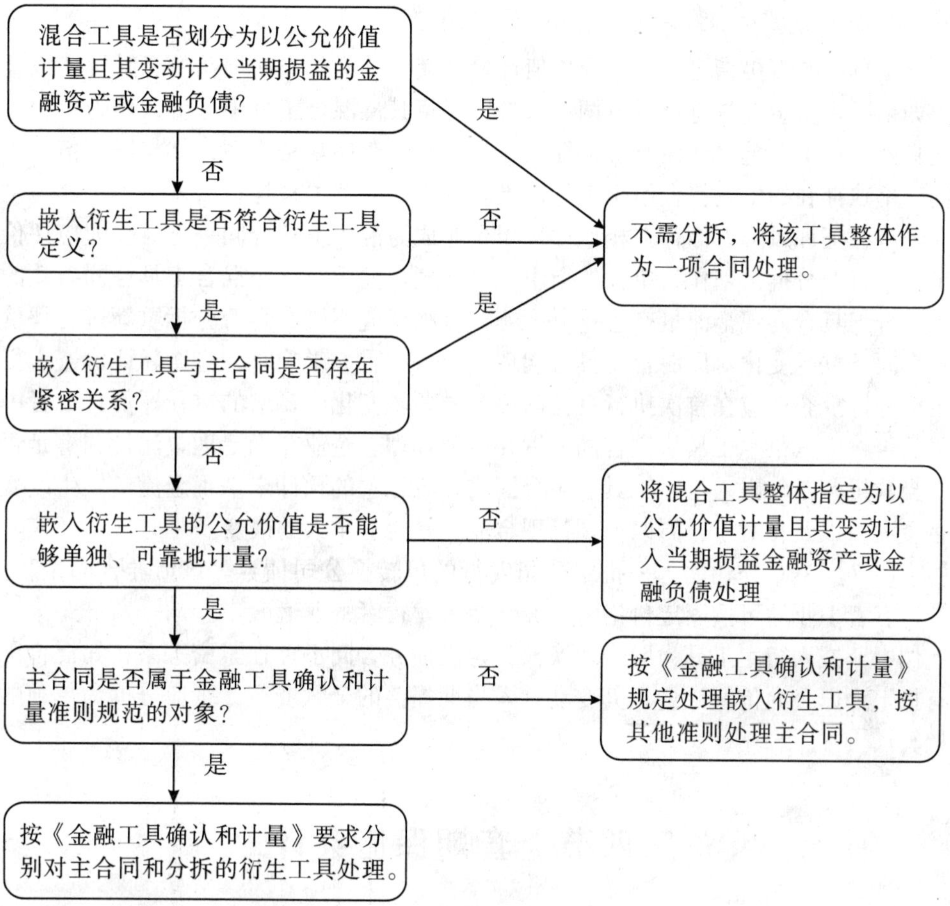

图6－1　嵌入衍生工具的会计处理流程图

1. 将混合工具指定为以公允价值计量且其变动计入当期损益的金融资产或金融负债的条件

企业之前已能够直接将混合工具指定为以公允价值计量且其变动计入当期损益的金融资产或金融负债，其理由在于：①当一项混合工具包括的嵌入衍生工具不止一项时，仍要求企业将这些嵌入衍生工具进行分拆，可能不符合成本效益原则。②由于包括了若干衍生工具的结构化产品通常要用衍生工具来对冲其所有或几乎所有风险，至于这些嵌入衍生工具是否由于会计准则的要求进行分拆，在风险管理中往往不太被关注。因此，最简单的方法就是直接指定混合工具按公允价值计量，以使风险对冲在会计处理上得以真实反映。

③确定混合工具整体的公允价值往往要比确定分拆出来的衍生工具的公允价值相对容易。

如果不加限制地由企业直接指定混合工具以公允价值计量且其变动计入当期损益，可能会被滥用。为此，下列情况下不能将混合工具指定为以公允价值计量且其变动计入当期损益的金融资产或金融负债：①嵌入衍生工具对混合工具的现金流量没有重大改变；②类似混合工具所嵌入的衍生工具，明显不应当从相关混合工具中分拆，如嵌在贷款中的提前还款权，其允许持有者以与摊余成本大致相等的金额提前偿还贷款。

2. 嵌入衍生工具的分拆条件

混合工具没有直接指定为以公允价值计量且其变动计入当期损益的金融资产或金融负债的，如果嵌入衍生工具符合以下两项条件，应将其从混合工具中分拆，作为单独存在的衍生工具处理：①与主合同在经济特征及风险方面不存在紧密关系；②与嵌入衍生工具条件相同、单独存在的工具符合衍生工具定义。其中，紧密关系是指嵌入衍生工具与主合同之间在经济特征和风险方面存在相似性。当企业成为混合工具合同一方时，即应评价嵌入衍生工具是否应分拆出来作为单独的衍生工具处理。随后，除非混合工具合同条款的变化将对原混合工具合同现金流量产生重大影响，否则企业不能对是否分拆重新进行评价。混合工具合同条款的变化对原混合工具合同现金流量有重大影响时，应重新评价嵌入衍生工具是否应分拆。企业应在首次执行日与前述合同条款变化所要求的重新评价日二者中较后日评价是否将嵌入衍生工具从主合同分拆并单独处理。企业在确定现金流量调整是否重大时，应当分析判断与嵌入衍生工具、主合同或二者相关的预计未来现金流量发生改变的程度是否重大，以及相对于合同以前预计现金流量是否有重大的改变。

【例 6－7】ABC 公司购入一批甲公司发行的可转换公司债券。该债券合同条款注明，该债券持有者 1 年后可按固定价格将债券转换为发行者的普通股。

此例中，嵌入衍生工具为股份转换权，与主债务合同不存在紧密关系；如混合工具整体没有指定为以公允价值计量且其变动计入当期损益的金融资产，则应分拆为单独的衍生工具核算。

第四节 套期保值会计

一、套期保值会计概述

（一）套期保值的概念

套期保值，是指企业为规避外汇风险、利率风险、商品价格风险、股票价格风险、信用风险等，指定一项或多项套期工具，使套期工具的公允价值或现金流量变动，能够抵消被套期项目全部或部分公允价值或现金流量变动。企业运用商品期货进行套期时，其套期保值策略通常是：买入或卖出与现货市场数量相当但交易方向相反的期货合同，以期在未来某一时间通过卖出或买入期货合同来补偿现货市场价格变动所带来的实际价格风险。

（二）套期保值的分类

套期保值，简称套期，按套期关系可划分为公允价值套期、现金流量套期和境外经营净投资套期。

1. 公允价值套期

公允价值套期是指对已确认资产或负债尚未确认的确定承诺，或该资产或负债及尚未确认的确定承诺中可辨认部分的公允价值变动风险进行的套期。该类价值变动源于某类特定风险，且将影响企业的损益。如某电力公司签订了一项6个月后以固定价格购买煤炭的合同，以规避价格变动风险，对该确定承诺的价格变动风险进行套期，就属于公允价值套期。

2. 现金流量套期

现金流量套期是指对现金流量变动风险进行的套期。该类现金流量变动源于与已确认资产或负债很可能发生的预期交易有关的某类特定风险，且将影响企业的损益。如商业银行对3个月后预期很可能发生的与可供出售金融资产处置相关的现金流量变动风险进行套期，以确保未来现金流量的稳定性，就属于现金流量套期。

3. 境外经营净投资套期

境外经营净投资套期是指对境外经营净投资外汇风险进行的套期。境外经营净投资，是指企业在境外经营净资产中的权益份额。企业既无计划也不可能预见的未来会计期间结算的长期外币货币性应收项目（含贷款），应当视同境外经营净投资的组成部分。因销售商品或提供劳务等形成的期限较短的应收账款不构成境外经营净投资。

二、套期工具和被套期项目

（一）套期工具

1. 套期工具的认定条件

套期工具，是指企业为进行套期而指定的，其公允价值或现金流量变动预期可抵消被套期项目的公允价值或现金流量变动的衍生工具，对外汇风险进行套期还可以将非衍生金融资产或非衍生金融负债作为套期工具。

（1）衍生工具通常可以作为套期工具。衍生工具包括远期合同、期货合同、互换和期权，以及具有远期合同、期货合同、互换和期权中一种或一种以上特征的工具。例如，某企业为规避库存铜价格下跌的风险，可以卖出一定数量铜期货合同。铜期货合同就是套期工具。

（2）非衍生金融资产或非衍生金融负债通常不能作为套期工具，但被套期风险为外汇风险时，某些非衍生金融资产或非衍生金融负债可以作为套期工具。例如，某种外币借款可以作为对同种外币结算的销售（确定）承诺的套期工具；又如，持有至到期投资可以作为规避外汇风险的套期工具。

（3）无论是衍生工具还是某些非衍生金融资产或非衍生金融负债，其作为套期工具的基本条件就是其公允价值应当能够可靠地计量。因此，在活跃市场上没有报价的权益工具投资，以及与该权益工具挂钩并须通过交付该权益工具进行结算的衍生工具，因其公允价值难以可靠地计量，不能作为套期工具。

（4）在运用套期会计方法时，只有涉及报告主体以外的主体的工具（含符合条件的衍生工具或非衍生金融资产或非衍生金融负债）才能作为套期工具。

2. 套期工具的指定

（1）企业对套期工具进行计量时，通常以该工具整体为对象，采用单一的公允价值基础对其进行计量；同时，由于引起套期工具公允价值变动的因素具有相互关联性，因此，企业应当将其整体或其一定比例（如其名义金额的50%）指定为套期工具。

（2）企业通常可将单项衍生工具指定为对一种风险进行套期，但同时满足下列条件的，也可以指定为对一种以上的风险进行套期：各项被套期风险可以清晰辨认；套期有效性可以证明；可以确保该衍生工具与不同风险头寸之间存在具体指定关系。

（3）企业可以将两项或两项以上衍生工具的组合或该组合的一定比例指定为套期工具。对于外汇风险套期，企业可以将两项或两项以上非衍生工具的组合或该组合的一定比例，或将衍生工具和非衍生工具的组合或该组合的一定比例指定为套期工具。

（4）企业虽然可以将整体套期工具的一定比例指定为套期工具，但不能在套期关系中将套期工具剩余期限内的某一时段进行套期指定。例如，甲公司拥有一项支付固定利息、收取浮动利息的互换合同，打算将其用于对所发行的浮动利率债券进行套期。该互换合同的剩余期限为1~10年，而债券的剩余期限为5年。在这种情况下，甲公司不能在互换合同剩余期限中的某5年将互换指定为套期工具。

（二）被套期项目

1. 被套期项目的认定条件

被套期项目是指使企业面临公允价值或现金流量变动风险，且被指定为被套期对象的下列项目：

（1）单项已确认资产、负债、确定承诺、很可能发生的预期交易，或境外经营净投资。

（2）一组具有类似风险特征的已确认资产、负债、确定承诺、很可能发生的预期交易，或境外经营净投资。

（3）分担同一被套期利率风险的金融资产或金融负债组合的一部分（仅适用于利率风险公允价值组合套期）。

其中，确定承诺，是指在未来某特定日期或期间，以约定价格交换特定数量资源、有法律约束力的协议；预期交易，是指尚未承诺但预期会发生的交易。

2. 对被套期项目的指定

（1）将金融项目指定为被套期项目。对于金融资产或金融负债而言，将其指定为被套期项目有较多选择。只要被套期风险可以辨认且套期的有效性可以计量，仅与金融资产或金融负债现金流量或公允价值的一部分相关的风险，均可以作为被套期风险。相应的，相关金融资产或金融负债可以指定为被套期项目。例如，某附息金融资产或金融负债全部利率风险中的可辨认且可单独计量的部分（如无风险利率组成部分），就可以作为被套期风险，与之相关的金融资产或金融负债可以指定为被套期项目。

（2）将非金融项目指定为被套期项目。通常情况下，企业难以区分和计量与非金融项目特定风险（不包括外汇风险）相关的公允价值或现金流量变动。因此，企业在将非金融资产或非金融负债指定为被套期项目时，对应的被套期风险只限于与该非金融资产或非金融负债相关的全部风险或外汇风险。例如，甲公司预期从乙公司购买一批轮胎。甲公司和乙公司的记账本位币分别为美元和人民币。由于轮胎是非金融项目，因此，甲公司只能将与轮胎有关的所有风险或其中的外汇风险指定为被套期风险。

3. 将若干项目的组合指定为被套期项目

对具有类似风险特征的资产或负债组合进行套期时，该组合中的各单项资产或负债应当同时承担被套期风险，且该组合内各单项金融资产或单项金融负债由被套期风险引起的公允价值变动，应当预期与该组合由被套期风险引起的公允价值整体变动基本成比例。例如，当被套期组合因被套期风险形成的公允价值变动为10%时，该组合中各单项金融资产或单项金融负债因被套期风险形成的公允价值变动应当限制在9%至11%之间较小的范围内。套期有效性是通过比较套期工具（或一组类似的套期工具）和被套期项目（或一组类似的被套期项目）的公允价值或现金流量变动而确定的，因此，在运用套期会计方法时，企业不能将金融资产和金融负债形成的净头寸指定为被套期项目。在这种情况下，企业往往可以通过其他办法达到几乎相同的规避风险效果。例如，某商业银行有承担类似风险、到期期限的金融资产和金融负债分别为1亿元和9 000万元，二者形成的净头寸为1 000万元。对此，该商业银行可以仅将金融资产总额中的1 000万元指定为被套期项目。进而言之，如果相关的资产和负债是固定利率项目，对应的套期关系是公允价值套期；如果是浮动利率项目，则对应的套期关系是现金流量套期。

三、运用套期保值会计的条件

套期会计方法，是指在相同会计期间将套期工具和被套期项目公允价值变动的抵消结果计入当期损益的方法。对于满足套期保值条件的公允价值套期、现金流量套期和境外经营净投资套期，企业可运用套期会计方法进行处理。

（一）运用套期会计方法的条件

运用套期会计方法进行处理通常应具备以下条件：

（1）在套期开始时，企业对套期关系有正式指定，并准备了关于套期关系、风险管理目标和套期策略的正式书面文件。该文件至少载明了套期工具、被套期项目、被套期风险的性质以及套期有效性评价方法等内容。套期必须与具体可辨认并被指定的风险有关，且最终影响企业的损益。

（2）该套期预期高度有效，且符合企业最初为该套期关系所确定的风险管理策略。

（3）对预期交易的现金流量套期，预期交易应当很可能发生，且必须使企业面临最终将影响损益的现金流量变动风险。

（4）套期有效性能够可靠地计量，即被套期风险引起的被套期项目的公允价值或现金流量以及套期工具的公允价值能够可靠地计量。

（5）企业应当持续地对套期有效性进行评价，并确保该套期在套期关系被指定的会计期间内高度有效。

（二）高度有效套期的认定

企业至少应当在编制中期报告或年度财务报告时对套期有效性进行评价。套期只有满足下列全部条件时，企业才能认定其为高度有效：

（1）在套期开始及以后期间，该套期预期会高度有效地抵消套期指定期间由被套期风险引起的公允价值或现金流量变动。

（2）该套期的实际抵消结果在80%至125%的范围内。例如，某企业套期的实际结果是，套期工具公允价值变动形成的损失为120万元，而被套期项目的公允价值变动形成的利得为100万元，二者相互抵消的程度为120%。如果该套期同时满足以上条件（1），那么该企业可以认定该套期是高度有效的。

（三）套期有效性评价方法

套期有效性是运用套期会计方法的前提，套期有效性的评价通常分为以下两种情况：①预期性评价，即评价套期在未来会计期间是否高度有效。通常要求企业在套期开始时对套期有效性进行评价。②回顾性评价，即评价套期在以往的会计期间实际上是否高度有效。要求企业至少在中期报告或年度财务报告日对套期有效性进行评价。

常见的套期有效性评价方法有三种：

1. 主要条款比较法

主要条款比较法，是指通过比较套期工具和被套期项目的主要条款，以确定套期是否有效的方法。如果套期工具和被套期项目的所有主要条款均能准确地匹配，可认定因被套期风险引起的套期工具和被套期项目公允价值或现金流量变动可以相互抵消。套期工具和被套期项目的主要条款包括名义金额或本金、到期期限、内含变量、定价日期、商品数量、货币单位等。企业在以利率互换对利率风险进行套期时，可以采用主要条款比较法。

2. 比率分析法

比率分析法，也称金额对冲法，是通过比较被套期风险引起的套期工具和被套期项目公允价值或现金流量变动比率，以确定套期是否有效的方法。运用比率分析法时，企业可以根据自身风险管理政策的特点进行选择，以累积变动数（即自套期开始以来的累积变动数）为基础比较，或以单个期间变动数为基础比较。如果上述比率没有超过80%至125%的范围，可以认定套期是高度有效的。

3. 回归分析法

回归分析法是一种统计学方法，它是在掌握一定量观察数据的基础上，利用数理统计方法建立自变量和因变量之间回归关系函数的方法。将此方法运用到套期有效性评价中，需要研究分析套期工具和被套期项目价值变动之间是否具有高度相关性，进而判断确定套期是否有效。

四、套期保值的确认和计量

（一）公允价值套期会计

1. 基本要求

公允价值套期满足运用套期会计方法条件的，应当按照下列规定处理：①套期工具为衍生工具的，公允价值变动形成的利得或损失应当计入当期损益；套期工具为非衍生工具的，账面价值因汇率变动形成的利得或损失应当计入当期损益。②被套期项目因被套期风险形成的利得或损失应当计入当期损益，同时调整被套期项目的账面价值。被套期项目为按成本与可变现净值孰低进行后续计量的存货、按摊余成本进行后续计量的金融资产或可供出售金融资产的，也应当按此规定处理。

被套期项目是以摊余成本计量的金融工具的，对被套期项目账面价值所作的调整，应当按照调整日重新计算的实际利率在调整日至到期日的期间内进行摊销，计入当期损益；被套期项目为尚未确认的确定承诺的，该确定承诺因被套期风险引起的公允价值变动累计额应当确认为一项资产或负债，相关的利得或损失应当计入当期损益；在购买资产或承担负债的确定承诺的公允价值套期中，该确定承诺因被套期风险引起的公允价值变动累计额，应当调整履行该确定承诺所取得的资产或承担的负债的初始确认金额。

2. 终止确认的条件

套期满足下列条件之一的，企业应终止运用公允价值套期会计：①套期工具已到期、被出售、合同终止或已行使；②该套期不再满足运用套期会计方法的条件；③企业撤销了对套期关系的指定。

【例6-8】2010年1月1日，ABC公司为规避所持一批库存商品的公允价值变动风险，与某金融机构签订了一项期货合约A，并将其指定为该库存商品公允价值变动风险的套期工具。期货合约的标的资产与被套期项目存货在数量、质次、价格变动和产地方面相同。2010年1月1日，期货合约A的公允价值为零，被套期项目的账面价值为1 000 000元，公允价值是1 100 000元。2010年6月30日，期货合约的公允价值上涨了25 000元，库存商品的公允价值下降了25 000元。当日，ABC公司将库存商品出售，并将期货合约结算。

ABC公司采用比率分析法评价套期有效性，即通过比较期货合约和库存商品的公允价值变动评价套期有效性。ABC公司预期该套期完全有效。假定不考虑商品销售相关的增值税及其他因素，ABC公司的会计处理如下：

(1) 2010年1月1日，确认套期与被套项目时：

借：被套期项目——库存商品　　1 000 000

　贷：库存商品　　1 000 000

(2) 2010年6月30日，确认套期工具及被套项目公允价值变动时：

借：套期工具——期货合约　　25 000

　贷：套期损益　　25 000

借：套期损益　　25 000

　贷：被套期项目——库存商品　　25 000

(3) 2010年6月30日，售出库存商品时：

借：银行存款　　1 075 000

　贷：主营业务收入　　1 075 000

借：主营业务成本　　975 000

　贷：被套期项目——库存商品　　975 000

(4) 2010年6月30日，售出期货合约时：

借：银行存款　　25 000

　贷：套期工具——期货合约　　25 000

本例中，由于ABC公司采用了套期策略，规避了存货公允价值变动风险，因此该存货公允价值下降没有对预期毛利额100 000元产生不利影响。

【例6-9】承上例，假定2010年6月30日，期货合约的公允价值上涨了22 500元，库存商品的公允价值下降了25 000元。其他资料不变，ABC公司的会计处理如下：

(1) 2010年1月1日，确认套期与被套项目时：

借：被套期项目——库存商品　1 000 000

　贷：库存商品　1 000 000

(2) 2010年6月30日，确认套期工具及被套项目公允价值变动时：

借：套期工具——期货合约　22 500

　贷：套期损益　22 500

借：套期损益　25 000

　贷：被套期项目——库存商品　25 000

(3) 2010年6月30日，售出库存商品时：

借：银行存款　1 075 000

　贷：主营业务收入　1 075 000

借：主营业务成本　975 000

　贷：被套期项目——库存商品　975 000

(4) 2010年6月30日，售出期货合约时：

借：银行存款　22 500

　贷：套期工具——期货合约　22 500

本例中，套期工具公允价值变动22 500元与被套期项目公允价值变动25 000元的比率为90%（22 500÷25 000），这一比率在80%至125%之间，可以认定该套期高度有效。

【例6-10】2010年1月5日，ABC公司以每股50元的价格，从A股市场上购入XYZ公司股票20 000股，持股比例为该公司有表决权股份的3%，且将其划分为可供出售金融资产。为规避该股票价格下降风险，ABC公司于2011年12月31支付期权费120 000元购入一项看跌期权。该期权的行权价格为每股65元，行权日期为2012年12月31日。2010年12月31日—2012年12月31日，XYZ公司股票价格及股票期权的公允价值变化见表6-1：

表6-1　XYZ公司股票价格及股票期权公允价值变化表

单位：元

	2010年12月31日	2011年12月31日	2012年12月31日
股票价格	1 300 000	1 200 000	1 140 000
期权价格	120 000	220 000	280 000

根据以上资料进行套期有效性分析，并进行相应的会计处理如下：

1. 套期有效性分析（见表6-2）

表6-2　ABC公司套期有效性分析表

日期	期权公允价值变化（利得）损失	XYZ股票市价变化（利得）损失	套期有效率
2011年12月31日	（100 000）元	100 000元	100%
2012年12月31日	（60 000）元	60 000元	100%

2. 账务处理

（1）2010年1月5日，购入股票时：

借：可供出售金融资产　　1 000 000

　贷：银行存款　　1 000 000

（2）2010年12月31日，确认公允价值变动时：

借：可供出售金融资产　　300 000

　贷：资本公积——其他资本公积　　300 000

（3）2010年12月31日，确认套期与被套项目时：

借：被套期项目——可供出售金融资产　　1 300 000

　贷：可供出售金融资产　　1 300 000

借：套期工具——股票期权　　120 000

　贷：银行存款　　120 000

（4）2011年12月31日，确认套期工具及被套项目公允价值变动时：

借：套期工具——股票期权　　100 000

　贷：套期损益　　100 000

借：套期损益　　100 000

　贷：被套期项目——可供出售金融资产　　100 000

（5）2012年12月31日，确认套期工具及被套项目公允价值变动时：

借：套期工具——股票期权　　60 000

　贷：套期损益　　60 000

借：套期损益　　60 000

　贷：被套期项——可供出售金融资产　　60 000

（6）2013年1月5日，确认股票期权行权及可供出售的金融资产：

借：银行存款　　1 420 000

　贷：套期工具——股票期权　　280 000

　　　被套期项目——可供出售金融资产　　1 140 000

（7）2013年1月5日，将直接计入资本公积的可供出售金融资产公允价值变动转出，计入当期损益：

借：资本公积——其他资本公积　　300 000

　贷：套期损益　　300 000

（二）现金流量套期

现金流量套期的主要目的是为了规避现金流入或流出风险，而不是为了减少损失，因此在进行会计处理时，通常应遵循以下要求：

1. 会计处理原则

现金流量套期满足运用套期会计方法条件的，应当按照下列原则处理：

（1）套期工具利得或损失中属于有效套期的部分，应当直接确认为所有者权益，并单列项目反映。该有效套期部分的金额，按照下列两项的绝对额中较低者确定：①套期工具自套期开始的累计利得或损失；②被套期项目自套期开始的预计未来现金流量现值的累计变动额。

（2）套期工具利得或损失中属于无效套期的部分（即扣除直接确认为所有者权益后的其他利得或损失），应当计入当期损益。

2. 套期工具损益的后续处理

（1）被套期项目为预期交易，且该预期交易使企业随后确认一项金融资产或一项金融负债的，原直接确认为所有者权益的相关利得或损失，应当在该金融资产或金融负债影响企业损益的相同期间转出，计入当期损益。但是，企业预期原直接在所有者权益中确认的净损失全部或部分在未来会计期间不能弥补时，应当将不能弥补的部分转出，计入当期损益。

（2）被套期项目为预期交易，且该预期交易使企业随后确认一项非金融资产或一项非金融负债的，企业可以选择下列方法处理：①原直接在所有者权益中确认的相关利得或损失，应当在该非金融资产或非金融负债影响企业损益的相同期间转出，计入当期损益。但是，企业预期原直接在所有者权益中确认的净损失全部或部分在未来会计期间不能弥补时，应当将不能弥补的部分转出，计入当期损益。②将原直接在所有者权益中确认的相关利得或损失转出，计入该非金融资产或非金融负债的初始确认金额。非金融资产或非金融负债的预期交易形成了一项确定承诺时，该确定承诺满足运用套期保值准则规定的套期会计方法条件的，也应当选择上述两种方法之一处理。企业选择了上述两种处理方法之一作为会计政策后，应当一致地运用于相关的所有预期交易套期，不得随意变更。

（3）不属于以上两种情况的，原直接计入所有者权益中的套期工具利得或损失，应当在被套期预期交易影响损益的相同期间转出，计入当期损益。

【例6-11】2010年1月1日，ABC公司预期在2010年6月30日销售商品一批，数量为100 000吨。为规避与该笔销售有关的现金流量变动风险，该公司于2010年1月1日与某银行签订了一项远期合约，并将其指定为对该商品销售的套期工具。所签远期合约的标的资产与被套期商品销售在数量、质次、价格变动和产地等方面相同，且所签远期合约的结算日与商品销售日均为2010年6月30日。其他资料如下：

2010年1月1日，所签远期合约的公允价值为零，商品的预期销售价格为1 100 000元；2010年6月30日，所签远期合约的公允价值上涨了25 000元，预期销售价格下降了25 000元。当日，ABC公司将商品出售，并将远期合约结算。

ABC公司采用比率分析法评价套期有效性，认定该项套期完全有效。假定不考虑衍生工具的时间价值，相应的会计处理如下：

（1）2010年1月1日，不作账务处理。

（2）2010年6月30日，确认套期工具的公允价值变动：

借：套期工具——远期合约　　25 000

　贷：资本公积——其他资本公积　　25 000

（3）2010年6月30日，确认商品销售成立：

借：银行存款　　1 075 000

　贷：主营业务收入　　1 075 000

（4）2010年6月30日，确认远期合约结算：

借：银行存款　　25 000

　贷：套期工具——远期合约　　25 000

（5）2010年6月30日，将已实现公允价值变动损益转出调整销售收入：

借：资本公积——其他资本公积　　25 000

　贷：主营业务收入　　25 000

本例中，ABC公司通过现金流量套期，确保了流入到企业的现金流量不致减少。

【例6－12】ABC公司于2010年1月1日与境外D公司签订合同，约定于2010年2月28日以每吨60美元的价格购入100吨橄榄油。ABC公司为规避购入橄榄油成本的外汇风险，于当日与某银行签订了一项3个月到期的远期外汇合同，约定汇率为1美元＝6.8元人民币，合同金额为6 000美元。2010年2月28日，ABC公司以净额方式结算该远期外汇合同，并购入橄榄油。其他有关资料如下：

2010年1月31日，美元对人民币的远期汇率为1美元＝6.6元人民币；2010年2月28日，美元对人民币的即期汇率为1美元＝6.5元人民币；该套期符合运用套期会计的条件；不考虑增值税等相关税费。

根据套期保值准则，对外汇确定承诺的套期既可以划分为公允价值套期，也可以划分为现金流量套期。本例将该套期划分为现金流量套期。

（1）2010年1月1日，不作账务处理，将套期保值进行表外登记。

（2）2010年1月31日，确认套期工具公允价值变动：

远期外汇合同的公允价值＝（6.6－6.8）×6 000＝－1 200（元）

会计分录为：

借：资本公积——其他资本公积（套期工具公允价值变动）　　1 200

　贷：套期工具——远期外汇合同　　1 200

（3）2010年2月28日，结算远期外汇合同，并购入橄榄油：

远期外汇合同的公允价值＝（6.5－6.6）×6 000＝－600（元）

会计分录为：

借：资本公积——其他资本公积（套期工具价值变动）　　600

　贷：套期工具——远期外汇合同　　600

借：套期工具——远期外汇合同　　1 800

　贷：银行存款　　1 800

借：库存商品——橄榄油　　39 000

　贷：银行存款　　39 000

本例中，ABC 公司将套期工具于套期期间形成的公允价值变动累计额（净损失 1 800 元）暂记在所有者权益中，在处置橄榄油影响企业损益的期间转出，计入当期损益。该净损失在未来会计期间不能弥补时，将全部转出，计入当期损益。

（三）境外经营净投资套期

对境外经营净投资的套期，企业应按类似于现金流量套期会计的规定处理：

（1）套期工具形成的利得或损失中属于有效套期的部分，应当直接确认为所有者权益，并单列项目反映。处置境外经营投资时，上述在所有者权益中单列项目反映的套期工具利得或损失应当转出，计入当期损益。

（2）套期工具形成的利得或损失中属于无效套期的部分，应当计入当期损益。

【例 6－13】2009 年 10 月 1 日，ABC 公司（记账本位币为人民币）对境外 OPQ 公司投资 5 000 万美元。为规避境外经营净投资外汇风险，ABC 公司与某境外金融机构签订了一项外汇远期合约，约定于 2010 年 4 月 1 日卖出 5 000 万美元。卖出价格为 6.7RMB/USD。为此，ABC 公司每季度均对境外净投资余额进行检查，且依据检查结果调整对净投资价值的套期。其他有关资料如表 6－3：

表 6－3　美元即期汇率与远期汇率对照表

日期	即期汇率	远期汇率	远期合同的公允价值
2009 年 10 月 1 日	6.70	6.70	0 元
2009 年 12 月 31 日	6.64	6.70	3 000 000 元
2010 年 3 月 31 日	6.60	6.70	5 000 000 元

ABC 公司对套期有效性进行评价，认为上述套期满足运用套期会计方法的所有条件。相应的会计处理如下（单位：人民币元）：

（1）2009 年 10 月 1 日，确认被套项目：

借：被套期项目——境外经营净投资　　335 000 000

　贷：长期股权投资　　335 000 000

外汇远期合同的公允价值为零，不作账务处理。

（2）2009 年 12 月 31 日，确认套期工具及被套项目的公允价值变动：

借：套期工具——外汇远期合同　　3 000 000

　贷：资本公积——其他资本公积　　3 000 000

借：资本公积——其他资本公积（套期）　　3 000 000

　贷：被套期项目——境外经营净投资　　3 000 000

（3）2010 年 3 月 31 日，确认套期工具及被套项目的公允价值变动：

借：套期工具——外汇远期合同　　2 000 000

　贷：资本公积——其他资本公积（套期）　　2 000 000

借：资本公积——其他资本公积（套期） 2 000 000
　贷：被套期项目——境外经营净投资 2 000 000

（4）2010 年 3 月 31 日，确认外汇远期合同的结算：

借：银行存款 5 000 000
　贷：套期工具——外汇远期合同 5 000 000

本例中，境外经营净投资套期（类似现金流量套期）产生的利得在所有者权益中列示，直至子公司被处置。

第五节 衍生工具的会计披露

企业在披露金融工具（包括已确认和未确定的金融工具）信息时，应当根据所披露金融工具的性质和特征将金融工具进行恰当归类，还应提供足够的信息使之与财务报表内的项目所反映的信息有机地联系起来。例如，在对衍生工具进行披露时，应当将其恰当归类，如按外汇衍生工具、利率衍生工具、信用衍生工具等归类。衍生金融工具的披露应遵循以下要求：

1. 企业应当披露与每类套期保值有关的信息

（1）套期关系的描述。

（2）套期工具的描述及其在资产负债表日的公允价值。

（3）被套期风险的性质。

2. 企业应当披露与现金流量套期有关的信息

（1）现金流量预期发生及其影响损益的期间。

（2）以前运用套期会计方法处理但预期不会发生的预期交易的描述。

（3）本期在所有者权益中确认的金额。

（4）本期从所有者权益中转出、直接计入当期损益的金额。

（5）本期从所有者权益中转出、直接计入预期交易形成的非金融资产或非金融负债初始确认的金额。

（6）本期无效套期形成的利得或损失。

3. 对于公允价值套期，企业应当披露本期套期工具形成的利得或损失，以及被套期项目因被套期风险形成的利得或损失

4. 对于境外经营净投资套期，企业应当披露本期无效套期形成的利得或损失

5. 其他

企业在披露金融资产或金融负债的公允价值信息时，除非这些金融资产或金融负债是账面价值与公允价值相差很小的短期金融资产或金融负债，或者是在活跃市场中没有报价的权益工具投资，以及与该权益工具挂钩并须通过交付该权益工具结算的衍生工具，否则应当按照每类金融资产和金融负债披露下列公允价值信息：

（1）确定公允价值所采用的方法，包括全部或部分直接参考活跃市场中的报价或采用估值技术等。采用估值技术的，按照各类金融资产或金融负债分别披露相关估值假设，包

括提前还款率、预计信用损失率、利率或折现率等。

(2) 公允价值是否全部或部分采用估值技术确定，而该估值技术没有以相同金融工具的当前公开交易价格和易于获得的市场数据作为估值假设。这种估值技术对估值假设具有重大敏感性的，披露这一事实及改变估值假设可能产生的影响，同时披露采用这种估值技术确定的公允价值的本期变动额计入当期损益的数额。

企业在判断估值技术对估值假设是否具有重大敏感性时，应当综合考虑净利润、资产总额、负债总额、所有者权益总额（适用于公允价值变动计入所有者权益的情形）等因素。金融资产和金融负债的公允价值应当以总额为基础披露（在资产负债表中金融资产和金融负债按净额列示的除外），且披露方式应当有利于财务报告使用者比较金融资产和金融负债的公允价值与账面价值。

【复习题】

一、简答题

1. 如何对金融工具进行分类，不同的分类方式各有何意义？
2. 什么是衍生金融工具，衍生金融工具主要有哪几种常见类型？
3. 衍生金融概念工具计量有何特点，如何确定其公允价值？
4. 套期保值按套期关系可分为哪几种类型，各有何区别？
5. 简述衍生金融工具披露应遵循的基本要求。

二、业务题

1. 2011 年 1 月 5 日，宏达公司与期货经纪人签订合同购入 3 个月期的债券期货，当日市价 100 000 元，按当日市价的 10% 缴纳初始保证金。按照规定，若期货市价的涨跌幅超过 2% 时，应补交或退回相应金额的保证金。2011 年 1 月 31 日，该债券的市价涨至 10 500 元。2 月 28 日，宏达公司预测其市价将会走软，进而以 10 400 元的价格转手平仓，支付手续费 100 元，并通过差额结算，收回保证金余额。

要求：作出确认、计量该期货合约的相关会计分录。

2. 2011 年 1 月 4 日，宏达公司与期权经纪人签订合约购入甲公司股票期权 1 000 股，执行价格 8 元，当日市场价格 11 元，当日缴纳期权费 3 000 元，2011 年 1 月 31 日，该债券的市价涨至 12 元。2 月 28 日，宏达公司预测该股票市价将会走软，进而以 4.8 元的价格将期权转让，另按 1% 支付交易税费。

要求：作出期权合约的相关会计分录。

3. 2010 年 1 月 1 日，宏达公司为规避所持一批库存商品的公允价值变动风险，与某金融机构签订了一项期货合约，并将其指定为 2010 年上半年库存商品价格变化引起的公允价值变动风险的套期。期货合约的标的资产与被套期项目存货在数量、质次、价格变动和产地方面相同。2010 年 1 月 1 日，期货合约 A 的公允价值为零，被套期项目的账面价值为 2 000 000 元，公允价值是 2 100 000 元。2010 年 6 月 30 日，期货合约的公允价值上涨了 50 000 元，库存商品的公允价值下降了 40 000 元。当日，宏达公司将库存商品出售，并将期货合约结算。

宏达公司采用比率分析法评价套期有效性，即通过比较期货合约和库存商品的公允价值变动评价套期有效性。ABC 公司预期该套期完全有效。假定不考虑商品销售相关的增值税及其他因素。

要求：作出宏达公司公允价值套期的相关会计分录。

4. 宏达公司于 2010 年 2 月 1 日与境外美林公司签订合同，约定于 2010 年 2 月 28 日以每吨 80 美元的价格购入 200 吨橄榄油。宏达公司为规避购入橄榄油成本的外汇风险，于当日与某银行签订了一项 3 个月到期的远期外汇合同，约定汇率为 1 美元 = 6.8 元人民币，合同金额为 16 000 美元。2010 年 3 月 31 日，宏达公司以净额方式结算该远期外汇合同，并购入橄榄油。其他有关资料如下：

2010 年 2 月 28 日，美元对人民币远期汇率为 1 美元 = 6.6 元人民币；2010 年 3 月 31 日，美元对人民币即期汇率为 1 美元 = 6.5 元人民币；该套期符合运用套期会计的条件；不考虑增值税等相关税费。

要求：作出宏达公司现金流量套期的相关会计分录。

第七章 企业合并

【学习目标】

通过本章的学习，理解企业合并的相关概念，了解企业合并的方式及类型，把握同一控制下与非同一控制下企业合并的会计处理原则，掌握同一控制下与非同一控制下企业合并的会计处理方法，熟悉反向收购及反向收购应注意的问题。

【知识点】

企业合并、控股合并、吸收合并、新设合并、长期股权投资、合并商誉、权益结合法、购买法、同一控制下的企业合并、非同一控制下的企业合并、反向收购。

第一节 企业合并概述

企业合并是经济全球化下企业之间开展竞争的最有效手段，也是企业谋求快速扩张发展的最好途径。近年来，随着我国经济市场化和国际化的发展，国际竞争力的不断增强，跨国经营不断增多，企业客观上需要拓宽生产经营渠道，开辟新的投资领域或市场等，从而导致企业的收购兼并事项日益增多，其收购兼并的方式内容日趋复杂，需要规范解决的会计问题也越来越多。由于企业对企业合并会计政策方面不断提出新的问题，强烈要求统一规范，以指导企业并购实务，2006 年 2 月财政部发布了《企业会计准则第 20 号——企业合并》（以下简称《企业合并准则》）。该准则主要规范了不同类型企业合并的会计处理。

一、企业合并的定义和范围

（一）企业合并的定义

企业合并是将两个或两个以上单独的企业合并形成一个报告主体的交易或事项。

企业合并至少包括两层含义：一是取得对另一个或多个企业（或业务）的控制权；二是所合并的企业必须构成业务。业务是指企业内部某些生产经营活动或资产负债的组合，该组合具有投入、加工处理和产出能力，能够独立计算其成本费用或所产生的收入。

有关资产、负债的组合要形成一项业务，通常应具备以下要素：①投入，指原材料、人工、必要的生产技术等无形资产，以及构成生产能力的机器设备等其他长期资产的投入；②加工处理过程，指具有一定的管理能力、运营过程，能够组织投入形成产出；③产出，如生产出产成品，或是通过为其他部门提供服务来降低企业整体的运行成本等其他带来经济利益的方式。有关资产或资产、负债的组合要构成一项业务，不一定要同时具备上述三个要素，某些情况下具备投入和加工处理过程两个要素即可认为构成一项业务。业务的目的，主要是为了向投资者提供回报，如生产的产品出售后形成现金流入，或是能够为企业的生产经营带来其他经济利益，如能够降低成本等。

有关资产或资产、负债的组合是否构成一项业务，应结合所取得资产、负债的内在联系及加工处理过程等进行综合判断。实务中出现的如一个企业对另一个企业某条具有独立生产能力的生产线的合并、一家保险公司对另一家保险公司寿险业务的合并等，一般构成业务合并。

如果一个企业取得了对另一个或多个企业的控制权，而被购买方（或被合并方）并不构成业务，则该交易或事项不形成企业合并。企业取得了不形成业务的一组资产或净资产时，应将购买成本按购买日所取得的各项可辨认资产、负债的相对公允价值基础进行分配，不按照《企业合并准则》进行处理。

从企业合并的定义看，是否形成企业合并，除了要看取得企业是否构成业务之外，还要看有关交易或事项发生前后是否引起报告主体发生变化。

在交易事项发生以后，一方能够对另一方的生产经营决策实施控制，形成母子公司关系，就涉及控制权的转移，从合并财务报告角度形成报告主体的变化；交易事项发生以后，一方能够控制另一方的全部净资产，被合并的企业在合并后失去其法人资格，也涉及控制权及报告主体的变化，形成企业合并。实务中，对于交易或事项发生前后是否形成控制权的转移，应当遵循实质重于形式原则，要综合可获得的各方面资料进行判断。

（二）企业合并的范围

假定在企业合并前 A、B 两个企业为各自独立的法律主体，通过企业之间的合并，且构成业务形成企业合并。企业合并准则中所界定的企业合并，主要包括以下范围但不限于以下情形：

（1）A 企业通过增发自身的普通股取得 B 企业的全部股权，该交易事项发生后，B 企业仍持续经营。

（2）A 企业支付对价取得 B 企业的净资产，该交易事项发生后，撤销 B 企业的法人资格。

（3）A 企业以其资产作为出资投入 B 企业，取得对 B 企业的控制权，该交易事项发生后，B 企业仍维持其独立法人资格继续经营。

合并范围是指符合合并定义的交易或事项。实务中，某些交易或事项因不符合企业合并的定义，不属于企业合并准则的规范范围，或者虽然从定义上属于企业合并，但因交易条件等各方面的限制，不包括在企业合并准则的规范范围之内。如以下情况不属于企业合并：

1. 购买子公司的少数股权

购买子公司的少数股权，是指在一个企业已经能够对另一个企业实施控制，双方存在母子公司关系的基础上，为增加持股比例，母公司自子公司的少数股东处购买少数股东持有的对该子公司全部或部分股权。根据企业合并的定义，考虑到该交易或事项发生前后，不涉及控制权的转移，不形成报告主体的变化，不属于准则中所称的企业合并。

2. 其他不按照企业合并准则核算的情况

（1）两方或多方形成合营企业的情况，主要是指作为合营方将其拥有的资产、负债等投入所成立的合营企业，按照合营企业章程或合营合同、协议的规定，在合营企业成立以后，由合营各方对其生产经营活动实施共同控制。在这种情况下，因合营企业的各合营方中，并不存在占主导作用的控制方，不属于准则中界定的企业合并。

（2）仅通过合同而不是所有权份额将两个或两个以上的企业合并成一个报告主体的情况。在这种情况下，一个企业能够对另一个企业实施控制，但该控制并非产生于持有另一个企业的股权，而是通过一些非股权因素产生的，例如通过签订委托受托经营合同，作为受托方虽不拥有受托经营企业的所有权，但按照合同协议的约定能够对受托经营企业的生产经营活动实施控制。这样的交易由于无法明确计量企业合并成本，有时甚至不发生任何成本，因此即使涉及控制权的转移，也不属于企业合并。

二、企业合并的方式

依据合并方式不同，企业合并可划分为控股合并、吸收合并和新设合并。

（一）控股合并

合并方（或购买方，下同）通过企业合并交易或事项取得对被合并方（或被购买方，下同）的控制权，企业合并后能够通过所取得的股权等主导被合并方的生产经营决策并从被合并方的生产经营活动中获益，被合并方在企业合并后仍维持其独立法人资格继续经营的，为控股合并。

该类企业合并中，因合并方通过企业合并交易或事项取得了对被合并方的控制权，被合并方成为其子公司，在企业合并发生后，被合并方应当纳入合并方合并财务报表的编制范围，从合并财务报表角度，形成报告主体的变化。

（二）吸收合并

合并方在企业合并中取得被合并方的全部净资产，并将有关资产、负债并入合并方自身的账簿和报表进行核算。企业合并后，注销被合并方的法人资格，由合并方持有合并中取得的被合并方的资产、负债，在新的基础上继续经营，该类合并为吸收合并。

吸收合并中因被合并方在合并发生以后被注销，从合并方的角度需要解决的问题是，其在合并日（或购买日）取得的被合并方有关资产、负债入账价值的确定，以及为了进行企业合并支付的对价与所取得被合并方资产、负债的入账价值之间存在差额的处理。

企业合并日后，合并方应将合并中取得的资产、负债作为本企业的资产、负债核算。

（三）新设合并

参与合并的各方在企业合并后法人资格均被注销，重新注册成立一家新的企业，由新注册成立的企业持有参与合并企业的资产、负债在新的基础上经营，为新设合并。

三、企业的合并类型

《企业合并准则》中将企业合并划分为两大基本类型，即同一控制下的企业合并与非同一控制下的企业合并。企业合并的类型划分不同，所遵循的会计处理原则也不同。

（一）同一控制下的企业合并

同一控制下的企业合并，是指参与合并的企业在合并前后均受同一方或相同多方最终控制且该控制并非暂时性的。

判断某一企业合并是否属于同一控制下的企业合并，应当把握以下要点：

（1）能够对参与合并各方在合并前后均实施最终控制的一方通常指企业集团的母公司。

同一控制下的企业合并一般发生于企业集团内部，如集团内母子公司之间、子公司与子公司之间等。因为该类合并从本质上是集团内部企业之间的资产或权益的转移，能够对参与合并企业在合并前后均实施最终控制的一方为集团的母公司。

（2）能够对参与合并的企业在合并前后均实施最终控制的相同多方，是指根据合同或协议的约定，拥有最终决定参与合并企业的财务和经营政策，并从中获取利益的投资者群体。

（3）实施控制的时间性要求，是指参与合并各方在合并前后较长时间内为最终控制方所控制。具体是指在企业合并之前（即合并日之前），参与合并各方受最终控制方的控制时间一般在1年以上（含1年），企业合并后所形成的报告主体受最终控制方的控制时间也应达到1年以上（含1年）。

（4）企业之间的合并是否属于同一控制下的企业合并，应综合企业合并交易的各方面情况，按照实质重于形式的原则进行判断。通常情况下，同一控制下的企业合并是指发生在同一企业集团内部企业之间的合并。同受国家控制的企业之间发生的合并，不应仅仅因为参与合并各方在合并前后均受国家控制而将其作为同一控制下的企业合并。

（二）非同一控制下的企业合并

非同一控制下的企业合并，是指参与合并各方在合并前后不受同一方或相同的多方最终控制的合并交易，即同一控制下企业合并以外的其他企业合并。

第二节　同一控制下企业合并

一、同一控制下企业合并的会计处理原则

对于同一控制下的企业合并，《企业合并准则》中规定的会计处理方法类似于权益结合法。在该方法下，将企业合并看作是两个或多个参与合并企业权益的重新整合，由于最终控制方的存在，从最终控制方的角度，该类企业合并在一定程度上并不会造成企业集团整体的经济利益流入和流出，最终控制方在合并前后实际控制的经济资源并没有发生变化。有关交易事项不作为出售或购买。其处理原则为：

（1）合并方在合并中确认取得的被合并方的资产、负债仅限于被合并方账面上原已确认的资产和负债，合并中不产生新的资产和负债。

同一控制下的企业合并，从最终控制方的角度，其在企业合并发生前后能够控制的净资产价值量并没有发生变化，因此即便是在合并过程中，取得的净资产入账价值与支付的合并对价账面价值之间存在差额，同一控制下的企业合并中一般不产生新的商誉因素，即不确认新的资产，但被合并方在企业合并前账面上原已确认的商誉应作为合并中取得的资

产确认。

(2) 合并方在合并中取得的被合并方各项资产、负债应维持其在被合并方的原账面价值不变。

被合并方在企业合并前采用的会计政策与合并方不一致的，应基于重要性原则，首先统一会计政策，即合并方应当按照本企业会计政策对被合并方资产、负债的账面价值进行调整，并以调整后的账面价值作为有关资产、负债的入账价值。进行上述调整的一个基本原因是将该项合并中涉及的合并方及被合并方作为一个整体对待，对于一个完整的会计主体，其对相关交易或事项应当采用相对统一的会计政策，在此基础上反映其财务状况和经营成果。在同一控制下的企业合并中，被合并方同时进行改制并对资产负债进行评估调账的，应以评估调账后的账面价值并入合并方。

(3) 合并方在合并中取得的净资产的入账价值与为进行企业合并支付的对价账面价值之间的差额，应当调整所有者权益相关项目，不计入企业合并当期损益。合并方在同一控制下的企业合并，本质上不作为购买，而是两个或多个会计主体权益的整合。合并方在企业合并中取得的价值量与所放弃价值量之间存在差额，应当调整所有者权益。在根据合并差额调整合并方的所有者权益时，应首先调整资本公积（资本溢价或股本溢价）。资本公积（资本溢价或股本溢价）的余额不足冲减的，应冲减留存收益。

(4) 对于同一控制下的控股合并，应视同合并后形成的报告主体自最终控制方开始实施控制时一直是一体化存续下来的，体现在其合并财务报表上，即由合并后形成的母子公司构成的报告主体，无论是其资产规模还是其经营成果都应持续计算。

编制合并财务报表时，无论该项合并发生在报告期的任一时点，合并利润表、合并现金流量表均反映的是由母子公司构成的报告主体自合并当期期初至合并日实现的损益及现金流量情况。相应的，合并资产负债表的留存收益项目，应当反映母子公司如果一直作为一个整体运行至合并日应实现的盈余公积和未分配利润的情况。

对于同一控制下的控股合并，在合并当期编制合并财务报表时，应当对合并资产负债表的期初数进行调整，同时应当对比较报表的相关项目进行调整，视同合并后的报告主体在以前期间一直存在。

二、同一控制下企业合并的会计处理

同一控制下的企业合并，视合并方式不同，应当分以下情况进行会计处理。

（一）同一控制下的控股合并

同一控制下的控股合并中，合并方在合并日涉及两个方面的问题：一是对于因该项企业合并形成的对被合并方的长期股权投资的确认和计量；二是合并日合并财务报表的编制。

1. 长期股权投资的确认和计量

按照《企业会计准则第 2 号——长期股权投资》的规定，同一控制下企业合并形成的长期股权投资，合并方应以合并日应享有被合并方账面所有者权益的份额作为形成长期股权投资的初始投资成本。

2. 合并日合并财务报表的编制

同一控制下的企业合并形成母子公司关系的，合并方一般应在合并日编制合并财务报表。编制合并日的合并财务报表时，一般包括合并资产负债表、合并利润表及合并现金流量表。

（1）合并资产负债表。

被合并方的有关资产、负债应以其账面价值并入合并财务报表。合并方与被合并方在合并日及以前期间发生的交易，应作为内部交易进行抵消。

在合并资产负债表中，对于被合并方在企业合并前实现的留存收益（盈余公积和未分配利润之和）中归属于合并方的部分，应按以下原则，自合并方的资本公积转入留存收益和未分配利润：

①确认企业合并形成的长期股权投资后，合并方账面资本公积（资本溢价或股本溢价）贷方余额大于被合并方在合并前实现的留存收益中归属于合并方的部分，在合并资产负债表中，应将被合并方在合并前实现的留存收益中归属于合并方的部分自“资本公积”转入“盈余公积”和“未分配利润”。在合并工作底稿中，借记“资本公积”项目，贷记“盈余公积”和“未分配利润”项目。

②确认企业合并形成的长期股权投资后，合并方账面资本公积（资本溢价或股本溢价）贷方余额小于被合并方在合并前实现的留存收益中归属于合并方部分的，在合并资产负债表中，应以合并方资本公积（资本溢价或股本溢价）的贷方余额为限，将被合并方在企业合并前实现的留存收益中归属于合并方的部分自“资本公积”转入“盈余公积”和“未分配利润”。在合并工作底稿中，借记“资本公积”项目，贷记“盈余公积”和“未分配利润”项目。

因合并方的资本公积（资本溢价或股本溢价）余额不足，被合并方在合并前实现的留存收益中归属于合并方的部分在合并资产负债表中未予全额恢复的，合并方应当在会计报表附注中对这一情况进行说明。

【例7-1】A、B公司分别为M公司控制下的两家子公司；A公司于2009年3月10日自母公司M处取得B公司100%的股权，合并后B公司仍维持其独立法人资格继续经营。为进行该项企业合并，A公司发行了600万股本公司普通股（每股面值1元）作为对价。假定A、B公司采用的会计政策相同。合并日，A公司和B公司的所有者权益构成如表7-1所示。

表7-1 A公司和B公司的所有者权益构成（合并日）

单位：元

A公司		B公司	
项目	金额	项目	金额
股本	36 000 000	股本	6 000 000
资本公积	10 000 000	资本公积	2 000 000
盈余公积	8 000 000	盈余公积	4 000 000
未分配利润	20 000 000	未分配利润	8 000 000
合计	74 000 000	合计	20 000 000

A 公司在合并日应进行的账务处理为：

借：长期股权投资　　20 000 000

　贷：股本　　6 000 000

　　资本公积——股本溢价　　14 000 000

进行上述处理后，A 公司在合并日编制合并资产负债表时，对于企业合并前 B 公司实现的留存收益中归属于合并方的部分（1 200 万元）应自资本公积（资本溢价或股本溢价）转入留存收益。本例中 A 公司在确认对 B 公司的长期股权投资以后，其资本公积的账面余额为 2 400 万元（1 000 万 +1 400 万），假定其中资本溢价或股本溢价的金额为 1 800 万元。在合并工作底稿中，应编制以下调整分录：

借：资本公积——股本溢价　　12 000 000

　贷：盈余公积　　4 000 000

　　未分配利润　　8 000 000

【例 7－2】A 公司以一项账面价值为 280 万元的固定资产（原价 400 万元，累计折旧 120 万元）和一项账面价值为 320 万元的无形资产（原价 500 万元，累计摊销 180 万元）为对价取得同一集团内另一家全资企业 B 公司 100% 的股权。合并日，A 公司和 B 公司的所有者权益构成如表 7－2 所示。

表 7－2　A 公司和 B 公司的所有者权益构成（合并日）

单位：元

A 公司		B 公司	
项目	金额	项目	金额
股本	36 000 000	股本	2 000 000
资本公积	1 000 000	资本公积	2 000 000
盈余公积	8 000 000	盈余公积	3 000 000
未分配利润	20 000 000	未分配利润	3 000 000
合计	65 000 000	合计	10 000 000

A 公司在合并日应确认对 B 公司的长期股权投资，进行以下账务处理：

借：固定资产清理　　2 800 000

　　累计折旧　　1 200 000

　贷：固定资产　　4 000 000

借：长期股权投资　　10 000 000

　　累计摊销　　1 800 000

　贷：固定资产清理　　2 800 000

　　无形资产　　5 000 000

　　资本公积——资本溢价　　4 000 000

进行上述处理后，A 公司资本公积账面余额为 500 万元（100 万元 +400 万元），假定全部属于资本溢价或股本溢价，小于 B 公司在合并前实现的留存收益（300 万元 +300 万元）中归属于A公司的部分，A公司在编制合并财务报表时，应以账面资本公积（资本溢价或股本溢价）的余额为限，将B公司在合并前实现的留存收益中归属于A公司的部分相应转入盈余公积和未分配利润。合并工作底稿中的调整分录为：

借：资本公积——资本溢价　　5 000 000
　贷：盈余公积　　2 500 000
　　　未分配利润　　2 500 000

（2）合并利润表。

合并方在编制合并日的合并利润表时，应包含合并方及被合并方自合并当期期初至合并日实现的净利润。例如，同一控制下的企业合并发生于2009年3月31日，合并方当日编制合并利润表时，应包括合并方及被合并方自2009年1月1日至2009年3月31日实现的净利润。双方在当期发生的交易，应当按照合并财务报表的有关原则进行抵消。

为了帮助企业的会计信息使用者了解合并利润表中净利润的构成，发生同一控制下企业合并的当期，合并方在合并利润表中的“净利润”项下应单列，其中“被合并方在合并前实现的净利润”项目反映合并当期期初至合并日自被合并方带入的损益。

（3）合并现金流量表。

合并方在编制合并日的合并现金流量表时，应包含合并方及被合并方自合并当期期初至合并日产生的现金流量。涉及双方当期发生内部交易产生的现金流量，应按照合并财务报表准则规定的有关原则进行抵消。

【例7－3】2009年6月30日，A公司向B公司的股东定向增发1 000万股普通股（每股面值为1元）对B公司进行合并，于当日取得对B公司100%的股权。参与合并企业在2009年6月30日企业合并前，有关资产、负债情况如表7－3所示。

表7－3　资产负债表（简表）

2009年6月30日　　单位：元

项目	A公司		B公司	
	账面价值	公允价值	账面价值	公允价值
资产：				
货币资金	17 250 000		1 800 000	1 800 000
应收账款	12 000 000		8 000 000	8 000 000
存货	24 800 000		1 020 000	1 800 000
长期股权投资	20 000 000		8 600 000	15 200 000
固定资产	28 000 000		12 000 000	22 000 000
无形资产	18 000 000		2 000 000	6 000 000
商誉				
资产总额	120 050 000		33 420 000	54 800 000
负债和所有者权益：				
短期借款	10 000 000		9 000 000	9 000 000

（续上表）

项目	A公司		B公司	
	账面价值		账面价值	公允价值
应付账款	15 000 000		1 200 000	1 200 000
其他负债	1 500 000		1 200 000	1 200 000
负债合计	26 500 000		11 400 000	11 400 000
实收资本	30 000 000		10 000 000	
资本公积	20 000 000		6 000 000	
盈余公积	20 000 000		2 000 000	
未分配利润	23 550 000		4 020 000	
所有者权益合计	93 550 000		22 020 000	43 400 000
负债和所有者权益合计	120 050 000		33 420 000	

A公司及B公司自2009年1月1日至6月30日的利润如表7－4所示。

表7－4　利润表（简表）

2009年1月1日至6月30日　　　　单位：元

项目	A公司	B公司
一、营业收入	42 500 000	12 000 000
减：营业成本	33 800 000	9 550 000
营业税金及附加	200 000	50 000
销售费用	600 000	200 000
管理费用	1 500 000	500 000
财务费用	400 000	350 000
加：投资收益	300 000	100 000
二、营业利润	6 300 000	1 450 000
加：营业外收入	500 000	450 000
减：营业外支出	450 000	550 000
三、利润总额	6 350 000	1 350 000
减：所得税费用	2 100 000	400 000
四、净利润	4 250 000	950 000

本例中假定A公司和B公司为同一集团内两个全资子公司，合并前共同的母公司为M公司。该项合并中参与合并的企业在合并前及合并后均为M公司最终控制，为同一控制下的企业合并。自2009年6月30日开始，A公司能够对B公司实施控制，该日即为合并日。

（1）A公司对该项合并进行账务处理时：

借：长期股权投资　　22 020 000

　贷：股本　　10 000 000

　　　资本公积　　12 020 000

（2）假定A公司与B公司在合并前未发生任何交易，则A公司在编制合并日的合并财务报表时的抵消分录如下：

借：实收资本　　10 000 000

　　资本公积　　6 000 000

　　盈余公积　　2 000 000

　　未分配利润　　4 020 000

　贷：长期股权投资　　22 020 000

将被合并方在企业合并前实现的留存收益中归属于合并方的部分，自资本公积（假定资本公积中“资本溢价或股本溢价”的金额为3 000万元）转入留存收益，合并调整分录如下：

借：资本公积　　6 020 000

　贷：盈余公积　　2 000 000

　　　未分配利润　　4 020 000

表7－5　合并资产负债表（简表）

2009年6月30日　　单位：元

项目	A公司	B公司	抵消分录		合并金额
			借方	贷方	
资产：					
货币资金	17 250 000	1 800 000			19 050 000
应收账款	12 000 000	8 000 000			20 000 000
存货	24 800 000	1 020 000			25 820 000
长期股权投资	42 020 000	8 600 000		22 020 000	28 600 000
固定资产	28 000 000	12 000 000			40 000 000
无形资产	18 000 000	2 000 000			20 000 000
商誉					
资产总额	142 070 000	33 420 000		22 020 000	153 470 000
负债和所有者权益：					
短期借款	10 000 000	9 000 000			19 000 000
应付账款	15 000 000	1 200 000			16 200 000
其他负债	1 500 000	1 200 000			2 700 000
负债合计	26 500 000	11 400 000			37 900 000

（续上表）

项目	A公司	B公司	抵消分录		合并金额
			借方	贷方	
实收资本	40 000 000	10 000 000	10 000 000		40 000 000
资本公积	32 020 000	6 000 000	12 020 000		26 000 000
盈余公积	20 000 000	2 000 000	2 000 000	2 000 000	22 000 000
未分配利润	23 550 000	4 020 000	4 020 000	4 020 000	27 570 000
所有者权益合计	115 570 000	22 020 000	28 040 000	6 020 000	115 570 000
负债和所有者权益合计	142 070 000	33 420 000	28 040 000	6 020 000	153 470 000

（3）合并利润表。

表7－6　合并利润表（简表）

2009年1月1日至6月30日　　单位：元

项目	A公司	B公司	抵消分录		合并金额
			借方	贷方	
一、营业收入	42 500 000	12 000 000			54 500 000
减：营业成本	33 800 000	9 550 000			43 350 000
营业税金及附加	200 000	50 000			250 000
销售费用	600 000	200 000			800 000
管理费用	1 500 000	500 000			2 000 000
财务费用	400 000	350 000			750 000
加：投资收益	300 000	100 000			400 000
二、营业利润	6 300 000	1 450 000			7 750 000
加：营业外收入	500 000	450 000			950 000
减：营业外支出	450 000	550 000			1 000 000
三、利润总额	6 350 000	1 350 000			7 700 000
减：所得税费用	2 100 000	400 000			2 500 000
四、净利润	4 250 000	950 000			5 200 000
其中：被合并方在合并前实现利润					950 000

合并现金流量表略。

（二）同一控制下的吸收合并

同一控制下的吸收合并，合并方主要涉及合并日取得被合并方资产、负债入账价值的确定，以及合并中取得有关净资产的入账价值与支付的合并对价账面价值之间差额的处理。

合并方对同一控制下吸收合并中取得的资产、负债应当以被合并方的原账面价值入账。

以发行权益性证券方式进行的该类合并，所确认的净资产入账价值与发行股份面值总额的差额，记入资本公积（股本溢价），资本公积（股本溢价）的余额不足冲减的，相应冲减盈余公积和未分配利润。以支付现金、非现金资产方式进行的该类合并，所确认的净资产入账价值与支付的现金、非现金资产账面价值的差额，相应调整资本公积（资本溢价或股本溢价），资本公积（资本溢价或股本溢价）的余额不足冲减的，应冲减盈余公积和未分配利润。

【例7－4】沿用【例7－3】，2009年6月30日，A公司向B公司的股东定向增发1 000万股普通股（每股面值为1元，市价为4.34元）对B公司进行吸收合并，并于当日取得B公司净资产。

本例中假定A公司和B公司为同一集团内两家全资子公司，该项合并中参与合并的企业在合并前及合并后均为M公司最终控制，为同一控制下的企业合并。自2009年6月30日开始，A公司能够对B公司的净资产实施控制，该日即合并日。

因合并后B公司失去其法人资格，A公司应确认合并中取得的B公司的各项资产和负债，假定A公司与B公司在合并前采用的会计政策相同。A公司对该项合并应进行的会计处理为：

借：货币资金	1 800 000	
库存商品（存货）	1 020 000	
应收账款	8 000 000	
长期股权投资	8 600 000	
固定资产	12 000 000	
无形资产	2 000 000	
贷：短期借款		9 000 000
应付账款		1 200 000
其他应付款（其他负债）		1 200 000
股本		10 000 000
资本公积		12 020 000

如果合并方在合并当期期末，仅需要编制个别财务报表而不需要编制合并财务报表的，合并方在编制前期比较报表时，无须对以前期间已经编制的比较报表进行调整；如果合并方在合并当期期末需要编制合并财务报表的，在编制前期比较合并财务报表时，应将吸收合并取得的被合并方前期有关财务状况、经营成果及现金流量等并入合并方前期合并财务报表。前期比较报表的具体编制原则比照同一控制下控股合并比较报表的编制。

（三）合并方为进行企业合并发生的有关费用的处理

合并方为进行企业合并发生的有关费用，指合并方为进行企业合并发生的各项直接相关费用，如为进行企业合并支付的审计费用、资产评估费用以及有关的法律咨询费用等增量费用。企业合并发生的各项直接相关费用，应于发生时计入当期损益。借记“管理费用”等科目，贷记“银行存款”等科目。但以下两种情况除外：

（1）以发行债券方式进行的企业合并，与发行债券相关的佣金、手续费等应按照《企业会计准则第22号——金融工具确认和计量》的规定进行会计处理。该部分费用，虽然与筹集用于企业合并的对价直接相关，但其会计处理应遵照金融工具准则的原则，有关的费用应计入负债的初始计量金额。

（2）发行权益性证券作为合并对价的，与所发行权益性证券相关的佣金、手续费等应按照《企业会计准则第37号——金融工具列报》的规定处理。与发行权益性证券相关的费用，不管其是否与企业合并直接相关，均应自所发行权益性证券的发行收入中扣减。在权益性工具发行有溢价的情况下，自溢价收入中扣除；在权益性证券发行无溢价或溢价金额不足以扣减的情况下，应当冲减盈余公积和未分配利润。

企业专设的购并部门发生的日常管理费用，如果该部门的设置并不是与某项企业合并直接相关，而是企业的一个常设部门，其设置目的是为了寻找相关的购并机会等，维持该部门日常运转的有关费用，不属于与企业合并直接相关的费用，应当于发生时费用化计入当期损益。

第三节　非同一控制下企业合并

一、非同一控制下企业合并的处理原则

（一）确定购买方

企业对外长期股权投资中，其确定长期股权投资入账价值时有两种可供选择的会计处理方法，即购买法和权益结合法。所谓购买法，是将企业合并视为一家企业购买另一家企业或几家企业的行为，它将企业合并视同购买一般资产来处理。它要求对被购买企业的资产、负债项目按公允价值进行计量。在此项交易中，应首先确定购买方。购买方是指在企业合并中取得对另一方或多方控制权的一方。非同一控制下的企业合并中，一般应考虑企业合并合同、协议以及其他相关因素来确定购买方。在判断企业合并中的购买方时，应考虑所有相关的事实和情况，特别是企业合并后参与合并各方的相对投票权、合并后主体管理机构及高层管理人员的构成、权益互换的条款等。其判断标准为：

（1）合并中一方取得了另一方半数以上有表决权股份的，除非有明确的证据表明不能形成控制，一般认为取得另一方半数以上表决权股份的一方为购买方。

（2）某些情况下，即使一方没有取得另一方半数以上有表决权股份，但存在以下情况时，一般也可认为其获得了对另一方的控制权，如：

①通过与其他投资者签订协议，实质上拥有被购买企业半数以上表决权。例如，A公司拥有B公司40%的表决权资本，C公司拥有B公司30%的表决权资本，D公司拥有B公司30%的表决权资本。A公司与C公司达成协议，C公司在B公司的权益由A公司代表。在这种情况下，A公司实质上拥有B公司70%表决权资本的控制权，在B公司的章程或协议中没有特别规定的情况下，表明A公司实质上控制B公司。

②按照章程或协议等的规定，具有主导被购买企业财务和经营决策的权力。例如，A

公司拥有B公司45%的表决权资本，同时，根据法律或协议规定，A公司可以决定B公司的财务和生产经营决策，实质上对B公司的财务和经营政策能够实施控制。

③有权任免被购买企业董事会或类似权力机构多数成员。这种情况是指，虽然投资企业拥有被投资单位50%或以下表决权资本，但根据章程、协议等有权任免被投资单位董事会或类似机构的绝大多数成员，以达到实质上控制的目的。

④在被购买企业董事会或类似权力机构中具有多数投票权。这种情况是指，虽然投资企业拥有被投资单位50%或以下表决权资本，但能够控制被投资单位董事会等类似权力机构的会议，从而能够控制其财务和经营政策，以控制被投资单位。

（3）某些情况下可能难以确定企业合并中的购买方，如参与合并的两家或多家企业规模相当，在这种情况下，往往可以结合一些迹象表明购买方的存在。在具体判断时，可以考虑下列相关因素：

①以支付现金、转让非现金资产或承担负债的方式进行的企业合并，一般支付现金、转让非现金资产或承担负债的一方为购买方。

②考虑参与合并各方的股东在合并后主体的相对投票权，其中股东在合并后主体具有相对较高投票比例的一方一般为购买方。

③参与合并各方的管理层对合并后主体生产经营决策的主导能力，如果合并导致参与合并一方的管理层能够主导合并后主体生产经营政策的制定，其管理层能够实施主导作用的一方一般为购买方。

④参与合并一方的公允价值远远大于另一方的，公允价值较大的一方很可能为购买方。

⑤企业合并是通过以有表决权的股份换取另一方的现金及其他资产的，则付出现金或其他资产的一方很可能为购买方。

⑥通过权益互换实现的企业合并，发行权益性证券的一方通常为购买方。但如果有证据表明发行权益性证券的一方，其生产经营决策在合并后被参与合并的另一方控制，则其应为被购买方，参与合并的另一方为购买方。该类合并通常称为反向购买。反向购买中，购买方的会计处理参见本章相关部分内容。

（二）确定购买日

购买日是购买方获得对被购买方控制权的日期，即企业合并交易进行过程中，发生控制权转移的日期。根据企业合并方式的不同，在控股合并的情况下，购买方应在购买日确认因企业合并形成的对被购买方的长期股权投资；在吸收合并的情况下，购买方应在购买日确认合并中取得的被购买方各项可辨认资产、负债等。

确定购买日的基本原则是控制权转移的时点。企业在实务操作中，应当结合合并合同或协议的约定及其他有关的影响因素，按照实质重于形式的原则进行判断。同时满足以下条件时，一般可认为实现了控制权的转移，形成购买日。其条件包括：

（1）企业合并合同或协议已获股东大会等内部权力机构通过。企业合并一般涉及的交易规模较大，无论是合并当期还是合并以后期间，均会对企业的生产经营产生重大影响。在能够对企业合并进行确认，形成实质性的交易前，该交易或事项应经过企业的内部权力机构批准，如对于股份有限公司，其内部权力机构一般指股东大会。

（2）按照规定，合并事项需要经过国家有关主管部门审批的，已获得相关部门的批准。按照国家有关规定，企业购并需要经过国家有关部门批准的，取得相关批准文件是对企业合并交易或事项进行会计处理的前提之一。

(3) 参与合并各方已办理了必要的财产权交接手续。作为购买方，其通过企业合并无论是取得对被购买方的股权还是取得被购买方的全部净资产，能够形成与取得股权或净资产相关的风险和报酬的转移，一般需办理相关的财产权交接手续，以从法律上保障有关风险和报酬的转移。

(4) 购买方已支付了购买价款的大部分（一般应超过50%），并且有能力、有计划支付剩余款项。购买方要取得与被购买方净资产相关的风险和报酬，其前提是必须支付一定的对价，一般在形成购买日之前，购买方应当已经支付了购买价款的大部分，并且从其当时财务状况可判断其有能力支付剩余款项。

(5) 购买方实际上已经控制了被购买方的财务和经营政策，享有相应的收益并承担相应的风险。

企业合并涉及一次以上交易的，如通过分阶段取得股份最终实现合并，企业应于每一交易日确认对被投资企业的各单项投资。“交易日”是指合并方或购买方在自身的账簿和报表中确认对被投资单位投资的日期。分步实现企业合并时，购买日是指按照有关标准判断购买方最终取得对被购买企业控制权的日期。

如A企业于2009年10月20日取得B公司30%的股权（假定能够对被投资单位施加重大影响），在与取得股权相关的风险和报酬发生转移的情况下，A企业应确认对B公司的长期股权投资。在已经拥有B公司30%股权的基础上，A企业又于2009年12月8日取得B公司30%的股权，在其持股比例达到60%的情况下，假定于当日开始能够对B公司实施控制，则2009年12月8日为第二次购买股权的交易日，同时因在当日能够对B公司实施控制，形成企业合并的购买日。

（三）确定企业合并成本

企业合并成本包括购买方为进行企业合并支付的现金或非现金资产、发行或承担的债务、发行的权益性证券等在购买日的公允价值。通过多次交易分步实现的企业合并，其企业合并成本为每一单项交易的成本之和。

企业合并成本包括购买方在购买日支付的下列项目的金额合计：

(1) 作为合并对价的非现金资产的公允价值。以非货币性资产作为合并对价的，其合并成本为所支付对价的公允价值，该公允价值与作为合并对价的非货币性资产账面价值的差额，作为资产的处置损益，计入合并当期的利润表。有关资产公允价值的确定参见《企业合并准则——应用指南》中的相关规定。

(2) 发行权益性证券的公允价值。确定其公允价值时，购买日存在公开报价的权益性证券，其公开报价提供了确定公允价值的依据。如果购买日权益性证券的公开报价不可靠，或者购买方发行的权益性证券不存在公开报价，则该权益性证券的公允价值可以参照其在购买方公允价值中所占权益份额或参照在被购买方公允价值中获得的权益份额，按二者当中有明确证据支持的一个进行估价。

(3) 因企业合并应承担债务的公允价值。应采用按照适用利率计算的未来现金流量的现值作为其公允价值。预期因企业合并可能发生的未来损失或其他成本不是购买方为取得对被购买方的控制权而承担的负债，不构成企业合并成本。

（4）当企业合并合同或协议中提供了根据未来或有事项的发生而对合并成本进行调整时，购买日如果判断有关调整很可能发生并且能够可靠计量的，应将相关调整金额计入企业合并成本。

企业合并中发生的与企业合并直接相关的费用，包括为进行合并而发生的会计审计费用、法律服务费用、咨询费用等，应当计入企业当期损益。购买方作为合并对价发行的权益性证券或债务性证券的交易费用，应当计入权益性证券或债务性证券的初始确认金额。

（四）合并时取得的可辨认资产、负债的确认

购买方取得对被购买方净资产的控制权，视合并方式的不同，应分别在合并时确认合并中取得的各项可辨认资产、负债。

（1）购买方在企业合并中取得被购买方各项可辨认的资产、负债，要作为本企业的资产、负债（或合并财务报表中的资产、负债）进行确认，在购买日，应当满足资产、负债的确认条件。有关的确认条件包括：

①合并中取得的被购买方的各项资产（无形资产除外），其所带来的未来经济利益预期能够流入企业且公允价值能够可靠计量的，应单独作为资产确认。

②合并中取得的被购买方的各项负债（或有负债除外），履行有关的义务预期会导致经济利益流出企业且公允价值能够可靠计量的，应单独作为负债确认。

（2）企业合并中取得的无形资产在其公允价值能够可靠计量的情况下应单独予以确认。

公允价值能够可靠计量的情况下，无形资产一般包括商标权、版权及与其相关的许可协议、特许权、分销权等类似权利、专利技术、专有技术等。

（3）企业合并中产生或有负债的确认。为了尽可能反映购买方因为进行企业合并可能承担的潜在义务，对于购买方在企业合并时可能需要代被购买方承担的或有负债，在购买日，相关的或有事项导致经济利益流出企业的可能性还比较小，但在其公允价值能够合理确定的情况下，需要作为合并中取得的负债确认。

（4）对于被购买方在企业合并之前已经确认的商誉和递延所得税项目，购买方在对企业合并成本进行分配、确认可辨认资产和负债时不应予以考虑。合并中应予确认的各项可辨认资产、负债的公允价值后，其因计税基础与账面价值不同而形成暂时性差异的，应当按照所得税会计准则的规定确认相应的递延所得税资产或递延所得税负债。

在非同一控制下的企业合并中，购买方确认在合并中取得的被购买方各项可辨认资产和负债不仅包括被购买方在合并前已经确认的资产和负债，还可能包括企业合并前被购买方在其资产负债表中未予以确认的资产和负债，该类资产和负债在企业合并前可能由于不符合确认条件未确认为被购买方的资产和负债，但在企业合并发生后，因符合有关的确认条件则需要作为合并中取得的可辨认资产和负债进行确认。例如，被购买方在企业合并前存在的未弥补亏损，在企业合并前因无法取得足够的应纳税所得额用于抵扣该亏损而未确认相关的递延所得税资产，如按照税法规定能够抵扣购买方未来期间实现的应纳税所得额而且购买方在未来期间预计很可能取得足够的应纳税所得额的情况下，有关的递延所得税资产应作为合并中取得的可辨认资产予以确认。

（五）合并差额的处理

购买方对于企业合并成本与确认的被购买方可辨认净资产公允价值份额的差额，应视情况分别处理：

（1）企业合并成本大于合并中取得的被购买方可辨认净资产公允价值的差额，应确认为商誉。视企业合并方式不同，控股合并情况下，该差额是指合并财务报表中应列示的商誉；吸收合并情况下，该差额是指购买方在其账簿及个别财务报表中应确认的商誉。

商誉在确认以后，持有期间不要求摊销，企业应当按照《企业会计准则第 8 号——资产减值》的规定对其进行减值测试，对于可收回金额低于账面价值的部分，计提减值准备。

（2）企业合并成本小于合并中取得的被购买方可辨认净资产公允价值的差额，应计入合并当期损益。

企业合并准则中要求该种情况下，要对合并中取得的资产、负债的公允价值作为合并对价的非现金资产或发行的权益性证券等的公允价值进行复核。复核结果表明所确定的各项可辨认资产和负债的公允价值确定是恰当的，应将企业合并成本低于取得的被购买方可辨认净资产公允价值份额之间的差额，计入合并当期的营业外收入，并在会计报表附注中予以说明。

在吸收合并的情况下，上述企业合并成本小于合并中取得的被购买方可辨认净资产公允价值的差额，应计入合并当期购买方的个别利润表；在控股合并的情况下，上述差额应体现在合并当期的合并利润表中。

（六）合并中取得的可辨认资产、负债公允价值的调整

购买法下的企业合并，是按公允价值计量，无论是作为合并对价付出的各项资产的公允价值，还是合并中取得被购买方各项可辨认资产、负债的公允价值，如果在购买日或合并当期期末，因各种因素影响而无法合理确定的，合并当期期末，购买方应以暂时确定的价值为基础进行核算。

1. 购买日后 12 个月内对有关价值量的调整

合并当期期末，对合并中取得的可辨认资产、负债以暂时确定的价值对企业合并进行处理的情况下，自购买日算起 12 个月内取得进一步的信息表明需对原暂时确定的企业合并成本或所取得的可辨认资产、负债的暂时性价值进行调整的，应视同在购买日发生，进行追溯调整，同时对以暂时性价值为基础提供的比较报表信息，也应进行相关的调整。

例如，A 企业于 2009 年 9 月 20 日对 B 公司进行吸收合并，合并中取得的一项固定资产不存在活跃市场，为确定其公允价值，A 企业聘请了有关的资产评估机构对其进行评估。至 2009 年财务报告对外报出时，尚未取得评估报告。A 企业在其 2009 年财务报告中对该项固定资产暂估的价值为 300 000 元，预计使用年限为 5 年，净残值为 0，按照直线法计提折旧。该项企业合并中 A 企业确认商誉 1 200 000 元。本例中假定 A 企业不编制中期财务报告。

2010 年 4 月，A 企业取得了资产评估报告，确认该项固定资产的价值为 420 000 元。则 A 企业应视同在购买日确定的该项固定资产的公允价值为 420 000 元，相应调整 2009 年财务报告中确认的商誉价值（调减 120 000 元）及利润表中的折旧费用（调增 7 500 元）。进行有关调整后，A 企业应在其 2010 年会计报表附注中对有关情况作出说明。

2. 超过规定期限后的价值量调整

自购买日算起 12 个月以后对企业合并成本或合并中取得的可辨认资产、负债价值的调整，应当按照《企业会计准则第28号——会计政策、会计估计变更和会计差错更正》的原则进行处理，即对于企业合并成本及合并中取得可辨认资产、负债公允价值等进行的调整，应作为前期差错处理。

（七）购买日合并财务报表的编制

非同一控制下的控股合并中，购买方一般应于购买日编制合并资产负债表，反映购买日开始能够控制的经济资源情况。在合并资产负债表中，合并中取得的被购买方各项可辨认资产、负债应以其在购买日的公允价值计量，长期股权投资的成本大于合并中取得的被购买方可辨认净资产公允价值份额的差额，体现为合并财务报表中的商誉；长期股权投资的成本小于合并中取得的被购买方可辨认净资产公允价值的差额，《企业合并准则》规定应计入合并当期损益。因购买日不需要编制合并利润表，该差额体现在合并资产负债表上应调整合并资产负债表的盈余公积和未分配利润。

非同一控制下的企业合并中，作为购买方的母公司在进行有关会计处理后，应单独设置备查簿，记录其在购买日取得的被购买方各项可辨认资产、负债的公允价值以及账面价值。

二、非同一控制下企业合并的会计处理

（一）非同一控制下的控股合并

1. 长期股权投资初始投资成本的确定

非同一控制下的控股合并中，购买方在购买日应当按照确定的企业合并成本，作为形成对被购买方长期股权投资的初始投资成本。

购买方为取得对被购买方的控制权，以支付非货币性资产为对价的，有关非货币性资产在购买日的公允价值与其账面价值的差额，应作为资产的处置损益，计入合并当期的利润表。

2. 购买日合并财务报表的编制

【例7-5】沿用【例7-3】，A公司在该项合并中发行1 000万股普通股（每股面值1元），市场价格为每股3.5元，取得了B公司70%的股权。合并时B公司净资产的公允价值为4 340万元。假定该项合并为非同一控制下的企业合并，编制购买方于购买日的合并资产负债表。

（1）合并时的会计处理：

借：长期股权投资——B公司　　　　（3.5×1 000万）35 000 000
　贷：股本　　　　　　　　　　　　　　　　　　10 000 000
　　　资本公积——股本溢价　　　　　　　　　　25 000 000

（2）计算商誉和编制抵消分录：

①计算确定商誉。

合并商誉＝企业合并成本－合并中取得被购买方可辨认净资产公允价值份额
　　　　＝3 500－4 340×70%＝462（万元）

②编制抵消分录。

借：存货　780 000
　　长期股权投资　6 600 000
　　固定资产　10 000 000
　　无形资产　4 000 000
　　实收资本　10 000 000
　　资本公积　6 000 000
　　盈余公积　2 000 000
　　未分配利润　4 020 000
　　商誉　4 620 000
　贷：长期股权投资　35 000 000
　　　少数股东权益　13 020 000

（3）编制购买日合并资产负债表，见表7-7所示。

表7-7　合并资产负债表（简表）

2009年6月30日　　单位：元

项目	A公司	B公司	抵消分录		合并金额
			借方	贷方	
资产：					
货币资金	17 250 000	1 800 000			19 050 000
应收账款	12 000 000	8 000 000			20 000 000
存货	24 800 000	1 020 000	780 000		26 600 000
长期股权投资	55 000 000	8 600 000	6 600 000	35 000 000	35 200 000
固定资产	28 000 000	12 000 000	10 000 000		50 000 000
无形资产	18 000 000	2 000 000	4 000 000		24 000 000
商誉			4 620 000		4 620 000
资产总额	155 050 000	33 420 000	26 000 000	35 000 000	179 470 000
负债和所有者权益：					
短期借款	10 000 000	9 000 000			19 000 000
应付账款	15 000 000	1 200 000			16 200 000
其他负债	1 500 000	1 200 000			2 700 000
负债合计	26 500 000	11 400 000			37 900 000
实收资本	40 000 000	10 000 000	10 000 000		40 000 000
资本公积	45 000 000	6 000 000	6 000 000		45 000 000
盈余公积	20 000 000	2 000 000	2 000 000		20 000 000
未分配利润	23 550 000	4 020 000	4 020 000		23 550 000

（续上表）

项目	A 公司	B 公司	抵消分录		合并金额
			借方	贷方	
少数股东权益				13 020 000	13 020 000
所有者权益合计	128 550 000	22 020 000			141 570 000
负债和所有者权益合计	155 050 000	33 420 000	22 020 000	13 020 000	179 470 000

（二）非同一控制下的吸收合并

非同一控制下的吸收合并，购买方在购买日应当将合并中取得的符合确认条件的各项可辨认资产、负债，按其公允价值确认为本企业的资产和负债；作为合并对价的有关非货币性资产在购买日的公允价值与其账面价值的差额，应作为资产处置损益计入合并当期的利润表；确定的企业合并成本与所取得的被购买方可辨认净资产公允价值之间的差额，视情况分别确认为商誉或计入企业合并当期的损益。

三、通过多次交易分步实现的非同一控制下的企业合并

通过多次交易分步实现的非同一控制下的企业合并，企业在每一单项交易发生时，应确认对被购买方的投资。投资企业在持有被投资单位的部分股权后，通过增加持股比例等达到对被投资单位形成控制的，应分别对每一单项交易的成本与该交易发生时应享有被投资单位可辨认净资产公允价值的份额进行比较，确定每一单项交易中产生的商誉。企业合并时应确认的商誉（或合并财务报表中应确认的商誉）为每一单项交易中应确认的商誉之和。

通过多次交易分步实现的非同一控制下的企业合并，应按以下顺序处理：

一是对长期股权投资的账面余额进行调整。达到企业合并前长期股权投资采用成本法核算的，其账面余额一般无须调整；达到企业合并前长期股权投资采用权益法核算的，应进行调整，将其账面价值调整至取得投资时的初始投资成本，相应调整留存收益等。

二是比较每一单项交易的成本与交易时应享有被投资单位可辨认净资产公允价值的份额，确定每一单项交易应确认的商誉或应计入当期损益的金额。

三是对于被购买方在购买日与交易日之间可辨认净资产公允价值的变动，相对于原持股比例的部分，在合并财务报表中应调整所有者权益相关项目。其中属于原取得投资后被投资单位实现净损益增加的资产价值量，应调整留存收益，差额调整资本公积。

【例7－6】A 公司于2009 年以2 000 万元取得B 公司10% 的股份，取得投资时B 公司净资产的公允价值为18 000 万元。因能够参与B 公司的生产经营决策，A 公司对持有的该投资采用权益法核算。2010 年，A 公司另支付10 000 万元取得B 公司50% 的股份，从而能够对B 公司实施控制。购买日B 公司可辨认净资产公允价值为19 000 万元。B 公司自2009 年A 公司取得投资后至2010 年追加投资前实现的净利润为600 万元（假定不存在需要对净利润进行调整的因素），未进行利润分配，也未发生其他影响所有者权益变动的交易或事项。A 公司按净利润的10% 提取法定盈余公积。

（1）2010 年购买日，A 公司首先应确认取得的对 B 公司的投资。

借：长期股权投资　　100 000 000

　贷：银行存款　　100 000 000

同时，对已确认的收益额予以转回，其分录为：

借：盈余公积　　60 000

　　未分配利润　　540 000

　贷：长期股权投资　　600 000

（2）计算达到企业合并时应确认的商誉。

原持有 10% 股份应确认的商誉 = 20 000 000 − 180 000 000 × 10% = 2 000 000（元）

进一步取得 50% 股份应确认的商誉 = 100 000 000 − 190 000 000 × 50% = 5 000 000（元）

合并财务报表中应确认的商誉 = 2 000 000 + 5 000 000 = 7 000 000（元）

（3）资产增值的处理。

原持有 10% 股份在购买日对应的可辨认净资产公允价值

= 190 000 000 × 10% = 19 000 000（元）

原取得投资时应享有被投资单位净资产公允价值的份额

= 180 000 000 × 10% = 18 000 000（元）

两者之间差额 1 000 000 元（19 000 000 − 18 000 000），属于投资后被投资单位所有者权益的变动额，其中，在合并财务报表中属于被投资单位实现净利润的部分 600 000 元（6 000 000 × 10%），调整合并财务报表中的盈余公积和未分配利润，剩余部分 400 000 元（1 000 000 − 600 000）调整资本公积。

四、反向购买的处理

非同一控制下的企业合并，以发行权益性证券交换股权的方式进行的，通常发行权益性证券的一方为收购方。但在某些企业合并中，发行权益性证券的一方因其生产经营决策在合并后被参与合并的另一方所控制的，发行权益性证券的一方虽然为法律上的母公司，但其为会计上的被收购方，该类企业合并通常被称为“反向购买”。例如，A 公司为一家规模较小的上市公司，B 公司为一家规模较大的贸易公司。B 公司拟通过收购 A 公司的方式达到上市目的，但该交易是通过 A 公司向 B 公司原股东发行普通股用以交换 B 公司原股东持有的对 B 公司股权方式实现的。该项交易后，B 公司原股东持有 A 公司 50% 以上股权，A 公司持有 B 公司 50% 以上股权，A 公司为法律上的母公司，而 B 公司为法律上的子公司，但从会计角度，A 公司为被购买方，B 公司为购买方。

（一）企业合并成本

反向购买中，法律上的子公司（购买方）的企业合并成本应是其（如果以发行权益性证券的方式为获取在合并后报告主体的股权比例）向法律上母公司（被购买方）的股东发行的权益性证券数量与权益性证券的公允价值。购买方的权益性证券在购买日存在公开报价的，通常应以公开报价作为其公允价值；购买方的权益性证券在购买日不存在可靠公开报价的，应参照购买方的公允价值和被购买方的公允价值二者之中有更为明显证据支持的作为基础，确定发行权益性证券的公允价值。

（二）合并财务报表的编制

反向购买后，法律上的母公司应当遵从以下原则编制合并财务报表：

（1）合并财务报表中，法律上子公司的资产、负债应以其在合并前的账面价值进行确认和计量。

（2）合并财务报表中的留存收益和其他权益性余额应当反映的是法律上子公司在合并前的留存收益和其他权益余额。

（3）合并财务报表中的权益性工具的金额应当反映法律上子公司合并前发行在外的股份面值以及假定在确定该项企业合并成本过程中新发行的权益性工具的金额。但是在合并财务报表中的权益结构应当反映法律上母公司的权益结构，即法律上母公司发行在外权益性证券的数量及种类。

（4）法律上母公司的有关可辨认资产、负债在并入合并财务报表时，应以其在购买日确定的公允价值进行合并，企业合并成本大于合并中取得的法律上母公司（被购买方）可辨认净资产公允价值的份额体现为商誉，小于合并中取得的法律上母公司（被购买方）可辨认净资产公允价值的份额确认为合并当期损益。

（5）合并财务报表的比较信息应当是法律上子公司的比较信息（即法律上子公司的前期合并财务报表）。

（6）法律上子公司的有关股东在合并过程中未将其持有的股份转换为对法律上母公司股份的，该部分股东享有的权益份额在合并财务报表中应作为少数股东权益列示。因法律上子公司的部分股东未将其持有的股份转换为法律上母公司的股权，其享有的权益份额仍仅限于对法律上子公司的部分，该部分少数股东权益反映的是少数股东按持股比例计算享有法律上子公司合并前净资产账面价值的份额。

应予说明的是，上述反向购买的会计处理原则仅适用于合并财务报表的编制。法律上母公司在该项合并中形成的对法律上子公司长期股权投资成本的确定，应当遵从《企业会计准则第2号——长期股权投资》的相关规定。

【例7－7】A上市公司于2009年9月30日通过定向增发本企业普通股对B企业进行合并，取得B企业100%股权。假定不考虑所得税影响。A公司及B企业在合并前简化资产负债表如表7－8所示。

表7－8　A公司及B企业合并前资产负债表

单位：万元

项目	A公司	B企业
流动资产	2 000	3 000
非流动资产	14 000	40 000
资产总额	16 000	43 000
流动负债	800	1 000
非流动负债	200	2 000
负债总额	1 000	3 000
所有者权益：		

（续上表）

项目	A公司	B企业
股本	1 000	600
资本公积		
盈余公积	4 000	11 400
未分配利润	10 000	28 000
所有者权益总额	15 000	40 000

其他资料：

（1）2009年9月30日，A公司通过定向增发本企业普通股，以2股换1股的比例自B企业原股东处取得了B企业全部股权。A公司共发行了1 200万股普通股以取得B企业全部600万股普通股。

（2）A公司普通股在2009年9月30日的公允价值为20元，B企业每股普通股当日的公允价值为40元。A公司、B企业每股普通股的面值均为1元。

（3）2009年9月30日，A公司除非流动资产公允价值较账面价值高3 000万元以外，其他资产、负债项目的公允价值与其账面价值相同。

（4）假定A公司与B企业在合并前不存在任何关联方关系。

对于该项企业合并，虽然在合并中发行权益性证券的一方为A公司，但因其生产经营决策的控制权在合并后由B企业原股东控制，B企业应为购买方，A公司为被购买方。财务处理如下：

（1）确定该项合并中B企业的合并成本。

A公司在该项合并中向B企业原股东增发了1 200万股普通股，合并后B企业原股东持有A公司的股权比例为54.55%（1 200÷2 200），如果假定B企业发行本企业普通股在合并后主体享有同样的股权比例，则B企业应当发行的普通股股数为500万股（600÷54.55%－600），其公允价值为20 000万元，企业合并成本为20 000万元。

（2）企业合并成本在可辨认资产、负债的分配。

企业合并成本	20 000
A公司可辨认资产、负债：	
流动资产	2 000
非流动资产	17 000
流动负债	（800）
非流动负债	（200）
商誉	2 000

表7－9　A公司2009年9月30日合并资产负债表

单位：万元

项目	金额
流动资产	5 000
非流动资产	57 000

（续上表）

项目	金额
商誉	2 000
资产总额	64 000
流动负债	1 800
非流动负债	2 200
负债总额	4 000
所有者权益：	
股本（2 200 万股 ÷2）2 股换 1 股	1 100
资本公积	19 500
盈余公积	11 400
未分配利润	28 000
所有者权益总额	60 000

五、购买子公司少数股权的处理

企业在取得对子公司的控制权，形成企业合并后，购买少数股东全部或部分权益的，实质上是股东之间的权益性交易，应当分别在母公司的个别财务报表和合并财务报表中进行反映。

（1）母公司个别财务报表中对收购子公司少数股东权益形成长期股权投资的增加，应当按照《企业会计准则第 2 号——长期股权投资》第四条的规定，确定长期股权投资的入账价值。

（2）合并财务报表中，子公司的资产、负债应以购买日（或合并日）开始持续计算的金额反映。

母公司新取得的长期股权投资与按照新增持股比例计算应享有子公司自购买日（或合并日）开始持续计算的可辨认净资产份额之间的差额，应当调整合并财务报表中的资本公积（资本溢价或股本溢价），资本公积的余额不足以冲减的，调整留存收益。

【例 7－8】A 公司于 2009 年 12 月 29 日以 8 000 万元取得对 B 公司 70% 的股权，能够对 B 公司实施控制，形成非同一控制下的企业合并。2010 年 12 月 25 日，A 公司又出资 3 000万元自 B 公司的少数股东处取得 B 公司 20% 的股权。本例中 A 公司与 B 公司的少数股东在交易前不存在任何关联方关系。

（1）2009 年 12 月 29 日，在 A 公司取得 B 公司 70% 股权时，B 公司可辨认净资产公允价值总额为 10 000 万元。

（2）2010 年 12 月 25 日，B 公司有关资产、负债的账面价值及自购买日开始持续计算的金额（对母公司的价值）如表 7－10 所示。

表 7－10 B 公司的账面价值及购买日开始持续计算的金额

单位：万元

	B 公司的账面价值	B 公司资产、负债自购买日开始持续计算的金额（对母公司的价值）
存货	500	500
应收款项	2 500	2 500
固定资产	4 000	4 600
无形资产	800	1 200
其他资产	2 200	3 200
应付款项	600	600
其他负债	400	400
净资产	9 000	11 000

（1）确定 A 公司对 B 公司长期股权投资的成本。

2009 年 12 月 29 日为该非同一控制下企业合并的购买日，A 公司取得对 B 公司长期股权投资的成本为 8 000 万元。

2010 年 12 月 25 日，A 公司在进一步取得 B 公司 20% 的少数股权时，支付价款 3 000 万元。该项长期股权投资在 2010 年 12 月 25 日的账面余额为 11 000 万元。

（2）编制合并财务报表时的处理。

①商誉的计算。

A 公司取得对 B 公司 70% 股权时产生的商誉＝8 000－10 000×70%＝1 000（万元）

在合并财务报表中应体现的商誉总额为 1 000 万元。

②所有者权益的调整。

合并财务报表中，B 公司的有关资产、负债应以其对母公司 A 的价值进行合并，即与新取得的 20% 股权相对应的被投资单位可辨认资产、负债的金额为 2 200 万元（11 000×20%）。

因购买少数股权新增加的长期股权投资成本 3 000 万元与按照新取得的股权比例（20%）计算确定应享有子公司自购买日开始持续计算的可辨认净资产份额 2 200 万元之间的差额 800 万元，在合并资产负债表中调整所有者权益相关项目，首先调整资本公积（资本溢价或股本溢价），在资本公积（资本溢价或股本溢价）的金额不足以冲减的情况下，调整留存收益（盈余公积和未分配利润）。

【复习题】

一、思考题

1. 什么是企业合并？企业合并有哪些类型？
2. 同一控制下的企业合并的处理原则是什么？
3. 同一控制下的企业合并在核算上有何特点？
4. 非同一控制下的企业合并在核算上有何特点？

5. 非同一控制下的企业合并，其合并方如何确定？
6. 什么是企业合并中的购买日？在确定购买日时应考虑哪些因素？
7. 合并成本应如何在可辨认资产和负债之间分配？
8. 什么是反向收购？当出现反向收购时应注意哪些问题？

二、业务题

1. 2003 年 9 月 30 日，TCL 通讯公司（股票代码：000542）发布公告称，公司将通过与母公司 TCL 集团换股，以被母公司吸收合并的方式退市，而 TCL 集团将吸收合并 TCL 通讯并通过 IPO 实现整体上市，TCL 通讯流通股股东所持股票将按一定的换股比例折换成上市后的集团公司的股票，换股完成后，TCL 通讯将退市，注销法人资格，其所有权益、债务将由 TCL 集团承担，而 TCL 集团将 IPO 整体上市。折股比例将按 TCL 通讯折股价格除以 TCL 集团 IPO 价格计算，而 TCL 通讯折股价格以 2001 年 1 月 1 日到 2003 年 9 月 26 日间的最高股价 21.15 计算。截至并购基准日（2003 年 6 月 30 日），TCL 通讯每股净资产 3.066 元，TCL 集团 IPO 模拟价格分别为 2.67 元（市盈率 10 倍）、4.00 元（市盈率 15 倍）、5.33 元（市盈率 20 倍）时，折股比率分别为 7.921 3、5.287 5、3.968 1，TCL 通讯流通股股东取得 TCL 集团股份每股投入净资产为 0.387、0.579 9、0.773 元。TCL 集团在本次吸收合并中的会计处理上自称采用了权益结合法，这样导致 TCL 集团公司换股合并的流通股入账价值低于面值。请问 TCL 公司采用的会计处理方法是否合适？

2. 2009 年 1 月 1 日，阳光公司支付 10 万元现金，并发行 20 万股面值为 1 元、公允价值为 32 万元的普通股从强盛公司的普通股东手中购得全部股权。此外，阳光公司支付 10 万元合并直接成本。合并前两家公司资产负债表资料如下：

阳光公司和强盛公司资产负债表（合并前）

单位：万元

项目	阳光公司	强盛公司账面价值	强盛公司公允价值
银行存款	25	4	4
存货	12	8	10
其他流动资产	3	2	2
固定资产（净）	26	18	24
合计	66	32	40
流动负债	6	3	3
其他负债	8	5	4
股本	42	20	
盈余公积	3	1	
未分配利润	7	3	
合计	66	32	

要求：

（1）若为同一控制下的企业合并，编制以上合并业务的全部会计分录。

（2）若为非同一控制下的企业合并，编制以上合并业务的全部会计分录。

第八章　政府补助

【学习目标】

通过本章的学习，理解政府补助的含义及特征，了解政府补助的内容及形式，掌握政府补助的会计处理方法，熟悉政府补助会计披露要求。

【知识点】

政府补助、财政拨款、财政贴息、税收返还和无偿划拨非货币性资产、与资产相关的政府补助、与收益相关的政府补助

政府补助主要集中在关系国计民生的农业、环境保护以及科学技术研究等领域。例如，对粮、棉、油等生产或储备企业给予定额补助，粮、棉、油等生活必需品的价格往往不能随行就市，售价低于成本造成的损失需要由政府来弥补。

第一节　政府补助概述

一、政府补助的含义

政府补助是指企业从政府无偿取得货币性资产或非货币性资产，但不包括政府作为企业所有者投入的资本。政府如以企业所有者身份向企业投入资本，将拥有企业相应的所有权，分享企业利润。在这种情况下，政府与企业之间的关系是投资者与被投资者的关系，属于互惠交易。这与其他单位或个人对企业的投资在性质上是一致的。

二、政府补助的特征

政府补助主要有如下特征：

一是政府补助是无偿的、有条件的。无偿性是政府补助的基本特征。政府并不因此享有企业的所有权，企业将来也不需要偿还。这一特征将政府补助与政府作为企业所有者投入的资本、政府采购等政府与企业之间双向、互惠的经济活动区分开来。政府补助通常附有一定的条件，这与政府补助的无偿性并无矛盾，并不表明该项补助有偿，而是企业经法定程序申请取得政府补助后，应当按照政府规定的用途使用该项补助。

二是企业直接取得资产。企业从政府直接取得的资产，包括货币性资产和非货币性资产，形成企业的收益。例如，企业取得政府拨付的补助，先征后返（退）、即征即退等办法返还的税款，行政划拨的土地使用权，天然起源的天然林，等等。不涉及资产直接转移

的经济支持不属于政府补助准则规范的政府补助。例如政府与企业间的债务豁免，除税收返还外的税收优惠，如直接减征、免征、增加计税抵扣额、抵免部分税额等。

需要说明的是，增值税出口退税不属于政府补助。根据相关税收法规规定，对增值税出口货物实行零税率，即对出口环节的增值部分免征增值税，同时退回出口货物前道环节所征收的进项税额。由于增值税是价外税，出口货物前道环节所含的进项税额是抵扣项目，体现为企业垫付资金的性质，增值税出口退税实质上是政府归还企业事先垫付的资金，不属于政府补助。

三、政府补助的形式

在实际工作中，政府补助的形式主要有财政拨款、财政贴息、税收返还和无偿划拨非货币性资产等。企业不论通过何种形式取得的政府补助，政府补助准则规定，在会计处理上应当划分为与资产相关的政府补助和与收益相关的政府补助。通常情况下，政府补助为与收益相关的政府补助，因为根据市场经济条件下政府补助的原则和理念，政府补助主要是对企业特定产品由于非市场因素导致的价格低于成本的一种补偿。与资产相关的政府补助最终也与收益相关，只是暂时作为递延收益处理，在相关资产形成、投入使用并提取折旧或摊销时从递延收益转入当期损益。

第二节　政府补助的确认和计量

政府补助有两种会计处理方法：收益法与资本法。所谓收益法是将政府补助计入当期收益或递延收益；所谓资本法是将政府补助计入所有者权益。收益法又有两种具体方法：总额法与净额法。总额法是在确认政府补助时，将其全额确认为收益，而不是作为相关资产账面余额或者费用的扣减。净额法是将政府补助确认为对相关资产账面余额或者所补偿费用的扣减。政府补助准则要求采用的是收益法中的总额法，以便更真实、完整地反映政府补助的相关信息，并在《企业会计准则——应用指南》中要求通过“其他应收款”、“营业外收入”和“递延收益”科目核算。“递延收益”科目就是专为核算不能一次而应分期计入当期损益的政府补助而设置的。计入当期损益的政府补助直接计入“营业外收入”科目；与资产相关或与以后期间收益相关的，先计入“递延收益”科目，然后分期计入“营业外收入”科目。

一、与收益相关的政府补助的确认和计量

企业按照固定的定额标准取得的政府补助，应当按照应收金额计量，确认为营业外收入，否则应当按照实际收到的金额计量。

【例 8－1】A 公司为一家储备粮企业，2009 年实际粮食储备量 2 亿斤。根据国家有关规定，财政部门按照企业的实际储备量给予每斤 0.039 元的粮食保管费补贴，于每个季度初支付。2009 年 1 月 10 日，A 公司收到财政拨付的补贴款。

（1）2009 年 1 月 1 日，确认应收的财政补贴款：

借：其他应收款　　7 800 000

　贷：递延收益　　7 800 000

（2）2009 年 1 月 10 日，收到财政补贴款：

借：银行存款　　7 800 000

　贷：其他应收款　　7 800 000

（3）2009 年 1 月，将补偿 1 月份保管费的补贴计入当期收益：

借：递延收益　　2 600 000

　贷：营业外收入　　2 600 000

2009 年 2 月和 3 月的分录同上。

【例 8 -2】丙企业生产一种先进的模具产品，按照国家相关规定，该产品适用增值税先征后返政策，即先按规定征收增值税，然后按实际缴纳增值税额返还 70%。2009 年 1 月，该企业实际缴纳增值税额 100 万元。2009 年 2 月，该企业收到返还的增值税额 70 万元。

2009 年 2 月，丙企业收到返还的增值税额时：

借：银行存款　　700 000

　贷：营业外收入　　700 000

企业对于综合性项目的政府补助，需要将其分解为与资产相关的部分和与收益相关的部分，分别进行会计处理；难以区分的，将政府补助整体归类为与收益相关的政府补助，视情况不同计入当期损益，或者在项目期内分期确认为当期收益。

【例 8 -3】A 公司 2007 年 12 月申请某国家级研发补贴，公司于 2007 年 1 月启动某高新技术开发项目，预计总投资 300 万元，为期 3 年，已投入资金 120 万元。项目还需新增投资 180 万元（其中，购置固定资产 60 万元、场地租赁费 10 万元、人员费 100 万元、市场营销费 10 万元），计划自筹资金 80 万元、申请财政拨款 100 万元。2008 年 1 月 1 日，主管部门批准了 A 公司的申请，签订的补贴协议规定：批准 A 公司补贴申请，共补贴款项 100 万元，分两次拨付。合同签订日拨付 60 万元，结项验收时支付 40 万元（如果不能通过验收，则不支付第二笔款项）。递延收益按年分配。

（1）2008 年 1 月 1 日，实际收到拨款 60 万元：

借：银行存款　　600 000

　贷：递延收益　　600 000

（2）2008 年 12 月 31 日（资产负债表日），分配递延收益：

借：递延收益　　300 000

　贷：营业外收入　　300 000

2009 年 12 月 31 日分配递延收益分录同上。

（3）2010 年项目完工，通过验收，1 月 20 日收到拨款 40 万元：

借：银行存款　　400 000

　贷：营业外收入　　400 000

二、与资产相关的政府补助的确认和计量

与资产相关的政府补助在实际工作中较为少见，如用于购买固定资产或无形资产的财政拨款、固定资产专门借款的财政贴息等，一般应当分步处理：

第一步，企业实际收到款项时，按照到账的实际金额计量、确认资产（银行存款）和递延收益。

第二步，企业将政府补助用于购建长期资产。该长期资产的购建与企业正常的资产购建或研发处理一致，通过“在建工程”、“研发支出”等科目归集，完成后转为固定资产或无形资产。

第三步，该长期资产交付使用。自长期资产可供使用时起，按照长期资产的预计使用期限，将递延收益平均分摊转入当期损益。递延收益分配的起点是“相关资产可供使用时”，对于应计提折旧或摊销的长期资产，即为资产开始折旧或摊销的时点。递延收益分配的终点是“资产使用寿命结束或资产被处置时（孰早）”。相关资产在使用寿命结束时或结束前被处置（出售、转让、报废等），尚未分摊的递延收益余额应当一次性转入资产处置当期的收益，不再予以递延。

【例8－4】2006年12月5日，A公司收到政府拨付的360万元财政拨款，要求用于购买大型科研设备1台。2006年12月30日，A企业购入该大型设备（不需安装），实际成本为450万元，其中90万元以自有资金支付，使用寿命10年，采用直线法计提折旧（假设无残值）。2009年12月31日，A企业出售了这台设备，取得价款300万元。固定资产折旧按年计提，递延收益按年分配。

（1）2006年12月5日，收到财政拨款：

借：银行存款	3 600 000	
贷：递延收益		3 600 000

（2）2006年12月30日，购入设备：

借：固定资产	4 500 000	
贷：银行存款		4 500 000

（3）2007年12月31日（资产负债表日），计提折旧，同时分摊递延收益：

借：研发支出	450 000	
贷：累计折旧		450 000
借：递延收益	360 000	
贷：营业外收入		360 000

2008、2009年12月31日计提折旧、分配递延收益分录同上。

（4）2009年12月31日，出售设备，同时结转递延收益余额：

借：固定资产清理	3 150 000	
累计折旧	1 350 000	
贷：固定资产		4 500 000

借：银行存款　　3 000 000
　　营业外支出　　150 000
　贷：固定资产清理　　3 150 000
借：递延收益　　2 520 000
　贷：营业外收入　　2 520 000

在很少的情况下，与资产相关的政府补助也可能表现为政府向企业无偿划拨长期非货币性资产，应当在实际取得资产并办妥相关受让手续时按照其公允价值确认和计量。如该资产相关凭证上注明的价值与公允价值差异不大的，应当以相关凭证上注明的价值作为公允价值；如该资产相关凭证上没有注明价值或者注明价值与公允价值差异较大，但有活跃市场的，应当根据有确凿证据表明的同类或类似资产市场价格作为公允价值；如公允价值不能可靠取得的，按照名义金额（1 元）计量。

企业取得的政府补助为非货币性资产的，应当首先同时确认一项资产和递延收益，然后在相关资产使用寿命内平均分摊递延收益，计入当期收益。但是，以名义金额计量的政府补助，在取得时计入当期损益。为了避免财务报表产生误导，对于不能合理确定价值的政府补助，应当在附注中披露该政府补助的性质、范围和期限。

第三节　政府补助的会计披露

企业应当在附注中披露与政府补助有关的下列信息：①政府补助的种类及金额；②计入当期损益的政府补助金额；③本期返还的政府补助金额及原因。

【复习题】

一、简答题

1. 何谓政府补助？会计上将政府补助划分为哪两类？各自如何进行会计处理？

2. 企业应当在附注中披露与政府补助有关的哪些信息？

二、业务题

1. 目的：练习与收益相关的政府补助的会计处理。

资料：2009 年 3 月，丁粮食企业为购买储备粮从国家农业发展银行贷款 3 000 万元，同期银行贷款利率为 6%。自 2009 年 4 月开始，财政部门于每季度初，按照丁企业的实际贷款额和贷款利率拨付丁企业贷款利息，丁企业收到财政部门拨付的利息后再支付给银行。

要求：为丁企业编制会计分录。

2. 目的：练习与资产相关的政府补助的会计处理。

资料：2007 年 1 月 1 日，甲企业为建造一项环保工程向银行贷款 600 万元，期限 2 年，年利率为 6%。当年 12 月 31 日，甲企业向当地政府提出财政贴息申请。经审核，当地政府批准按照实际贷款额 600 万元给予甲企业年利率 3% 的财政贴息，共计 36 万元，分 2 次支付。2008 年 1 月 15 日，第一笔财政贴息资金 16 万元到账。2008 年 6 月 1 日，工程完工，第二笔财政贴息资金 20 万元到账，该工程预计使用寿命 10 年。

要求：为甲公司编制会计分录。

第九章 股份支付

【学习目标】

通过本章的学习，理解股份支付的相关概念，了解股份支付的可行权条件及环节，掌握不同股份支付方式的会计处理的原则和方法，熟悉股份支付的会计披露要求。

【知识点】

股份支付、可行权条件、服务期限条件、业绩条件、授予日、等待期、可行权日、可行权日之后、行权日、以权益结算的股份支付、以现金支付的股份支付。

第一节 股份支付概述

企业向其雇员支付期权作为薪酬或奖励措施的行为，是目前具有代表性的股份支付交易。

一、股份支付的概念和分类

股份支付，是指企业为获取职工和其他方提供服务而授予权益工具或者承担以权益工具为基础确定的负债的交易。其中权益工具是指企业自身权益工具，包括企业本身、企业的母公司或同集团其他会计主体的权益工具。

股份支付按结算方式可分为以权益结算的股份支付和以现金结算的股份支付两种。以权益结算的股份支付，是指企业为获取服务而以股份或其他权益工具作为对价进行结算的交易。以权益结算的股份支付最常用的工具有两类：限制性股票和股票期权。以现金结算的股份支付，是指企业为获取服务而承担的以股份或其他权益工具为基础计算的交付现金或其他资产的义务的交易。以现金结算的股份支付最常用的工具有两类：模拟股票和股票增值权。

二、可行权条件

股份支付中通常涉及可行权条件，在满足这些条件之前，职工无法获得股份。可行权条件包括服务期限条件和业绩条件。

（一）服务期限条件

服务期限条件是指职工完成规定服务期间才获得可行权的条件。

（二）业绩条件

业绩条件是指企业达到特定业绩目标职工才获得可行权的条件，具体包括市场条件和非市场条件。

市场条件是指行权价格、可行权条件以及行权可能性与权益工具的市场价格相关的业绩条件，如股份支付协议中关于股价至少上升至何种水平职工可相应取得多少股份的规定。企业在确定权益工具在授予日的公允价值时，应考虑市场条件的影响。但市场条件是否得到满足，不影响企业对预计可行权情况的估计。

非市场条件是指除市场条件之外的其他业绩条件，如股份支付协议中关于达到最低盈利目标或销售目标才获得可行权的规定。企业在确定权益工具在授予日的公允价值时，不考虑非市场条件的影响。但非市场条件是否得到满足，影响企业对预计可行权情况的估计。对于可行权条件为业绩条件的股份支付，只要职工满足了其他所有非市场条件（如利润增长率、服务期限等），企业就应当确认已取得的服务。

等待期长度确定后，业绩条件为非市场条件的，如果后续信息表明需要调整等待期长度，应对前期确定的等待期长度进行修改；业绩条件为市场条件的，不应因此改变等待期长度。

三、股份支付的环节

以薪酬性股票期权为例，典型的股份支付通常涉及四个主要环节：授予、可行权、行权和出售。四个环节可参见图9－1。

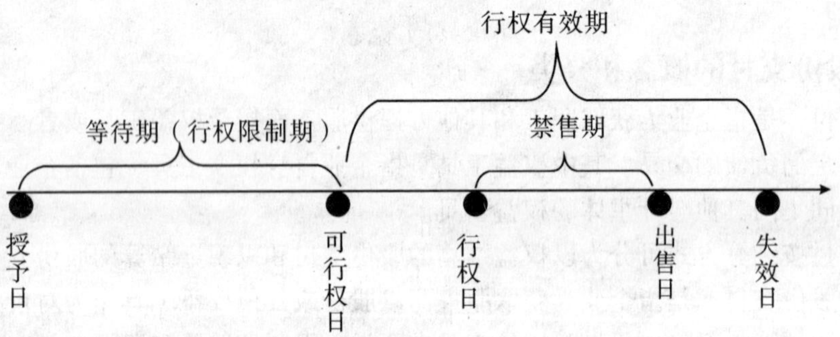

图9－1　典型的股份支付交易环节示意图

授予日是指股份支付协议获得批准的日期。其中“获得批准”，是指企业与职工或其他方就股份支付的协议条款和条件已达成一致，该协议获得股东大会或类似机构的批准。这里的“达成一致”是指，双方在对该计划或协议内容充分形成一致理解的基础上，均接受其条款和条件。如果按照相关法规的规定，在提交股东大会或类似机构之前存在必要程序或要求，则应履行该程序或满足该要求。

可行权日是指可行权条件得到满足，职工或其他方具有从企业取得权益工具或现金权利的日期。有的股份支付协议是一次性可行权，有的则是分批可行权。一次性可行权和分批可行权就像根据购买合同是一次性付款还是分期付款一样。只有已经获得可行权的股票期权，才是职工真正拥有的“财产”，才能择机行权。从授予日至可行权日的时段，是可行权条件得到满足的期间，称为“等待期”，又称“行权限制期”。

行权日是指职工和其他方行使权利、获取现金或权益工具的日期。例如，持有股票期权的职工行使了以特定价格购买一定数量本公司股票的权利，该日期即行权日。行权是指按期权的约定价格实际购买股票，一般是在可行权日之后到期权到期日之前的可选择时段内行权。

出售日是指股票的持有人将行使期权所取得的期权股票出售的日期。按照我国法规规定，用于期权激励的股份支付协议，应在行权日与出售日之间设立禁售期，其中国有控股上市公司的禁售期不得低于2年。

第二节　以权益结算的股份支付的确认和计量

以权益结算的股份支付的确认和计量原则如下：以权益结算的股份支付换取职工提供服务的，应当以授予职工权益工具的公允价值计量。

一、授予日的会计处理

授予日，是指股份支付协议获得批准的日期。除了授予后立即可行权的股份支付外，企业在授予日一般不作会计处理。

对于授予后立即可行权的换取职工提供服务的权益结算的股份支付（如授予限制性股票的股份支付），应在授予日按照权益工具的公允价值，将取得的服务计入相关资产成本或当期费用，同时计入资本公积中的其他资本公积。

二、等待期内每个资产负债表日的会计处理

等待期，是指可行权条件得到满足的期间，即从授予日至可行权日之间的期间。

企业应当在等待期内的每个资产负债表日，将取得职工或其他方提供的服务计入成本费用，同时确认所有者权益或负债。对于附有市场条件的股份支付，只要职工满足了其他所有非市场条件，企业就应当确认已取得的服务。

等待期长度确定后，业绩条件为非市场条件的，如果后续信息表明需要调整对可行权情况的估计的，应对前期估计进行修改。

在等待期内每个资产负债表日，企业应将取得的职工提供的服务计入成本费用，计入成本费用的金额应当按照权益工具的公允价值计量。

对于权益结算的涉及职工的股份支付，应当按照授予日权益工具的公允价值计入成本费用和资本公积（其他资本公积），不确认其后续公允价值变动。

（1）权益工具公允价值的确定。对于授予的存在活跃市场的期权等权益工具，应当按照活跃市场中的报价确定其公允价值。对于授予的不存在活跃市场的期权等权益工具，应当采用期权定价模型等确定其公允价值，选用的期权定价模型至少应当考虑以下因素：①期权的行权价格；②期权的有效期；③标的股份的现行价格；④股价预计波动率；⑤股份的预计股利；⑥期权有效期内的无风险利率。

（2）可行权权益工具数量的确定。在等待期内每个资产负债表日，企业应当根据最新取得的可行权职工人数变动等后续信息作出最佳估计，修正预计可行权的权益工具数量。在可行权日，最终预计可行权权益工具的数量应当与实际可行权工具的数量一致。

（3）计入成本费用的股份支付金额的计算。根据上述权益工具的公允价值和预计可行权的权益工具数量，计算截至当期累计应确认的成本费用金额，再减去前期累计已确认金额，作为当期应确认的成本费用金额。

三、可行权日之后的会计处理

对于权益结算的股份支付，在可行权日之后不再对已确认的成本费用和所有者权益总额进行调整。企业应在行权日根据行权情况，确认股本和股本溢价，同时结转等待期内确认的资本公积（其他资本公积）。

【例9－1】附服务年限条件的权益结算股份支付。A公司为一上市公司，2007年1月1日，公司向其200名管理人员每人授予1 000股股票期权，这些职员从2007年1月1日起在该公司连续服务3年，即可以4元每股购买1 000股A公司股票从而获益。公司估计该期权在授予日的公允价值为15元。

第一年有20名职员离开A公司，A公司估计三年中离开的职员的比例将达到20%；第二年又有10名职员离开公司，公司将估计的职员离开比例修正为15%；第三年又有15名职员离开。

（1）费用和资本公积计算过程见表9－1。

表9－1　股票期权计入费用和资本公积金额计算表

单位：元

年份	计算	当期费用	累计费用
2007	1 000×200×（1－20%）×15×1/3	800 000	800 000
2008	1 000×200×（1－15%）×15×2/3－800 000	900 000	1 700 000
2009	1 000×（200－20－10－15）×15－1 700 000	625 000	2 325 000

（2）会计分录。

① 2007年1月1日，授予日不作处理。

② 2007年12月31日：

借：管理费用　　800 000

　贷：资本公积——其他资本公积　　800 000

③ 2008年12月31日：

借：管理费用　　900 000

　贷：资本公积——其他资本公积　　900 000

④2009年12月31日：

借：管理费用　　625 000

　贷：资本公积——其他资本公积　　625 000

⑤假设全部155名职员都在2009年12月31日行权，A公司股份面值为1元：

借：银行存款　　620 000

　　资本公积——其他资本公积　　2 325 000

　贷：股本　　155 000

　　　资本公积——资本溢价　　2 790 000

第三节　以现金结算的股份支付的确认和计量

以现金结算的股份支付的确认和计量原则如下：以现金结算的股份支付应当按照企业承担的以股份或其他权益工具为基础计算确定的负债的公允价值计量。

一、授予日的会计处理

除了授予后立即可行权的股份支付外，企业在授予日一般不作会计处理。

对于授予后立即可行权的现金结算的股份支付（如授予虚拟股票或业绩股票的股份支付），企业应当在授予日按照企业承担负债的公允价值计入相关资产成本或费用，相应增加负债。

二、等待期内每个资产负债表的会计处理

企业应当在等待期内的每个资产负债表日，以对可行权情况的最佳估计为基础，按照企业承担负债的公允价值，将当期取得的服务计入相关资产成本或当期费用，同时计入负债。

在资产负债表日，后续信息表明企业当期承担债务的公允价值与以前估计不同的，应当进行调整，并在可行权日调整至实际可行权水平。

三、可行权日之后的会计处理

企业在可行权日后，负债结算日前的每个资产负债表日和结算日，对负债的公允价值应当重新计量，其变动计入公允价值变动损益，不再确认成本或费用。

【例9－2】2005年年初，A公司为200名中层以上职员每人授予1 000份现金股票增值权，这些职员从2005年1月1日起在该公司连续服务3年，即可按照当时股价的增长幅度获得现金，该增值权应在2009年12月31日之前行使。A公司估计，该增值权在负债结算之前的每一资产负债表日以及结算日的公允价值和可行权后的每份增值权现金支出额如表9－2所示。

表 9-2　现金股票增值权的公允价值及现金支出表

单位：元

年份	公允价值	支付现金
2005	14	
2006	15	
2007	18	16
2008	21	20
2009		25

第一年有 20 名职员离开 A 公司，A 公司估计三年中还将有 15 名职员离开；第二年又有 10 名职员离开公司，公司估计还将有 10 名职员离开；第三年又有 15 名职员离开。第三年末，有 70 人行使股份增值权取得了现金。第四年末，有 50 人行使了股份增值权。第五年末，剩余 35 人也行使了股份增值权。

（1）费用和应付职工薪酬计算过程见表 9-3。

表 9-3　现金股票增值权计入费用和应付职工薪酬计算表

单位：元

年份	负债计算 ①	支付现金计算 ②	当期费用 ③=①-上期①+②
2005	（200-35）×1 000×14×1/3=770 000		770 000
2006	（200-40）×1 000×15×2/3=1 600 000		830 000
2007	（200-45-70）×1 000×18=1 530 000	70×1 000×16=1 120 000	1 050 000
2008	（200-45-70-50）×1 000×21= 735 000	50×1 000×20=1 000 000	205 000
2009	0	35×1 000×25=875 000	140 000
总额		2 995 000	2 995 000

（2）会计分录。

① 2005 年 12 月 31 日：

借：管理费用　　770 000

　贷：应付职工薪酬——股份支付　　770 000

② 2006 年 12 月 31 日：

借：管理费用　　830 000

　贷：应付职工薪酬——股份支付　　830 000

③ 2007 年 12 月 31 日：

借：管理费用　　1 050 000

　贷：应付职工薪酬——股份支付　　1 050 000

借：应付职工薪酬——股份支付　　1 120 000
　贷：银行存款　　1 120 000

④ 2008 年 12 月 31 日：

借：公允价值变动损益　　205 000
　贷：应付职工薪酬——股份支付　　205 000

借：应付职工薪酬——股份支付　　1 000 000
　贷：银行存款　　1 000 000

⑤ 2009 年 12 月 31 日：

借：公允价值变动损益　　140 000
　贷：应付职工薪酬——股份支付　　140 000

借：应付职工薪酬——股份支付　　875 000
　贷：银行存款　　875 000

第四节　股份支付的特殊问题

股份支付的特殊问题包括：回购股份进行职工期权激励、股份支付协议条款和条件的修改。

一、回购股份进行职工期权激励

我国《公司法》规定，企业可以回购本公司股份奖励给本公司职工，但不能超过本公司已发行股份总额的5%，用于收购的资金应当从公司的税后利润中支付，所收购的股份应当在1年内转让给职工。

企业以回购股份形式奖励本企业职工的，属于权益结算的股份支付，应当进行以下处理：

（一）回购股份

企业回购股份时，应当按照回购股份的全部支出作为库存股处理，借记“库存股”账户，贷记“银行存款”账户，同时在备查账簿中登记。

（二）确认成本费用

企业应当在等待期内的每个资产负债表日按照权益工具在授予日的公允价值，将取得的职工服务计入成本费用，同时增加资本公积（其他资本公积）。

（三）职工行权

职工在行权日，应当按照期权激励办法规定的价格，行使购买企业股份的权利。企业应于职工行权购买本企业股份收到价款，借记“银行存款”账户，同时结转等待期内累计确认金额，借记“资本公积——其他资本公积”账户；按回购的库存股成本，贷记“库存股”账户；按借贷方差额，贷记“资本公积——股本溢价”。

【例9－3】沿用【例9－1】，A上市公司授予管理人员的股票期权是用回购本公司股票进行奖励的，回购股票的价格为每股10元，股票每股面值为1元，其他资料不变。

（1）授予日、等待期的会计分录同【例9－1】，略。

（2）回购股票：

借：库存股　　1 550 000

　贷：银行存款　　1 550 000

（3）职工行权：

借：银行存款　　620 000

　　资本公积——其他资本公积　　1 776 000

　贷：库存股　　1 550 000

　　　资本公积——股本溢价　　846 000

二、股份支付协议条款和条件的修改

通常情况下，股份支付协议生效后，不应对其条款和条件随意修改，但在某些情况下，可能需要修改授予权益工具的股份支付协议中的条款和条件。例如，股票除权、除息或其他原因需要调整行权价格或股票期权数量。此外，为了得到更佳的激励效果，有关法规也允许企业依据股份支付协议的规定，调整行权价格或股票期权数量，但应当由董事会作出决议并经股东大会审议批准，或者由股东大会授权董事会决定。《上市公司股权激励管理办法（试行）》对此作出了严格的限定，必须按照批准股份支付计划的原则和方式进行调整。

在会计上，无论已授予的权益工具的条款和条件如何修改，甚至取消权益工具的授予或结算该权益工具，企业都应至少确认按照所授予的权益工具以授予日的公允价值来计量获取相应的服务，除非因不能满足权益工具的可行权条件（除市场条件外）而无法获得可行权。

（一）条款和条件的有利修改

企业应当区分以下情况，确认导致股份支付公允价值总额升高以及其他对职工有利的修改的影响：

（1）如果修改增加了所授予的权益工具的公允价值，企业应按照权益工具公允价值的增加相应地确认取得服务的增加。权益工具公允价值的增加，是指修改前后的权益工具在修改日的公允价值之间的差额。

如果修改发生在等待期内，在确认修改日至修改后的可行权日之间取得服务的公允价值时，应当既包括在剩余原等待期内以原权益工具授予日公允价值为基础确定的服务金额，也包括权益工具公允价值的增加。如果修改发生在可行权日之后，企业应当立即确认权益工具公允价值的增加。如果股份支付协议要求职工只有先完成更长期间的服务才能取得修改后的权益工具，则企业应在整个等待期内确认权益工具公允价值的增加。

（2）如果修改增加了所授予的权益工具的数量，企业应将增加的权益工具的公允价值相应地确认为取得服务的增加。

如果修改发生在等待期内，在确认修改日至增加的权益工具可行权日之间取得服务的公允价值时，应当既包括在剩余原等待期内以原权益工具授予日公允价值为基础确定的服务金额，也包括增加的权益工具公允价值。

（3）如果企业按照有利于职工的方式修改可行权条件，如缩短等待期、变更或取消业绩条件（而非市场条件），企业在处理可行权条件时，应当考虑修改后的可行权条件。

（二）条款和条件的不利修改

如果企业以减少股份支付公允价值总额的方式或其他不利于职工的方式修改条款和条件，企业仍应继续对取得的服务进行会计处理，如同该变更从未发生，除非企业取消了部分或全部已授予的权益工具。具体包括如下几种情况：

（1）如果修改减少了所授予的权益工具的公允价值，企业应当继续以权益工具在授予日的公允价值为基础，确认取得服务的金额，而不应考虑权益工具公允价值的减少。

（2）如果修改减少了授予的权益工具的数量，企业应当将减少部分作为已授予的权益工具的取消来进行处理。

（3）如果企业以不利于职工的方式修改了可行权条件，如延长等待期、增加或变更业绩条件（而非市场条件），企业在处理可行权条件时，不应当考虑修改后的可行权条件。

（三）取消或结算

如果企业在等待期内取消了所授予的权益工具或结算了所授予的权益工具（因未满足可行权条件而被取消的除外），企业应当：

（1）将取消或结算作为加速可行权处理，立即确认原本应在剩余等待期内确认的金额。

（2）在取消或结算时，支付给职工的所有款项均应作为权益的回购处理，回购支付的金额高于该权益工具在回购日公允价值的部分，计入当期费用。

（3）如果向职工授予新的权益工具，并在新权益工具授予日认定所授予的新权益工具是用于替代被取消的权益工具的，企业应以处理原权益工具条款和条件修改相同的方式，对所授予的替代权益工具进行处理。权益工具公允价值的增加，是指在替代权益工具的授予日，替代权益工具公允价值与被取消的权益工具净公允价值之间的差额。被取消的权益工具净公允价值，是指其在取消前立即计量的公允价值减去因取消原权益工具而作为权益回购支付给职工的款项。如果企业未将新授予的权益工具认定为替代权益工具，则应将其作为一项新授予的股份支付进行处理。

企业如果回购其职工已可行权的权益工具，应当借记“所有者权益”科目，回购支付的金额高于该权益工具在回购日公允价值的部分，计入当期费用。

第五节　股份支付的会计披露

一、企业应当在附注中披露与股份支付有关的信息

企业应当在附注中披露与股份支付有关的下列信息：①当期授予、行权和失效的各项权益工具总额；②期末发行在外的股份期权或其他权益工具行权价格的范围和合同剩余期限；③当期行权的股份期权或其他权益工具以其行权日价格计算的加权平均价格；④权益工具公允价值的确定方法。

企业对性质相似的股份支付信息可以合并披露。

二、企业应当在附注中披露股份支付交易对当期财务状况和经营成果的影响

企业应当在附注中披露股份支付交易对当期财务状况和经营成果的影响，至少包括下列信息：①当期因以权益结算的股份支付而确认的费用总额；②当期因以现金结算的股份支付而确认的费用总额；③当期以股份支付换取的职工服务总额及其他方服务总额。

【复习题】

一、简答题

1. 何谓股份支付？对于企业和职工而言，股份支付的意义何在？

2. 何谓可行权条件？其类别有哪些？

3. 股份支付有哪些主要环节？主要的日期有哪些？

4. 权益结算的股份支付和现金结算的股份支付在授予日、等待期内、可行权日、可行权日之后、行权日等时点上的确认和计量有何区别？

5. 对于可行权条件或条款的变更与修改，应如何处理？

6. 回购股份激励职工与一般股份支付有何区别？

7. 企业应当在附注中披露与股份支付有关的哪些信息？企业应当在附注中披露股份支付交易对当期财务状况和经营成果的影响，至少包括哪些信息？

二、业务题

1. 目的：练习权益结算的股份支付的会计处理。

资料：甲公司为一上市公司，2008 年 1 月 1 日，公司向其 100 名管理人员每人授予 200 股股票期权，这些职员从 2008 年 1 月 1 日起在该公司连续服务 3 年，即可以 10 元/股购买 200 股公司股票，从而获益。公司估计此期权在授予日的公允价值为 15 元。第一年有 20 名管理人员离开企业，公司预计 3 年中管理人员离职比例会达到 30%；第二年又有 15 名管理人员离开企业，公司将预计管理人员离职比例修正为 40%；第三年又有 14 名管理人员离开企业。

要求：计算 2008—2010 年每年计入当期费用的金额并计算累计费用，编制 2008—2010 年与股份支付有关的会计分录。

2. 目的：练习现金结算的股份支付的会计处理。

资料：2006 年 1 月 1 日，丙公司为其 100 名中层以上管理人员每人授予 100 份现金股票增值权，这些人员从该日起在公司连续服务 3 年，即可自 2008 年 12 月 31 日起根据股价的增长幅度获得现金，该增值权应在 2010 年 12 月 31 日之前行使完毕。丙公司估计，该增值权在负债结算之前的每个资产负债表日以及结算日的公允价值和可行权后的每份增值权现金支出额见下表。

现金股票增值权的公允价值及现金支出表

单位：元

年份	公允价值	支付现金
2006	12	
2007	14	
2008	15	16
2009	20	18
2010		21

2006 年有 10 名管理人员离开丙公司，公司估计 3 年中还将有 8 名管理人员离开；2007 年有 6 名管理人员离开丙公司，公司估计还将有 6 名管理人员离开；2009 年又有 4 名管理人员离开。2008 年有 40 人行使股票增值权取得了现金，2009 年有 30 人行使股票增值权取得了现金，2010 年有 10 人行使股票增值权取得了现金。

要求：计算 2006—2010 年每年应确认的损益、应付职工薪酬余额和支付的现金，并编制有关会计分录。

第三编 特殊行业会计

编头案例

1982 年，刘永言、刘永行、刘永美、刘永好四兄弟一道辞去公职，到川西农村创业。在极其困难的条件下，他们变卖手表、自行车等家产，筹集了 1 000 元资金，开始了艰苦的创业历程。1986 年，时任国务委员、国家科委主任宋健视察育新良种场，并题词“中国经济的振兴寄希望于社会主义企业家”，于是刘氏兄弟将育新良种场改为四川新津希望饲料厂，从此“希望”成为刘氏兄弟事业的品牌。1990 年，希望集团初具规模，刘氏兄弟大胆调整产业，致力于饲料产品的研发和生产；1992 年，希望集团注册成立。1995 年至 1997 年之间，在南方希望集团的基础上，刘永好先生组建了四川新希望集团公司，在之后的约十年时间里，新希望集团进行了大量的改革和创新，成为农业产业化国家重点龙头企业。新希望集团从种植业、养殖业起步，历经艰难，自强不息，终于获得成功，并使企业持续地发展，成为中国最有代表性的民营企业之一。1995 年，新希望集团依靠先进的技术、过硬的产品质量、新颖的营销手段和带动广大农民致富的决心，使企业发展为 20 亿元销售收入的大型民营企业，成为四川省政府评定的全省最大规模民营企业十强之榜首，并成为中国饲料百强企业第一位，连续 4 年入围中国企业 500 强，2008 年列第 186 位。新希望集团携手山东六和集团、陕西石羊集团、山西大象集团、北京千喜鹤集团，共同形成强大的新希望农牧体系，2008 年销售收入达到 450 亿元；合计饲料产量超过 1 000 万吨，居中国饲料行业第一位；年屠宰和加工鸡鸭能力 7.5 亿只，居行业领先地位；在养殖业、乳业和肉食加工业等领域都有重大发展。目前，新希望集团已成为中国最大的农牧集群。

第十章　生物资产

【学习目标】

通过本章的学习，理解企业农业项目业务的特殊性，掌握其核算的特点；熟练掌握生物资产会计处理的原则与方法；能够运用本章所学的知识对生物资产业务进行正确的会计处理。

【知识点】

生物资产、消耗性生物资产、生产性生物资产、公益性生物资产、自行繁殖、营造的生物资产、天然起源的生物资产、采用成本模式计量生物资产、采用公允价值模式计量生物资产、蓄积量比例法、轮伐期年限法、折耗率法。

第一节　生物资产概述

中国是农业大国，对于农业企业而言，生物资产通常是其资产的重要组成部分，对生物资产进行正确的确认、计量和相关信息披露，将有助于如实反映企业的财务状况和经营成果。生物资产与企业的存货、固定资产等一般资产不同，其具有特殊的自然增值性，导致其在会计确认、计量和相关信息披露等方面具有特殊性。我国最新颁布的《企业会计准则第5号——生物资产》（以下简称《生物资产准则》）界定了生物资产的概念，规范了生物资产的确认、计量和相关信息的披露。

一、生物资产的特征

生物资产的特征主要表现在以下两方面：

（一）生物资产是有生命的动物或植物

有生命的动物和植物具有能够进行生物转化的能力。生物转化是指导致生物资产质量或数量发生变化的生长、蜕化、生产和繁殖的过程。其中，生长是指动物或植物体积、重量的增加或者质量的提高，如农作物从种植开始到收获前的过程；蜕化是指动物或植物产出量的减少或质量的退化，如奶牛产奶能力的不断下降；生产是指动物或植物本身产出农产品，如蛋鸡产蛋、奶牛产奶、果树产水果等；繁殖是指产生新的动物或植物，如奶牛产牛犊、母猪生小猪等。

这种生物转化能力是其他资产（如存货、固定资产、无形资产等）所不具有的，也正是生物资产的特性。因此，生物资产的形态、价值以及产生经济利益的方式，都会随着自身的出生、成长、衰老、死亡等自然规律和生产经营活动而不断变化。尽管其在所处生命周期中的不同阶段而具有类似于不同资产类别（存货或固定资产）的特点，但是其会计处理与存货、固定资产等常规资产有所不同，因此有必要对生物资产的确认、计量和披露等会计处理进行单独规范，以更准确地反映企业的生物资产信息。

将生物资产定义为“有生命的动物和植物”，意味着一旦原有动植物停止其生命活动就不再是“生物资产”。这一界定对生物资产和农产品进行了本质的区分。农产品与生物资产密不可分，当其附着在生物资产上时，作为生物资产的一部分，不需要单独进行会计处理，而当其从生物资产上收获时开始，离开生物资产这一母体，一般具有鲜活、易腐的特点，因此应该区别于工业企业一般意义上的产品单独核算。基于此，《生物资产准则》对收获时点农产品的会计处理进行了规范，即应该采用规定的方法，从消耗性生物资产或生产性生物资产生产成本中转出，确认为收获时点的农产品的成本；而收获时点之后的农产品的会计处理，应当适用《企业会计准则第1号——存货》。

（二）生物资产与农业生产密切相关

生物资产准则所称“农业”是广义的范畴，包括种植业、畜牧养殖业、林业和水产业等行业。企业从事农业生产就是要增强生物转化能力，最终获得更多的符合市场需要的农产品。例如，种植业作物的生长和收获而获得稻谷、小麦等农产品的活动过程；畜牧养殖业试验和收获而获得仔猪、肉猪、鸡蛋、牛奶等畜产品的活动过程；林业中用材料的生产和管理获得林产品、经济林木的生产和管理获得水果等的活动过程；水产业中的养殖获得水产品等的活动过程，都属于将生物资产转化为农产品的活动。

农业生产与收获时点的农产品相关，但应与对收获后的农产品进行加工的活动（以下简称“加工活动”）严格区分。农业生产活动针对的是有生命的生物资产，而加工活动针对的是收获后的农产品，例如，将绵羊产出的羊毛加工成毛毯、将收获的甘蔗加工成蔗糖、将奶牛产出的牛奶加工成奶酪、将从果树采摘的水果加工成水果罐头、将用材林采伐下的原木用于盖厂房等。因此，加工活动并不包含在生物资产准则所指的农业生产范畴之内。

二、生物资产的分类

按照其用途不同，生物资产通常可分为消耗性生物资产、生产性生物资产和公益性生物资产三大类。

（一）消耗性生物资产

消耗性生物资产，是指为出售而持有的或在将来收获为农产品的生物资产。消耗性生物资产是劳动对象，包括生长中的大田作物、蔬菜、用材林以及存栏待售的牲畜等。消耗性生物资产通常是一次性消耗并终止其服务能力或未来经济利益，因此在一定程度上具有存货的特征，应当作为存货在资产负债表中列报。

（二）生产性生物资产

生产性生物资产，是指为产出农产品、提供劳务或出租等目的而持有的生物资产。生产性生物资产具备自我生长性，能够在持续的基础上予以消耗并在未来的一段时间内保持其服务能力或未来经济利益，属于劳动手段，包括经济林、薪炭林、产畜和役畜等。

与消耗性生物资产相比较，生产性生物资产最大的不同在于，生产性生物资产具有能够在生产经营中长期、反复使用，从而不断产出农产品或者是长期役用的特征。消耗性生物资产收获农产品之后，该资产就不复存在；而生产性生物资产产出农产品之后，该资产仍然保留，并可以在未来期间继续产出农产品。因此，通常认为生产性生物资产在一定程度上具有固定资产的特征，如果树每年产出水果、奶牛每年产奶等。

一般而言，生产性生物资产通常需要生长到一定阶段才开始具备生产的能力。根据其是否具备生产能力（即是否达到预定生产经营目的），可以对生产性生物资产进行进一步的划分。所谓达到预定生产经营目的，是指生产性生物资产进入正常生产期，可以多年连续稳定产出农产品、提供劳务或出租。由此，生产性生物资产可以划分为未成熟和成熟两类。前者指尚未达到预定生产经营目的，还不能够多年连续稳定产出农产品、提供劳务或出租的生产性生物资产，如尚未开始挂果的果树、尚未开始产奶的奶牛等；后者则指已经达到预定生产经营目的的生产性生物资产。

（三）公益性生物资产

公益性生物资产，是指以防护、环境保护为主要目的的生物资产，包括防风固沙林、水土保持林和水源涵养林等。

公益性生物资产与消耗性生物资产和生产性生物资产有本质不同。后两者的目的是为了直接给企业带来经济利益。而公益性生物资产主要是出于防护、环境保护等目的，尽管其不能直接给企业带来经济利益，但具有服务潜能，有助于企业从相关资产中获得经济利益。如防风固沙林和水土保持林能带来防风固沙、保持水土的效能，风景林具有美化环境、休息游览的效能等，因此应当确认为生物资产，并且应当单独核算。

第二节　生物资产的初始计量

生物资产应当按照成本进行初始计量。生物资产的取得途径不同，其初始成本的确定方式就有所不同。

一、外购的生物资产

无论是消耗性生物资产、生产性生物资产还是公益性生物资产，外购的生物资产的成本均包括购买价款、相关税费、运输费、保险费以及可直接归属于购买该资产的其他支出。其中，可直接归属于购买该资产的其他支出包括场地整理费、装卸费、栽植费、专业人员服务费等。

企业外购的生物资产，按应计入生物资产成本的金额，借记“消耗性生物资产”、“生产性生物资产”或“公益性生物资产”科目，贷记“银行存款”、“应付账款”、“应付票据”等科目。企业一笔款项一次性购入多项生物资产时，购买过程中发生的相关税费、运输费、保险费等可直接归属于购买该资产的其他支出，应当按照各项生物资产的价款比例进行分配，分别确定各项生物资产的成本。

【例 10 - 1】ABC 公司是一家农业企业，该公司 2010 年 2 月从市场上一次性购买了 6 头种牛、15 头种猪和 600 头猪苗，单价分别为 4 000 元、1 400 元和 250 元，支付的价款共计 195 000 元，此外，发生的运输费为 4 500 元，保险费为 3 000 元，装卸费为 2 250 元，款项全部以银行存款支付。有关计算如下：

(1) 确定应分摊的运输费、保险费和装卸费。

分摊比例 = (4 500 + 3 000 + 2 250) ÷ 195 000 = 5%

因此，6 头种牛应分摊：6 × 4 000 × 5% = 1 200（元）

15 头种猪应分摊：15 × 1 400 × 5% = 1 050（元）

600 头猪苗应分摊：600 × 250 × 5% = 7 500（元）

(2) 确定种牛、种猪和猪苗的入账价值。

6 头种牛的入账价值 = 6 × 4 000 + 1 200 = 25 200（元）

15 头种猪的入账价值 = 15 × 1 400 + 1 050 = 22 050（元）

600 头猪苗的入账价值 = 600 × 250 + 7 500 = 157 500（元）

ABC 公司的账务处理如下：

借：生产性生物资产——种牛　　25 200
　　　　　　　　　——种猪　　22 050
　　消耗性生物资产——猪苗　　157 500
　贷：银行存款　　204 750

二、自行繁殖、营造的生物资产

企业自行营造的生物资产，应当按照不同的种类核算，分别按照消耗性生物资产、生产性生物资产和公益性生物资产确定其取得的成本，并分别借记“消耗性生物资产”、“生产性生物资产”或“公益性生物资产”科目，贷记“银行存款”等科目。

（一）自行繁殖、营造的消耗性生物资产

对自行繁殖、营造的消耗性生物资产而言，其成本确定的一般原则是按照自行繁殖或营造（即培育）过程中发生的必要支出确定，既包括直接材料、直接人工、其他直接费，也包括应分摊的间接费用。

1. 不同种类消耗性生物资产的成本构成

(1) 自行栽培的大田作物和蔬菜的成本，包括在收获前耗用的种子、肥料、农药等材料费、人工费和应分摊的间接费用等必要支出。

(2) 自行营造的林木类消耗性生物资产的成本，包括郁闭前发生的造林费、抚育费、营林设施费、良种试验费、调查设计费和应分摊的间接费用等必要支出。

(3) 自行繁殖的育肥畜的成本，包括出售前发生的饲料费、人工费和应分摊的间接费用等必要支出。

(4) 水产养殖的动物和植物的成本，包括在出售或入库前耗用的苗种、饲料、肥料等材料费、人工费和应分摊的间接费用等必要支出。

【例 10 - 2】2010 年 3 月，ABC 公司使用一台拖拉机翻耕土地 100 公顷用于小麦和玉米的种植，其中 60 公顷种植玉米、40 公顷种植小麦。该拖拉机原值为 60 300 元，预计净残值为 300 元，按照工作量法计提折旧，预计可以翻耕土地 6 000 公顷。有关计算如下：

应当计提的拖拉机折旧 = (60 300 - 300) ÷ 6 000 × 100 = 1 000（元）

玉米应当分配的机械作业费 = 1 000 ÷ (60 + 40) × 60 = 600（元）

小麦应当分配的机械作业费 = 1 000 ÷ (60 + 40) × 40 = 400（元）

ABC 公司的账务处理如下：

借：消耗性生物资产——玉米	600	
——小麦	400	
贷：累计折旧		1 000

2. 林木类消耗性生物资产成本确定的特殊问题

（1）郁闭及郁闭度的概念。

郁闭是林木类消耗性生物资产成本确定中的一个重要界限。郁闭为林学概念，通常是指一块林地上的林木的树干、树冠生长达到一定标准，林木成活率和保持率达到一定的技术规程要求。郁闭通常指林木类消耗性资产的郁闭度达 0.20 以上（含 0.20）。

郁闭度是指森林中乔木树冠遮蔽地面的程度，它是反映林分密度的指标，以林地树冠垂直投影面积与林地面积之比表示，以十分数表示，完全覆盖地面为 1。根据联合国粮农组织规定，郁闭度达 0.20 以上（含 0.20）的为郁闭林［其中一般以 0.20～0.70（不含 0.70）为中度郁闭，0.70 以上（含 0.70）为密郁闭］；0.20 以下（不含 0.20）的为疏林（即未郁闭林）。

不同林种、不同林分等对郁闭度指标的要求有所不同。例如，生产纤维原料的工业原材料林一般要求郁闭度相对较高；而以培育珍贵大径材为主要目标的林木要求郁闭度相对较低。企业应当结合历史经验数据和自身实际情况，确定林木类消耗性生物资产的郁闭度及是否达到郁闭。各类林木类消耗性生物资产的郁闭度一经确定，不得随意变更。

（2）林木类消耗性生物资产郁闭前的相关支出应予资本化，郁闭后的相关支出计入当期费用。

郁闭是判断消耗性生物资产相关支出（包括借款费用）资本化或者是费用化的时点。郁闭之前的林木类消耗性生物资产处在培植阶段，需要发生较多的造林费、抚育费、营林设施费、良种试验费、调查设计费等相关支出，这些支出应予以资本化计入成本；郁闭之后的林木类消耗性生物资产进入稳定的生长期，基本上可以比较稳定地成活，主要依靠林木本身的自然生长，一般只需要发生较少的管护费用，从重要性和谨慎性考虑应当计入当期费用。

（二）自行繁殖、营造的生产性生物资产

对自行繁殖、营造的生产性生物资产而言，如企业自己繁育的奶牛、种猪，自行营造的橡胶树、果树、茶树等，其成本确定的一般原则是按照其达到预定生产经营目的前发生的必要支出确定，包括直接材料、直接人工、其他直接费和应分摊的间接费用。自行营造的林木类生产性生物资产的成本，包括达到预定生产经营目的前发生的造林费、抚育费、营林设施费、良种试验费、调查设计费和应分摊的间接费用等必要支出；自行繁殖的产畜和役畜的成本，包括达到预定生产经营目的（成龄）前发生的饲料费、人工费和应分摊的间接费用等必要支出。达到预定生产经营目的是区分生产性生物资产成熟和未成熟的分界点，同时也是判断其相关费用停止资本化的时点，是区分其是否具备生产能力，从而是否计提折旧的分界点。企业应当根据具体情况结合正常生产期的确定，对生产性生物资产是否达到预定生产经营目的进行判断。例如，就海南橡胶园而言，同林段内离地 100 厘米处、树围 50 厘米以上的芽接胶树，占林段总株数的 50% 以上时，该橡胶园就属于进入正常生产期，即达到预定生产经营目的。

生产性生物资产在达到预定生产经营目的之前发生的必要支出在“生产性生物资产——未成熟生产性生物资产”科目归集，未成熟生产性生物资产达到预定生产经营目的时，按其账面余额，借记“生产性生物资产——成熟生产性生物资产”科目，贷记“生产性生物资产——未成熟生产性生物资产”科目，未成熟生产性生物资产已计提减值准备的，还应同时结转已计提的减值准备。

【例 10－3】ABC 公司自 2001 年开始自行营造 100 公顷橡胶树，当年发生种苗费 189 000 元，平整土地和定植所需的机械作业费 55 500 元，定植当年抚育发生肥料及农药费 250 500 元、人员工资等 450 000 元。该橡胶树达到正常生产期为 6 年，从定植后至 2006 年共发生管护费用 2 415 000 元，以银行存款支付。ABC 公司的账务处理如下：

借：生产性生物资产—未成熟生产性生物资产（橡胶树） 945 000

贷：原材料——种苗 189 000

——肥料及农药 250 500

应付职工薪酬 450 000

累计折旧 55 500

借：生产性生物资产——未成熟生产性生物资产（橡胶树） 2 415 000

贷：银行存款 2 415 000

该 100 公顷橡胶树的成本 ＝189 000＋55 500＋250 500＋450 000＋2 415 000

＝3 360 000（元）

借：生产性生物资产——成熟生产性生物资产（橡胶树） 3 360 000

贷：生产性生物资产——未成熟生产性生物资产（橡胶树） 3 360 000

生产性生物资产在达到预定生产经营目的之前，其用途一般是已经确定的，如尚未开始挂果的果树、未开始产奶的奶牛等；但是，如果其未来用途不确定，应当作为消耗性生物资产核算和管理，待确定用途后再按照用途转换进行处理。

（三）自行营造的公益性生物资产

对自行营造的公益性生物资产而言，其成本确定的一般原则是按照郁闭前发生的造林费、抚育费、森林保护费、营林设施费、良种试验费、调查设计费和应分摊的间接费用等必要支出确定。

三、天然起源的生物资产

天然林等天然起源的生物资产，仅在企业有确凿证据表明能够拥有或者控制该生物资产时，才能予以确认。天然起源的生物资产公允价值通常无法可靠地取得，应按名义金额确定生物资产的成本，同时计入当期损益，名义金额为 1 元人民币，即借记“消耗性生物资产”、“生产性生物资产”或“公益性生物资产”科目，贷记“营业外收入”科目。

四、生物资产相关的后续支出

（一）生物资产郁闭或达到预定生产经营目的后的管护费用

生物资产在郁闭或达到预定生产经营目的之前，经过培植或饲养，其价值能够继续增加，因此饲养、管护费用应资本化计入生物资产成本；而生物资产在郁闭或达到预定生产经营目的后，为了维护或提高其使用效能，需要对其进行管护、饲养等，但此时的生物资产能够产出农产品，带来现实的经济利益，因此所发生的这类后续支出应当予以费用化，计入当期损益，借记“管理费用”科目，贷记“银行存款”等科目。

管护费用是指为了维持郁闭后的消耗性林木资产或公益性生物资产的正常存在或为了维持已经达到预定生产经营目的的成熟生产性生物资产进行正常生产而发生的有关费用，如为果树剪枝发生的费用、为果树灭虫发生的人工和药物费用、对产奶奶牛的饲养管理费用等。

（二）林木类生物资产补植

在林木类生物资产的生长过程中，为了使其更好地生长，往往需要进行择伐、间伐或抚育更新性质采伐（这些采伐并不影响林木的郁闭状态），并且在采伐之后进行相应的补植。上述情况下发生的后续支出，应当予以资本化，计入林木类生物资产的成本，借记“消耗性生物资产”、“生产性生物资产”或“公益性生物资产”科目，贷记“库存现金”、“银行存款”、“其他应付款”等科目。

【例 10-4】2010 年 5 月，ABC 林业有限责任公司对乙林班用材林择伐迹地进行更新造林，应支付临时人员工资 15 000 元，领用材料 20 000 元。ABC 公司的账务处理如下：

借：消耗性生物资产——用材林　　35 000
　贷：应付职工薪酬　　15 000
　　　原材料　　20 000

【例 10-5】ABC 林业有限责任公司下属的乙林班统一组织培植管护一片森林，2010 年 3 月，发生森林管护费用共计 40 000 元，其中人员工资 20 000 元，尚未支付；使用库存肥料 16 000 元；管护设备折旧 4 000 元。管护总面积为 5 000 公顷，其中作为用材林的杨树林共计 4 000 公顷，已郁闭的占 75%，其余的尚未郁闭；作为水土保持林的马尾松共计 1 000 公顷，全部已郁闭。假定管护费用按照森林面积比例进行分配。有关计算如下：

未郁闭杨树林应分配共同费用的比例 = 4 000 ×（1 - 75%）÷ 5 000 = 0.2

已郁闭杨树林应分配共同费用的比例 = 4 000 × 75% ÷ 5 000 = 0.6

已郁闭马尾松应分配共同费用的比例 = 1 000 ÷ 5 000 = 0.2

未郁闭杨树林应分配的共同费用 = 40 000 × 0.2 = 8 000（元）

已郁闭杨树林应分配的共同费用 = 40 000 × 0.6 = 24 000（元）

已郁闭马尾松应分配的共同费用 = 40 000 × 0.2 = 8 000（元）

ABC 公司的账务处理如下：

借：消耗性生物资产——用材林（杨树）　　8 000
　　管理费用　　32 000
　贷：应付职工薪酬　　20 000
　　　原材料　　16 000
　　　累计折旧　　4 000

第三节 生物资产的后续计量

一、采用成本模式计量生物资产

在我国，处于不同生长阶段的各类生物资产的公允价值一般难以取得，因此，《生物资产准则》规定通常应当采用历史成本对生物资产进行后续计量，但有确凿证据表明其公允价值能够持续可靠取得的除外。生物资产采用历史成本进行计量的情况下，消耗性生物资产按成本减累计跌价准备计量；未成熟的生产性生物资产按成本减累计减值准备计量，成熟的生产性生物资产按成本减累计折旧及累计减值准备计量；公益性生物资产按成本计量。

（一）成熟的生产性生物资产折旧的计提

成熟的生产性生物资产进入正常生产期，可以多年连续稳定产出农产品、提供劳务或出租。因此，应当按期计提折旧，以与其给企业带来的经济利益相配比。例如，已经开始挂果的苹果树的折旧额与从苹果树上采摘的苹果取得的收入相配比，役牛每期的折旧额与其犁地为企业带来的经济利益流入相配比等。

生产性生物资产的折旧，是指在生产性生物资产的使用寿命内，按照确定的方法对应计折旧额进行系统分摊。其中，应计折旧额是指应当计提折旧的生产性生物资产的原价扣除预计净残值后的余额；如果已经计提减值准备，还应当扣除已计提的生产性生物资产减值准备累计金额。预计净残值是指预计生产性生物资产使用寿命结束时，在处置过程中所发生的处置收入扣除处置费用后的余额。

1. 需要计提折旧的生产性生物资产的范围

当期增加的成熟生产性生物资产应当计提折旧，一旦提足折旧，不论能否继续使用，均不再计提折旧。需要注意的是，以融资租赁租入的生产性生物资产和以经营租赁方式租出的生产性生物资产，应当计提折旧；以融资租赁租出的生产性生物资产和以经营租赁方式租入的生产性生物资产，不应计提折旧。

2. 预计生产性生物资产的使用寿命

企业确定生产性生物资产的使用寿命，应当考虑下列因素：①该资产的预计产出能力或实物产量；②该资产的预计有形损耗，如产畜和役畜衰老、经济林老化等；③该资产的预计无形损耗，如因新品种的出现而使现有的生产性生物资产的产出能力和产出农产品的质量等方面相对下降、市场需求的变化使生产性生物资产产出的农产品相对过时等。

在实务中，企业应在考虑这些因素的基础上，结合不同生产性生物资产的具体情况作出判断。例如，在考虑林木类生产性生物资产的使用寿命时，可以考虑诸如温度、湿度和降雨量等生物特征，以及灌溉特征、嫁接和修剪程序、植物的种类和分类、植物的株间距、所使用初生主根的类型、采摘或收割的方法、所生产产品的预计市场需求等。在相同的环境下，同样的生产性生物资产的预计使用寿命应该基本相同。

3. 生产性生物资产的折旧方法

《生物资产准则》规定了企业可选用的折旧方法包括年限平均法、工作量法、产量法等。在具体运用时，企业应当根据生产性生物资产的具体情况，合理选择相应的折旧方法。

4. 合理确定生产性生物资产的使用寿命、预计净残值和折旧方法

企业应当结合本企业的具体情况，根据生产性生物资产的类别，制定适合本企业的生产性生物资产目录、分类方法。对于达到预定经营目的的生产性生物资产，还应根据生产性生物资产的性质、使用情况和有关经济利益的预期实现方式，合理确定生产性生物资产的使用寿命、预计净残值和折旧方法，作为进行生产性生物资产核算的依据。

企业制定的生产性生物资产目录、分类方法、预计使用寿命、预计净残值、折旧方法等，应当编制成册，并按照管理权限，经股东大会或董事会，或经理（场长）会议或类似机构批准，按照法律、行政法规的规定报送有关各方备案，同时备置于企业所在地，以供投资者等有关各方查阅。企业已经确定并对外报送，或备置于企业所在地的有关生产性生物资产目录、分类方法、预计净残值、预计使用寿命、折旧方法等，一经确定不得随意变更，如需变更，应仍然按照上述程序，经批准后报送有关各方备案，并在报表附注中予以说明。

此外，《生物资产准则》规定，企业至少应当于每年年度终了对生产性生物资产的使用寿命、预计净残值和折旧方法进行复核。如果生产性生物资产的使用寿命或预计净残值的预期数与原先估计数有差异的，或者有关经济利益预期实现方式有重大改变的，企业应将其作为会计估计变更，按照相关规定进行会计处理，调整生产性生物资产的使用寿命或预计净残值，抑或改变折旧方法。

5. 生产性生物资产计提折旧的账务处理

企业应当按期对达到预定生产经营目的的生产性生物资产计提折旧，并根据受益对象分别计入将收获的农产品成本、劳务成本、出租费用等。对成熟生产性生物资产按期计提折旧时，借记“生产成本”、“管理费用”等科目，贷记“生产性生物资产累计折旧”科目。

（二）生物资产减值

《生物资产准则》规定，企业至少应当于每年年度终了对消耗性生物资产和生产性生物资产进行检查，有确凿证据表明上述生物资产发生减值的，应当计提生物资产跌价准备或减值准备。企业首先应当注意消耗性生物资产和生产性生物资产是否有发生减值的迹象，在此基础上计算确定消耗性生物资产的可变现净值或生产性生物资产的可收回金额。

1. 判断消耗性生物资产和生产性生物资产减值的主要迹象

《生物资产准则》对消耗性生物资产和生产性生物资产的减值采取了易于判断的方式，即企业至少应当于每年年度终了对消耗性生物资产和生产性生物资产进行检查，有确凿证据表明由于遭受自然灾害、病虫害、动物疫病侵袭或市场需求变化等原因的情况下，上述生物资产才可能存在减值迹象。消耗性生物资产和生产性生物资产存在下列情形之一的，通常表明可变现净值或可收回金额低于账面价值：

（1）因遭受火灾、旱灾、水灾、冻灾、台风、冰雹等自然灾害，造成消耗性生物资产

或生产性生物资产发生实体损坏，影响该资产的进一步生长或生产，从而降低其产生经济利益的能力。

（2）因遭受病虫害或者疯牛病、禽流感、口蹄疫等动物疫病侵袭，造成消耗性生物资产或生产性生物资产的市场价格大幅度持续下跌，并且在可预见的未来无回升的希望。

（3）因消费者偏好改变而使企业的消耗性生物资产或生产性生物资产收获的农产品的市场需求发生变化，导致市场价格逐渐下跌。与工业产品不同，一般情况下技术进步不会对生物资产的价值产生明显的影响。

（4）因企业所处经营环境，如动植物检验检疫标准等发生重大变化，从而对企业产生不利影响，导致消耗性生物资产或生产性生物资产的市场价格逐渐下跌。

（5）其他足以证明消耗性生物资产或生产性生物资产实质上已经发生减值的情形。

2. 计提减值准备

消耗性生物资产的可变现净值或生产性生物资产的可收回金额低于其成本或账面价值时，企业应当按照可变现净值或可收回金额低于账面价值的差额，计提生物资产跌价准备或减值准备，借记“资产减值损失”科目，贷记“存货跌价准备——消耗性生物资产”或“生产性生物资产减值准备”科目。

消耗性生物资产的可变现净值是指在日常活动中，消耗性生物资产的估计售价减去至出售时估计将要发生的成本、估计的销售费用以及相关税费后的金额，其确定应当遵循《企业会计准则第1号——存货》。生产性生物资产的可收回金额根据其公允价值减去处置费用后的净额与资产预计未来现金流量的现值二者之间较高者确定，应当遵循《企业会计准则第8号——资产减值》。

【例10－6】ABC公司是一家农业企业，该公司种植玉米150公顷，已发生成本330 000元。2010年7月遭受冰雹，致使玉米严重受灾，期末玉米的可变现净值估计为300 000元。ABC公司的账务处理如下：

借：资产减值损失——消耗性生物资产（玉米）　　30 000

　贷：存货跌价准备——消耗性生物资产（玉米）　　30 000

【例10－7】2010年8月，ABC公司的橡胶园遭受了一次台风袭击。12月31日，ABC公司对橡胶园进行检查时认为可能发生减值。该橡胶园公允价值减去处置费用后的净额为1 200 000元，尚可使用5年，预计在未来5年内产生的现金净流量分别为400 000元、360 000元、320 000元、250 000元、200 000元（其中2015年的现金流量已经考虑使用寿命结束时进行处置的现金净流量）。在考虑有关风险的基础上，ABC公司决定采用5%的折现。该橡胶园2010年12月31日的账面价值为500 000元，以前年度没有计提减值准备。有关计算过程见表10－1。

表10－1　ABC公司生物资产未来现金流量现值计算表

年度	预计未来现金流量（元）	折现率（%）	折现系数	现值（元）
2011	400 000	5	0.952 4	380 960
2012	360 000	5	0.907 0	326 520

（续上表）

年度	预计未来现金流量（元）	折现率（%）	折现系数	现值（元）
2013	320 000	5	0.863 8	276 416
2014	250 000	5	0.822 7	205 675
2015	200 000	5	0.783 5	156 700
合计				1 346 271

未来现金流量现值 1 346 271 元 > 销售净价 1 200 000 元，因此该橡胶园的可收回金额为 1 346 271 元，应计提的减值准备为 153 729 元（1 500 000 - 1 346 271）。ABC 公司的账务处理如下：

借：资产减值损失——生产性生物资产（橡胶）　　153 729

　贷：生产性生物资产减值准备——橡胶　　153 729

3. 已确认的消耗性生物资产跌价损失的转回

企业在每年年度终了对消耗性生物资产进行检查时，如果消耗性生物资产减值的影响因素已经消失的，减记金额应当予以恢复，并在原已计提的跌价准备金额内转回，转回的金额计入当期损益，借记“存货跌价准备——消耗性生物资产”科目，贷记“资产减值损失”科目。根据《企业会计准则第 8 号——资产减值》的规定，生产性生物资产减值准备一经计提，不得转回。

（三）公益性生物资产不计提减值准备

对于公益性生物资产而言，由于其持有目的与消耗性生物资产和生产性生物资产有本质不同，主要是出于防护、环境保护等特殊公益性目的，具有非经营性的特点，因此《生物资产准则》规定公益性生物资产不计提减值准备。

二、采用公允价值模式计量生物资产

（一）采用公允价值计量的条件

根据生物资产准则的规定，生物资产通常按照成本计量，但有确凿证据表明其公允价值能够持续可靠取得的除外。对于采用公允价值计量的生物资产，《生物资产准则》规定了严格的条件，应当同时满足下列两个条件：

（1）生物资产有活跃的交易市场，即该生物资产能够在交易市场中直接交易的活跃的交易市场，是指同时具有下列特征的市场：①市场内交易的对象具有同质性；②可随时找到自愿交易的买方和卖方；③市场价格信息是公开的。

（2）能够从交易市场上取得同类或类似生物资产的市场价格及其他相关信息，从而对生物资产的公允价值作出科学合理的估计。同类或类似的生物资产，是指品种相同、质量等级相同或类似、生长时间相同或类似、所处气候和地理环境相同或类似的有生命的动物和植物。这一规定表明，企业能够客观而非主观随意地使用公允价值。

此外，对于不存在活跃交易市场的生物资产，采用下列一种或多种方法，有确凿证据表明确定的公允价值是可靠的，也可以采用公允价值计量：

（1）从交易日到资产负债表日经济环境未发生重大变化的情况下，最近期的交易市场价格。

（2）对资产差别进行调整的类似资产的市场价格。

（3）行业基准，如以每亩表示的果园价值、千克肉品表示的畜牧价格等。

（4）以使用该项生物资产的预期净现金流量的现值（不包括进一步生物转化活动可能增加的价值）作为该资产当前的公允价值。

（二）公允价值模式下的会计处理

在公允价值模式下，企业不再对生物资产计提折旧和计提跌价准备或减值准备，应当以资产负债表日生物资产的公允价值减去估计销售时所发生费用后的净额计量，各期变动计入当期损益。一般情况下，企业对生物资产的计量模式一经确定，不得随意变更。

第四节　生物资产的收获与处置

一、生物资产的收获

收获，是指消耗性生物资产生长过程的结束，如收割小麦、采伐用材林等，以及农产品从生产性生物资产上分离，如从苹果树上采摘下苹果、奶牛产出牛奶、绵羊产出羊毛等。

（一）收获农产品成本核算的一般要求

农产品按照所处行业，一般可以分为种植业产品（如小麦、水稻、玉米、棉花、糖料、茶叶等）、畜牧养殖业产品（如牛奶、羊毛、肉类、禽蛋等）、林产品（如苗木、原木、水果等）和水产品（如鱼、虾、贝类等）。企业应当按照成本核算对象（消耗性生物资产、生产性生物资产、公益性生物资产和农产品）设置明细账，并按成本项目设置专栏，进行明细分类核算。

从收获农产品成本核算的截止时点来看，由于种植业产品和林产品一般具有季节性强、生产周期长、经济再生产与自然再生产相交织的特点，种植业产品和林产品成本计算期因不同产品的特点而异。因此，企业在确定收获农产品的成本时，应特别注意成本计算的截止时点，而在收获时点之后的农产品应当适用《企业会计准则第 1 号——存货》，按照成本与可变现净值孰低计量。例如，粮豆的成本算至入库或能够销售；棉花算至皮棉；纤维作物、香料作物、人参、啤酒花等算至纤维等初级产品；草成本算至干草；不入库的鲜活产品算至销售；入库的鲜活产品算至入库；年底尚未脱粒的作物，其产品成本算至预提脱粒费用等。再如，育苗的成本计算截至出圃；采割阶段，林木采伐算至原木产品；橡胶算至加工成干胶或浓缩胶乳；茶的成本计算截至各种毛茶；水果等其他收获活动算至产品能够销售等。

（二）收获农产品的会计处理

1. 消耗性生物资产收获农产品的会计处理

从消耗性生物资产上收获农产品后，消耗性生物资产自身完全转为农产品而不复存在，如肉猪宰杀后的猪肉、收获后的蔬菜、用材林采伐后的木材等，企业应当将收获时点消耗性生物资产的账面价值结转为农产品的成本，借记“农产品”科目。贷记“消耗性生物资产”科目。已计提跌价准备的，还应同时结转跌价准备，借记“存货跌价准备消耗性生物资产”科目。对于不通过入库直接销售的鲜活产品等，按实际成本，借记“主营业务成本”。

【例10－8】ABC公司是一家种植企业，2010年6月该公司入库小麦20吨，成本为12 000元。ABC公司的账务处理如下：

借：农产品——小麦　　12 000

　贷：消耗性生物资产——小麦　　12 000

2. 生产性生物资产收获农产品的会计处理

生产性生物资产具备自我生长性，能够在生产经营中长期、反复使用，从而不断产出农产品。从生产性生物资产上收获农产品后，生产性生物资产这一母体仍然存在，如奶牛产出牛奶、从果树上采摘下水果等。农业生产过程中发生的各项生产费用，按照经济用途可以分为直接材料、直接人工等直接费用以及间接费用，企业应当区别处理：

（1）农产品收获过程中发生的直接材料、直接人工等直接费用，直接计入相关成本核算对象，借记“农业生产成本——农产品”科目，贷记“库存现金”、“银行存款”、“原材料”、“应付职工薪酬”、“生产性生物资产累计折旧”等科目。

【例10－9】ABC公司是一家奶牛养殖企业，2010年1月，该公司发生奶牛（已进入产奶期）的饲养费用如下：领用饲料5 000千克，计1 200元，应付饲养人员工资3 000元，以现金支付防疫费500元。ABC公司的账务处理如下：

借：生产成本——农业生产成本（牛奶）　　4 700

　贷：原材料　　1 200

　　　应付职工薪酬　　3 000

　　　库存现金　　500

（2）农产品收获过程中发生的间接费用，如材料费、人工费、生产性生物资产的折旧费等应分摊的共同费用，应当在生产成本归集，借记“农业生产成本——共同费用”科目，贷记“库存现金”、“银行存款”、“原材料”、“应付职工薪酬”、“生产性生物资产累计折旧”等科目；在会计期末按一定的分配标准，分配计入有关的成本核算对象，借记“农业生产成本——农产品”科目，贷记“农业生产成本——共同费用”科目。

实务中，常用的间接费用分配方法通常以直接费用或直接人工为基础，直接费用比例法以生物资产或农产品相关的直接费用为分配标准，直接人工比例法以直接从事生产的工人工资为分配标准，其公式为：

间接费用分配率＝间接费用总额÷分配标准（即直接费用总额或直接人工总额）×100%

某项生物资产或农产品应分配的间接费用额＝该项资产相关的直接费用或直接人工×间接费用分配率

除此之外，还可以直接材料、生产工时等为基础进行分配，企业可以根据实际情况加以选用。蔬菜的温床费用分配计算公式为：

蔬菜应分配的温床（温室）费用＝［温床（温室）费用总数÷实际使用的格日（平

方米日）总数］×该种蔬菜占用的格日（平方米日）数

其中，温床格日数是指某种蔬菜占用温床格数和在温床生产日数的乘积，温室平方米日数是指某种蔬菜占用位的平方米数和在温室生长日数的乘积。

【例10－10】ABC公司利用温床培育丝瓜、西红柿两种秧苗，温床费用为3 200元，其中丝瓜占用温床40格，生长期为30天；西红柿占用温床10格，生长期为40天。秧苗育成移至温室栽培后，发生温室费用15 200元，其中丝瓜占用温室1 000平方米，生长期为70天；西红柿占用温室1 500平方米，生长期为80天。两种蔬菜发生的直接生产费用为3 000元，其中丝瓜1 360元，西红柿1 640元。应负担的间接费用共计4 500元，采用直接费用比例法分配。丝瓜和西红柿两种蔬菜的产量分别为38 000千克和29 000千克。

有关计算如下：

丝瓜应分配的温床费用＝3 200÷（40×30＋10×40）×40×30＝2 400（元）

丝瓜应分配的温室费用＝15 200÷（1 000×70＋1 500×80）×1 000×70＝5 600（元）

丝瓜应分配的间接费用＝4 500÷（1 360＋1 640）×1 360＝2 040（元）

西红柿应分配的温床费用＝3 200÷（40×30＋10×40）×10×40＝800（元）

西红柿应分配的温室费用＝15 200÷（1 000×70＋1 500×80）×1 500×80＝9 600（元）

西红柿应分配的间接费用＝4 500÷（1 360＋1 640）×1 640＝2 460（元）

（三）成本结转方法

在收获时点企业应当将该时点归属于某农产品生产成本的账面价值结转为农产品的成本，借记“农产品”科目，贷记“农业生产成本——农产品”科目。具体的成本结转方法包括加权平均法、个别计价法、蓄积量比例法、轮伐期年限法等。企业可以根据实际情况选用合适的成本结转方法，但是一经确定，不得随意变更。

【例10－11】ABC公司是一家畜牧养殖企业，该公司2010年5月末养殖的肉猪账面余额为24 000元，共计40头；6月6日花费7 000元新购入一批肉猪养殖，共计10头；6月30日屠宰并出售肉猪20头，支付临时工屠宰费用100元，出售取得价款16 000元；6月份共发生饲养费用500元（其中，应付专职饲养员工资300元、饲料200元）。ABC公司采用移动加权平均法结转成本。

ABC公司的账务处理如下：

平均单位成本＝（24 000＋7 000＋500）÷（40＋10）＝630（元）

出售猪肉的成本＝630×20＝12 600（元）

会计分录如下：

借：消耗性生物资产——肉猪　　7 000
　贷：银行存款　　7 000

借：消耗性生物资产——肉猪　　500
　贷：应付职工薪酬　　300
　　　原材料　　200

借：农产品——猪肉　　12 700
　贷：消耗性生物资产　　12 600
　　　库存现金　　100

借：库存现金　16 000
　贷：主营业务收入　16 000
借：主营业务成本　12 700
　贷：农产品——猪肉　12 700

1. 蓄积量比例法

蓄积量比例法以达到经济成熟可供采伐的林木为“完工”标志，将包括已成熟和未成熟的所有林木按照完工程度（林龄、林木培育程度、费用发生程度等）折算为达到经济成熟可供采伐的林木总体蓄积量，然后，按照当期采伐林木的蓄积量占折算的林木总体蓄积量的比例，确定应该结转的林木资产成本。该方法主要适用于择伐方式和林木资产由于择伐更新使其价值处于不断变动的情况下。计算公式如下：

某期应结转的林木资产成本 =（当期采伐林木的蓄积量 ÷ 林木总体蓄积量）× 期初林木资产账面总值

2. 轮伐期年限法

轮伐期年限法将林木原始价值按照可持续经营的要求，在其轮伐期的年份内平均摊销，并结转林木资产成本。其中，轮伐期是指将一块林地上的林木均衡分批、轮流采伐一次所需要的时间（通常以年为单位计算）。计算公式如下：

某期应结转的林木资产成本 = 林木资产原值 ÷ 轮伐期

3. 折耗率法

折耗率法也是林业上常用的结转方法之一。该方法按照采伐林木所消耗林木蓄积量占到采伐为止预计该地区、该树种可能达到的总蓄积量摊销、结转所采伐林木资产成本。计算公式如下：

采伐的林木应摊销的林木资产价值 = 折耗率 × 所采伐林木的蓄积量

折耗率 = 林木资产总价值 ÷ 到采伐为止预计的总蓄积量

其中的折耗率应分树种、地区分别测算；林木资产总价值是指该地区、该树种的营造林历史成本总和；预计总蓄积量是指到采伐为止预计该地区、该树种可能达到的总蓄积量。

二、生物资产的处置

（一）生物资产出售

生物资产出售时，企业应按实际收到的金额，借记“银行存款”等科目，贷记“主营业务收入”等科目；应按其账面余额，借记“主营业务成本”等科目，贷记“生产性生物资产”、“消耗性生物资产”等科目。已计提跌价或减值准备或折旧的，还应同时结转跌价或减值准备或累计折旧。

【例 10 - 12】ABC 公司是一家畜牧养殖企业，该公司于 2010 年 5 月将育成的 40 头仔猪出售给乙食品加工厂，价款总额为 20 000 元，货款尚未收到。出售时仔猪的账面余额为 12 000 元，未计提跌价准备。

ABC 公司的账务处理如下：

借：应收账款——乙食品加工厂　20 000
　贷：主营业务收入　20 000

借：主营业务支出　　　　12 000
　贷：消耗性生物资产——育肥猪　　　　12 000

（二）生物资产盘亏或死亡、毁损

生物资产盘亏或死亡、毁损时，应当将处置收入扣除其账面价值和相关税费后的余额先记入“待处理财产损溢”科目，待查明原因后，根据企业的管理权限，经股东大会、董事会、经理（场长）会议或类似机构批准后，在期末结账前处理完毕。生物资产因盘亏或死亡、毁损造成的损失，在减去过失人或者保险公司等的赔款和残余价值之后，计入当期管理费用；属于自然灾害等非常损失的，计入营业外支出。

【例 10－13】ABC 公司于 2010 年 8 月 4 日丢失 3 头种牛，账面原值为 1 600 元，已经计提折旧 600 元；8 月 29 日经查实，饲养员赵五应赔偿 300 元。

ABC 公司的账务处理如下：

借：待处理财产损溢　　　　1 000
　　生产性生物资产累计折旧　　　　600
　贷：生产性生物资产——种猪　　　　1 600
借：其他应收款——赵五　　　　300
　　管理费用　　　　700
　贷：待处理财产损溢　　　　1 000

（三）生物资产转换

生物资产改变用途后的成本应当按照改变用途时的账面价值确定，也就是说，将转出生物资产的账面价值作为转入资产的实际成本。通常包括以下情况：

（1）产畜或役畜淘汰转为育肥畜，或林木类生产性生物资产转为林木类消耗性生物资产时，按转群或转变用途时的账面价值，借记“消耗性生物资产”科目，按已计提的累计折旧，借记“生产性生物资产累计折旧”科目，按其账面余额，贷记“生产性生物资产”科目。已计提减值准备的，还应同时结转已计提的减值准备。

育肥畜转为产畜或役畜或林木类消耗性生物资产转为林木类生产性生物资产时，应按其账面余额，借记“生产性生物资产”科目，贷记“消耗性生物资产”科目。已计提跌价准备的，还应同时结转跌价准备。

【例 10－14】2010 年 4 月，ABC 公司自行繁殖的 50 头种猪转为育肥猪，此批种猪的账面原价为 500 000 元，已经计提的累计折旧为 200 000 元，已经计提的资产减值准备为 30 000 元。

ABC 公司的账务处理如下：

借：消耗性生物资产——育肥猪　　　　270 000
　　生产性生物资产累计折旧　　　　200 000
　　生产性生物资产减值准备　　　　30 000
　贷：生产性生物资产——成熟生产性生物资产（种猪）　　　　500 000

（2）消耗性生物资产、生产性生物资产转为公益性生物资产时，应当按照相关准则的规定，考虑其是否发生减值，发生减值时，应首先计提减值准备，并以计提减值准备后的账面价值作为公益性生物资产的入账价值。转换时，借记“公益性生物资产”科目，按已计提的生产性生物资产累计折旧，借记“生产性生物资产累计折旧”科目，按已计提的减值准备，借记“存货跌价准备”、“生产性生物资产减值准备”科目，按账面余额，贷记“消耗性生物资产”、“生产性生物资产科目”。

【例10－15】2010年7月，由于区域生态环境的需要，ABC林业有限责任公司的12公顷造纸原料林（杨树）被划为防风固沙林，仍由公司负责管理，该林的账面余额80 000元，已经计提的跌价准备为5 000元。ABC公司的账务处理如下：

借：公益性生物资产——防风固沙林（杨树）　　75 000
　　存货跌价准备——消耗性生物资产　　5 000
　贷：消耗性生物资产——造纸原料林（杨树）　　80 000

公益性生物资产转为消耗性生物资产或生产性生物资产时，应按其账面余额，借记“消耗性生物资产”或“生产性生物资产”科目，贷记“公益性生物资产”科目。

【例10－16】2010年9月，ABC林业有限责任公司根据所属区域的林业发展规划相关政策调整，将以马尾松为主的800公顷防风固沙林全部转为以采脂为目的的商品林，该马尾松的账面价值为2 000 000元。其中，已经具备采脂条件的有600公顷，账面价值为1 600 000元，其余的尚不具备采脂条件。2010年11月，ABC公司根据国家政策规定，将乙林班100公顷作为防风固沙林的杨树转为作为造纸原料的商品林，该杨树账面余额为180 000元。

ABC公司的账务处理如下：

2010年9月：

借：生产性生物资产——成熟生产性生物资产（马尾松）　　1 600 000
　　生产性生物资产——未成熟生产性生物资产（马尾松）　　400 000
　贷：公益性生物资产——防风固沙林（马尾松）　　2 000 000

2010年11月：

借：消耗性生物资产——造纸原料林（杨树）　　180 000
　贷：公益性生物资产——防风固沙林（杨树）　　180 000

第五节　生物资产的会计披露

按照我国企业会计准则规定，企业应当在附注中披露与生物资产有关的下列信息：

（1）生物资产的类别以及各类生物资产的实物数量和账面价值。

（2）各类消耗性生物资产的累计跌价准备金额，以及各类生产性生物资产的使用寿命、预计净残值、折旧方法、累计折旧和累计减值准备金额。

（3）天然起源生物资产的类别、取得方式和实物数量。

（4）作为负债担保物的生物资产的账面价值。

（5）与生物资产相关的风险情况与管理措施。

企业应当在附注中披露与生物资产增减变动有关的下列信息：

（1）因购买而增加的部分。

（2）因自行培育而增加的部分。

（3）因出售、转让而减少的部分。

（4）因死亡、毁损或盘亏而减少的部分。

（5）计提的折旧及计提的减值准备或跌价准备。

（6）其他变动。

【复习题】

一、思考题

1. 生物资产分为哪几类？如何对不同类别的生物资产进行确认和处理？

2. 哪些生物资产需要计提折旧？

3. 生物资产的披露应当包括哪些信息？

二、业务题

1. A公司2010年年初自行营造500亩苹果树。当年发生种苗费500 000元，平整土地所需机械作业费80 000元，当年农药费200 000元，人工费340 000元，管护费200 000元。苹果树3年后挂果。2010年和2011年共发生管护费用100 000元。

要求：作出相关业务会计处理。

2. B公司2009年1月购入400头仔猪作为育肥猪，买价80 000元，同年7月份出售。共发生喂养饲料费30 000元，支付饲养人员工资10 000元，猪舍折旧费20 000元。售出所得220 000元存入银行。

要求：作出相关业务会计处理。

第十一章 建造合同

【学习目标】

通过本章的学习，理解建造合同及合同分立、合同合并的概念；了解合同成本的构成及其会计处理原则；了解合同收入及合同费用的组成及其会计处理原则；能够运用本章所学的知识对建造合同业务进行正确的会计处理；熟悉建造合同会计披露的基本要求。

【知识点】

建造合同、固定造价合同、成本加成合同、合同分立、合同合并、合同成本、合同收入、合同费用、完工进度、完工百分比法、结果可以可靠估计的建造合同、结果不可以可靠估计的建造合同、合同预计损失。

第一节 建造合同概述

建造合同是指为建造一项或数项在设计、技术、功能、最终用途等方面密切相关的资产而订立的合同。建筑安装企业和生产飞机、船舶、大型机械设备等产品的工业制造企业，其生产活动、经营方式有其特殊性：这类企业所建造或生产的产品通常体积巨大，如建造的房屋、道路、桥梁、水坝等，或生产的飞机、船舶、大型机械设备等；建造或生产产品的周期长，往往跨越一个或几个会计期间；所建造或生产的产品的价值高。因此，在现实经济生活中，这类企业在开始建造或生产产品之前，通常要与产品的需求方（即客户）签订建造合同。合同的甲方称为客户，乙方称为建造承包商。正因为建造承包商的生产活动及经营方式有其特殊性，因此，与建造合同相关的收入、费用的确认和计量也有其特殊性。《企业会计准则第15号——建造合同》（以下简称《建造合同准则》）规范了特定企业（即建造承包商）建造合同的确认、计量和相关信息的披露。

一、建造合同的分类

建造合同可分为固定造价合同和成本加成合同。

（一）固定造价合同

固定造价合同，是指按照固定的合同价或固定单价确定工程价款的建造合同。例如，建造一座办公楼，合同规定总造价为2 000万元；建造一条公路，合同规定每千米单价为800万元。

（二）成本加成合同

成本加成合同，是指以合同约定或其他方式议定的成本为基础，加上该成本的一定比例或定额费用确定工程价款的建造合同。例如，建造一艘船舶，合同总价款以建造该船舶的实际成本为基础，加收5%计取；建造一段地铁，合同总价款以建造该段地铁的实际成本为基础，加800万元计取。

二、建造合同的分立与合并

企业通常应当按照单项建造合同进行会计处理。但是，在某些情况下，为了反映一项或数项合同的实质，需要将单项合同进行分立或将数项合同进行合并。

（一）合同分立

资产建造有时虽然形式上只签订了一项合同，但其中各项资产在商务谈判、设计施工、价款结算等方面都是可以相互分离的，实质上是多项合同，在会计上应当作为不同的核算对象。一项包括建造数项资产的建造合同，同时满足下列3项条件的，每项资产应当分立为单项合同：

（1）每项资产均有独立的建造计划。

（2）与客户就每项资产单独进行谈判，双方能够接受或拒绝与每项资产有关的合同条款。

（3）每项资产的收入和成本可以单独辨认。

例如，某建筑公司与客户签订一项合同，为客户建造一栋宿舍楼和一座食堂。在签订合同时，建筑公司与客户分别就所建宿舍楼和食堂进行谈判，并达成一致意见：宿舍楼的工程造价为400万元，食堂的工程造价为150万元。宿舍楼和食堂均有独立的施工图预算，宿舍楼的预计总成本为370万元，食堂的预计总成本为130万元。根据上述资料分析，由于宿舍楼和食堂均有独立的施工图预算，因此符合条件（1）；由于在签订合同时，建筑公司与客户分别就所建宿舍楼和食堂进行谈判，并达成一致意见，因此符合条件（2）；由于宿舍楼和食堂均有单独的造价和预算成本，因此符合条件（3）。建筑公司应将建造宿舍楼和食堂分立为两个单项合同进行会计处理。

如果不能同时满足上述3个条件，则不能将合同分立，而应将其作为一项合同进行会计处理。假如上例中没有明确规定宿舍楼和食堂各自的工程造价，而是以550万元的总金额签订了该项合同，也未作出各自的预算成本。这时，不符合条件（3），建筑公司就不能将该项合同分立为两个单项合同进行会计处理。

（二）合同合并

有的资产建造虽然形式上签订了多项合同，但各项资产在设计、技术、功能、最终用途上是密不可分的，实质上是一项合同，在会计上应当作为一个核算对象。一组合同无论对应单个客户还是多个客户，同时满足下列3项条件的，应当合并为单项合同：

（1）该组合同按一揽子交易签订。

（2）该组合同密切相关，每项合同实际上已构成一项综合利润率工程的组成部分。

（3）该组合同同时或依次履行。

例如，为建造一个冶炼厂，某建造承包商与客户一揽子签订了3项合同，分别建造一个选矿车间、一个冶炼车间和一个工业污水处理系统。根据合同规定，这3个工程将由该建造承包商同时施工，并根据整个项目的施工进度办理价款结算。根据上述资料分析，由于这三项合同是一揽子签订的，表明符合条件（1）。对客户而言，只有这3项合同全部完工交付使用时，该冶炼厂才能投料生产，发挥效益；对建造承包商而言，这3项合同的各自完工进度，直接关系到整个建设项目的完工进度和价款结算，并且建造承包商对工程施工人员和工程用料实行统一管理。因此，该组合同密切相关，已构成一项综合利润率工程项目，表明符合条件（2）。该组合同同时履行，表明符合条件（3）。因此，该建造承包商应将该组合同合并为一项合同进行会计处理。

（三）追加资产的建造

建造合同在执行中，客户可能会提出追加建造资产的要求，从而与建造承包商协商变更原合同内容或者另行签订建造追加资产的合同。根据不同情况，建造追加资产的合同可能与原合同合并为一项合同进行会计核算，也可能作为单项合同单独核算。追加资产的建造，满足下列条件之一的，应当作为单项合同：

（1）该追加资产在设计、技术或功能上与原合同包括的一项或数项资产存在重大差异。

（2）议定该追加资产的造价时，不需要考虑原合同价款。

例如，某建筑商与客户签订了一项建造合同。合同规定，建筑商为客户设计并建造一栋教学楼，教学楼的工程造价（含设计费用）为500万元，预计总成本为460万元。合同履行一段时间后，客户决定追加建造一个地上车库，并与该建筑商协商一致，变更了原合同内容。根据上述资料分析，由于该地上车库在设计、技术和功能上与原合同包括的教学楼存在重大差异，表明符合条件（1），因此该追加资产的建造应当作为单项合同。

第二节　合同成本

一、合同成本的组成

合同成本是指为建造某项合同而发生的相关费用，合同成本包括从合同签订开始至合同完成止所发生的、与执行合同有关的直接费用和间接费用。其中，直接费用是指为完成合同所发生的、可以直接计入合同成本核算对象的各项费用支出；间接费用是指为完成合同所发生的、不宜直接归属于合同成本核算对象而应分配计入有关合同成本核算对象的各项费用支出。

（一）直接费用的组成

合同的直接费用包括四项内容：耗用的材料费用、耗用的人工费用、耗用的机械使用费和其他直接费用。

（1）耗用的材料费用。主要包括施工生产过程中耗用的构成工程实体或有助于形成工程实体的原材料、辅助材料、构配件、零件、半成品的成本和周转材料的摊销及租赁费用。周转材料是指企业在施工过程中能多次使用并可基本保持原来的实物形态而逐渐转移其价值的材料，如施工中使用的模板、挡板和脚手架等。

（2）耗用的人工费用。主要包括从事工程建造的人员的工资、奖金、津贴补贴、职工福利费等职工薪酬。

（3）耗用的机械使用费。主要包括施工生产过程中使用自有施工机械所发生的机械使用费、租用外单位施工机械支付的租赁费和施工机械的安装、拆卸和进出场费。

（4）其他直接费用。其他直接费用是指在施工过程中发生的除上述三项直接费用以外的其他可以直接计入合同成本核算对象的费用。主要包括有关的设计和技术援助费用、施工现场材料的二次搬运费、生产工具和用具使用费、检验试验费、工程定位复测费、工程点交费用、场地清理费用等。

（二）间接费用的组成

间接费用主要包括临时设施摊销费用和企业下属的施工、生产单位组织和管理施工生产活动所发生的费用，如管理人员薪酬、劳动保护费、固定资产折旧费及修理费、物料消耗、取暖费、水电费、办公费、差旅费、财产保险费、工程保修费、排污费等。这里所说的“施工单位”是指建筑安装企业的施工队、项目经理部等；“生产单位”是指船舶、飞机、大型机械设备等制造企业的生产车间。这些单位可能同时组织实施几项合同，其发生的费用应由这几项合同的成本共同负担。

二、合同成本的会计处理

（一）科目设置

合同成本的会计处理主要涉及以下科目：

1. 工程施工

企业设置本科目对合同成本进行核算。该科目下设“合同成本”、“间接费用”、“合同毛利”进行明细核算。

企业进行合同建造时发生的人工费、材料费、机械使用费以及施工现场材料的二次搬运费、生产工具和用具使用费、检验试验费、临时设施折旧费等其他直接费用，借记本科目（合同成本），贷记“应付职工薪酬”、“原材料”等科目；发生的施工、生产单位管理人员职工薪酬、固定资产折旧费、财产保险费、工程保修费、排污费等间接费用，借记本科目（间接费用），贷记“累计折旧”、“银行存款”等科目。月末，将间接费用分配计入有关合同成本时，借记本科目（合同成本），贷记本科目（间接费用）。根据建造合同确认合同收入、合同费用时，借记“主营业务成本”科目，贷记“主营业务收入”科目，按其差额，借记或贷记本科目（合同毛利）。合同完工时，将本科目余额与相关工程施工合同的“工程结算”科目对冲，借记“工程结算”科目，贷记本科目。

本科目期末借方余额，反映企业尚未完工的建造合同成本和合同毛利。

2. 工程结算

本科目核算企业（建造承包商）根据建造合同约定向业主办理结算的累计金额应当按照建造合同进行明细核算。企业向业主办理工程价款结算时，按应结算的金额，借记“应收账款”等科目，贷记本科目。合同完工时，将本科目余额与相关工程施工合同的“工程施工”科目对冲，借记本科目，贷记“工程施工”科目。

本科目期末贷方余额，反映企业尚未完工建造合同已办理结算的累计金额。

（二）计入合同成本的各项费用

1. 直接费用

由于直接费用在发生时能够分清受益对象，所以直接费用在发生时直接计入合同成本。

2. 间接费用

间接费用在发生时一般不宜直接归属于受益对象，而应在资产负债表日按照系统、合理的方法分摊计入合同成本。在实务中，间接费用的分配方法主要有人工费用比例法、直接费用比例法等。

（1）人工费用比例法。人工费用比例法是以各合同实际发生的人工费为基数分配间接费用的方法。计算公式如下：

间接费用分配率＝当期实际发生的全部间接费用÷当期各合同实际发生的人工费之和

某合同当期应负担的间接费用＝该合同当期实际发生的人工费×间接费用分配率

（2）直接费用比例法。直接费用比例法是以各合同实际发生的直接费用为基数分配间接费用的方法。计算公式如下：

间接费用分配率＝当期实际发生的全部间接费用÷当期各合同实际发生的直接费用之和

某合同当期应负担的间接费用＝该合同当期实际发生的直接费用×间接费用分配率

（三）与建造合同相关的借款费用

建造承包商为客户建造资产，通常是客户筹集资金，并根据合同约定，定期向建造承包商支付工程进度款。但是，建造承包商也可能在合同建造过程中因资金周转等原因向银行借入款项，发生借款费用。建造承包商在合同建造期间发生的借款费用，符合《企业会计准则第 17 号——借款费用》规定的资本化条件的，应当计入合同成本。合同完成后发生的借款费用，应计入当期损益，不再计入合同成本。

（四）因订立合同而发生的费用

建造承包商为订立合同而发生的差旅费、投标费等，能够单独区分和可靠计量且合同很可能订立的，应当予以归集，待取得合同时计入合同成本；未满足上述条件的，应当计入当期损益。

（五）零星收益

与合同有关的零星收益，是指在合同执行过程中取得的，但不计入合同收入而应冲减合同成本的非经常性的收益。例如，完成合同后处置残余物资（指在施工过程中产生的一些材料物资的下脚料等）取得的收益。由于工程领用材料时已将领用材料的价值直接计入工程成本，材料物资的下脚料已包括在合同成本中，因此，处置这些残余物资取得的收益应冲减合同成本。

下列各项费用属于期间费用，应在发生时计入当期损益，不计入建造合同成本：

（1）企业行政管理部门为组织和管理生产经营活动所发生的管理费用。

（2）船舶等制造企业的销售费用。

（3）企业为建造合同借入款项所发生的、不符合《企业会计准则第 17 号——借款费用》规定的资本化条件的借款费用。例如，企业在建造合同完成后发生的利息净支出、汇兑净损失、金融机构手续费以及筹资发生的其他财务费用。

【例 11－1】ABC 公司第一项目经理部同时承建 A、B 两项合同工程，已知 A 合同发生人工费 520 万元，B 合同发生人工费 480 万元。间接费用按照人工比例分配。

第一项目经理部当期共发生间接费用 200 万元。

间接费用分配率 = 200 ÷（520 + 480）= 0.2

A 合同应负担的间接费用 = 520 × 0.2 = 104（万元）

B 合同应负担的间接费用 = 480 × 0.2 = 96（万元）

其账务处理如下：

发生间接费用时：

借：工程施工——间接费用　　2 000 000

　贷：银行存款　　2 000 000

间接费用分配计入各合同成本：

借：工程施工——合同成本——A 合同　　1 040 000

　　　　　　　　　　　　——B 合同　　960 000

　贷：工程施工——间接费用　　2 000 000

第三节　合同收入与合同费用

一、合同收入的组成

合同收入包括以下两部分内容：

（一）合同规定的初始收入

合同规定的初始收入，即建造承包商与客户签订的合同中最初商定的合同总金额，它构成了合同收入的基本内容。

（二）因合同变更、索赔、奖励等形成的收入

1. 合同变更

合同变更是指客户为改变合同规定的作业内容而提出的调整。例如，某建造承包商与客户签订了一项建造图书馆的合同，建设期为 3 年。第二年，客户要求将原设计中采用的铝合金门窗改为塑钢门窗，并同意增加合同造价 50 万元。

合同变更款同时满足下列条件的，才能构成合同收入：

（1）客户能够认可因变更而增加的收入。

（2）该收入能够可靠地计量。

上例中，建造承包商可在第二年将因合同变更而增加的收入 50 万元认定为合同收入的组成部分。假如建造承包商认为此项变更应增加造价 50 万元，但双方最终只达成增加造价 40 万元的协议，则只能将 40 万元认定为合同收入的组成部分。

2. 索赔

索赔款是指因客户或第三方的原因造成的、向客户或第三方收取的、用以补偿不包括

在合同造价中成本的款项。例如，某建造承包商与客户签订了一项建造水电站的合同。合同规定的建设期是2007年3月至2010年8月；同时规定，发电机由客户采购，于2009年8月交付建造承包商进行安装。该项合同在执行过程中，客户于2010年1月才将发电机交付建造承包商。建造承包商因客户交货延期要求客户支付延误工期款100万元。

索赔款同时满足下列条件的，才能构成合同收入：

（1）根据谈判情况，预计对方能够同意该项索赔。

（2）对方同意接受的金额能够可靠地计量。

上例中，假如客户不同意支付延误工期款，则不能将100万元计入合同总收入。假如客户只同意支付延误工期款50万元，则只能将50万元认定为合同收入的组成部分。

3. 奖励

奖励款是指工程达到或超过规定的标准，客户同意支付的额外款项。例如，某建造承包商与客户签订一项建造大桥的合同，合同规定的建设期为2007年12月20日至2009年12月20日。2009年9月，主体工程已基本完工，工程质量符合设计要求，有望提前3个月竣工，客户同意向建造承包商支付提前竣工奖100万元。

奖励款同时满足下列条件的，才能构成合同收入：

（1）根据合同目前完成情况，足以判断工程进度和工程质量能够达到或超过规定的标准。

（2）奖励金额能够可靠地计量。

上例中，假如该项合同的主体工程虽于2009年9月基本完工，但是经工程监理人员认定，工程质量未达到设计要求，还需进一步施工。这种情况下，不能认定奖励款构成合同收入。

二、合同收入与合同费用的确认

（一）结果能够可靠估计的建造合同

建造合同的结果能够可靠估计的，企业应根据完工百分比法在资产负债表日确认合同收入和合同费用。完工百分比法是根据合同完工进度确认合同收入和费用的方法，运用这种方法确认合同收入和费用，能为报表使用者提供有关合同进度及本期业绩的有用信息，体现了权责发生制的要求。

1. 建造合同的结果能够可靠估计的认定标准

建造合同的结果能够可靠估计是企业采用完工百分比法确认合同收入和合同费用的前提条件。建造合同分为固定造价合同和成本加成合同两种类型，不同类型的合同，其结果是否能够可靠估计的标准也不同。

（1）固定造价合同的结果能够可靠估计的认定标准。

如果同时具备以下四个条件，则固定造价合同的结果能够可靠估计：

①合同总收入能够可靠地计量。合同总收入一般根据建造承包商与客户签订的合同中的合同总金额来确定，如果在合同中明确规定了合同总金额，且订立的合同是合法有效的，则合同总收入能够可靠地计量；反之，合同总收入不能可靠地计量。

②与合同相关的经济利益很可能流入企业。企业能够收到合同价款，表明与合同相关

的经济利益很可能流入企业。合同价款能否收回，取决于客户与建造承包商双方是否都能正常履行合同。如果客户与建造承包商有一方不能正常履行合同，则表明建造承包商可能无法收回工程价款，不满足经济利益很可能流入企业的条件。

③实际发生的合同成本能够清楚地区分和可靠地计量。实际发生的合同成本能否清楚地区分和可靠地计量，关键在于建造承包商能否做好建造合同成本核算的各项基础工作和准确计算合同成本。如果建造承包商能够做好建造合同成本核算的各项基础工作，准确核算实际发生的合同成本，划清当期成本与下期成本的界限、不同成本核算对象之间成本的界限、未完合同成本与已完合同成本的界限，则说明实际发生的合同成本能够清楚地区分和可靠地计量；反之，则说明实际发生的合同成本不能够清楚地区分和可靠地计量。

④合同完工进度和为完成合同尚需发生的成本能够可靠地确定。合同完工进度能够可靠地确定，要求建造承包商已经和正在为完成合同而进行工程施工，并已完成了一定的工程量，达到了一定的工程完工进度，对将要完成的工程量也能够作出科学、可靠的测定。如果建造承包商尚未动工或刚刚开工，尚未形成一定的工程量，对将要完成的工程量不能够作出科学、可靠的测定，则表明合同完工进度不能可靠地确定。为完成合同尚需发生的成本能否可靠地确定，关键在于建造承包商是否已经建立了完善的内部成本核算制度和有效的内部财务预算及报告制度；能否对为完成合同尚需发生的合同成本作出科学、可靠的估计。如果建造承包商已经建立了完善的内部成本核算制度和有效的内部财务预算及报告制度，并对为完成合同尚需发生的合同成本能够作出科学、可靠的估计，则表明建造承包商能够可靠地确定为完成合同尚需发生的成本；反之，则表明建造承包商不能可靠地确定为完成合同尚需发生的成本。

（2）成本加成合同的结果能够可靠估计的认定标准。

如果同时具备以下两个条件，则成本加成合同的结果能够可靠估计：①与合同相关的经济利益很可能流入企业；②实际发生的合同成本能够清楚地区分和可靠地计量。

对成本加成合同而言，合同成本的组成内容一般已在合同中进行了相应规定，合同成本是确定其合同造价的基础，也是确定其完工进度的重要依据，因此要求其实际发生的合同成本能够清楚地区分和可靠地计量。

2. 完工进度的确定

确定合同完工进度有以下三种方法：

（1）根据累计实际发生的合同成本占合同预计总成本的比例确定。

该方法是确定合同完工进度比较常用的方法。用计算公式表示如下：

合同完工进度＝累计实际发生的合同成本÷合同预计总成本×100%

累计实际发生的合同成本是指形成工程完工进度的工程实体和工作量所耗用的直接成本和间接成本，不包括下列内容：

①与合同未来活动相关的合同成本，包括施工中尚未安装、使用或耗用的材料成本。材料从仓库运抵施工现场，如果尚未安装、使用或耗用，则没有形成工程实体。因此，为保证确定完工进度的可靠性，不应将这部分成本计入累计实际发生的合同成本中来确定完工进度。

【例11－2】ABC建筑公司承建A工程，工期2年，A工程的预计总成本为1 000万元。第一年，该建筑公司的“工程施A工程”账户的实际发生额为680万元。其中：人工费150万元，材料费380万元，机械作业费100万元，其他直接费和工程间接费50万元。经查明，A工程领用的材料中有一批虽已运到施工现场但尚未使用，尚未使用的材料成本为80万元。根据上述资料计算第一年的完工进度如下：

合同完工进度 = (680 − 80) ÷ 1 000 × 100% = 60%

②在分包工程的工作量完成之前预付给分包单位的款项。

对总承包商而言，分包工程是其承建的总体工程的一部分，分包工程的工作量也是其总体工程的工作量。总承包商在确定总体工程的完工进度时，应考虑分包工程的完工进度。在分包工程的工作量完成之前预付给分包单位的款项虽然是总承包商的一项资金支出，但是该项支出并没有形成相应的工作量，因此不应将这部分支出计入累计实际发生的合同成本中来确定完工进度。但是，根据分包工程进度支付的分包工程进度款，应构成累计实际发生的合同成本。

【例11－3】甲建筑公司与客户一揽子签订了一项建造合同，承建A、B两项工程。该项合同的A、B两项工程密切相关，客户要求同时施工，一起交付，工期为2年。合同规定的总金额为1 100万元。甲建筑公司决定A工程由自己施工，B工程以400万元的合同金额分包给乙建筑公司承建，甲公司已与乙公司签订了分包合同。

第一年，甲公司自行施工的A工程实际发生工程成本450万元，预计为完成A工程尚需发生工程成本150万元；甲公司根据乙公司分包的B工程的完工进度，向乙公司支付了B工程的进度款250万元，并向乙公司预付了下年度备料款50万元。

甲公司根据上述资料计算确定该项建造合同第一年的完工进度如下：

合同完工进度 = （450 + 250） ÷ （450 + 150 + 400） × 100% = 70%

（2）根据已经完成的合同工作量占合同预计总工作量的比例确定。

该方法适用于合同工作量容易确定的建造合同，如道路工程、土石方挖掘、砌筑工程等。用计算公式表示如下：

合同完工进度 = 已经完成的合同工作量 ÷ 合同预计总工作量 × 100%

（3）根据实际测定的完工进度确定。

该方法是在无法根据上述两种方法确定合同完工进度时所采用的一种特殊的技术测量方法，适用于一些特殊的建造合同，如水下施工工程等。需要指出的是，这种技术测量并不由建造承包商自行随意测定，而应由专业人员现场进行科学测定。

3. 完工百分比法的运用

确定建造合同的完工进度后，就可以根据完工百分比法确认和计量当期的合同收入和费用。当期确认的合同收入和费用可用下列公式计算：

当期确认的合同收入 = 合同总收入 × 完工进度 − 以前会计期间累计已确认的收入

当期确认的合同费用 = 合同预计总成本 × 完工进度 − 以前会计期间累计已确认的费用

当期确认的合同毛利 = 当期确认的合同收入 − 当期确认的合同费用

上述公式中的完工进度指累计完工进度。对于当期完成的建造合同，应当按照实际合同总收入扣除以前会计期间累计已确认收入后的金额，确认为当期合同收入；同时，按照累计实际发生的合同成本扣除以前会计期间累计已确认费用后的金额，确认为当期合同费用。

【例 11－4】ABC 公司签订了一项总金额为 6 000 000 元的固定造价合同，承建一艘船舶，合同完工进度按照累计实际发生的合同成本占合同预计总成本的比例确定。工程于 2008 年 2 月开工，2009 年 8 月完工。预计的工程总成本为 5 000 000 元。公司于 2009 年 8 月按期完成了造船合同。建造该艘船舶的其他有关资料如表 11－1 所示。

表 11－1　建造该艘船舶的其他有关资料

单位：元

项目	2008 年	2009 年
累计实际发生成本	1 500 000	3 500 000
结算合同价款	2 000 000	4 000 000
实际收到价款	1 800 000	4 200 000

公司对本项建造合同的有关会计处理如下（为简化起见，会计分录以汇总数反映，有关纳税业务的会计分录略）：

2008 年账务处理如下：

（1）登记实际发生的合同成本。

借：工程施工——合同成本　　1 500 000

　贷：原材料、应付职工薪酬、机械作业等　　1 500 000

（2）登记已结算的合同价款。

借：应收账款　　2 000 000

　贷：工程结算　　2 000 000

（3）登记实际收到的合同价款。

借：银行存款　　1 800 000

　贷：应收账款　　1 800 000

（4）确认计量当年的收入和费用，并登记入账。

2008 年的完工进度＝1 500 000÷5 000 000×100%＝30%

2008 年确认的合同收入＝6 000 000×30%＝1 800 000（元）

2008 年确认的合同费用＝1 500 000（元）

2008 年确认的毛利＝1 800 000－1 500 000＝300 000（元）

借：工程施工——合同毛利　　300 000

　　主营业务成本　　1 500 000

　贷：主营业务收入　　1 800 000

2009 年的账务处理如下：

（1）登记实际发生的合同成本。

借：工程施工——合同成本　　3 500 000

　贷：原材料等　　3 500 000

（2）登记结算的合同价款。

借：应收账款 4 000 000

贷：工程结算 4 000 000

（3）登记实际收到的合同价款。

借：银行存款 4 200 000

贷：应收账款 4 200 000

（4）确认计量当年的合同收入和费用，并登记入账。

2009 年的完工进度 = 3 500 000 ÷ 5 000 000 × 100% = 70%

2009 年确认的合同收入 = 6 000 000 × 70% = 4 200 000（元）

2009 年确认的合同费用 = 3 500 000（元）

2009 年确认的毛利 = 4 200 000 − 3 500 000 = 700 000（元）

借：工程施工——合同毛利 700 000

主营业务成本 3 500 000

贷：主营业务收入 4 200 000

（5）2009 年工程全部完工，将“工程施工”科目的余额与“工程结算”科目的余额相对冲。

借：工程结算 6 000 000

贷：工程施工——合同成本 5 000 000

工程施工——合同毛利 1 000 000

（二）结果不能可靠估计的建造合同

如果建造合同的结果不能可靠估计，则不能采用完工百分比法确认和计量合同收入和费用，而应区别以下两种情况进行会计处理：

（1）合同成本能够收回的，合同收入根据能够收回的实际合同成本予以确认，合同成本在其发生的当期确认为合同费用。

（2）合同成本不可能收回的，应在发生时立即确认为合同费用，不确认合同收入。

【例 11－5】ABC 公司与客户签订了一项总金额为 200 万元的建造合同。第一年实际发生工程成本 60 万元，双方均能履行合同规定的义务，但公司在年末时对该项工程的完工进度无法可靠确定。

其账务处理如下：

借：主营业务成本 600 000

贷：主营业务收入 600 000

如果该公司当年实际发生的工程成本 60 万元不可收回，该公司应将 60 万元确认为当年的费用，不确认收入。其账务处理如下：

借：主营业务成本 600 000

贷：工程施工——合同毛利 600 000

如果建造合同的结果不能可靠估计的不确定因素不复存在，就不应再按照上述规定确认合同收入和费用，而应转为按照完工百分比法确认合同收入和费用。

三、合同预计损失的处理

建造承包商正在建造的资产，期末应当对其进行减值测试。如果建造合同的预计总成本超过合同总收入，则形成合同预计损失，应提取损失准备，并确认为当期费用。合同完工时，将已提取的损失准备冲减合同费用。

【例 11－6】ABC 公司签订了一项总金额为 220 万元的固定造价合同，最初预计总成本为 210 万元。第一年实际发生成本 80 万元。年末，预计为完成合同尚需发生成本 160 万元。该合同的结果能够可靠估计。该公司在年末应进行如下会计处理：

第一年合同完工进度＝80÷(80＋160)×100%＝33%

第一年确认的合同收入＝合同总收入×33%＝220×33%＝73（万元）

第一年应确认的合同费用＝预计总成本×33%＝(80＋160)×33%＝80（万元）

第一年确认的合同毛利＝收入－费用＝73－80＝－7（万元）

第一年预计的合同损失＝［(80＋160)－220］×(1－33%)＝13.4（万元）

其账务处理如下：

借：主营业务成本	800 000	
贷：主营业务收入		730 000
工程施工——合同毛利		70 000
借：资产减值损失	134 000	
贷：存货跌价准备		134 000

第四节　建造合同的会计披露

按照我国《企业会计准则》的规定，企业应当在附注中披露与建造合同有关的下列信息：①各项合同总金额，以及确定合同完工进度的方法；②各项合同累计已发生成本、累计已确认毛利（或亏损）；③各项合同已办理结算的价款金额；④当期预计损失的原因和金额。

【复习题】

一、思考题

1. 建造合同成本包括哪些项目？

2. 如何对建造合同的收入与费用进行会计处理？

3. 建造合同损失应如何进行账务处理？

二、业务题

1. A 公司与客户签订了一项总金额为 160 万元的建造合同。第一年实际发生工程成本 80 万元，双方均能履行合同规定的义务，但公司在年末时对该项工程的完工进度无法可靠确定。

要求：作出相应的会计处理。

2. B 公司签订了一项总金额为 100 万元的固定造价合同，承建一艘轮船，合同完工进度按照累计实际发生的合同成本占合同预计总成本的比例确定。工程于 2008 年 4 月开工，2009 年 7 月完工。预计的工程总成本为 60 万元。公司于 2009 年 7 月按期完成。有关资料如下：

单位：元

项目	2008 年	2009 年
累计实际发生成本	400 000	200 000
结算合同价款	600 000	400 000
实际收到价款	560 000	440 000

要求：根据以上资料，对本项建造合同所涉及的业务进行相应的会计处理。

第十二章 保险合同

【学习目标】

通过本章的学习，理解保险合同、原保险合同与再保险合同保险的概念及其分类；掌握原保险合同收入、原保险合同准备金及原保险成本的确认和计量；熟练掌握原保险合同会计处理的原则与方法；掌握再保险合同分出业务及分入业务会计处理的原则与方法；熟悉原保险合同与再保险合同会计披露的基本要求。

【知识点】

保险合同、原保险合同、寿险原保险合同、非寿险原保险合同、混合风险合同、未到期责任准备金、未决赔款准备金、寿险责任准备金、保险责任准备金充足性测试、赔付成本、损余物资、代位追偿款、再保险合同、比例再保险合同、非比例再保险合同、成数再保险合同、溢额再保险合同、超额赔款再保险合同、赔付率超赔再保险合同、分出业务、分入业务。

第一节 保险合同概述

保险合同，是指保险人与投保人约定保险权利义务关系，并承担被保险人保险风险的协议。其中，保险人是指与投保人订立保险合同，并承担赔偿或者给付保险金责任的保险公司。承担被保险人的保险风险是保险合同的本质特征，是保险合同区别于其他合同的关键。保险公司主要经营对象是保险风险，保险人承担的被保险人风险是通过与投保人签订的保险合同体现的。保险合同分为原保险合同和再保险合同。对于原保险合同而言，投保人是指与保险公司订立原保险合同，并按照合同约定负有支付保险费义务的自然人、法人或其他组织；对于再保险合同而言，投保人是指与保险公司（再保险接受人）订立再保险合同，并按照合同约定负有支付保险费义务的保险公司。被保险人是指其财产或者人身受保险合同保障，享有保险金请求权的自然人、法人或其他组织，投保人可以为被保险人。非保险企业签发的符合保险合同定义的合同，亦应当按照保险准则的相关规定进行会计处理。

从保险合同的定义可以发现，承担被保险人的保险风险是保险合同的本质特征，是保险合同区别于其他合同的关键。保险人承担的保险风险是被保险人已经存在的风险，其表现形式有多种。例如，可能对被保险人财产造成损害或毁坏的水灾的发生或不发生、被保险人是否能生存到合同约定的年龄、被保险人是否会患合同约定的重大疾病等。如果保险人承担了被保险人的保险风险，双方签订的合同是保险合同；如果保险人没有承担被保险人的保险风险，承担的是其他风险，如金融工具价格、商品价格、汇率、费率指数、信用等级、信用指数等可能发生变化的风险，则双方签订的合同不是保险合同。有时，保险人与投保人签订的合同可能具有保险合同的法律形式，但是保险人并没有承担被保险人的保险风险，在这种情况下，双方签订的合同就不属于保险合同。根据保险人与投保人签订的协议，如果保险人承担的源于被保险人的保险风险不重大，双方签订的合同也不属于保险合同。

一、原保险合同的概念及分类

（一）原保险合同的概念

原保险合同，是指保险人向投保人收取保费，对约定可能发生的事故因其发生所造成的财产损失承担赔偿保险金责任，或者当被保险人死亡、伤残、疾病或者达到约定的年龄、期限时承担给付保险金责任的保险合同。

保险人与投保人签订原保险合同，承担了源于被保险人的保险风险。判断保险人与投保人签订的合同是否属于原保险合同，应当关注合同的经济实质而不是法律形式，并根据合同条款判断保险人是否承担了被保险人的保险风险。如果保险人能够判断一组相对同质的合同中的某项合同，使保险人承担了被保险人的保险风险，那么不需要对该组相对同质合同中的其他合同进行分析判断，就可以确定该组相对同质的所有合同均属于原保险合同。

确定保险人是否承担了被保险人的保险风险，应当根据产品合同条款判断发生保险事故是否可能导致保险人承担赔付保险金责任。如果发生保险事故可能导致保险人承担赔付保险金责任，则保险人承担了被保险人的保险风险；如果发生保险事故不可能导致保险人承担赔付保险金责任，保险人就没有承担被保险人的保险风险。其中，保险事故是指保险合同约定的保险责任范围内的事故。例如，被保险人死亡、伤残、疾病或者达到约定的年龄、期限仍生存；火灾、爆炸、暴雨、台风、洪水、雷击、泥石流、雹灾、碰撞、自燃等可能造成财产损失的事故，均可在合同中约定作为保险事故。

（二）原保险合同的分类

根据保险人在原保险合同延长期内是否承担赔付保险金责任，应将原保险合同分为寿险原保险合同和非寿险原保险合同。

如果保险人在原保险合同延长期内承担赔付保险金责任，该原保险合同为寿险原保险合同；如果保险人在原保险合同延长期内不承担赔付保险金责任，该原保险合同为非寿险原保险合同。通常情况下，定期寿险、终身寿险、两全保险、年金保险、长期健康保险等均属于寿险原保险合同；企业财产保险、家庭财产保险、工程保险、责任保险、信用保险、保证保险、机动车交通事故责任强制保险、船舶保险、货物运输保险、农业保险、短期健康保险和意外伤害保险等均属于非寿险原保险合同。

原保险合同延长期，是指投保人自上一期保费到期日未交纳保费，保险人仍承担赔付保险金责任的期间。原保险合同是否存在延长期取决于保单是否存在现金价值。在保单存在现金价值时，即使投保人后期未交保费，保险人仍可以保单现金价值自动垫缴保费，从而延长原保险合同有效期，直至保单现金价值用完为止。也就是说，保单存在现金价值，则原保险合同存在延长期，否则，原保险合同不存在延长期。宽限期是保险人给予投保人延期缴费的一种优惠，由合同加以约定，被保险人在宽限期内发生保险事故，保险人应负保险责任。

保单现金价值，是指寿险原保险合同具有的价值，通常体现为投保人解除原保险合同时，由保险人向投保人退还的金额。对于寿险原保险合同而言，保险人通常采取均衡保费的方法收取保费，将投保人缴纳的全部保费在整个交易期内均摊，被保险人年轻时，死亡概率低，投保人缴纳的保费比实际需要的多，多交的保费由保险人逐年积累；被保险人年老时，死亡概率高，投保人当期缴纳的保费不足以支付当期赔付款，不足的部分将正好由被保险人年轻时多交的保费予以弥补。这部分多交的保费加上每年产生的利息滚存累积的金额，就是保单现金价值。

通常情况下，保险人在出现以下情况之一时，应当按照合同约定向投保人退还保单现金价值：①保险人根据规定解除保险合同，且投保人已经交足两年以上保险费；②以死亡为给付保险金条件的合同，自合同成立之日起两年内被保险人自杀；③被保险人故意犯罪导致其自身伤残或死亡，且投保人已经交足两年保险费；④投保人解除合同，且已经交足两年以上保险费。

（三）混合风险合同的分拆

保险人与投保人签订的合同，有可能使得保险人既承担保险风险，又承担其他风险。对于既含有保险风险又含有其他风险的合同，保险人应当视情况分别进行处理。

保险风险部分和其他风险部分能够区分，并且能够单独计量的，保险人可以将保险风险部分和其他风险部分进行分拆，也可以不将二者进行分拆。通常情况下，只有在保险人根据合同条款就可以清楚地区分保险风险部分和其他风险部分，并且分拆处理后能够提供有关保险人财务状况和经营成果等更可靠、更相关的会计信息时，保险人才可以将二者进行分拆。保险人将保险风险部分和其他风险部分进行分拆的，保险风险部分应确定为原保险合同，其他风险部分不应确定为原保险合同。保险人不将保险风险部分和其他风险部分进行分拆的，应当将整个合同确定为原保险合同。

【例 12－1】ABC 财产保险股份有限公司的投资保障型合同约定，每份保险金额为 20 000 元，每份保险金额对应的保险投资金为 2 000 元，每份保险的年保费为 20 元。保费由保险人从投资收益中获得，投保人无须在缴纳保险投资金外另行支付。

由上述资料可以看出，ABC 公司的投资保障型合同既有保险风险部分又有投资风险部分。根据合同条款可以清楚地认定保险风险部分为年保费 20 元，其他风险部分为保险投资金 2 000 元。因此，ABC 公司可以将保险风险部分和其他风险部分进行分拆，将保险风险部分确定为原保险合同，将其他风险部分不确定为原保险合同。

二、再保险合同的概念及分类

为加强风险管理、均衡业务、稳定经营，保险人需要将超过自身业务承受能力的一部分风险责任转嫁给其他保险人来分担，由此产生再保险业务。保险公司之间的再保险关系是通过签订再保险合同确立的。

（一）再保险合同的概念及特征

再保险合同，是指一个保险人（再保险分出人）分出一定的保费给另一个保险人

(再保险接受人)，再保险接受人对再保险分出人由原保险合同所引起的赔付成本及其他相关费用进行补偿的保险合同。再保险合同属于保险合同，与原保险合同相比较，具有以下特征：

(1) 再保险合同是保险人与保险人之间签订的合同，一方为再保险分出人，另一方为再保险接受人。再保险分出人是根据再保险合同，有义务向再保险接受人支付一定的保费，同时有权利就其由原保险合同所引起的赔付成本及其他相关费用从再保险接受人获得补偿的保险人；再保险接受人是根据再保险合同，有权利向再保险分出人收取一定的保费，同时有义务对再保险分出人由原保险合同所引起的赔付成本及其他相关费用进行补偿的保险人。

(2) 再保险合同是补偿性合同。不论原保险合同是寿险合同还是非寿险合同，再保险合同的标的都是再保险分出人所承担的保险责任。再保险合同不具有直接对原保险合同标的进行赔偿或给付的性质，而是以补偿再保险分出人对原保险合同所承担的保险责任为目的，即对于原保险合同标的发生保险事故所产生的损失，先由再保险分出人全额进行赔偿或给付，再将应由再保险接受人承担的部分摊回，由再保险接受人向再保险分出人进行补偿。

(3) 再保险合同独立于原保险合同，这主要体现在再保险合同与原保险合同在法律上没有任何承继关系。一方面，再保险合同的再保险接受人与原保险合同的投保人和保险受益人之间不发生任何法律或业务关系，再保险合同的再保险接受人无权向原保险合同的投保人收取保费，原保险合同的保险受益人无权直接向再保险合同的再保险接受人提出索赔要求；另一方面，原保险合同的保险人（再保险合同的再保险分出人）也不得以再保险接受人不对其履行补偿义务为借口而拒绝、减少或延迟履行其对保险受益人的赔偿或给付义务。

（二）再保险合同基本业务

再保险合同业务包括分出业务和分入业务。再保险分出业务涉及分出保费、摊回分保手续费、摊回赔付成本等基本业务。与原保险转嫁风险需要支付保费相同，再保险分出人转嫁保险风险责任也要向再保险接受人支付一定的保费，这种保费叫做分保费或再保险费；同时，由于再保险分出人在销售原保险保单以及维护和管理保险业务过程中发生了一定的费用，再保险分出人需要向再保险接受人摊回一部分费用予以补偿，这种由再保险接受人支付给再保险分出人的费用称为分保手续费。当被保险人发生保险责任范围内的保险事故时，再保险分出人按原保险合同约定负责向保险受益人提供赔偿或给付，再将应由再保险接受人承担的份额摊回，此为摊回赔付成本。

与再保险分出业务相对应，再保险分入业务涉及收取分保费、支付分保手续费、支付分保赔付款等基本业务。此外，再保险接受人与再保险分出人之间还有支付和收取纯益手续费的业务。纯益手续费是指再保险接受人为鼓励再保险分出人谨慎地选择原保险合同所承保的业务，在其取得纯益基础上付给再保险分出人一定比例（即纯益手续费率）的报酬。"纯益"指某个业务年度的再保险分入业务获得的纯收益，即该年度分入业务收入项目合计减去支出项目合计的差额。

保险人之间履行再保险合同的约定、办理再保险业务和进行再保险资金结算的主要凭据是分保业务账单，基本格式及内容见表12－1。分保业务账单一般由再保险分出人按季度编制。为了减少付款次数和不必要的汇款费用，再保险合同双方通常约定按照账单上各项应收应付款相抵后的净额结算。表12－1中“应付你方余额”为账单贷方金额合计减去借方金额合计后的净额，是再保险分出人应向再保险接受人实际支付的金额；“应付我方余额”为账单借方金额减去贷方金额合计后的净额，是再保险接受人应向再保险分出人实际支付的金额。

表12－1　分保业务账单

分出公司名称：　　　　　　　　　　分入公司名称：
账单期：　　　　　　　　　　　　　业务年度：
合同名称：　　　　　　　　　　　　币种：

借方		贷方	
项目	金额	项目	金额
分保手续费		分保费	
分保赔付费			
纯益手续费			
应付你方余额		应付我方余额	
合计		合计	
备注			

经办人：　　　　　　　　复核人：　　　　　　　　批准人：

盖章：
年　　月　　日

（三）再保险合同的分类

再保险合同按自留额和分保额计算基础的不同，可分为比例再保险合同和非比例再保险合同。自留额是指对于每一危险单位或一系列危险单位的责任或损失，再保险分出人承担自负责任的限额；分保额是指对于再保险分出人每一危险单位或一系列危险单位的责任或损失，再保险接受人承担分保责任的限额。

1. 比例再保险合同

比例再保险合同，是指以原保险合同保险金额为自留额和分保额计算基础的一种再保险合同。该种再保险方式下，再保险分出人与再保险接受人按照保险金额的一定比例分担责任，并按此比例分出保费和分摊赔付款。比例再保险合同又分为成数再保险合同和溢额再保险合同。

（1）成数再保险合同。成数再保险合同签约双方一般对某种业务的每一危险单位自留额和分保额约定固定的比例，再保险分出人对约定的业务，一律按分保比例向再保险接受人分出保费和摊回赔付款。有时成数再保险合同还约定再保险接受人所承担分保额的最高限额。

（2）溢额再保险合同。溢额再保险合同签约双方一般约定再保险分出人对某种业务每一危险单位保险金额自己所承担的自留额，当保险金额超出自留额时，超出部分（即溢额）由再保险接受人承担，但再保险接受人承担的溢额不超过合同约定的最高限额（在最高限额之内承担的溢额为分保额）。签约双方以自留额和分保额为基础，计算确定每一危险单位的自留额和分保额之间的比例，分别称为自留比例和分保比例。再保险分出人按分保比例向再保险接受人分出保费和摊回赔付款。对于溢额超出再保险接受人最高承担限额的部分，再保险分出人不作分保或另作分保安排。与成数分保不同的是，溢额分保的比例不是固定的，而是根据每一标的的保额大小而变动，分出保费和赔付款项的摊回金额也随之相应变化。

2. 非比例再保险合同

非比例再保险合同，是指以再保险分出人赔付款金额（实际损失）为自留额和分保额计算基础的一种再保险合同。该种再保险方式下，再保险分出人与再保险接受人并不是按比例分配相关的保费和赔付款，而是通常先规定两个限额：一是再保险分出人自己承担的赔付限额（赔款限额或赔付率限额）；二是再保险接受人承担的最高赔付限额。再保险分出人按合同规定在期初向再保险接受人预付一定的保费，合同责任期满后再对预付保费进行调整。当原保险发生保险事故后的赔付金额或全年赔付率不超过自负责任限额时，相关损失由再保险分出人自行承担；对于超过自负责任限额部分的赔付款由再保险接受人承担，但不超过约定应承担的最高限额。非比例再保险是在比例再保险承担补偿责任以后才承担补偿责任的再保险。非比例再保险合同分为超额赔款再保险合同和赔付率超赔再保险合同。

（1）超额赔款再保险合同。超额赔款再保险合同一般约定，以再保险分出人每一危险单位所发生的赔款金额或者一次巨灾事故中多数危险单位的责任累积赔款为基础，确定再保险分出人的自负责任限额和再保险接受人承担的分保限额，自负责任限额以内的损失由再保险分出人自行承担，超过自负责任限额以上的损失由再保险接受人负担最高限额内的部分。其中，以再保险分出人每一危险单位所发生的赔款金额为基础确定自留额和分保额的，为险位超赔再保险合同；以一次巨灾事故中多数危险单位的责任累积赔款额为基础确定自留额和分保额的，为事故（或巨灾）超赔再保险合同。安排超额赔款再保险时，可将所要求的整个超赔保障数额分割为几“层”。

（2）赔付率超赔再保险合同。赔付率超赔再保险合同一般约定，按再保险分出人年度赔付率为基础计算自负责任额和分保责任额，当再保险分出人赔付率超过规定赔付率时，超过部分的赔付款由再保险接受人负担至一定的限额。

第二节　原保险合同收入的确认和计量

一、原保险合同收入的确认

原保险合同收入是指保险人为履行原保险合同规定的义务向投保人收取的收入。这类收入必须同时满足下列条件，才能予以确认：

1. 原保险合同成立并承担相应的保险责任

原保险合同成立，是指原保险合同已经签订；承担相应保险责任，是指保险人在原保险合同生效时开始承担约定的保险责任。保险人和投保人在签订原保险合同时，通常会约定一个保险责任起讫时间。如果原保险合同签订日和生效日不是同一天，保险人在合同生效日前收到的款项，不应确认为保费收入，而应确认为一笔预收保费。

2. 与原保险合同相关的经济利益很可能流入

与原保险合同相关的经济利益主要表现为保费。经济利益很可能流入，是指与原保险合同相关的保费收回的可能性大于不能收回的可能性。

保险人在确定保费能否收回时，应当结合以前与投保人交往的直接经验、投保人的信用和财务状况、其他方面取得的信息等因素，综合进行判断。如果投保人信用良好，能够按照合同约定的期限和金额按期支付保费，通常意味着相关的经济利益很可能流入；如果投保人破产、死亡，财务状况出现严重困难，或由于其他原因造成投保人的生产或生存环境严重恶化，通常意味着相关的经济利益不是很可能流入。通常情况下，对于一次性收取保费的原保险合同，签订合同时通常会收到保费，即意味着相关的经济利益已经流入；对于分期收取保费的原保险合同，签订合同时通常会收到第一期保费，其他各期保费尚未收到，因此，其他各期保费是否能够收回，需要保险人进行职业判断。

3. 与原保险合同相关的收入能够可靠地计量

保险人签发的原保险合同，保费金额通常已经确定，这表明保费收入金额能够可靠计量。对于非寿险原保险合同和寿险原保险合同，保险人承担的保险风险性质不同，保费计量依据的假设不同，保费收入的计量方法也各不相同。

二、原保险合同收入的会计处理

（一）非寿险原保险合同

1. 非寿险原保险合同保费金额的计算

一般情况下，保费的计算需要考虑三个因素，即保险金额、保险费率和保险期限。由于险种的多样化，保费的缴纳方法也出现了不同形式，归纳如下：

（1）直接缴纳法下保费的计算，即投保人直接将规定的保险费以现金形式缴纳给保险人。其保费的计算公式为：

保费 = 保险金额 × 保险费率 × 保险期限

或：保费 = 某项保险标的数 × 每一保险标的应缴纳的保险费

例如，某家庭投保家庭财产保险，保险金额为 100 000 元，保险费率为 1‰，应交保费为：

保费 = 100 000 × 1‰ = 100（元）

如果是第三者责任险还要考虑第三者固定保险费，计算公式为：

保费 = 保险金额 × 保险费率 × 保险期限 + 第三者固定保险费

（2）以保户储金的收益作为保费收入的保费的计算。投保人在投保时，按照保险金额与保险人规定的比率，一次交存保户储金，保险人将此保险储金存入银行或直接投资，则存款利息收入或投资收益作为保费，无论保险期内是否发生保险事故，投保人于保险期满时都可以从保险公司领取全部保户储金。这种方式称为“两全保险”。应交保费的计算公式为：

应交保费（应得利息）＝保户储金×月利率×时期

2. 非寿险原保险合同收入的会计处理

非寿险原保险合同的保险期间一般较短，保费通常一次性收取。即使在分期收取保费的情况下，投保人一般也不能单方面取消合同，通常保险人在签订原保险合同时即可认为保费收回的可能性大于不能收回的可能性。因此，保险人应当根据原保险合同约定的保费总额确定保费收入金额。

保险人应设置“保费收入”、“应收保费”、“预收保费”、“保户储金”、“保户投资金”等科目对非寿险原保险合同进行会计处理。

【例12－2】ABC公司会计部门收到业务部门交来的机动车辆保险保费日报表、保费收据存根和银行收账通知30 000元。应编制会计分录如下：

借：银行存款　　30 000

　贷：保费收入　　30 000

【例12－3】ABC公司收到某集团公司为其管理职员100人投保1年期团体人身意外伤害险金，保额为40 000元，每人交保费60元，合计6 000元，该公司当日以转账支票付讫，会计人员根据收据存根和收账通知办理入账。应编制会计分录如下：

借：银行存款　　6 000

　贷：保费收入　　6 000

【例12－4】2009年1月1日，ABC公司与丁某签订一份家庭财产保险合同，保险金额为500 000元，保险期为1年，保费为2 000元。合同规定，公司自2009年2月1日零时起开始承担保险责任。合同签订当日，ABC公司收到丁某缴纳的全部保费并存入银行。公司的账务处理如下：

2009年1月1日，收到保费2 000元：

借：银行存款　　2 000

　贷：预收保费　　2 000

2009年2月1日，确认原保费收入2 000元：

借：预收保费　　2 000

　贷：保费收入　　2 000

【例12－5】2009年1月1日，ABC公司与A公司签订一份工程保险合同，保险金额为2 000 000元，保险期间为2009年1月1日零时至2010年12月31日24时；保费总额为2 000元，分两年于每年年初等额收取。合同生效当日，ABC公司收到第一期保费并存入银行。账务处理如下：

2009年1月1日，收到保费1 000元，确认原保费收入2 000元：

借：银行存款　　1 000

　　应收保费　　1 000

　贷：保费收入　　2 000

2010 年 1 月 1 日，收取保费 1 000 元：

借：银行存款 1 000

　贷：应收保费 1 000

（二）寿险原保险合同

1. 保费的计算

寿险保费是根据“保险合同双方权利和义务对等”的原则确定的，是对未来发生保险事故的一种成本预测。因此，定价成本是一种预计成本，亦即事前成本。由于寿险的保险标的是人的生命，所以保费的计算主要取决于保险人的死亡率；又由于保险人是先收取保费，而保险金要在保险事故发生后才给付，一般期限较长。根据均衡保费的原理，收到保险人前期的保费中早期多收的保费有很大部分将以准备金形式提存出来累积起来，形成储蓄性资金，这就需要考虑对这部分资金承担利息费用，因而在保费定价时应考虑利率；另外，保险人在经营保险业务中的各项费用也应由被保险人负担，在保费定价时还应考虑费用率。所以寿险保单价格的确定基于三个预定因素，即预定死亡率、预定利率和预定费用率。

由此可见，寿险保费是由纯保费和附加保费两部分构成的。纯保费是抵付保险金的来源，具体可以分为危险保险费和储蓄保险费。危险保险费是保险人用来抵付当年的保险金给付的，它是根据预定死亡率来确定的；储蓄保险费是用来逐年积累以抵付将来的保险金给付的，从实质上说也就是责任准备金，它是根据预定利率来确定的。附加保费是业务费用的来源，是根据预定费用率来确定的。

2. 寿险原保险合同收入的会计处理

寿险原保险合同的保险期间一般较长，保费通常分期收取；投保人可以单方面取消合同，保费的收回存在不确定性。因此，对于分期收取保费的寿险原保险合同，保险人应当根据当期应收取的保费确定保费收入金额；对于一次性收取保费寿险原保险合同，保险人应当根据一次性应收取的保费确定保费收入金额。

【例 12－6】2009 年 1 月 1 日，ABC 公司与张某签订一份定期寿险合同，保险金额为 1 000 000 元，保险期间为 2009 年 1 月 1 日零时至 2030 年 12 月 31 日 24 时；保费总额为 80 000 元，分 5 期于前 5 年每年的 1 月 1 日等额收取。2009 年 1 月 1 日，公司收到张某缴纳的第一期保费 16 000 元，公司的账务处理如下：

借：银行存款 16 000

　贷：保费收入 16 000

以后各年收取保费的账务处理同上。

本例中，如果保费是一次性收取，则应作如下账务处理：

借：银行存款 80 000

　贷：保费收入 80 000

【例 12－7】李玲投保个人养老金险，约定每月交费 200 元，2009 年 1 月 3 日预交保费 2 400 元。应编制会计分录如下：

预收保费时：

借：库存现金 2 400

　贷：保费收入 200

　　　预收保费 2 200

以后每月将预收保费转为实现的保费收入时，应编制会计分录如下：

借：预收保费　　200

　贷：保费收入　　200

第三节　原保险合同准备金的确认和计量

原保险合同准备金包括未到期责任准备金、未决赔款准备金、寿险责任准备金和长期健康险责任准备金。其中，未到期责任准备金、未决赔款准备金适用于非寿险原保险合同，寿险责任准备金、长期健康险责任准备金适用于寿险原保险合同。未决赔款准备金、寿险责任准备金、长期健康险责任准备金又称为保险责任准备金。

一、未到期责任准备金

未到期责任准备金，指保险人为尚未终止的非寿险保险责任提取的准备金。在保险人按原保险合同约定的保费总额确认保费收入的情况下，为了真实地反映保险人当期已赚取的保费收入，保险人就有必要在确认保费收入的当期期末，按照保险精算确定的未到期责任准备金金额，提取未到期责任准备金，作为保费收入的调整，并确认未到期责任准备金负债。

（一）未到期责任准备金的计算方法

对于未到期责任准备金，目前主要采用百分比估算法，它包括1/2法、1/8法、1/24法、1/365法。

1. 1/2法

采用此法的前提条件是假设全年365天每天签单起保收取的保险费都是相等的，这样，一年的保险单在当年还有50%的有效部分未到期，故期末提取未到期责任准备金等于本期保费收入乘以50%。虽然这种方法简便易行，但是在整个保险期间风险并不是均匀分布的，并且保单生效也不是均匀分布在整个承保年度，因此这种方法显然不够准确。

2. 1/8法

1/8法也称为按季计算法。采用此法的前提条件是假设每一季度中承保的所有保险单是逐日开出的，且每天开出的保险单数量、每份保险单的保额及保险费大体均匀。这样，就可以认为每季度的保单有半个季度的责任未到期。一年中有8个“半季度”，因此，到年末时，对在第一季度投保的保单应提取的准备金为第一季度保费收入的1/8，另外7/8为已到期保费。对在第二季度投保的保单应提取的未到期准备金为第二季度保费收入的3/8，另外5/8为已到期保费。依此类推，故年末未到期责任准备金等于一季度保费收入的1/8加上第二季度保费收入的3/8，再加上第三季度保费收入的5/8，最后加上第四季度保费收入的7/8。其计算公式为：

未到期责任准备金＝（签发保单季数×2－1）÷8×当季保费收入

3. 1/24法

1/24法也称为按月计算法。采用此法的前提条件是假设一个月内所有承保的保险单是30天内逐日开出的，且保险单数量、保额、保费大体均匀，这样，就可以认为本月承保时保单在当月内的有效期天数都是 15 天，即半个月，每月的保单有半个月的责任未到期。一年可分为 24 个半个月，对一年期保险单而言，开立保险单的当月末已到期责任为 1/24，23/24 的保费则是未到期责任准备金。以后每过一个月，已到期责任加上 2/24，未到期责任准备金减少 2/24，到年末，1 月份开出保险单的未到期责任准备金为保费的 1/24，2 月份开出保险单的未到期责任准备金为保费的 3/24……以此类推，到 12 月份开出保险单的未到期责任准备金为保费的 23/24。其计算公式为：

未到期责任准备金 =（签发保单月份 ×2 - 1）÷24 × 当月保费收入

4. 1/365 法

1/365 法也称为逐日计算法。根据每张保单的第二年有效天数，逐笔计算未到期责任准备金。其计算公式为：

某日保单未到期责任准备金 = 第二年有效天数 ÷ 保险期天数 × 当日保费收入

严格地说，未到期责任准备金的提取应采用 1/365 法，因为这种计算方法最精确，但计算工作量大，如果保单很多，可以凭借建立数学模型并配合使用计算机进行。因此，新金融企业会计制度规定："未到期责任准备金应于期末按保险精算结果入账。"

（二）未到期责任准备金的会计处理

保险人应当在确认非寿险保费收入的当期期末，按照保险精算确定的金额，提取未到期责任准备金。保险人在资产负债表日还应按照保险精算重新计算未到期责任准备金余额，并根据重新计算确定的未到期责任准备金金额与已确认的未到期责任准备金余额的差额，对未到期责任准备金余额进行调整。

保险人应当按规定提存直接业务的未到期责任准备金，借记"提存未到期责任准备金"科目，贷记"未到期责任准备金"科目；提存分出分保业务的未到期责任准备金，借记"分保未到期责任准备金"科目，贷记"提存未到期责任准备金"科目。期末，按规定转回直接业务的未到期责任准备金，借记"未到期责任准备金"科目，贷记"转回未到期责任准备金"科目；转回分出分保业务的未到期责任准备金，借记"转回未到期责任准备金"科目，贷记"分保未到期责任准备金"科目。并将"提存未到期责任准备金"、"转回未到期责任准备金"科目的发生额转入"本年利润"科目，借记"本年利润"科目，贷记"提存未到期责任准备金"科目；同时，借记"转回未到期责任准备金"科目，贷记"本年利润"科目。

【例 12 - 8】2009 年 11 月 1 日，ABC 公司确认财产保险合同保费收入 68 000 元；11 月 30 日，公司保险精算部门计算确定该财产保险合同未到期责任准备金金额为 54 000 元；12 月 31 日，公司保险精算部门计算确定 A 财产保险合同未到期责任准备金金额为 50 000 元。公司的账务处理如下：

（1）11 月 1 日，确认原保费收入 68 000 元：

借：银行存款	68 000	
贷：保费收入		68 000

（2）11 月 30 日，确认未到期责任准备金 54 000 元：

借：提取未到期责任准备金	54 000	
贷：未到期责任准备金		54 000

(3) 12 月 31 日，调减未到期责任准备金 4 000 元：

借：未到期责任准备金　　4 000

　贷：提取未到期责任准备金　　4 000

二、未决赔款准备金

对于非寿险原保险合同，在保险事故发生之前，保险人承担的向受益人赔付保险金的责任是一种潜在义务，不满足负债的确认条件，不应当确认为负债。保险事故一旦发生，保险人承担的向受益人赔付保险金的责任变成一种现时义务，满足负债的确认条件，应当确认为负债。因此，保险人应当在非寿险保险事故发生的当期，按照保险精算确定的未决赔款准备金额，提取未决赔款准备金，并确认未决赔款准备金负债。

未决赔款准备金，是指保险人为非寿险保险事故已发生尚未结案的赔偿提取的准备金，包括已发生已报案未决赔偿准备金、已发生未报案未决赔偿准备金和理赔费用准备金。其中，已发生已报案未决赔偿准备金，是指保险人为非寿险保险事故已发生并已向保险人提出索赔、尚未结案的赔偿提取的准备金。已发生未报案未决赔偿准备金，是指保险认为非寿险保险事故已发生、尚未向保险人提出索赔的赔案提取的准备金。理赔费用准备金，是指保险人为非寿险保险事故已发生尚未结案的赔案可能发生的律师费、诉讼费、损失检验费、相关理赔人员薪酬等理赔查勘费用提取的准备金。根据与具体赔案之间的关系，理赔费用准备金可分为直接理赔费用准备金和间接理赔费用准备金。

(一) 未决赔款准备金的计算方法

预估已报案赔款准备金及未报案赔款准备金时，应充分估计未决赔案的直接赔款和未决赔案的理赔勘查费用。未决赔案的理赔勘查费用，包括未决赔案理赔过程中已发生及将要发生的直接理赔查勘费和间接理赔勘查费。

未决赔款准备金的提取采用差额补提的方法，按月分别计提已报案赔款准备金、未报案赔款准备金，直接计入各险种的成本费用，年末根据精算结果进行调整。

(1) 已报案赔款准备金按业务部门提供的月末未决赔案估损金额的全额（以下简称“未决赔案估损金额”）减去已报案赔款准备金上月末余额的差额补提；若当月月末的未决赔案估损金额小于已报案赔款准备金上月末余额，则按其差额以负数计提。

(2) 未报案赔款准备金，按本月赔款支出数减去上年同期赔款支出数的差额及有关制度规定的比例差额补提。

(3) 根据精算结果，应对本年已提取的未决赔款准备金进行调整，如精算的应提存数大于实际提存数，则按其差额进行补提；如精算的应提存数小于实际提存数，则按其差额冲减实际提存数。

(二) 未决赔款准备金的会计处理

保险人应当在确认非寿险保费收入的当期期末，按照保险精算确定的金额提取未决赔款准备金。对于已报案赔款准备金，按业务部门提供的月末未决赔案估损金额减去已报案赔款准备金上月末余额的差额补提，借记“提存未决赔款准备金——已发生已报案准备金”科目，贷记“未决赔款准备金——已发生已报案准备金”科目；若提存数为负数，则以红字作相同的会计分录。对于未报案赔款准备金，按月末本年赔款支出累计数减去上年同期赔款支出累计数的差额及有关制度规定的比例计提，借记“提存未决赔款准备金——已发生未报案准备金”科目，贷记“未决赔款准备金——已发生未报案准备金”科目；若提存数为负数，则以红字作相同的会计分录。会计期末根据精算结果对提存的未决赔款准备金进行调整，按精算的应提存数大于实际提存数的差额补提时，借记“提存未决赔款准备金”科目，贷记“未决赔款准备金”科目，若精算的应提存数小于实际提存数，按其差额冲减实际提存数，以红字作相同的会计分录。最后将“提存未决赔款准备金”科目的发生额结转“本年利润”科目，借记“本年利润”科目，贷记“提存未决赔款准备金”科目。

【例12－9】2009年8月31日，ABC公司保险精算部门计算确定的某类财产保险合同未决赔偿准备金金额为80 000元。公司的账务处理如下：

借：提取保险责任准备金　　80 000

　贷：保险责任准备金　　80 000

三、寿险（长期健康险）责任准备金

寿险责任准备金，是指保险人为尚未终止的人寿保险责任准备提取的准备金。长期健康险责任准备金，是指保险认为尚未终止的长期健康保险责任准备金。通常情况下，对于定期寿险、终身寿险、两全寿险、年金寿险等原保险合同，保险人应当在确认保费收入的当期，根据保险精算部门确定的寿险责任准备金确认寿险责任准备金负债；对于长期健康保险等原保险合同，保险人应当在确认保费收入的当期，根据保险精算部门确定的长期健康险责任准备金确认长期健康险责任准备金负债。

【例12－10】2009年12月31日，ABC公司保险精算部门计算确定的某团体终身寿险合同寿险责任准备金金额为100 000元。公司的账务处理如下：

借：提取保险责任准备金　　100 000

　贷：保险责任准备金　　100 000

【例12－11】2009年12月31日，ABC公司保险精算部门计算确定的某财产保险合同未决赔款准备金金额为280 000元，前期已确认的相关未决赔款准备金金额为220 000元，公司补提未决赔款准备金为60 000元（280 000－220 000），公司的账务处理如下：

借：提取保险责任准备金　　60 000

　贷：保险责任准备金　　60 000

四、保险责任准备金充足性测试

保险人在非寿险保险事故发生的当期，已经根据保险精算部门确定的未决赔款准备金金额确认了保险责任准备金（未决赔款准备金）；在确认寿险保费收入的当期，已经根据保险精算部门确定的寿险责任准备金、长期健康险责任准备金金额确认了保险责任准备金（寿险责任准备金、长期健康险责任准备金）。但是，随着理赔案件调查的深入（如未决赔款准备金）和时间的推移（如寿险责任准备金、长期健康险责任准备金），原定保险精算假设可能发生变化，从而导致已确认的保险责任准备金金额与保险人应承担的赔付保险金责任不一致。此时，如果不对已确认的保险责任准备金金额进行调整，就不能真实地反映保险人承担的赔付保险金责任。

【例 12－12】2009 年 12 月 31 日，ABC 公司保险精算部门计算确定的某财产保险合同未决赔款准备金金额为 200 000 元，前期已确认的相关未决赔款准备金金额为 130 000 元，公司补提未决赔款准备金为 70 000 元（200 000－130 000），公司的账务处理如下：

借：提取保险责任准备金　　70 000

　贷：保险责任准备金　　70 000

五、原保险合同提前解除

保险人与投保人签订的原保险合同，投保人由于各种原因可能提前解除。投保人要求提前解除原保险合同的，保险人应当按照原保险合同约定，计算确定应退还投保人的金额，其表现形式是退保费。原保险合同提前解除时，保险人应当区分不同的原保险合同进行处理。

对于非寿险原保险合同，投保人在保险责任开始后要求提前解除原保险合同的，保险人可以收取自保险责任开始之日起至合同解除之日止期间的保险费，剩余的应当退还投保人的保险费即退保费。投保人在保险责任开始前要求提前解除原保险合同的，投保人应当向保险人支付手续费，保险人应当退还保险费。保险人在这种情况下退还的保险费不是退保费，而是预收保费的退还。同时，保险人应当在非寿险原保险合同提前解除时，转销相关的尚未赚取的保费收入，即转销相关未到期责任准备金余额。

对于非寿险原保险合同确认的未决赔款准备金，其确认的前提条件是发生非寿险保险事故。在发生非寿险保险事故的情况下，理性的投保人是不可能要求解除合同的，因此，一般也就不存在转销相关的未决赔款准备金余额。

【例 12－13】2009 年 11 月 20 日，ABC 公司收到 A 公司通知，要求提前解除投保的企业财产保险合同。ABC 公司按约定计算应退还 A 公司保费 8 000 元，并于当日以银行存款转账支付。假定 ABC 公司已为该企业财产保险合同确认未到期责任准备金 2 000 元。

ABC 公司的账务处理如下：

借：保费收入　　8 000

　贷：银行存款　　8 000

借：未到期责任准备金　　2 000

　贷：提取未到期责任准备金　　2 000

对于寿险原保险合同，投保人在保险责任开始后提前解除原保险合同的，如果仍处在犹豫期内，保险人应当在扣除手续费后退还保险费，退还的保险费作为退保费，直接冲减保费收入。如果过了犹豫期，保险人应当按照合同约定退还保险单的现金价值，保险人退还的保险单的现金价值即退保费，应计入退保金。保险人应当在寿险原保险合同提前解除时，转销已确认的相关寿险责任准备金、长期健康险责任准备金。

第四节　原保险合同成本的确认和计量

原保险合同成本是指原保险合同发生的、会导致所有者权益减少的、与向所有者分配利润无关的经济利益的总流出，主要包括发生的手续费或佣金支出、赔付成本，以及提取的未决赔款准备金、寿险责任准备金、长期健康险责任准备金等。

一、保单取得成本

保单取得成本是指保险人在取得原保险合同过程中发生的支出，包括发生的手续费或佣金支出、保单签订费、医药费、检查费等。其中，保险人在取得原保险合同过程中发生的手续费或佣金支出，是保单取得成本的主要内容。根据原保险合同准则，保单取得成本发生时计入当期损益。

保险人应当设置“手续费支出”科目来核算保险公司按规定支付给代理保险业务的代理人的手续费。“手续费支出”科目属于损益类（费用）科目，其借方登记发生的手续费支出或计提应付未付的手续费，贷方登记期末结转“本年利润”科目的数额，结转后该科目无余额。该科目应按险种设置明细账。另外，还应设置“应付手续费”科目来核算保险公司因保险代理业务而发生的应付未付的手续费支出。该科目属于负债类科目，其贷方登记发生的应付手续费，借方登记实际支付的应付手续费，余额在贷方，反映公司尚未支付的手续费。该科目应按代理人设置明细账。

【例12－14】ABC公司收到代办单位转来的本季度代收的企业财产保险费100 000元，随同交来银行转账支票80 000元，其余20 000元下月交清，手续费率5%。保险公司应编制会计分录如下：

收到保费时：

借：银行存款	80 000	
应收保费	20 000	
贷：保费收入		100 000

支付和计提应付手续费时：

借：手续费支出	5 000	
贷：银行存款		4 000
应付手续费		1 000

下月代理人交来保费时：

借：银行存款	20 000	
贷：应收保费		20 000
借：手续费支出	1 000	
贷：银行存款		1 000

二、赔付成本

赔付成本是指短险业务（包括财产保险业务、意外伤害保险业务和短期健康保险业务），因保险标的遭受财产损失或发生意外伤害、疾病，按保险合同约定偿付保险事故损失，支付给保单持有人的赔款及处理保险事故的相关费用支出。赔付成本包括直接赔款、直接理赔查勘费、间接理赔查勘费，具体指保险人支付的赔款、给付，以及在理赔过程中发生的律师费、诉讼费、损失检验费、相关理赔人员薪酬等理赔费用。收回的错赔骗赔款及损余物资折价应冲减赔款支出。

（一）确定支付赔付款项

保险公司收到被保险人赔偿申请及各项有关材料后，应进行认真审核，确定赔偿责任，计算应赔金额，经批核后及时支付赔款。在核算时应设置“赔付支出”科目。

“赔付支出”科目核算按保险合同约定偿付保险事故损失支付给保单持有人的赔款及处理保险事故的相关费用支出。该科目属于损益类（费用）科目，其借方登记赔款支出、预付赔款的转销、理赔查勘费，贷方登记损余物资的冲减额、错赔骗赔的追回款以及期末结转“本年利润”科目的数额，结转后该科目无余额。企业也可以分别设置“赔款支出”、“满期给付”、“年金给付”、“死伤医疗给付”、“分保赔付支出”科目，分别核算支付的赔款支出、满期给付、年金给付、死伤医疗给付或分保赔付支出。

对于非寿险原保险合同，保险人在确定了实际应支付赔偿款项金额的当期，首先应当将确定支付的赔偿款项金额计入当期赔付支出；其次，应当按照确定支付的赔偿款项金额，冲减相应的保险责任准备金（未决赔款准备金）余额。

【例 12－15】2009 年 9 月 30 日，ABC 公司确定应赔偿王某投保的家庭财产保险款 30 000元，款项尚未支付。公司的账务处理如下：

借：赔付支出　　30 000

　　贷：应付赔付款　　30 000

同时，公司冲减为该保险事故确认的未决赔款准备金 30 000 元。

借：保险责任准备金　　30 000

　　贷：提取保险责任准备金　　30 000

保险人在保险事故发生后较短的时间内（通常为保险事故发生当月）即能够结案定损的，保险人可以直接将确定支付的赔付款项金额计入当期损益。

【例 12－16】2009 年 2 月 10 日，ABC 公司被保险人彭某发生交通事故死亡，2 月 18 日，公司确定应赔偿该保险受益人保险款 20 000 元并于当日支付。公司的账务处理如下：

借：赔付支出　　20 000

　　贷：银行存款　　20 000

对于寿险原保险合同，保险人在确定了实际支付给付款项金额的当期，首先应当将确定支付的给付款项金额计入当期赔付支出，同时冲减相应的保险责任准备金（寿险责任准备金、长期健康险责任准备金）余额。

【例 12－17】2009 年 9 月 30 日，ABC 公司确定应给付赵某投保的团体终身寿险款项 200 000 元，款项尚未支付。公司的账务处理如下：

借：赔付支出　　200 000

　　贷：应付赔付款　　200 000

借：保险责任准备金　　200 000

　　贷：提取保险责任准备金　　200 000

（二）理赔费用

保险事故发生后，保险人为了确定应承担赔付保险金责任的金额，需要经过调查核实等一系列工作流程，在这一过程中发生的相关费用即理赔费用，包括律师费、诉讼费、损失检验费、相关理赔人员薪酬等。

保险人发生的理赔费用，应当在实际发生的当期计入赔付支出，同时冲减相应的保险责任准备金（未决赔款准备金、寿险责任准备金、长期健康险责任准备金）余额。

【例12－18】2009年10月21日，ABC公司分配相关理赔人员薪酬20 000元，其中与寿险责任准备金有关的金额为12 000元，与长期健康险责任准备金有关的金额为8 000元。公司的账务处理如下：

借：赔付支出	20 000	
贷：应付职工薪酬		20 000
借：保险责任准备金——寿险责任准备金	12 000	
——长期健康险责任准备金	8 000	
贷：提取保险责任准备金		20 000

三、损余物资

“损余物资”是指保险标的受损，经公司赔付后尚有经济价值的残余物资。损余物资处理应坚持“物尽其用”的原则，对受损财产的残余部分应根据可用程度，实事求是、合情合理地作价折归被保险人，从赔款中扣除。如双方达不成协议，被保险人对残余部分坚持不接受时，可报经公司领导批准收回处理。收回损余物资要严格按规定手续办理，开列清单，并设置“损余物资登记簿”，列明损余物资的品名、数量、损坏程度、残值数额。

通常情况下，保险人承担赔偿保险金责任时，一般将取得的有关财产折价给受益人，该财产不属于保险人的损余物资，应当将其从应支付的赔偿款项中扣除，按扣除后的金额支付给受益人。如果保险人承担赔偿保险金责任时，没有将取得的原保险标的受损后的有关财产折价给受益人，则该资产属于保险人的损余物资。

在确认损余物资时，应当按照同类或类似资产的市场价格计算确定的金额确认为资产，同时冲减赔付支出。保险人处置损余物资时，收到的金额与相关损余物资账面价值的差额，应调整当期赔付支出。承担赔偿保险金责任取得的损余物资，按原保险合同准则计算确定的金额，借记本科目，贷记“赔付支出”科目。处置损余物资时，按实际收到的金额，借记“库存现金”、“银行存款”等科目；已计提跌价准备的，借记本科目（跌价准备），按其账面余额贷记本科目，按其差额借记或贷记“赔付支出”科目。

【例12－19】陈某投保的一辆桑塔纳发生被盗保险事故，ABC公司已结案并支付保险金。2009年5月10日，公司通过公安部门找回了该被盗车辆，参照同类资产的市场价格确定的入账价值为180 000元。公司的账务处理如下：

借：损余物资	180 000	
贷：赔付支出		180 000

四、代位追偿款

代位追偿款，是指保险人承担赔偿保险金责任后，依法从被保险人取得代位追偿权向第三者责任人索赔而应取得的赔款。

在判断代位追偿款能否收回时，保险人应当根据以往的经验、债务人的财务状况和现金流量等相关信息进行合理估计。保险人确认的应收代位追偿款，其实质是对保险人发生的赔付支出的补偿，在确认时应当冲减赔付支出。若实际收到的金额与应收代位追偿款账面价值存在差额，则调整当期赔付支出。

企业应设置"应收代位追偿款"对按照原保险合同约定承担赔付保险金责任确认的应收代位追偿款进行核算。承担赔付保险金责任应当确认的代位追偿款，借记本科目，贷记"赔付支出"科目。收回应收代位追偿款时，应按收到的金额，借记"库存现金"、"银行存款"等科目。已计提坏账准备的，借记"坏账准备"科目，按其账面余额，贷记本科目，按其差额，借记或贷记"赔付支出"科目。应收代位追偿款的核销和转回，应当比照"坏账准备"科目的相关规定进行处理。

【例 12－20】2009 年 10 月 20 日，丁某投保的小轿车发生碰撞事故，ABC 公司承担了赔偿保险金责任后，取得向责任方代位追偿的权利，估计能够收回的代位追偿款为 40 000 元。12 月 23 日，公司从责任方收到代位追偿款 32 000 元，款项存入银行。公司的账务处理如下：

确认应收代位追偿款 40 000 元：

借：应收代位追偿款	40 000	
贷：赔付支出		40 000

收到应收代位追偿款 32 000 元：

借：银行存款	32 000	
赔付支出	8 000	
贷：应收代位追偿款		40 000

第五节　再保险合同

一、再保险合同分出业务的会计处理

分出业务的会计处理主要包括分出保费、摊回成本费用、纯益手续费、应收分保准备金、预收赔款和存入分保保证金等。

（一）分出保费

分出保费的计算方法因再保险合同种类的不同而不同，具体计量金额一般由保险人业务部门根据再保险合同约定计算确定。在比例分保的情况下，分出人的自留额和分入人的责任额都表示为保额的一定比例，该比例也是计算分出保费的依据。计算公式如下：

分出保费＝原保费×确定的分保比例

非比例再保险分出保费的计算则比较复杂。

1. 科目设置

保险人应设置"分出保费"科目核算公司分出业务向分入人分出的保费。该科目属于损益类（费用）科目，其借方登记分出保费，贷方登记转入本年利润数额，结转后该科目无余额。该科目要求按险种设置明细账。另外，还应设置“应付分保账款”科目，用于核算保险公司开展分保业务而发生的应付未付的各种款项。该科目属于负债类科目，其贷方登记分保业务中应付未付款项的发生数，借方登记支付数，余额在贷方，反映应付尚未支付的分保账款。该科目要求按分入人设置明细账。

2. 会计处理

企业在确认原保险合同保费收入的当期，应按再保险合同约定计算确定的分出保费金额，借记“分出保费”科目，贷记“应付分保账款”科目。在原保险合同提前解除的当期，应按再保险合同约定计算确定的分出保费的调整金额，借记“应付分保账款”科目，贷记“分出保费”科目。

【例 12－21】2009 年 11 月 1 日，ABC 保险公司向 A 保险公司分出一笔业务，保险费金额 10 万元，则 ABC 公司账务处理如下：

借：分出保费　　100 000

　贷：应付分保账款　　100 000

（二）摊回成本费用

分出业务各项摊回金额是对再保险分出人由原保险合同所引起的提取保险责任准备金、赔付成本及其他相关费用的补偿。再保险分出人应当在确认原保险合同保费收入的当期，按照相关再保险合同的约定，计算确定分出保费和应向再保险接受人摊回的分保手续费，计入当期损益。在确定支付赔付款项金额或实际发生理赔费用而冲减原保险合同相应准备金余额的当期，冲减相应的应收分保准备金余额；同时，按照相关再保险合同的约定，计算确定应向再保险接受人摊回的赔付成本，计入当期损益。

企业在确认原保险合同保费收入的当期，应按相关再保险合同约定计算确定的应向再保险接受人摊回的分保费用和赔付成本金额，借记“应收分保账款”科目，贷记“摊回分保费用”、“摊回赔付支出”等科目。在原保险合同提前解除的当期，应按相关再保险合同约定计算确定的摊回分保费用的调整金额，借记“摊回分保费用”科目，贷记“应收分保账款”科目。在能够计算确定应向再保险接受人收取的纯益手续费时，应按相关再保险合同约定计算确定的纯益手续费，借记“应收分保账款”科目，贷记“摊回分保费用”科目。企业在确定支付赔付款项金额或实际发生理赔费用而确认原保险合同赔付成本的当期，应按相关再保险合同约定计算确定的应向再保险接受人摊回的，借记“应收分保账款”科目，贷记“摊回赔付成本”科目。在因取得和处置损余物资、确认和收到应收代位追偿款等而调整原保险合同赔付成本的当期，应按相关再保险合同约定计算确定的摊回赔付成本的调整金额，借记或贷记“摊回赔付成本”科目，贷记或借记“应收分保账款”科目。

【例 12－22】2009 年 1 月 31 日，ABC 公司与客户李某签订一份人身意外伤害保险合同，保险金额为 180 万元，自 2009 年 2 月 1 日零时合同生效，保险期间为 1 年；李某于合同生效当日一次性缴纳保险费 0.36 万元，公司开始承担保险责任并确认了保费收入。该份人身意外伤害保险合同属于 ABC 公司与 A 保险公司签订的溢额再保险合同约定的业务范围。该再保险合同约定：每一被保险人的意外险自留额为 50 万元，A 公司的分保额最高限额为 150 万元，分保手续费率为 25%。2009 年 7 月 10 日，被保险人李某发生车祸死亡，ABC 公司于事故发生当月确认了赔付成本 180 万元。2009 年 7 月 26 日，ABC 公司向李某家属支付了保险赔款，该保险事故结案。ABC 公司就上述业务计算出应向 A 公司分出的保费金额为 0.26 万元［0.36 ×（180 - 50）÷180］，分保手续费金额为 0.065 万元（0.26 ×25%），应从 A 公司摊回赔款金额为 130 万元［180 ×（180 - 50）÷180］，公司分出保费、摊回分保费用、摊回赔付成本的账务处理如下：

确认分出保费及摊回分保费用：

借：分出保费　　2 600

　贷：应付分保账款——A 公司　　2 600

借：应收分保账款——A 公司　　650

　贷：摊回分保费用　　650

确认应摊回的赔付成本：

借：应收分保账款——A 公司　　1 300 000

　贷：摊回赔付支出　　1 300 000

（三）纯益手续费

纯益手续费又称盈余手续费；是指分保接受人同意在其取得利润的基础上付给分保分出人一定比例的报酬。其计算公式如下：

纯益手续费 =（收入项目合计 - 支出项目合计）×纯益手续费率

其中，收入项目和支出项目由合同规定。收入项目一般包括分保费收入和准备金利息收入等，支出项目一般包括分保费用支出、分保赔款支出以及相关的其他税费等。纯益手续费率由合同规定。

纯益手续费的期间有按会计年度计算和按承保年度计算两种，计算基础有以赔付率为基础和以利润率为基础两种。对于当年结清合同的纯益手续费账单，在年底合同结束后编制；当年不能结清合同的纯益手续费账单，一般在第二年年底编制，以后每年年底调整一次。

分保手续费是再保险接受人对再保险分出人取得和经营原保险业务所发生费用的补偿，纯益手续费是再保险接受人对再保险分出人谨慎地选择原保险业务而为其带来盈利的一种“奖励”措施，其实质是对再保险分出人经营原保险业务的“额外”补偿。因此纯益手续费与分保手续费性质相类似，确认应取得的纯益手续费时应作摊回分保费用处理。

【例 12 - 23】假定上例再保险合同签订 5 年后 ABC 公司与 A 公司双方确认一致的纯益手续费金额为 100 万元。ABC 公司应于双方确认一致时作如下账务处理：

借：应收分保账款——A 公司　　1 000 000

　贷：摊回分保费用　　1 000 000

（四）应收分保准备金

在签订再保险合同的情况下，再保险分出人提取相关原保险合同各项准备金（未到期责任准备金除外）确认应付保险受益人负债的同时，也产生了向再保险接受人收取补偿金额的权利，该权利所带来的经济利益很可能流入保险人并且权利金额能够可靠地计量，符合资产要素的定义及确认条件，应当确认为应收分保准备金资产。

应收分保准备金的确认应符合与有关原保险合同准备金不相互抵消的要求，即再保险分出人不应仅以各项原保险合同准备金扣除相关应收分保准备金后的金额列示于资产负债表的负债方。原保险合同准备金反映再保险分出人应付保险受益人的负债，而应收分保准备金反映的则是再保险分出人应收再保险接受人的债权。再保险合同的签订并不能减少或免除再保险分出人对原保险合同保险受益人的保险责任，无论再保险接受人能否对再保险分出人支付补偿金额，再保险分出人都要向保险受益人全额履行赔付义务。因此，应收分保准备金与相关原保险合同准备金不应相互抵消，抵消处理会掩盖再保险分出人客观存在的信用风险，造成信息披露不充分。按照再保险合同准则要求，再保险分出人应在资产负债表中全额列示原保险合同各项准备金，以全面、真实地反映其对原保险合同保险受益人的负债情况，同时将各项应收分保准备金作为资产单独列示，以真实反映其对再保险接受人应有的债权。这样，也有利于准确考核再保险分出人的偿付能力。应收分保未到期责任准备金和未到期责任准备金同样不符合相抵消条件，应分别列示于资产负债表的资产方和负债方。

再保险分出人应当在确认非寿险原保险合同保费收入的当期，按照相关再保险合同的约定，计算确认相关的应收分保未到期责任准备金资产，并冲减提取未到期责任准备金。通过“提取未到期责任准备金”科目集中反映将当期自留保费调整为已赚保费的调整金额。而应收分保未决赔款准备金、应收分保寿险责任准备金和应收分保长期健康险责任准备金都表示再保险分出人预期从再保险接受人处获得补偿的金额具有收入性质，确认时应作为摊回相应准备金处理。

【例12－24】2009年2月2日，ABC保险公司与A保险公司签订一份成数分保财险再保险合同，将合同规定范围内的原保险业务向A公司办理分保。合同约定，分保比例为20%；分保手续费以分出保费作为计算基础，分保手续费率为25%；合同起期日为2009年3月1日，保险责任期间为1年。2009年3月1日，ABC公司就该再保险合同规定业务范围内的丙企业财产保险合同确认保费收入10万元；3月31日，ABC公司就该企业财产保险合同提取未到期责任准备金9万元；5月28日，该企业财产保险合同约定的保险事故发生，至5月31日尚未结案定损，ABC公司就该合同提取未决赔款准备金5 000万元。ABC公司确认应收分保准备金的会计处理如下：

2009年3月31日，确认应收分保未到期责任准备金：

公司应确认的对A公司应收分保未到期责任准备金＝9×20%＝1.8（万元）

借：应收分保未到期责任准备金　　　　18 000

　贷：提取未到期责任准备金　　　　　　18 000

2009年5月31日，确认应收分保未决赔款准备金：

公司应确认的对A公司应收分保未决赔款准备金＝5 000×20%＝1 000（万元）

借：应收分保未决赔款准备金　　　　10 000 000

　贷：摊回未决赔偿准备金　　　　　　10 000 000

在资产负债表日，再保险分出人按照保险精算重新计算确定的未到期责任准备金额与已提取的未到期责任准备金余额的差额调整未到期责任准备金余额时，应按照相关再保险合同约定计算确定应收分保未到期责任准备金的相应调整额，调整应收分保未到期责任准备金和提取未到期责任准备金的账面余额。

（五）预收赔款和存入分保保证金

再保险分出人在发生大额索赔的情况下，有可能会垫付较大金额的再保险份额的赔款。为了避免这种情况，有些再保险合同约定再保险分出人承保的每一张保险单项下或每一次事故的估计损失达到或超过合同约定的限额时，再保险分出人可根据已决赔款或预付赔款的结付金额要求再保险接受人预先支付分保份额相对应的现金赔款。再保险分出人收到再保险接受人预付的现金赔款时，借记“银行存款”科目，贷记“预收赔付款”科目；发出分保业务账单时，按照账单中转销的现金赔款金额，借记“预收赔付款”科目，贷记“应收分保账款”科目。

分保保证金是再保险分出人从应付给再保险接受人的分保费中以一定比例扣存，作为再保险接受人履行分保未了责任的保证金。该保证金留存期一般为12个月，至次年同期归还，归还时要支付利息。分保保证金从性质上属于再保险接受人的预付款。再保险分出人对于存入分期保证金，应当按期计提利息。

【例12－25】2009年1月1日，ABC公司作为分出人与A保险公司签订一份溢额再保险合同，合同起期日为2009年1月1日，保险责任期间为1年。合同约定，ABC公司在每季度账单中，从应付给A公司的分保费中按照一定比例计算扣存分保保证金，扣存期为12个月，次年同期归还，归还的同时支付利息，保证金年利率为4%。假定ABC公司2009年4月4日发出的当年第一季度账单中，“扣存本期分保保证金”项目金额为120万元。ABC公司相关账务处理如下：

借：应付分保账款——A公司	1 200 000	
贷：存入保证金		1 200 000

ABC公司应自2009年1月至2009年3月每月计提分保保证金利息，每月分保保证金利息为0.4万元（120×4%÷12），每月计提分保保证金利息时：

借：利息支出	4 000	
贷：应付分保账款——A公司		4 000

ABC公司于2009年4月发出的本年度第一季度对A公司的分保业务账单中，“转回上年同期扣存分保保证金”项目金额为120万元。ABC公司账务处理如下：

借：存入保证金	1 200 000	
贷：应付分保账款——A公司		1 200 000

二、再保险合同分入业务的会计处理

分入业务的核算内容包括分保费收入的核算、分保赔款和费用的核算、提存准备金核算等项内容。

（一）分保费收入的会计处理

1. 分保费收入的确认与计量

按照我国企业会计准则的规定，分保费收入同时满足下列条件的才能予以确认：

（1）再保险合同成立并承担相应保险责任。再保险合同一般自签订日起成立，但自合同规定的起期日起才开始承担保险责任。因此，再保险合同的签订日与开始承担保险责任的日期可能一致，也可能不一致。

（2）与再保险合同相关的经济利益很可能流入。对于再保险接受人而言，与再保险合同相关的经济利益即分保费。如果再保险接受人能够确定分保费收回的可能性大于不能收回的可能性，即分保费收回的可能性超过 50%，则表明经济利益很可能流入。一般情况下，如果再保险分出人信用良好，能够按照合同规定如期发送分保业务账单，并能够按约定及时进行分保往来款项的结算，则意味着与再保险合同相关的经济利益很可能流入再保险接受人。

（3）与再保险合同相关的收入能够可靠地计量。由于再保险合同一般只是规定某一时期再保险所承保的业务范围和地区范围、自留额和分保额的计算基础、分保费及手续费的计算方法等，并不直接明确分保费的具体金额，分保费的具体金额往往要根据再保险分出人原保险合同保费收入金额来计算确定，因此，再保险接受人在判断“与再保险合同相关的收入能够可靠地计量”条件时就产生了以下两种情况：一是再保险接受人可以在每一会计期间对该期间的分保费收入金额作出合理估计。如果再保险接受人具有长期积累的丰富经验和大量的数据资料，能够采用先进的估算方法，借助专门的技术手段，对再保险合同项下每一会计期间再保险分出人相关原保险合同保费收入进行估计，进而按照再保险合同约定计算出相关分保费收入金额，且该估计金额与收到的分保业务账单标明的分保费金额比较接近，则表明再保险接受人可以在每一会计期间对该期间内的分保费收入金额进行可靠计量。这种情况下，如果分保费收入确认的其他条件均满足，再保险接受人应在每一会计期间按照估计金额确认当期分保费收入，并按照再保险合同约定计算确认当期分保费用，待后期收到该期间的分保业务账单时，再按照账单标明的金额进行调整，将调整金额计入调整当期的损益。按账单金额调整估计金额属于资产负债表日后事项的，按《企业会计准则第 29 号——资产负债表日后事项》进行处理。二是再保险接受人只有收到分保业务账单时才能对分保费收入进行可靠计量。如果再保险接受人由于缺乏丰富的经验数据资料和先进的技术方法、手段，而无法对再保险合同项下每一会计期间分保费收入金额进行估计，或估计金额可能与实际金额产生重大差异，则表明再保险接受人只能于收到分保业务账单时才能对分保费收入进行可靠计量。这种情况下，再保险接受人应当于收到分保业务账单时根据账单标明的金额确认分保费收入及相关的分保费用。

由于再保险接受人收到分出人提供账单的滞后性，使再保险接受人在满足分保费收入确认条件的当期，通常无法及时收到分出人提供的实际账单。因此，在我国会计实务中，保险公司一般于收到分保业务账单时确认分保费收入和相关费用。《企业会计准则第 26 号——再保险合同》规定，再保险接受人应根据再保险合同的约定对当期分保费收入进行专业、合理的预估，并将预估方法作为基准方法，将根据分保业务账单处理作为备选方法。为确保再保险接受人在分出人确认分出保费的相同期间内确认分保费收入，接受人应当建立预估方法或模型，对分保费收入的金额进行合理估计。同时，接受人需要进一步根据预估的分保费收入提取分保未到期责任准备金。

2. 分保费收入的会计处理

公司企业确认的分保费收入，借记“应收分保账款”科目，贷记“分保费收入”科目。收到分保业务账单时，按账单标明的金额对分保费收入进行调整，按调整增加额，借记“应收分保账款”科目，贷记本科目；按调整减少额，作相反的会计分录。

【例 12－26】2009 年 12 月 22 日，ABC 保险公司与 A 保险公司签订一份成数再保险合同，接受 A 公司分出的原保险业务。合同约定的分保比例为 40%，分保手续费率为 30%。

合同起期日为2010年1月1日，保险责任期间为1年。ABC公司预估2010年第一季度各月与A公司再保险合同项下的分保费收入金额为：1月600万元，2月700万元，3月500万元。公司于4月20日收到A公司发来的第一季度的分保业务账单，账单标明的分保费为2 000万元，分保手续费为700万元。公司相关账务处理如下：

2010年1月：

借：应收分保账款——A公司　　6 000 000

　贷：分保费收入　　6 000 000

借：分保费用　　1 800 000

　贷：应付分保账款——A公司　　1 800 000

2010年2月：

借：应收分保账款——A公司　　7 000 000

　贷：分保费收入　　7 000 000

借：分保费用　　2 100 000

　贷：应付分保账款　　2 100 000

2010年3月：

借：应收分保账款——A公司　　5 000 000

　贷：分保费收入　　5 000 000

借：分保费用　　1 500 000

　贷：应付分保账款——A公司　　1 500 000

2010年4月20日，收到账单时调整第一季度确认的分保费收入和分保费用：

分保费收入调整金额 = 2 000 - (600 + 700 + 500) = 200（万元）

分保手续费调整金额 = 700 - (180 + 210 + 150) = 160（万元）

借：应收分保账款——A公司　　2 000 000

　贷：分保费收入　　2 000 000

借：分保费用　　1 600 000

　贷：应付分保账款——A公司　　1 600 000

若公司不具备对分保费收入进行预估确认的条件，则应在2010年4月20日收到分保业务账单时直接作如下账务处理：

借：应收分保账款——A公司　　20 000 000

　贷：分保费收入　　20 000 000

借：分保费用　　7 000 000

　贷：应付分保账款——A公司　　7 000 000

（二）分保费用的会计处理

分保费用指分入公司因分入业务向分出人支付的应由其承担的各项费用，包括手续费、税款及其他费用。根据《企业会计准则》的规定，如果分保费收入确认的其他条件均满足，再保险接受人应在每一会计期间按照估计金额确认当期分保费收入，并按照再保险合同约定计算确认当期分保费用，计入当期损益。

企业在确认分保费收入的当期，应按再保险合同约定计算确定的分保费用金额，借记

"分保费用"科目，贷记"应付分保账款"科目。收到分保业务账单时，按账单标明的金额对分保费用进行调整，借记或贷记"分保费用"科目，贷记或借记"应付分保账款"科目。

【例12-27】2009年1月10日，ABC保险公司计算确定分保费用100万元，会计处理如下：

借：分保费用　　1 000 000

　贷：应付分保账款　　1 000 000

（三）分保赔付成本的会计处理

再保险接受人确认分保赔付成本的会计处理与保险人确认原保险合同赔付成本的会计处理相类似，应当在收到分保业务账单的当期，按照账单标明的分保赔付款项金额，作为分保赔付成本，计入当期损益；同时，冲减相应的分保准备金余额。再保险接受人收到分保业务账单的当期，应按账单标明的分保赔付款项金额，借记"分保赔付支出"科目，贷记"应付分保账款"科目。

【例12-28】沿用【例12-26】的资料，ABC公司于2010年4月20日收到A公司发来的第一季度分保业务账单中标明的分保赔款金额为700万元，公司已提取的相应分保未决赔款准备金为500万元。则相关账务处理如下：

借：分保赔付支出　　7 000 000

　贷：应付分保账款——A公司　　7 000 000

借：未决赔款准备金　　5 000 000

　贷：提取未决赔款准备金　　5 000 000

（四）预付赔款和存出分保保证金的会计处理

再保险接受人向再保险分出人预付的现金赔款，应当在支付预付赔款时，借记"预付赔付款"科目，贷记"银行存款"科目；在收到分保业务账单时，借记"应付分保账款"科目，贷记"预付赔付款"科目。

再保险接受人应当在收到分保业务账单时，依据账单标明的相关金额进行存出分保保证金的会计处理。对存出的分保保证金，应当按期计提利息。

第六节　保险合同的列报与披露

一、原保险合同的列报与披露

（一）应在资产负债表中列报的信息

保险人应当在资产负债表中单独列示与原保险合同有关的下列项目：

（1）未到期责任准备金；

（2）未决赔款准备金；

（3）寿险责任准备金；

（4）长期健康险责任准备金。

（二）应在利润表中列报的信息

保险人应当在利润表中单独列示与原保险合同有关的下列项目：

（1）保费收入；

（2）退保费；

（3）提取未到期责任准备金；

（4）已赚保费；

（5）手续费支出；

（6）赔付成本；

（7）提取未决赔款准备金；

（8）提取寿险责任准备金；

（9）提取长期健康险责任准备金。

（三）应在会计报表附注中披露的信息

保险人应当在附注中披露与原保险合同有关的下列信息：

（1）代位追偿款的有关情况；

（2）损余物资的有关情况；

（3）各项准备金的增减变动情况；

（4）提取各项准备金及进行准备金充足性测试的主要精算假设和方法。

二、再保险合同的列报与披露

（一）应在资产负债表中列报的信息

保险人应当在资产负债表中单独列示与再保险合同有关的下列项目：

（1）应收分保账款；

（2）应收分保未到期责任准备金；

（3）应收分保未决赔款准备金；

（4）应收分保寿险责任准备金；

（5）应收分保长期健康险责任准备金；

（6）应付分保账款。

（二）应在利润表中列报的信息

保险人应当在利润表中单独列示与再保险合同有关的下列项目：

（1）分保费收入；

（2）分出保费；

（3）摊回分保费用；

（4）分保费用；

（5）摊回赔付成本；

（6）分保赔付成本；

（7）摊回未决赔款准备金；

（8）摊回寿险责任准备金；

（9）摊回长期健康险责任准备金。

（三）应在会计报表附注中披露的信息

保险人应当在附注中披露与再保险合同有关的下列信息：

（1）分入业务各项分保准备金的增减变动情况；

（2）分入业务提取各项分保准备金及进行分保准备金充足性测试的主要精算假设和方法。

【复习题】

一、思考题

1. 什么是保险合同？它有哪些分类？

2. 原保险合同与再保险合同有何区别？

3. 原保险合同的收入与再保险合同的收入应如何确定？

二、业务题

1. 某单位为其职工 3 000 人投保终身寿险，保险金额为 50 000 元，按规定每人每年缴保费 10 元，合计 30 000 元，经特别约定分两次缴清，投保时支付 60%，两个月后支付 40%。

要求：作出保险人相关业务的会计处理。

2. 2009 年 3 月 3 日，C 公司与客户彭某签订一份人身意外伤害保险合同，保险金额为 100 万元，自 2009 年 4 月 1 日零时合同生效，保险期间为 1 年；彭某于合同生效当日一次性缴纳保险费 0.25 万元，公司开始承担保险责任并确认了保费收入。该份人身意外伤害保险合同属于 C 公司与 A 保险公司签订的溢额再保险合同约定的业务范围。该再保险合同约定：被保险人的每一意外险自留额为 30 万元，A 公司的分保额最高限额为 70 万元，分保手续费率为 25%。2009 年 6 月 10 日，被保险人彭某发生车祸死亡，C 公司于事故发生当月确认了赔付成本 100 万元。2009 年 6 月 20 日，C 公司向彭某家属支付了保险赔款，该保险事故结案。

要求：作出 C 公司相关业务的会计处理。

第十三章　石油天然气开采

【学习目标】

通过本章的学习，了解石油天然气行业及企业的特殊性及其核算特点；熟练掌握石油天然气开采的会计确认、计量原则与方法；能够运用所学的知识对石油天然气开采业务进行正确的会计处理；熟悉石油天然气开采的会计披露要求。

【知识点】

油气开采、油气资产、油气开采活动支出、矿区取得支出、油气勘探支出、油气开发支出、油气生产成本、弃置义务、矿区权益、探明矿区权益、未探明矿区权益、累计折耗。

第一节　石油天然气开采概述

石油天然气行业是为国民经济提供重要能源的矿产采掘行业，生产对象是不可再生的油气资源，生产活动所依赖的主要是埋藏于地下的油气储量，其生产过程包括矿区权益的获取、油气勘探、油气开发和油气生产等内容。由于石油天然气特殊的生产过程，其生产经营活动具有高投入、高风险、投资回收期长、油气储量发现成本与发现储量的价值之间不存在密切相关关系等特点。本章着重讲解从事石油天然气开采企业的矿区权益取得、勘探、开发和生产等油气开采活动的会计处理和相关信息披露，不包括油气的储运、炼制、销售等下游活动的处理。

一、矿区及矿区的划分

石油天然气开采（以下简称“油气开采”）的会计核算是以矿区为基础的。矿区是指企业开展油气开采活动所处的区域，具有相同的油藏地质构造或储层条件，并具有独立的压力系统和独立的集输系统，可作为独立的开发单元。矿区是计提折耗、进行减值测试等活动的成本中心，是石油天然气会计中的重要概念。矿区的划分应遵循以下原则：①一个油气藏可作为一个矿区；②若干相邻且地质构造或储层条件相同或相近的油气藏可作为一个矿区；③一个独立集输计量系统为一个矿区；④一个大的油气藏分为几个独立集输系统并分别计量的，可以分为几个矿区；⑤采用重大、新型采油技术并工业化推广的区域可作为一个矿区；⑥一般而言，划分矿区应优先考虑国家的不同，在同一地理区域内不得将分属不同国家的作业区划分在同一个矿区或矿区组内。

在油气开采活动中，与某一或某几个油气藏相关的单项资产，例如单井，能够单独产生可计量现金流量的情况极为少见。通常情况下，特定矿区在勘探、开发和生产期间所发生的所有资本化成本都是作为一个整体来产生现金流的，因此计提折耗和减值测试均应以矿区作为成本中心。

二、油气资产的定义及分类

从事油气开采的企业所拥有或控制的井及相关设施和矿区权益统称油气资产。油气资产是一种递耗资产，反映了企业在油气开采活动中取得的油气储量以及利用这些储量生产原油或天然气的设施的价值。油气开采企业通过计提折耗，将油气资产的价值随着开采工作的开展逐渐转移到所开采的产品成本中。油气资产折耗是油气资源实体上的直接耗减，折耗费用是产品成本的直接组成部分。油气资产的内容应包括取得探明经济可采储量的成本、暂时资本化的未探明经济可采储量的成本、全部油气开发支出以及预计的弃置成本。油气资产是油气生产企业最重要的资产，其价值在企业总资产中所占的份额相当大。

为了开采油气，企业往往要增置一些附属的辅助设备和设施，如增设房屋、机器等。这类固定资产应计提折旧，而不是计提折耗。

油气资产通常可分为矿区权益和井及相关设施。其中，矿区权益，是指企业取得的在矿区内勘探、开发和生产油气的权利。矿区权益分为探明矿区权益和未探明矿区权益。其中，探明矿区，是指已发现探明经济可采储量的矿区；未探明矿区是指未发现探明经济可采储量的矿区。探明经济可采储量，是指在现有技术和经济条件下，根据地质和工程分析，可合理确定的能够从已知油气藏中开采的油气数量。井及相关设施，是指企业通过油气勘探与开发形成的可以开采石油的油气井及相关设施。

三、油气开采活动支出

石油天然气开采包括了矿区的取得、油气勘探、油气开发和油气生产等四个主要环节。因此，油气开采活动中发生的支出可以分为矿区取得支出、油气勘探支出、油气开发支出和油气生产支出四类。

（一）矿区取得支出

矿区取得支出是指为了取得一个矿区的探矿权和采矿权（包括未探明和已探明）而发生的购买、租赁支出，包括探矿权价款、采矿权价款、土地使用权、签字费、租赁定金、购买支出、咨询顾问费、审计费以及与获得矿区有关的其他支出。

（二）油气勘探支出

勘探支出是指为了识别可以进行勘查的区域和对特定区域探明或进一步探明油气储量而发生的地质调查、地球物理勘探、钻探探井和勘探型详探井、评价井和资料井以及维持未开发储量而发生的支出。勘探支出可能发生在取得有关矿区之前，也可能发生在取得矿区之后。

（三）油气开发支出

开发支出是发生于为了获得探明储量和建造或更新用于采集、处理和现场储存油气的设施而发生的支出，包括开采探明储量的开发井的成本和生产设施的支出，这些生产设施诸如矿区输油管、分离器、处理器、加热器、储罐、提高采收率系统和附近的天然气加工设施。

（四）油气生产成本

生产成本，又被称为操作成本，是指在油田把油气提升到地面，并对其进行收集、拉运、现场处理加工和储存的活动成本。这里所指的“生产成本”并非取得、勘探、开发和生产过程中的所有成本，而是在井上进行作业和井的维护中所发生的相关成本。生产成本包括在井和设施上进行作业的人工费用、修理和维护费用、消耗的材料和供应品、相关税费等。

第二节　矿区权益的会计处理

一、矿区权益的初始计量

为取得矿区权益而发生的成本应当在发生时予以资本化。企业取得的矿区权益，应当按照取得时的成本进行初始计量：

（1）申请取得矿区权益的成本包括探矿权使用费、采矿权使用费、土地或海域使用权支出、中介费以及可直接归属于矿区权益的其他申请取得支出。

（2）购买取得矿区权益的成本包括购买价款、中介费以及可直接归属于矿区权益的其他购买取得支出。

（3）矿区权益取得后发生的探矿权使用费、采矿权使用费和租金等维持矿区权益的支出，应当计入当期损益。

【例 13－1】ABC 公司申请取得某矿区的使用权并得到批准，该公司已向矿区土地管理部门支付探矿权价款 100 万元，中介费 20 万元，其他费用 8 万元，款项已经通过银行支付。则相关会计处理如下：

借：油气资产——矿区权益	1 280 000	
贷：银行存款		1 280 000

二、矿区权益的折耗

企业应当采用产量法或年限平均法对井及相关设施和矿区权益计提折耗。计提折耗时，应借记成本或费用类科目，贷记“累计折耗”科目。

（一）产量法

产量法，又称单位产量法。该方法认为，资产的服务潜力随着使用程度而减退，特定矿区所发生的资本化成本与发现并开发该矿区的探明经济可采储量密切相关，每一产量单位应当承担相同比例的成本。按照产量法对油气资产计提折耗时，对矿区权益以探明经济可采储量为基础计提折耗，对井及相关设施以探明已开发经济可采储量为基础计提折耗。因此，油气资产按照产量法计提折耗比较符合该类资产价值损耗的特点。

采用产量法计提折耗的，折耗额可按照单个矿区计算，也可按照若干具有相同或类似地质构造特征或储层条件的相邻矿区所组成的矿区组计算。计算公式如下：

探明矿区权益折耗额＝探明矿区权益账面价值×探明矿区权益折耗率

探明矿区权益折耗率＝探明矿区当期产量/（探明矿区期末探明经济可采储量＋探明矿区当期产量）

（二）年限平均法

年限平均法是将资本化支出均衡地分摊到各会计期间。采用这种方法计算的每期油气资产折耗额相等。如果各期间油气产量相对比较稳定，按照年限平均法与按照产量法计提的油气资产折耗无显著差异。例如，某油田开始几年年产量要高于随后几年的年产量，如果采用直线法，则开始几年单位产量的折旧比随后几年单位产量的折旧低。另外，随着油田中后期开采难度越来越大，由于单位变动成本增加，需要支出更多的设备维修费用。考虑这些生产后期单位生产成本上升的因素，年限平均法就可能歪曲企业的经营成果，即开始几年的利润比较大，而随后年份的利润较低。

三、矿区权益的减值

企业对于矿区权益的减值，应当区分不同情况确认减值损失：

（1）探明矿区权益的减值，按照资产减值准则的有关规定处理。油气资产以矿区或矿区组作为资产组，按此进行减值测试、计提减值准备。井及相关设施计提折旧、折耗及摊销的基数应扣除已提取的井及相关设施减值准备。

（2）对于未探明矿区权益，应当每年至少进行一次减值测试。单个矿区取得成本较大的，应当以单个矿区为基础进行减值测试，并确定未探明矿区权益减值金额。单个矿区取得成本较小且与其他相邻矿区具有相同或类似地质构造特征或储层条件的，可按照若干具有相同或类似地质构造特征或储层条件的相邻矿区所组成的矿区组进行减值测试。未探明矿区权益公允价值低于账面价值的差额，应当确认为减值损失，计入当期损益。未探明矿区权益减值损失一经确认，不得转回。

对于探明矿区权益的减值，可计提减值准备。借记“资产减值损失”科目，贷记“油气资产减值准备”科目。

四、矿区权益的转让

企业转让矿区权益的，应当按照下列原则进行处理：

第一，转让全部探明矿区权益的，将转让所得与矿区权益账面价值的差额计入当期损益。转让部分探明矿区权益的，按照转让权益和保留权益的公允价值比例，计算确定已转让部分矿区权益账面价值，转让所得与已转让矿区权益账面价值的差额计入当期损益。

第二，转让单独计提减值准备的全部未探明矿区权益的，转让所得与未探明矿区权益账面价值的差额，计入当期损益。转让单独计提减值准备的部分未探明矿区权益的，如果转让所得大于矿区权益账面价值，将其差额计入当期损益；如果转让所得小于矿区权益账面价值，以转让所得冲减矿区权益账面价值，不确认损益。

第三，转让以矿区组为基础计提减值准备的未探明矿区权益的，如果转让所得大于矿区权益账面原值，将其差额计入当期损益；如果转让所得小于矿区权益账面原值，以转让所得冲减矿区权益账面原值，不确认损益。转让该矿区组最后一个未探明矿区的剩余矿区权益时，转让所得与未探明矿区权益账面价值的差额计入当期损益。

（一）探明矿区权益的转让

1. 转让全部探明矿区权益

根据油气准则，企业应将转让所得与矿区权益账面价值之间的差额计入当期损益。

【例 13－2】ABC 石油公司转让了其拥有的矿区 A，其账面原值为 1 000 万元，已计提减值准备 200 万元，目前账面价值为 800 万元，转让所得 900 万元。该公司采用产量法计提折耗，截至转让前未对矿区 A 进行开采，因此产量为 0。

ABC 公司应当将转让所得大于矿区权益账面价值的差额确认为收益。相关账务处理如下：

借：油气资产减值准备	2 000 000	
银行存款	9 000 000	
贷：矿区权益		10 000 000
营业外收入		1 000 000

如果转让所得为 700 万元，ABC 公司应当将转让所得小于矿区权益账面价值的差额确认为损失。相关账务处理如下：

借：油气资产减值准备	2 000 000	
银行存款	7 000 000	
营业外支出	1 000 000	
贷：矿区权益		10 000 000

2. 转让部分探明矿区权益且该矿区权益以矿区组为基础计提减值准备

根据油气准则，企业应按照转让权益和保留权益的公允价值比例，计算确定已转让部分矿区权益账面价值，转让所得与已转让矿区权益账面价值的差额计入当期损益。

【例 13－3】ABC 石油公司转让了其拥有的矿区 B 中的 20 km^2，转让部分的公允价值为 400 万元，转让所得 500 万元。整个矿区 B 的面积为 50 km^2，账面原值为 1 000 万元，已计提减值准备 200 万元，目前账面价值为 800 万元，公允价值为 900 万元。该公司采用产量法计提折耗，截至转让前未对矿区 B 进行开采，因此产量为 0。

ABC 公司转让部分矿区权益、且剩余矿区权益成本的收回不存在较大不确定性，因此应按照转让权益和保留权益的公允价值比例计算确定已转让部分矿区权益账面价值：

已转让部分矿区权益账面价值＝（400÷900）×1 000＝445（万元）

随转让部分矿区转出的油气资产减值准备＝400÷900×200＝89（万元）

相关账务处理如下：

借：油气资产减值准备	890 000	
银行存款	5 000 000	
贷：矿区权益		4 450 000
营业外收入		1 440 000

如果转让所得为300万元，相关财务处理如下：

借：油气资产减值准备 890 000

银行存款 3 000 000

营业外支出 560 000

贷：矿区权益 4 450 000

（二）未探明矿区权益的转让

1. 转让全部未探明矿区权益且该矿区权益单独计提减值准备

根据油气准则，企业应将转让全部未探明矿区权益的所得与矿区权益账面价值之间的差额计入损益。

2. 转让全部未探明矿区权益且该矿区权益以矿区组为基础计提减值准备

根据油气准则，如果转让所得大于未探明矿区权益的账面原值，应将其差额确认为收益；如果转让所得小于矿区账面原值，将转让所得冲减矿区组权益的账面价值，冲减至零为止。

【例13-4】ABC石油公司拥有的未探明矿区D1和D2在进行减值测试时构成一个矿区组。其中D1矿区权益账面原值为1 000万元，D2矿区权益账面原值为2 000万元，矿区组已计提减值准备600万元，目前矿区组账面价值为2 400万元。现ABC公司转让矿区D1，转让所得1 100万元。

转让所得大于未探明D1矿区权益的账面原值，ABC公司应将其差额确认为收益。相关账务处理如下：

借：银行存款 11 000 000

贷：矿区权益 10 000 000

营业外收入 1 000 000

如果转让所得为900万元，转让所得小于未探明D1矿区权益的账面原值，ABC公司应将转让所得冲减矿区组权益的账面价值。相关账务处理如下：

借：银行存款 9 000 000

贷：矿区权益 9 000 000

3. 转让部分未探明矿区权益且该矿区权益单独计提减值准备

根据油气准则，如果转让部分未探明矿区权益所得大于该未探明矿区权益的账面价值，应将其差额计入收益；如果转让所得小于其账面价值，应将转让所得冲减被转让矿区权益账面价值，冲减至零为止。

【例13-5】ABC石油公司拥有的未探明矿区E，面积50 km^2，其账面原值为1 000万元，已计提减值准备200万元，目前账面价值为800万元。

（1）ABC公司转让E矿区中的20 km^2，转让所得为200万元。

因转让所得小于E的账面价值（800万元），故ABC公司应将转让所得冲减被转让矿区权益账面价值。相关账务处理如下：

借：银行存款 2 000 000

贷：矿区权益 2 000 000

（2）ABC公司再次转让E矿区中的10 km^2，转让所得为500万元。

因转让所得小于其账面价值（600 万元），故 ABC 公司应将转让所得冲减被转让矿区权益账面价值。相关账务处理如下：

借：银行存款　　5 000 000
　贷：矿区权益　　5 000 000

（3）如果 ABC 公司转让 E 矿区剩下的 20 km^2，转让所得为 400 万元。

ABC 公司转让部分 E 矿区的所得大于该未探明矿区权益的账面价值（100 万元），应将其差额计入收益。相关账务处理如下：

借：油气资产减值准备　　2 000 000
　　银行存款　　4 000 000
　贷：矿区权益　　3 000 000
　　　营业外收入　　3 000 000

（4）如果 ABC 公司转让 E 矿区剩余 20 km^2，转让所得为 50 万元。

ABC 公司转让 E 矿区的所得小于该未探明矿区权益的账面价值，应继续将转让所得冲减被转让矿区权益账面价值，冲减至零为止。

借：银行存款　　500 000
　贷：矿区权益　　500 000

根据油气准则的规定，ABC 公司期末应对 E 矿区权益的剩余账面价值全额计提减值准备。计算减值损失为 50 万元［（1 000 – 200）– 200 – 500 – 50］。相关账务处理如下：

借：资产减值损失　　500 000
　贷：油气资产减值准备　　500 000

4. 转让部分未探明矿区权益且该矿区权益以矿区组为基础计提减值准备

根据油气准则，如果转让所得大于未探明矿区权益的账面原值，企业应将其差额计入收益；如果转让所得小于该未探明矿区权益的账面原值，企业应将转让所得冲减矿区组的账面价值，冲减至零为止。

【例 13 – 6】ABC 石油公司拥有的未探明矿区 F1 和 F2 在进行减值测试时构成一个矿区组。其中 F1 账面原值为 1 000 万元，F2 账面原值为 2 000 万元，矿区组已经计提减值准备 600 万元，矿区组账面价值为 2 400 万元。2010 年 4 月和 10 月分别转让 F1 矿区的一部分，并在 10 月底将整个 F1 矿区转让完毕。

（1）4 月，转让所得为 500 万元。

转让所得小于矿区 F1 的账面原值，ABC 公司应将转让所得冲减矿区组的账面价值。相关账务处理如下：

借：银行存款　　5 000 000
　贷：油气资产——矿区权益　　5 000 000

（2）10 月，如果转让所得为 600 万元。

转让所得大于矿区 F1 的账面原值，ABC 公司企业应将其差额计入收益。相关账务处理如下：

借：银行存款　　6 000 000
　贷：油气资产——矿区权益　　5 000 000
　　　营业外收入　　1 000 000

（3）10 月，如果转让所得为 400 万元。

累计转让所得小于 F1 的账面原值，ABC 公司应将转让所得继续冲减矿区组的账面价值。相关账务处理如下：

借：银行存款	4 000 000	
贷：油气资产——矿区权益		4 000 000

五、未探明矿区（组）的转换与放弃

未探明矿区（组）内发现探明经济可采储量而将未探明矿区（组）转为探明矿区（组）的，应当按照其账面价值转为探明矿区权益。

未探明矿区因最终未能发现探明经济可采储量而放弃的，应当按照放弃时的账面价值转销未探明矿区权益，并计入当期损益。因未完成义务工作量等因素导致发生的放弃成本，计入当期损益。

第三节 油气勘探的会计处理

一、油气勘探支出的确认

油气勘探，是指为了识别勘探区域或探明油气储量而进行的地质调查、地球物理勘探、钻探活动以及其他相关活动。油气勘探支出包括钻井勘探支出和非钻井勘探支出。其中，钻井勘探支出主要包括钻探区域探井、勘探型探井、评价井和资料井等活动发生的支出；非钻井勘探支出主要包括进行地质调查、地球物理勘探等活动发生的支出。钻井勘探支出在完井后，确定该井发现了探明经济可采储量的，应当将钻探该井的支出结转为井及相关设施成本。确定该井未发现探明经济可采储量的，应当将钻探该井的支出扣除净残值后计入当期损益。确定部分井段发现了探明经济可采储量的，应当将发现探明经济可采储量的有效井段的钻井勘探支出结转为井及相关设施成本，无效井段钻井勘探累计支出转入当期损益。未能确定该探井是否发现探明经济可采储量的，应当在完井后一年内将钻探该井的支出予以暂时资本化。

完井一年后仍未能确定该探井是否发现探明经济可采储量，同时满足下列条件的，应当将钻探该井的资本化支出继续暂时资本化，否则应当计入当期损益：①该井已发现足够数量的储量，但要确定其是否属于探明经济可采储量，还需要实施进一步的勘探活动；②进一步的勘探活动已在实施中或已有明确计划并即将实施。钻井勘探支出已费用化的探井又发现了探明经济可采储量的，已费用化的钻井勘探支出不作调整，重新钻探和完井发生的支出应当予以资本化。

非钻井勘探支出于发生时计入当期损益。

二、钻井勘探支出的资本化

钻井勘探支出的处理，可以选择成果法或者全部成本法。

采用成果法对钻井勘探支出进行资本化，是指以矿区为成本归集和计算中心，只有与发现探明经济可采储量相关的钻井勘探支出才能资本化；如不能确定钻井勘探支出是否发现了探明经济可采储量，应在一年内对其暂时资本化；与发现探明经济可采储量不直接相关的支出，应作为当期费用处理。

采用全部成本法对钻井勘探支出进行资本化，是指对勘探活动中发生的全部支出都加以资本化的一种方法，不论这些支出的发生是否导致了探明经济可采储量的发现。

两种方法的主要差异如表 13－1 所示。

表 13－1　成果法与全部成本法的主要差异

项目	成果法下的处理	全部成本法下的处理
地质/地理研究支出	当期费用	资本化
矿区权益取得支出	暂时资本化，根据评估结果进行处理	资本化
钻井勘探支出	暂时资本化，根据评估结果进行处理	资本化
开发钻井支出	资本化	资本化
生产	当期费用	当期费用
折耗	以矿区或矿区组为成本中心；以账面价值为折耗基础；以探明经济可采储量或已开发探明经济可采储量为基础计算折耗率	以国家为成本中心；以账面价值加未来开发支出为折耗基础；以已开发及未开发探明经济可采储量为基础计算折耗率

《企业会计准则》规定，钻井勘探支出的资本化应采用成果法；准则进一步规定，钻井勘探支出在完井后，应按照以下情况分别处理：

（1）确定该井发现了探明经济可采储量的，应将钻探该井的支出结转为井及相关设施成本。

（2）确定未发现探明经济可采储量的，应将钻探该井的支出扣除净残值后计入当期损益。

（3）完井当时无法确定是否发现了探明经济可采储量的，应暂时资本化，但暂时资本化时间不应超过 1 年。

（4）完井 1 年后仍无法确定是否发现了探明经济可采储量的，应将暂时资本化的支出全部计入当期损益，除非同时满足以下条件：①该井已发现足够数量的储量，但要确定是否属于探明经济可采储量，还需实施进一步的勘探活动；②进一步的勘探活动已在实施中或已有明确计划并即将实施。其中，“已有明确计划”是指企业已在其内部管理活动中通过了该计划的实施，如已拨付资金、已制定出明确的时间表或实施计划并对所涉及人员进行了传达。

（5）直接归属于发现了探明经济可采出量的有效井段的钻井勘探支出结转为井及相关设施；无效井段支出计入当期损益。

企业在矿区内废弃井及相关设施的活动，受《环境保护法》等法律法规的约束，有时还可能受与所在地利益相关方达成协议的约束，如在废弃时必须拆移或清理设施、恢复生态环境等。因为资产的弃置义务与油气开发活动直接相关，因此油气准则规定，或有事项按照现值计算确定应计入井及相关设施原价的金额和相应的预计负债。

在计入井及相关设施原价并确认为预计负债时，企业应在油气资产的使用寿命内，采用实际利率法确定各期间应负担的利息费用。

企业应在油气资产的使用寿命内的每一资产负债表日对弃置义务和预计负债进行复核。如有必要，企业应对其进行调整，使之反映当前最合理的估计。

第四节　油气开发的会计处理

油气开发，是指为了取得探明矿区中的油气而建造或更新井及相关设施的活动。

油气开发活动所发生的支出，应当根据其用途分别予以资本化，作为油气开发形成的井及相关设施的成本。油气开发形成的井及相关设施的成本主要包括：

（1）钻前准备支出，包括前期研究、工程地质调查、工程设计、确定井位、清理井场、修建道路等活动发生的支出。

（2）井的设备购置和建造支出，井的设备包括套管、油管、抽油设备和井口装置等，井的建造包括钻井和完井。

（3）购建提高采收率系统发生的支出。

（4）分离处理设施、计量设备、储存设施、各种海上平台、海底及陆上电缆等发生的支出。

在探明矿区内，钻井至现有已探明层位的支出，作为油气开发支出；为获取新增探明经济可采储量而继续钻至未探明层位的支出，作为钻井勘探支出，按照油气准则第十三条和第十四条处理。

第五节　油气生产的会计处理

油气生产，是指将油气从油气藏提取到地表以及在矿区内收集、拉运、处理、现场储存和矿区管理等活动。油气的生产成本包括相关矿区权益折耗、井及相关设施折耗、辅助设备及设施折旧以及操作费用等。操作费用包括油气生产和矿区管理过程中发生的直接和间接费用。

企业应当采用产量法或年限平均法对井及相关设施计提折耗。井及相关设施包括确定发现了探明经济可采储量的探井和开采活动中形成的井，以及与开采活动直接相关的各种设施。采用产量法计提折耗的，折耗额可按照单个矿区计算，也可按照若干具有相同或类似地质构造特征或储层条件的相邻矿区所组成的矿区组计算。计算公式如下：

矿区井及相关设施折耗额＝期末矿区井及相关设施账面价值×矿区井及相关设施折耗率

矿区井及相关设施折耗率＝矿区当期产量/（矿区期末探明已开发经济可采储量＋矿

区当期产量）

探明已开发经济可采储量，包括矿区的开发井网钻探和配套设施建设完成后已全面投入开采的探明经济可采储量，以及在提高采收率技术所需的设施已建成并已投产后相应增加的可采储量。

地震设备、建造设备、车辆、修理车间、仓库、供应站、通信设备、办公设施等辅助设备及设施，应当按照固定资产准则处理。企业承担的矿区废弃处置义务，应当将该义务确认为预计负债，并相应增加井及相关设施的账面价值。

不符合预计负债确认条件的，在废弃时发生的拆卸、搬移、场地清理等支出，应当计入当期损益。矿区废弃，是指矿区内的最后一口井停产。

井及相关设施、辅助设备及设施的减值，应当按照资产减值准则的相关规定进行处理。

第六节　油气开采的会计披露

按照《企业会计准则》的规定，企业应当在会计报表附注中披露与石油天然气开采活动有关的下列信息：

（1）拥有国内和国外的油气储量年初、年末数据。

（2）当期在国内和国外发生的矿区权益的取得、油气勘探和油气开发各项支出的总额。

（3）探明矿区权益、井及相关设施的账面原值，累计折耗和减值准备累计金额及其计提方法；与油气开采活动相关的辅助设备及设施的账面原价，累计折旧和减值准备累计金额及其计提方法。

【复习题】

一、思考题

1. 什么是油气资产？油气资产的组成内容包括什么？

2. 不同方式取得的矿区权益应如何进行会计处理？

3. 什么是矿区？如何计算其折耗？

二、业务题

1. H公司申请取得某矿区的使用权并得到批准，该公司已向矿区土地管理部门支付探矿权价款400万元，中介费60万元，其他费用2万元，款项已经通过银行支付。

要求：作出相应的会计处理。

2. D石油公司转让了其拥有的矿区A，其账面原值为1 200万元，已计提减值准备300万元，转让所得1 000万元。

要求：作出相应的会计处理。

第十四章 企业年金基金

【学习目标】

通过本章的学习，了解企业年金及企业年金基金的相关概念；熟悉企业年金基金的会计核算特点；掌握企业年金基金缴费、企业年金基金投资运营、企业年金基金收入、企业年金费用、企业年金待遇给付及企业年金净资产的会计处理程序及特点；掌握企业年金基金财务报表的编制方法。

【知识点】

企业年金、企业年金基金，企业年金基金委托人、受托人、受托管理人、托管人及投资管理人，企业年金基金缴费、企业年金基金投资运营、企业年金基金收入、企业年金基金费用、企业年金待遇给付、企业年金基金净资产、企业年金基金财务报表。

第一节 企业年金基金概述

一、企业年金与企业年金基金

（一）企业年金及其特点

企业年金，是指企业及其职工在依法参加基本养老保险的基础上自愿建立的补充养老保险制度，是社会保障体系的重要组成部分。企业年金采取自愿原则，国家给予税收政策支持，实行完全积累制，采用个人账户管理和市场化运作，其费用由企业和职工个人共同缴纳。

按照我国《劳动法》规定，国家鼓励用人单位根据本单位实际情况，为劳动者建立补充保险。国务院印发的《关于完善城镇社会保障体系试点方案的通知》（国发〔2000〕42号）中将补充养老保险统一称为“企业年金”。企业年金不仅是一种企业福利、激励制度，也是一种社会制度，对调动企业职工的劳动积极性、增强企业的凝聚力和竞争力、完善国家多层次养老保障体系、提高和改善企业职工退休后的养老待遇水平、适应人口老龄化的需要、推动金融市场发展、促进社会和谐发展等具有积极的促进作用。企业年金具有以下特点：

（1）企业年金是一项企业福利制度，不是社会保险，也不是商业保险。

（2）企业年金是一种激励性和补偿性制度安排。

（3）企业年金是社会保障体系的组成部分。

（二）企业年金基金

企业年金基金，是指根据依法制定的企业年金计划筹集的资金及其投资运营收益形成的企业补充养老保险基金。由此可以看出，企业年金基金由两部分组成：一是企业和职工依照企业年金计划规定的缴费，即企业年金基金本金；二是企业年金基金投资运营而形成的收益。根据2004年2月23日劳动和社会保障部、中国银行业监督管理委员会、中国证券监督管理委员会、中国保险监督管理委员会联合发布的《企业年金基金管理试行办法》规定，企业年金基金由企业缴费、职工个人缴费和企业年金基金投资运营而形成的收益组成，实行完全积累制，采用个人账户方式进行管理。

我国企业年金采用信托型管理模式，实行以信托关系为核心，以委托代理关系为补充的治理结构。企业和职工作为委托人将企业年金基金财产委托给受托人管理运作，是一种信托行为。企业年金基金作为一种信托财产，独立于委托人、受托人、账户管理人、托管人、投资管理人和其他为企业年金基金提供服务的自然人、法人或其他组织的固有财产及其管理的其他财产，应当作为独立的会计主体进行确认、计量和披露。

企业年金基金具有以下特征：

（1）企业年金基金具有长期性、安全性、稳定性，以及追求长期稳定的投资回报。

（2）企业年金基金只能用于履行企业补充养老保险的义务，不能支付给企业自己的债权人，也不能返还给企业。

（3）企业年金基金必须存入企业年金专户，企业年金基金的管理、运用或其他情形取得的财产和收益，应当归入企业年金基金。

（4）企业年金基金不属于委托人等各管理当事人的清算财产。

（5）企业年金基金不得与各管理当事人自身债务相抵消。

二、企业年金基金管理

（一）企业年金基金管理各方当事人

企业年金基金管理各方当事人包括委托人、受托人、账户管理人、托管人、投资管理人和中介服务机构等。受托人、托管人和投资管理人根据各自的职责，设置相应的会计科目和账户，对企业年金基金交易或事项进行会计处理。

1. 企业年金基金委托人

企业年金基金委托人，是指设立企业年金基金的企业及其职工。企业和职工是企业年金计划参与者，作为缴纳企业年金计划供款的主体，按规定缴纳企业年金供款，并作为委托人与受托人签订书面合同，将企业年金基金财产委托给受托人管理运作。

2. 企业年金基金受托人

企业年金基金受托人，是指受托管理企业年金基金的企业年金理事会或符合国家规定的养老金管理公司等法人受托机构，是编制企业年金基金财务报表的法定责任人。

受托人的主要职责有：选择、监督、更换账户管理人、托管人、投资管理人以及中介服务机构；制定企业年金基金投资策略；编制企业年金基金管理和财务会计报告；根据合同对企业年金管理进行监督；根据合同收取企业和职工缴费，并向受益人支付企业年金待遇；接受委托人、受益人查询，定期向委托人、受益人和有关监管部门提供企业年金基金管理报告等。

3. 企业年金基金账户管理人

企业年金基金账户管理人，是指受托管理企业年金基金账户的专业机构。

账户管理人的主要职责有：建立企业年金基金企业账户和个人账户；记录企业、职工缴费以及企业年金基金投资收益；及时与托管人核对缴费数据以及企业年金基金账户财产的变化状况；计算企业年金待遇；提供企业年金基金企业账户和个人账户信息查询服务；定期向受托人和有关监管部门提交企业年金基金账户管理报告等。

4. 企业年金基金托管人

企业年金基金托管人，是指受托提供保管企业年金基金财产等服务的商业银行或专业机构。

托管人的主要职责有：安全保管企业年金基金财产；以企业年金基金名义开设资金账户和证券账户；对所托管的不同企业年金基金财产分别设置账户，确保基金财产的完整和独立；根据受托人指令，向投资管理人分配企业年金基金财产；根据投资管理人投资指令，及时办理清算、交割事宜；负责企业年金基金会计核算和估值，复核、审查投资管理人计算的基金财产净值；及时与账户管理人、投资管理人核对有关数据，按照规定监督投资管理人的投资运作；定期向受托人提交企业年金基金托管报告和财务会计报告；定期向有关监管部门提交企业年金基金托管报告；保存企业年金基金托管业务活动记录、账册、报表和其他资料等。

5. 企业年金基金投资管理人

企业年金基金投资管理人，是指受托管理企业年金基金投资的专业机构。

投资管理人的主要职责有：对企业年金基金财产进行投资；及时与托管人核对企业年金基金会计核算和估值结果；建立企业年金基金投资管理风险准备金；定期向受托人和有关监管部门提交投资管理报告；保存企业年金基金会计凭证、会计账簿、年度财务会计报告和投资记录等。

6. 中介服务机构

企业年金基金中介服务机构，是指为企业年金基金管理提供服务的投资顾问公司、信用评估公司、精算咨询公司、会计师事务所、律师事务所等专业机构。

企业年金组织结构见图 14－1。

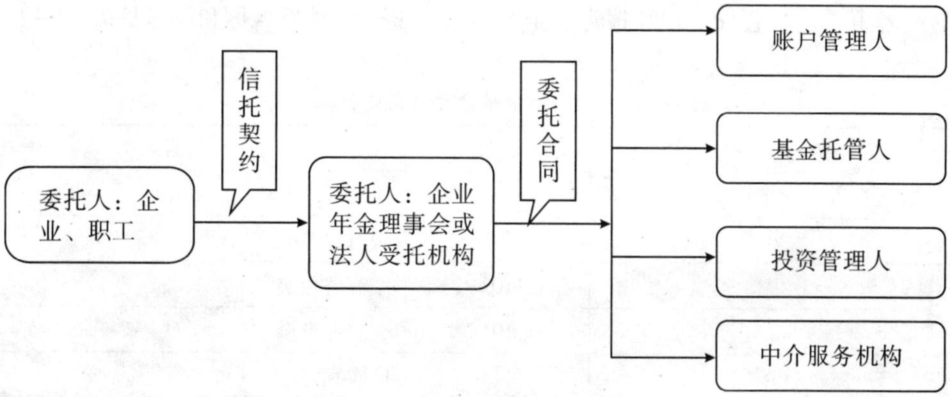

图 14－1 企业年金基金组织结构图

（二）企业年金方案的主要内容

企业制定企业年金方案至少应包括以下内容：①参加人员范围；②资金筹集方式；③职工企业年金个人账户管理方式；④基金管理方式；⑤计发办法和支付方式；⑥支付企业年金待遇的条件；⑦组织管理和监督方式；⑧中止缴费的条件；⑨双方约定的其他事项。

第二节　企业年金基金会计概述

一、企业年金基金会计主体

企业年金既是一项重要的经济制度，又是一项十分重要的社会制度。企业年金基金作为职工退休后的“养命钱”，关系到每一位职工的切身利益和社会的和谐稳定，客观上要求企业年金基金日常管理和投资运营必须遵循谨慎、分散风险的原则，确保企业年金基金的安全和保值增值。

《企业会计准则第 10 号——企业年金基金》（以下简称《企业年金基金准则》）及其应用指南，明确了企业年金作为独立的会计主体，规范了企业年金基金的确认、计量和报告，以真实反映企业年金基金的财务状况、投资运营情况、净资产变动情况，及时揭示企业年金基金的管理风险等信息。

企业年金基金作为一种信托财产，必须存入企业年金专户，独立于委托人、受托人、账户管理人、托管人、投资管理人和其他为企业年金基金提供服务的自然人、法人或其他组织固有财产及其管理的其他财产，并作为独立的会计主体进行确认、计量和列报。

本部分主要介绍以受托人为会计报告主体的会计账务处理。

二、企业年金基金会计科目设置

企业年金基金受托人、托管人、投资管理人应当根据各自的职责，按照《企业年金基金准则》及其应用指南的规定，设置相应会计科目和会计账簿，对企业年金基金发生的有关交易或者事项进行会计处理和报告。企业年金基金会计科目名称和编号见表 14－1。

表 14－1　企业年金基金会计科目名称和编号

顺序号	编号	会计科目名称
一、资产类		
1	101	银行存款
2	102	结算备付金
3	104	交易保证金
4	113	应收利息

（续上表）

顺序号	编号	会计科目名称
5	114	应收股利
6	115	应收红利
7	118	买入返售证券
8	125	其他应收款
9	128	交易性金融资产
10	131	其他资产
二、负债类		
11	201	应付受益人待遇
12	204	应付受托人管理费
13	205	应付托管人管理费
14	216	应付投资管理人管理费
15	215	应交税费
16	218	卖出回购证券款
17	221	应付利息
18	223	应付佣金
19	229	其他应付款
三、共同类		
20	301	证券清算款
四、基金净值类		
21	401	企业年金基金
		个人账户结余
		企业账户结余
		净收益
		个人账户转入
		个人账户转出
		支付受益人待遇
22	410	本期收益
五、损益类		
23	501	存款利息收入
24	503	买入返售证券收入
25	505	公允价值变动损益
26	531	投资收益
27	533	其他收入

（续上表）

顺序号	编号	会计科目名称
28	534	交易费用
29	539	受托人管理费
30	540	托管人管理费
31	541	投资管理人管理费
32	552	卖出回购证券支出
33	566	其他费用
34	570	以前年度损益调整

第三节　企业年金基金缴费

一、企业年金基金缴费及其流程

企业年金基金由企业缴费、职工个人缴费和企业年金基金投资运营而形成的收益组成。企业可以根据自身的经济效益情况和目标，在国家统一规定的范围内，自主决定企业缴费的具体比例，并按照企业年金计划约定的参保范围、企业年金种类和缴费方式，定期进行缴费。对企业而言，企业按照企业年金计划进行的缴费属于企业职工薪酬范围，其确认、计量及报告适用企业会计准则职工薪酬准则。

企业年金基金缴费（供款）的一般流程如下：

（1）企业年金计划开始时，委托人将相关职工缴费总额及明细情况通知受托人，受托人将相关信息提供给账户管理人。账户管理人据此进行系统设置和信息录入。

（2）缴费日前，账户管理人计算缴费总额及明细情况，生成企业缴费和职工个人缴费账单，报受托人确认。

（3）受托人收到账户管理人提供的缴费账单后，与委托人核对确认，核对无误后，将签字确认的缴费账单反馈给账户管理人。

（4）缴费日，受托人向委托人下达缴费指令，委托人向托管人划转缴费账单所列缴款总额，并通知受托人。

（5）受托人向托管人送达收账通知及企业缴费总额账单。托管人收到款项后，核对实收金额与受托人提供的缴费总额账单，并向受托人和账户管理人送达缴费到账通知单。

（6）受托人核对托管人转来数据后，通知账户管理人进行缴费的财务处理。账户管理人将缴费明细数据和托管人通知的缴费总额核对无误后，根据企业年金计划的约定在已建立的个人账户之间进行分配。

企业年金基金缴费流程如图14－2所示。

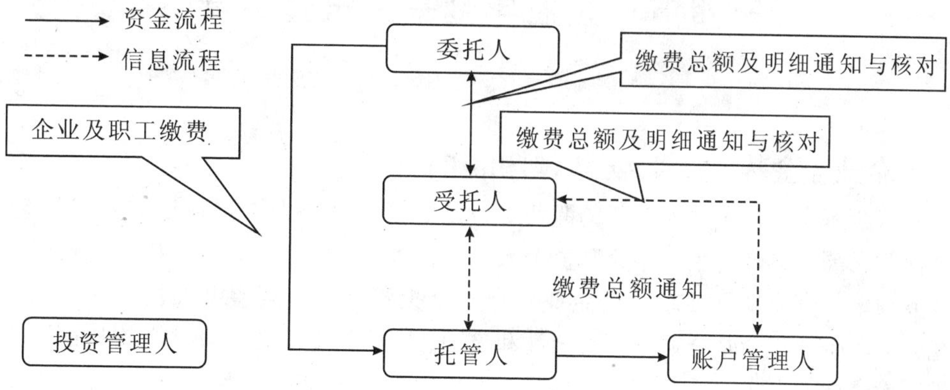

图14－2　企业年金基金缴费流程

二、企业年金基金收到缴费的账务处理

为了核算企业年金基金收到缴费等业务，企业年金基金作为独立的会计主体，应当设置“企业年金基金”、“银行存款”等科目。“企业年金基金”科目核算企业年金基金资产的来源和运用，应按个人账户结余、企业账户结余、净收益、个人账户转入、个人账户转出，以及支付受益人待遇等设置相应明细科目，本科目期末贷方余额反映企业年金基金净值。企业年金基金银行账户主要有资金账户、证券账户等。资金账户包括银行存款账户、结算备付金账户等，其中银行存款账户又包括受托财产托管账户、委托投资资产托管账户，证券账户包括证券交易所证券账户和全国银行间市场债券托管账户等。

收到企业及职工个人缴费时，按实际收到的金额，借记“银行存款”科目，贷记“企业年金基金——个人账户结余”、“企业年金基金——企业账户结余”科目。

【例14－1】2009年2月4日，ABC年金基金收到缴费500万元，其中企业缴费300元、职工个人缴费200万元，存入企业年金账户，实收金额与提供的缴费总额账单核对无误。按该企业年金计划约定，企业缴费300万元中，归属个人账户金额为200万元，另100万元的权益归属条件尚未实现。年金基金账务处理如下：

借：银行存款　　5 000 000

　贷：企业年金基金——个人账户结余（个人缴费）　　2 000 000

　　　　　　　　——个人账户结余（企业缴费）　　2 000 000

　　　　　　　　——企业账户结余（企业缴费）　　1 000 000

企业年金基金收到缴费后，如需账户管理人核对后确认，可先通过“其他应付款——企业年金基金供款”科目核算，确认后再转入“企业年金基金”科目。

第四节　企业年金基金投资运营

一、企业年金基金投资运营原则和范围

企业年金基金来自企业和职工的缴费等，是职工（受益人）退休后的补充养老保险，其安全性要求高，另外，企业年金基金个人账户转入、个人账户转出，以及支付受益人待遇等业务频繁，其流动性要求强。企业年金基金投资运营应当遵循谨慎、分散风险的原则，充分考虑企业年金基金财产的安全性和流动性，实行专业化管理，严格按照国家相关规定进行投资运营。

根据现行制度的规定，企业年金基金投资运营应当选择具有良好流动性的金融产品，其投资范围限于银行存款、国债和其他具有良好流动性的金融产品，包括短期债券回购、信用等级在投资级以上的金融债和企业债、可转换债、投资性保险产品、证券投资基金、股票等。

《企业年金基金管理试行办法》规定，企业年金基金的投资，按市场价计算应当符合下列规定：①投资银行活期存款、中央银行票据、短期债券回购等流动性产品及货币市场基金的比例，不低于基金净资产的20%；②投资银行定期存款、协议存款、国债、金融债、企业债等固定收益类产品及可转换债、债券基金的比例，不高于基金净资产的50%，其中投资国债的比例不低于基金净资产的20%；③投资股票等权益类产品及投资性保险产品、股票基金的比例，不高于基金净资产的30%。其中，投资股票的比例不高于基金净资产的20%。

企业年金基金有关监管部门将根据金融市场变化和投资运营情况，适时对企业年金基金投资产品和比例等进行调整。2007年1月31日，中国人民银行、劳动和社会保障部印发《关于企业年金基金进入全国银行间债券市场有关事项的通知》，就企业年金基金进入全国银行间债券市场从事债券投资等问题作出了规定。

二、企业年金基金投资运营流程

企业年金基金投资运营的一般流程如下：

（1）受托人通知托管人和投资管理人企业年金基金投资额度。

（2）托管人根据受托人指令，向投资管理人分配基金资产，并将资金到账情况通知投资管理人。

（3）投资管理人进行投资运作，并将交易数据发送托管人；同时，对企业年金基金投资进行会计核算、估值。

（4）托管人将投资管理人发送的数据和交易所及中国证券登记结算公司发送的数据进行核对无误后，进行清算、会计核算、估值和投资运作监督，并将清算及估值结果反馈给投资管理人，托管人将交易数据、账务数据和估值数据发送受托人。如果发现投资管理人

的违规行为，应立即通知投资管理人，并及时向受托人和有关监管部门报告。

（5）托管人复核投资管理人的估值结果，以书面形式通知投资管理人。

（6）托管人将估值结果（企业年金基金净值和净值增长率）通知受托人和账户管理人。

（7）账户管理人根据企业年金基金净值和净值增长率，将基金投资运营收益按日或按周足额记入企业年金基金企业账户和个人账户。

企业年金基金投资运营一般流程如图 14－3 所示。

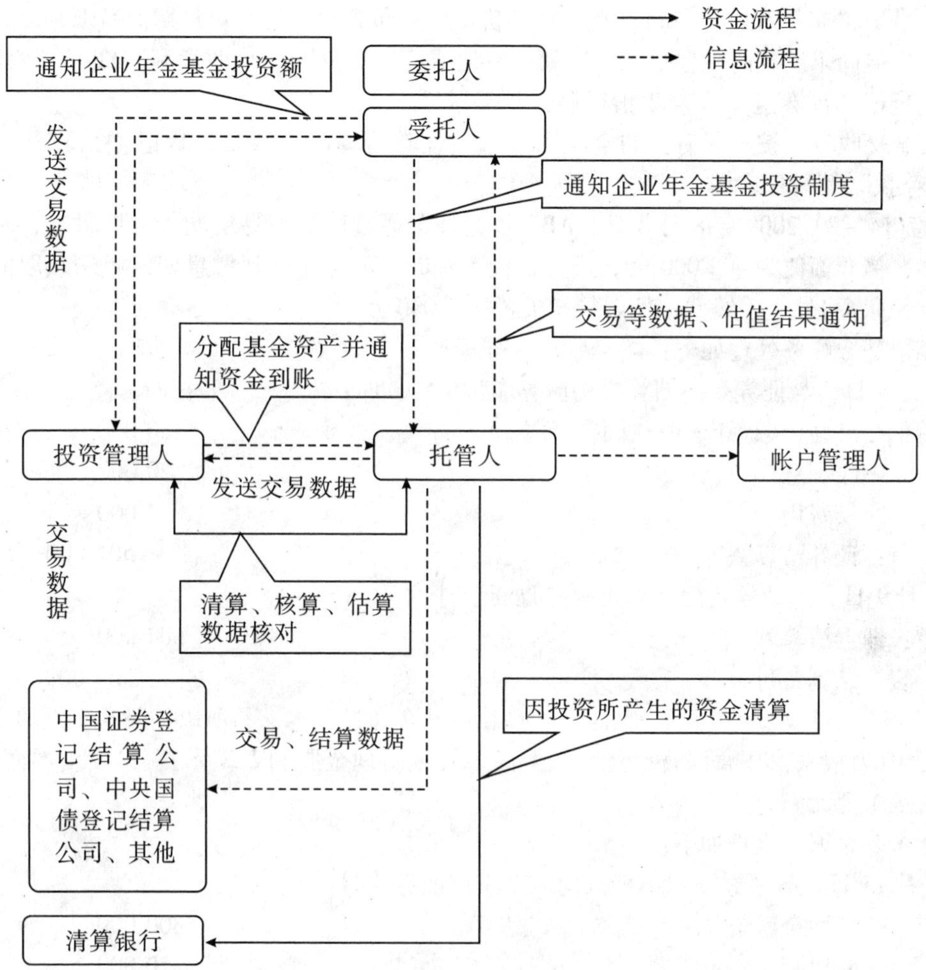

图 14－3　企业年金基金投资运营流程图

三、企业年金基金投资运营的账务处理

《企业年金基金准则》规定，企业年金基金在投资运营中，根据国家规定的投资范围取得的国债、信用等级在投资级以上的金融债等具有良好流动性的金融产品，其初始取得和后续估值应当以公允价值计量。企业年金基金投资公允价值的确定，适用《企业会计准

则第22号——金融工具确认和计量》。

企业年金基金投资运营的会计核算一般需要设置“交易性金融资产”、“公允价值变动损益”、“证券清算款”、“结算备付金”、“交易保证金”、“投资收益”、“交易费用”、“应收利息”、“应收股利”、“应收红利”、“本期收益”等科目。

（一）初始取得投资时的账务处理

企业年金基金初始取得投资的交易日，以支付的价款（不含支付的价款中所包含的、已到付息期但尚未领取的利息或已宣告但尚未发放的现金股利、基金红利）计入投资的成本，借记“交易性金融资产——成本”科目，按发生的交易费用及相关税费直接计入当期损益，借记“交易费用”科目，按支付的价款中所包含的、已到付息期但尚未领取的利息或已宣告但尚未发放的现金股利、红利，借记“应收利息”、“应收股利”或“应收红利”科目，贷记“证券清算款”、“银行存款”等科目。

资金交收日，按实际清算的金额，借记“证券清算款”科目，贷记“结算备付金”、“银行存款”等科目。

【例14-2】2009年8月8日，ABC年金基金通过证券交易所购入分期付息，一次还本国债，债券面值为400 000元，成交金额500 000元（含已到付息期但尚未领取的利息20 000元），另发生手续费、佣金等相关税费4 000元。

年金基金账务处理如下：

8月8日，与证券登记结算机构清算应付证券款时：

借：交易性金融资产——成本（债券）	480 000	
应收利息	20 000	
交易费用	4 000	
贷：证券清算款		504 000

8月9日，与证券登记结算机构交收资金时：

借：证券清算款	504 000	
贷：结算备付金		504 000

【例14-3】2009年9月15日，ABC年金基金通过证券交易所以每股8.2元的价格购买公司10万股（其中每股含已经宣告但尚未发放的现金股利0.2元），另发生券商佣金、印花税等1万元。

年金基金账务处理如下：

9月15日，与证券登记结算机构清算应付证券款时：

借：交易性金融资产——成本（A股票）	800 000	
应收股利——A股票	20 000	
交易费用	10 000	
贷：证券清算款		830 000

9月16日，与证券登记结算机构交收资金时：

借：证券清算款	830 000	
贷：结算备付金		830 000

（二）投资持有期间及估值日的账务处理

企业年金基金投资持有期间，被投资单位宣告发放的现金股利，或资产负债表日按债券票面利率计算的利息收入，应确认为投资收益，借记“应收股利”、“应收利息”或“应收红利”科目，贷记“投资收益”科目。期末，将“投资收益”科目余额转入“本期收益”科目。

【例14－4】沿用【例14－2】的资料，ABC年金基金持有国债期间，按债券票面价值和票面利率计提债券利息。假设一年按365日计算，每日计提利息，票面年利率3%。

年金基金账务处理如下：

每日应计利息＝400 000×3%÷365＝32.88（元）

每日计提利息时：

借：应收利息	32.88	
贷：投资收益		32.88

债券除息日，借记“证券清算款”科目，贷记“应收利息”科目。资金交收日，借记“结算备付金”科目，贷记“证券清算款”科目。

根据《企业年金基金准则》的规定，企业年金基金的投资应当按日估值，或至少按周进行估值。也就是说，每个工作日结束时，或者每周四或周五工作日结束时为估值日。

估值日对投资进行估值时，应当以估值日的公允价值计量。公允价值与上一估值日公允价值的差额，计入当期损益，并以此调整原账面价值。借记或贷记“交易性金融资产（公允价值变动）”科目，贷记或借记“公允价值变动损益”科目。

【例14－5】假设2009年10月8日，ABC年金基金持有的某股票20万股证券交易所收盘价为每股10元。上一交易日其收盘价为9.8元，则年金基金账务处理如下：

借：交易性金融资产——公允价值变动（某股票）	40 000	
贷：公允价值变动损益		40 000

（三）投资处置的账务处理

处置企业年金基金的投资时，应在交易日按照卖出投资所取得的价款与其账面价值（买入价）的差额，确定为投资损益。出售股票时，按应收金额，借记“证券清算款”科目，按买入时原账面价值（初始买价），贷记“交易性金融资产——成本”科目，按出售股票成交价总额与原账面价值（初始买价）的差额，作为投资处置收益金额，贷记或借记“投资收益”科目。同时，将原计入该投资的公允价值变动转出，借记或贷记“公允价值变动损益”科目，贷记或借记“投资收益”科目。

【例14－6】2009年10月30日，ABC年金基金出售某股票10万股，每股市价10元，发生券商佣金、印花税等5 000元。该股票账面价值为92万元，其中成本88万元，公允价值变动4万元。

年金基金的投资账务处理如下：

10月30日，与证券登记结算机构清算应收证券款时：

借：证券清算款	995 000	
交易费用	5 000	
贷：交易性金融资产——成本（某股票）		880 000
——公允价值变动（某股票）		40 000
投资收益		80 000

借：公允价值变动损益　　50 000
　贷：投资收益　　50 000

10 月 31 日，资金交收日与证券登记结算机构交收资金时：

借：结算备付金　　995 000
　贷：证券清算款　　995 000

第五节　企业年金基金收入

一、企业年金基金收入的构成

企业年金基金收入，是指企业年金基金在投资营运中所形成的经济利益的流入。企业年金基金收入能够带来企业年金基金资产的增加，也可能使企业年金基金负债减少，或二者兼而有之。企业年金基金应每日或每周计算、确认基金收入，并进行账务处理。

企业年金基金收入由以下项目构成：①存款利息收入；②买入返售证券收入；③公允价值变动收益；④投资收益；⑤风险准备金补亏等其他收入。

二、企业年金基金收入的账务处理

企业年金基金收入项目中，公允价值变动收益、投资收益有关内容及其账务处理已在本章第四节“企业年金基金投资运营”中进行了介绍。下面主要介绍存款利息收入、买入返售证券收入、其他收入账务处理等有关内容。

（一）存款利息收入的账务处理

存款利息收入包括活期存款、定期存款、结算备付金、交易保证金等利息收入。根据《企业年金基金准则》及其应用指南的规定，企业年金基金应按日或至少按周确认存款利息收入，并按存款本金和适用利率计提的金额入账。按日或按周计提银行存款、结算备付金存款等利息时，借记“应收利息”科目，贷记“存款利息收入”科目。

【例 14－7】2009 年 10 月 20 日，ABC 年金基金在商业银行的存款本金为 2 000 000 元，假设一年按 365 天计算，银行存款年利率为 1.98%，每季末结息，该企业年金基金逐日估值。

年金基金账务处理如下：

每日银行存款应计利息＝2 000 000×1.98%÷365＝108.49（元）

每日计提存款利息时：

借：应收利息　　108.49
　贷：存款利息收入　　108.49

每季收到存款利息时（假设每季收息 9 764 元）：

借：银行存款　　9 764
　贷：应收利息　　9 764

（二）买入返售证券收入的账务处理

买入返售证券业务，是指企业年金基金与其他企业以合同或协议的方式，按一定价格买入证券，到期日再按合同规定的价格将该批证券返售给其他企业，以获取利息收入的证券业务。根据《企业年金基金准则》及其应用指南的规定，企业年金基金应于买入证券时，按实际支付的价款确认为一项资产，在融券期限内按照买入返售证券价款和协议约定的利率逐日或每周计提的利息确认买入返售证券收入。

企业年金基金应设置“买入返售证券”、“买入返售证券收入”等科目，对买入返售证券业务进行账务处理。买入证券付款时，按实际支付的款项，借记“买入返售证券——××证券”科目，贷记“结算备付金”科目。计提利息时，借记“应收利息”科目，贷记“买入返售证券收入”科目。买入返售证券到期时，按实际收到的金额，借记“结算备付金”科目；按买入时的价款，贷记“买入返售证券”科目；按已计未收利息，贷记“应收利息”科目；按本期应计利息，贷记“买入返售证券收入”科目。期末将“买入返售证券收入”科目余额转入“本期收益”科目。

（三）其他收入的账务处理

其他收入，是指除上述收入以外的收入，如风险准备金补亏。根据《企业年金基金管理试行办法》的规定，投资管理人应当按当期收取的投资管理人管理费的一定比例提取企业年金基金投资管理风险准备金，由托管人专户存储，专项用于弥补企业年金基金投资亏损。企业年金基金投资管理风险准备提取比例为20%，余额达到投资管理企业年金基金净资产的10%时可不再提取。企业年金基金取得投资管理风险准备金用于补亏时，应当按照实际收到金额计入其他收入。

【例14－8】2010年1月10日，某企业年金基金估值时确认当日亏损25万元。按规定，将企业年金基金投资管理风险准备金25.73万元用于补亏。已知：该企业年金基金按日估值；投资管理人提取的风险准备金结余60万元。

该企业年金基金账务处理如下：

借：银行存款　　250 000

　贷：其他收入——风险准备金补亏　　250 000

第六节　企业年金基金费用

一、企业年金基金费用的构成

企业年金基金费用，是指企业年金基金在投资营运等日常活动中所发生的经济利益的流出。企业年金基金费用可能表现为企业年金基金资产的减少，或企业年金基金负债的增加，或二者兼而有之。企业年金基金每日或每周确认、计算基金费用，并进行相应的账务处理。

企业年金基金费用由以下项目构成：①交易费用；②受托人管理费；③托管人管理费；④投资管理人管理费；⑤卖出回购证券支出；⑥其他费用。

企业年金基金费用的开支范围受到法规制度的严格约束。如《企业年金基金管理试行办法》规定，受托人、托管人提取的管理费均不得高于企业年金基金净值的0.2%，投资管理人提取的管理费不得高于企业年金基金净值的1.2%。但账户管理费（每户每月不超过5元）不属于企业年金基金费用，由企业另行缴纳。

二、企业年金基金费用的账务处理

（一）交易费用

交易费用，是指企业年金基金在投资运营中发生的手续费、佣金以及相关税费，包括支付给代理机构、咨询机构、券商的手续费和佣金以及相关税费等其他必要支出。企业年金基金应设置“交易费用”科目，按照实际发生的金额，借记“交易费用”科目，贷记“证券清算款”、“银行存款”等科目。

（二）受托人管理费、托管人管理费和投资管理人管理费

受托人管理费、托管人管理费和投资管理人管理费，是指根据企业年金计划或合同文件规定的比例提取的相应管理费。根据《企业年金基金管理试行办法》的规定，受托人、托管人提取的管理费均不得高于企业年金基金净值的0.2%，投资管理人提取的管理费不得高于企业年金基金净值的1.2%。企业年金基金应当设置“受托人管理费”、“托管人管理费”、“投资管理人管理费”、“应付受托人管理费”、“应付托管人管理费”、“应付投资管理人管理费”等科目，对发生的上述管理费，分别进行账务处理。

企业年金基金计提相关费用时，应当按照应付的实际金额，借记“受托人管理费”、“托管人管理费”、“投资管理人管理费”科目，同时确认为负债，贷记“应付受托人管理费”、“应付托管人管理费”、“应付投资管理人管理费”科目。支付相关管理费用时，借记“受托人管理费”、“托管人管理费”、“投资管理人管理费”科目，贷记“银行存款”等科目。期末，将“受托人管理费”、“托管人管理费”、“投资管理人管理费”科目的借方余额全部转入“本期收益”科目。

【例14-9】2010年4月1日，ABC企业年金基金市值为10 000 000元。投资管理合同中约定：投资管理费年费率为基金净值（市值）的1.2%；一年按365天计算，按日估值。

当日应计提的投资管理费 = 基金净值 × 年费率 ÷ 当年天数

= 10 000 000 × 1.2% ÷ 365 = 328.77（元）

该企业年金基金账务处理如下：

借：投资管理人管理费——××投资管理人　　328.77

　贷：应付投资管理人管理费　　328.77

【例14-10】2010年6月1日，ABC企业年金基金市值为30 000 000元。受托管理合同和托管合同中均约定：受托人管理费和托管人管理费年费率均为基金净值（市值）的0.2%；假设一年按365天计算，按日估值。

当日应计提的受托人管理费 = 30 000 000 × 0.2% ÷ 365 = 164.38（元）

当日应计提的托管人管理费 = 164.38（元）

该企业年金基金账务处理如下：

借：受托人管理费——××受托人　　164.38

　贷：应付受托人管理费　　164.38

借：托管人管理费——××托管人　　164.38

　贷：应付托管人管理费　　164.38

（三）卖出回购证券支出

卖出回购证券业务，是指企业年金基金与其他企业以合同或协议的方式，按照一定价格卖出证券，到期日再按合同约定的价格买回该批证券，以获得一定时期内资金的使用权的证券业务。根据《企业年金基金准则》及其应用指南的规定，企业年金基金应在融资期限内，按照卖出回购证券价款和协议约定的利率每日或每周确认、计算卖出回购证券支出。

企业年金基金应设置"卖出回购证券支出"、"卖出回购证券款"等科目，对卖出回购证券业务进行账务处理。卖出证券收到款时，按实际收到价款，借记"结算备付金"科目，同时确认一笔负债，贷记"卖出回购证券款——××证券"科目。证券持有期内计提利息时，按计提的金额，借记"卖出回购证券支出"科目，贷记"应付利息"科目。到期回购时，按卖出证券时实际收款金额，借记"卖出回购证券款——××证券"科目，按应计提未到期的卖出回购证券利息，借记"应付利息"科目，按借贷方差额，借记"卖出回购证券支出"科目，按实际支付的款项，贷记"结算备付金"科目。期末将"卖出证券支出"科目余额转入"本年收益"科目。

（四）其他费用

其他费用，是指除上述费用以外的其他各项费用，包括注册登记费、上市年费、信息披露费、审计费用、律师费用等。根据现行法律制度的规定，基金管理各方当事人因未履行义务导致的费用支出或资产的损失以及处理与基金运作无关的事项发生的费用不得列入企业年金基金费用。

企业年金基金应当设置"其他费用"等科目，按费用种类设置明细账，对发生的其他费用进行账务处理。发生其他费用时，应按实际发生的金额，借记"其他费用"科目，贷记"银行存款"等科目。如发生的其他费用金额较大，如大于基金净值十万分之一，也可以采用待摊或预提的方法，待摊或预提计入基金损益，但一经采用，不得随意变更，且年末一般无余额。

（1）采用待摊方法的，发生时，借记"待摊费用"科目，贷记"银行存款"科目；摊销时，借记"其他费用"科目，贷记"待摊费用"科目。

（2）采用预提方法的，预提时，借记"其他费用"科目，贷记"预提费用"科目；支付费用时，借记"预提费用"科目，贷记"银行存款"科目。期末，应将"其他费用"科目的借方余额全部转入"本期收益"科目。

【例14－11】2009年3月1日，ABC企业年金基金市值为3.0亿元，该日发生信息披露费5 000元，假设按日估值。

该企业年金基金账务处理如下：

借：其他费用　　5 000

　贷：银行存款　　5 000

第七节　企业年金待遇给付及企业年金基金净资产

一、企业年金待遇给付及其账务处理

企业年金待遇，是指企业年金计划受益人符合退休年龄等法定条件时，应当享受的企业年金养老待遇。企业年金计划受益人，是指参加企业年金计划并享有受益权的职工及其继承人。企业年金养老待遇支付水平受缴费金额、缴费时间、投资运营收益情况等因素的影响。企业年金待遇给付方式，由企业年金计划约定，分次或一次性支付。

企业年金待遇给付的一般流程如下：

（1）委托人向受托人发送企业年金待遇支付或转移的通知。

（2）受托人通知账户管理人计算支付企业年金待遇。

（3）账户管理人将计算支付企业年金待遇结果反馈受托人，并与受托人核对。

（4）受托人核对后通知托管人和投资管理人进行份额赎回。

（5）受托人根据账户管理人提供的待遇支付表，通知托管人支付或转移金额，托管人将相应资金划入受托人指定专用账户，并向受托人和账户管理人报告。

（6）受托人指令账户管理人进行待遇支付的账户处理，账户管理人与托管人提供的支付结果核对，扣减个人账户资产，并向受益人提供年金基金的最终账户数据或向新年金计划移交账户资料。

企业年金待遇给付运作流程如图 14－4 所示。

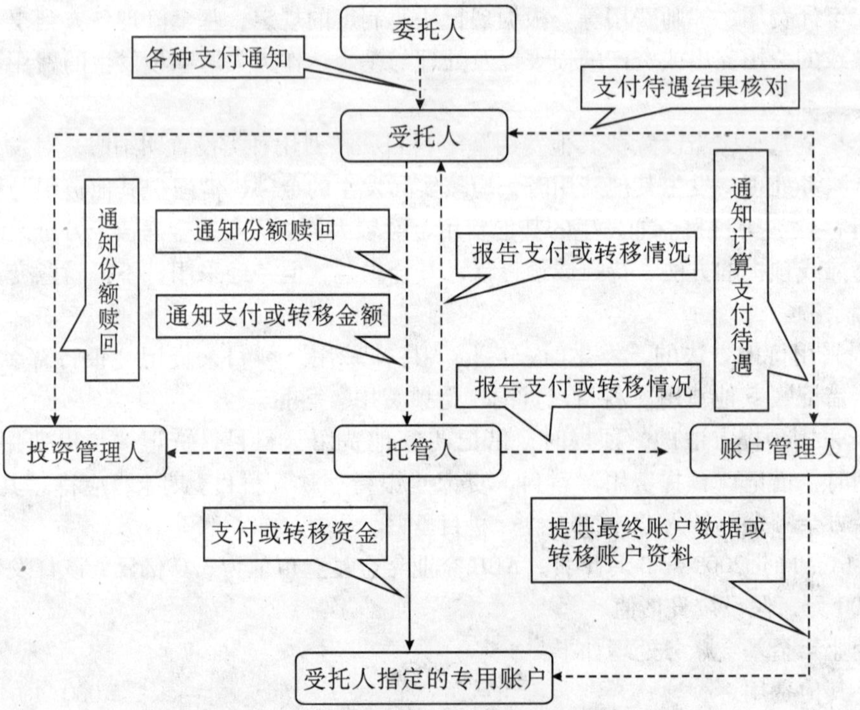

图 14－4　企业年金待遇给付流程图

企业年金基金应设置“企业年金基金——支付受益人待遇”、“应付受益人待遇”等科目，按受益人设置明细账进行账务处理。给付企业年金待遇时，按应付金额，借记“企业年金基金——支付受益人待遇”科目，贷记“应付受益人待遇”科目；支付款项时，借记“应付受益人待遇”科目，贷记“银行存款”科目。

【例14－12】2009年2月5日，ABC企业年金基金根据企业年金计划和委托人指令，支付退休人员企业年金待遇，金额共计90 000元。账务处理如下：

计算、确认给付企业年金待遇时：

借：企业年金基金——支付受益人待遇　　90 000

　贷：应付受益人待遇　　90 000

支付受益人待遇时：

借：应付受益人待遇　　90 000

　贷：银行存款　　90 000

此外，根据《企业年金基金准则》的规定，因职工调离企业而发生的个人账户转出金额，相应减少基金净资产。因职工调入企业而发生的个人账户转入金额，相应增加基金净资产。企业年金基金应设置“企业年金基金——个人账户转入”、“企业年金基金——个人账户转出”等科目，按受益人设置明细账进行账务处理。

二、企业年金基金净资产、净收益及其账务处理

企业年金基金净资产，又称年金基金净值，是指企业年金基金受益人在企业年金基金财产中享有的经济利益，其金额等于企业年金基金资产减去基金负债后的余额。

企业年金基金净资产＝期初净资产＋本期净收益＋收取企业缴费＋收取职工个人缴费＋个人账户转入－支付受益人待遇－个人账户转出

企业年金基金净收益，是指企业年金基金在一定会计期间已实现的经营成果，其金额等于本期收入减本期费用的余额。其中，本期收入包括存款利息收入、买入返售证券收入、公允价值变动收益、投资收益、其他收入等；本期费用包括交易费用、受托人管理费、投资管理人管理费、卖出回购证券支出、其他费用等。企业年金基金净收益直接影响基金净值的变动。

需要说明的是，企业年金基金资产不仅包括委托给投资管理人管理的资产，还包括未委托给投资管理人管理的其他现金资产。

企业年金基金净值增长率，是当期基金净值与前期基金净值的差额除以前期基金财产净值的比例。计算公式如下：

企业年金基金净值增长率＝（当期年金净资产－前期年金净资产）÷前期年金净资产

企业年金基金账户管理人根据企业年金基金净值和净值增长率，按日或按周足额记入企业年金基金企业账户和个人账户。在收益记入日，账户管理人根据托管人提供的、经受托人复核的企业年金基金净值和净值增长率，并根据企业账户和职工个人账户前期余额，计算本期各账户应记入的投资运营收益。计算公式如下：

个人账户本余额＝个人账户前期余额×（1＋企业年金基金净值增长率）

企业账户本余额＝企业账户前期余额×（1＋企业年金基金净值增长率）

根据《企业年金基金准则》的规定，资产负债表日，应当将当期企业年金基金各项收入和费用结转至净资产，并根据企业年金计划按期将运营收益分配计入企业和职工个人账户。

企业年金基金应设置“本期收益”等科目。“本期收益”科目核算本期实现的基金净收益（或净亏损）。期末，结转企业年金基金净收益时，将“存款利息收入”、“买入返售证券收入”、“公允价值变动收益”、“投资收益”、“其他收入”等科目的余额转入“本期收益”科目贷方；将“交易费用”、“受托人管理费”、“托管人管理费”、“投资管理人管理费”、“卖出回购证券支出”、“其他费用”等科目的余额转入“本期收益”科目借方。“本期收益”科目余额，即企业年金基金净收益（或净亏损）。净收益转入企业年金基金时，借记“本期收益”科目，贷记“企业年金基金——净收益”科目；如为净亏损，作相反分录。将净收益按企业年金计划约定的比例转入个人和企业账户时，借记“企业年金基金——净收益”，贷记“企业年金基金——个人账户结余”、“企业年金基金——企业账户结余”科目。

第八节　企业年金基金财务报表

一、企业年金基金财务报表编报主体

根据《企业年金基金管理试行办法》的规定，受托人负责编制企业年金基金管理和财务会计报告。这就是说，受托管理企业年金基金的企业年金理事会或符合国家规定的养老金管理公司等法人受托机构是编报企业年金基金财务报表的法定责任人，应当按照《企业年金基金会计准则》的规定，负责编制和对外报告企业年金基金财务报表。现行相关法规规定，受托人应当在年度结束后45日内向委托人和监管机构提交经会计师事务所审计的企业年金基金年度财务报告。

此外，为了保证企业年金基金财务报表的真实和完整，托管人、投资管理人还要定期向受托人提供相关信息。现行相关法规规定，托管人在每季度结束10日内向受托人提交季度企业年金基金财务报告，并在年度结束后30日内向受托人提交经会计师事务所审计的年度企业年金基金财务报告。投资管理人在每季度结束后10日内向受托人提交经托管人确认的季度企业年金基金投资组合报告；并应当在年度结束后30日内向受托人提交经托管人确认的年度企业年金基金投资管理报告。账户管理人应当在每季度结束后10日内向受托人提交季度企业年金基金账户管理报告，并应当在年度结束后30日内向受托人提交年度企业年金基金账户管理报告。

二、企业年金基金财务报表构成

企业年金基金财务报表，是指企业年金基金对外提供的反映基金某一特定日期财务状况和一定会计期间的经营成果、净资产变动情况的书面文件。企业年金基金财务报表包括以下内容：

（一）资产负债表

资产负债表，是指反映企业年金基金在某一特定日期的财务状况，应当按资产、负债和净资产分类列示。资产类项目至少应当列示下列信息：①货币资金；②应收证券清算款；③应收利息；④买入返售证券；⑤其他应收款；⑥债券投资；⑦基金投资；⑧股票投资；⑨其他投资；⑩其他资产。负债类项目至少应当列示下列信息：①应付证券清算款；②应付受益人待遇；③应付受托人管理费；④应付托管人管理费；⑤应付投资管理人管理费；⑥应交税金；⑦卖出回购证券款；⑧应付利息；⑨应付佣金；⑩其他应付款。净资产类项目列示企业年金基金净值。资产负债表的具体格式见表14－2。

表14－2 资产负债表

编制单位： 年 月 日 单位：元

资产	行次	年初数	年末数	负债和净资产	行次	年初数	年末数
资产：				负债：			
货币资金				应付债券清算款			
应收证券清算款				应付受益人待遇			
应收利息				应付受托人管理费			
买入返售证券				应付托管人管理费			
其他应收款				应付投资管理人管理费			
债券投资				应交税金			
基金投资				卖出回购证券款			
股票投资				应付利息			
其他投资				应付佣金			
其他资产				其他应付款			
				负债合计			
				净资产：			
				企业年金基金净值			
资产合计				负债和净资产总计			

（二）净资产变动表

净资产变动表，是指反映企业年金基金在一定会计期间的净资产增减变动情况的会计报表。净资产变动表应当列示下列信息：①期初净资产；②本期净资产增加数；③本期净资产减少数；④期末净资产。其中，本期净资产增加数包括本期收入、收取企业缴费、收取职工个人缴费、个人账户转入。本期收入由存款利息收入、买入返售证券收入、公允价值变动收益、投资处置收益、其他收入构成。本期净资产减少数包括本期费用、支付受益人待遇、个人账户转出。其中，本期费用由交易费用、受托人管理费用、托管人管理费用、投资管理人管理费、卖出回购证券支出、其他费用构成。净资产变动表的具体格式见表14－3。

表 14－3　净资产变动表

编制单位：　　　　　　　年　　月　　日　　　　　　　　单位：元

项目	行次	本月数	本年累计数
一、期初净资产			
二、本期净资产增加数			
（一）本期收入			
1. 存款利息收入			
2. 买入返售证券收入			
3. 公允价值变动收益			
4. 投资处置收益			
5. 其他收入			
（二）收取企业缴费			
（三）收取职工个人缴费			
（四）个人账户转入			
三、本期净资产减少数			
（一）本期费用			
1. 交易费用			
2. 受托人管理费			
3. 托管人管理费			
4. 投资管理人管理费			
5. 卖出回购证券支出			
6. 其他费用			
（二）支付受益人待遇			
（三）个人账户转出			
四、期末净资产			

（三）附注

附注是指对资产负债表、净资产变动表中列示项目的文字描述或明细资料，以及对未能在报表中列示其他业务和事项进行的说明。企业年金基金资产负债表、净资产变动表和附注的格式、列示内容参见《企业年金基金准则》。

三、企业年金基金财务报表编制

（一）资产负债表的编制说明

（1）“货币资金”项目，反映期末存放在金融机构的各种款项，应根据“银行存款”、“结算备付金”、“交易保证金”等科目的期末余额填列。

（2）“应收证券清算款”项目，反映期末尚未收回的证券清算款，应根据“证券清算款”科目所属明细科目期末借方余额填列。

（3）“应收利息”项目，反映期末尚未收回的各项利息，应根据“应收利息”科目期末余额填列。

（4）“买入返售证券”项目，反映期末已经买入但尚未到期返售证券的实际成本，应根据“买入返售证券”科目期末余额填列。

（5）“其他应收款”项目，反映除应收证券清算款、应收利息、应收红利、应收股利以外的期末尚未收回的其他各种应收款、暂付款项等，应根据“其他应收款”等科目的期末余额分析计算填列。

（6）“债券投资”项目，反映期末持有债券投资的公允价值，应根据“交易性金融资产”及其明细科目的期末余额分析填列。

（7）“基金投资”项目，反映期末持有基金投资的公允价值，应根据“交易性金融资产”及其明细科目的期末余额分析填列。

（8）“股票投资”项目，反映期末持有股票投资的公允价值，应根据“交易性金融资产”及其明细科目的期末余额分析填列。

（9）“其他投资”项目，反映期末持有的除上述投资以外的资产的公允价值，应根据“交易性金融资产”等相关科目的期末余额分析填列。

（10）“其他资产”项目，反映除上述资产以外的其他资产，应根据“交易性金融资产”等相关科目的期末余额分析填列。“应收红利”、“应收股利”科目的期末余额也填列在此项目。

（11）“应付证券清算款”项目，反映期末尚未支付的证券清算款，应根据“证券清算款”科目所属明细科目的期末余额填列。

（12）“应付受益人待遇”项目，反映期末尚未支付受益人待遇的款项，应根据“应付受益人待遇”科目所属明细科目的期末余额填列。

（13）“应付受托人管理费”项目，反映期末尚未支付受托人的管理费用，应根据“应付受托人费用”科目的期末余额填列。

（14）“应付托管人管理费”项目，反映期末尚未支付托管人的管理费用，应根据“应付托管人管理费”科目的期末余额计算填列。

（15）“应付投资管理人管理费”项目，反映期末尚未支付投资管理人的管理费用，应根据“应付投资管理人管理费”科目的期末余额计算填列。

（16）“应交税金”项目，反映期末应交未交的相关税费，应根据“应交税金”科目的期末余额填列。

（17）“卖出回购证券款”项目，反映已经卖出但尚未到期回购的证券款，应根据“卖出回购证券款”科目的期末余额填列。

（18）“应付利息”项目，反映期末尚未支付的各项利息，应根据“应付利息”科目的期末余额填列。

（19）“应付佣金”项目，反映期末尚未支付券商的佣金，应根据“应付佣金”科目的期末余额填列。

（20）“其他应付款”项目，反映除上述负债以外的其他负债，如暂收款、多收的款项等，应根据“其他应付款”等有关科目的期末余额分析填列。

(21)“企业年金基金净值”项目，反映期末企业年金基金净值，应根据“企业年金基金”及其明细科目分析填列。

(二) 净资产变动表的编制说明

(1)“期初净资产”项目，反映企业年金基金期初净值，应根据上期末“企业年金基金”及其明细科目的贷方余额分析填列。

(2)“存款利息收入”项目，反映本期存放金融机构各种存款的利息收入，应根据“存款利息收入”科目期末结转“本期收益”科目的数额填列。

(3)“买入返售证券收入”项目，反映本期买入返售证券业务而实现的利息收入，应根据“买入返售证券收入”科目期末结转“本期收益”科目的数额填列。

(4)“公允价值变动收益”项目，反映本期持有债券、基金、股票等投资的公允价值变动情况，应根据“公允价值变动收益”科目期末结转“本期收益”科目的数额填列。

(5)“投资处置收益”项目，反映本期投资处置时实现的收益，以及投资持有期间收到被投资单位发放的现金股利、红利，或按债券票面利率计算的利息收入，应根据“投资收益”科目期末结转“本期收益”科目的数额分析填列。

(6)“其他收入”项目，反映本期除以上收入外的其他收入，应根据“其他收入”科目期末结转“本期收益”科目的数额填列。

(7)“收取企业缴费”项目，反映本期收到的企业缴费，应根据“企业年金基金”及其明细科目的余额分析填列。

(8)“收取职工个人缴费”项目，反映本期收到的职工个人缴费，应根据“企业年金基金”及其明细科目的余额分析填列。

(9)“个人账户转入”项目，反映本期从其他企业调入本企业职工个人账户转入的金额，应根据“企业年金基金——个人账户转入”科目的余额填列。

(10)“交易费用”项目，反映本期投资运营中发生的手续费、佣金及其他必要支出，应根据“交易费用”科目期末结转“本期收益”科目的数额填列。

(11)“受托人管理费”项目，反映本期按照合同约定计提的受托人管理费用，应根据“受托人管理费”科目期末结转“本期收益”科目的数额填列。

(12)“托管人管理费”项目，反映本期按照合同约定计提的托管人管理费用，应根据“托管人管理费”科目期末结转“本期收益”科目的数额填列。

(13)“投资管理人管理费”项目，反映本期按照合同约定计提的投资管理人管理费用，应根据“投资管理人管理费”科目期末结转“本期收益”科目的数额填列。

(14)“卖出回购证券支出”项目，反映本期发生的卖出回购证券业务的支出，应根据“卖出回购证券款”科目期末结转“本期收益”科目的数额填列。

(15)“其他费用”项目，反映本期除上述费用之外的其他各项费用，应根据“其他费用”科目期末结转“本期收益”科目的数额填列。

(16)“支付受益人待遇”项目，反映本期支付受益人待遇的金额，应根据“企业年金基金”及其明细科目的期末余额填列。

(17)“个人账户转出”项目，反映本期企业职工调出、离职等原因从个人账户转出的金额，应根据“企业年金基金——个人账户转出”科目的期末余额填列。

（三）附注披露内容和要求

根据《企业年金基金准则》及其应用指南的规定，企业年金基金在附注中应当披露下列内容：

（1）企业年金计划的主要内容及重大变化。

（2）企业年金基金管理各方当事人（包括委托人、受托人、托管人、投资管理人、账户管理人、中介机构等）名称、注册地、组织形式、总部地址、业务性质、主要经营活动。

（3）财务报表的编制基础。

（4）遵循《企业年金基金准则》的声明。

（5）重要会计政策和会计估计。

（6）会计政策和会计估计变更及差错更正的说明。包括会计政策、会计估计变更和差错更正的内容、理由、影响数或影响数不能合理确定的理由等。

（7）投资种类、金额及公允价值的确定方法。

（8）各类投资占投资总额的比例。

（9）报表重要项目的说明，包括货币资金、买入返售证券、债券投资、基金投资、股票投资、其他投资、卖出回购证券款、收取企业缴费、收取职工个人缴费、个人账户转入、支付受益人待遇、个人账户转出等。在具体编制时，可参照财务报表列报应用指南列示的“证券公司报表附注”的披露格式和要求。

（10）企业年金基金净收益，包括本期收入、本期费用的构成。

（11）资产负债表日后事项、关联方关系及其交易的说明等。

（12）企业年金基金投资组合情况、风险管理政策，以及可能使投资价值受到重大影响的其他事项。

【复习题】

一、思考题

1. 什么是企业年金基金？它有哪些特点？

2. 企业年金基金会计核算有哪些特征？

3. 什么是企业年金基金净资产？它应如何进行计算？

二、业务题

1. 2009 年 1 月 5 日，企业年金基金收到缴费 1 000 万元，其中企业缴费 600 元、职工个人缴费 400 万元，存入企业年金账户，实收金额与提供的缴费总额账单核对无误。按该企业年金计划约定，企业缴费 600 万元中，归属个人账户金额为 400 万元，另 200 万元的权益归属条件尚未实现。

要求：作出相应的会计处理。

2. 2009 年 3 月 31 日，E 公司委托投资管理人按年金计划向企业和员工收取年金缴费，合计 40 万元。2009 年 3 月 1 日，E 公司委托投资管理人用企业年金以交易为目的购买 H 公司股票 2 万股，每股价格 8.60 元（含已宣布但尚未发放的现金股利 0.60 元），同时支付相关税费 2 000 元。5 月 23 日，收到 H 公司发放的现金股利 8 000 元。6 月 30 日，H 公司股票价格涨到每股 10 元。8 月 15 日，E 公司委托投资管理人以每股 12 元将股票全部售出。

要求：作出相应的会计处理。

第四编 特殊报告会计

编头案例

江山制药公司注册资本为 2 606.61 万美元，是中国乃至世界排名前列的大型维生素生产企业。其股权结构为：江苏华源药业有限公司（其控股母公司为华源制药）持有42.05%的股权，EA公司持有28.60%的股权，RT公司持有23.78%的股权。EA公司及RT公司均注册于英属维尔京群岛。2002年9月30日，安徽丰原集团委托其香港子公司——中联国际发展公司在香港收购了EA公司和RT公司。由此，安徽丰原集团称EA公司和RT公司是丰原集团香港子公司的全资企业，因此丰原集团拥有江山制药公司52%的权益。EA公司和RT公司在江山公司董事会中共占有4席，江苏华源仅占3席。2003年6月，EA公司和RT公司发表声明称，华源制药自2001年年报起将江山制药公司财务报表纳入其合并报表，对照中国法律及政府有关部门关于合并报表的规定，该公司合并江山制药公司财务报表的行为不符合规定，对于因上述并表行为可能引起的有可能导致投资者判断失误的法律风险，与EA公司和RT公司无关。对此，华源制药发布澄清公告称，江山制药公司系本公司控股公司江苏华源药业有限公司的子公司。江苏华源药业有限公司拥有其42.05%的权益，为第一大股东。根据该公司章程及实际情况，董事长由第一大股东江苏华源药业有限公司委派，总经理、副总经理和财务负责人等高级管理人员亦由江苏华源药业有限公司推荐和委派。江苏华源药业有限公司实际行使了对该公司财务和经营政策的控制权。由此，江苏华源药业有限公司与安徽丰原集团展开了旷日持久的控制权和合并财务报表合并范围的争夺战。2004年8月，中国国际经济贸易仲裁委员会作出仲裁裁决："申请人EA公司未缴付其受让16%股权的转股款及公积金，依法不享有16%的股权，EA公司所持有的股份均应维持其未转让之前状态。"该裁决表明，EA公司实际持有江山公司的股权仅有12.6%的股权，而不是28.6%，最终，华源制药赢得合并江山制药公司财务报表的权利。请问：合并财务报表的合并范围应如何确定？

第十五章　合并财务报表

【学习目标】

通过本章的学习，了解合并财务报表的合并范围，熟悉合并财务报表的编制程序，掌握合并财务报表的编制原理，能够编制合并资产负债表、合并利润表、合并所有者权益变动表和合并现金流量表的抵消分录。能够正确编制合并资产负债表、合并利润表、合并所有者权益表和合并现金流量表。

【知识点】

合并财务报表、合并范围、母公司、子公司、特殊目的主体、少数股东权益、少数股东收益、实体理论、母公司理论、所有权理论、合并资产负债表、合并利润表、合并所有者权益表、合并现金流量表。

第一节　合并财务报表概述

一、合并财务报表及其特点

合并财务报表，是指反映母公司和其全部子公司形成的企业集团（以下简称“企业集团”）整体财务状况、经营成果和现金流量的财务报表。合并财务报表的编制者或编制主体是母公司。合并财务报表，是以纳入合并范围企业的个别财务报表为基础，根据其他有关资料，抵消母公司与子公司、子公司相互之间发生的内部交易（以下简称“内部交易”）对合并财务报表的影响而编制的。与合并财务报表相对应的是个别财务报表。个别财务报表，是指企业单独编制的反映单个企业财务状况、经营成果和现金流量情况的会计报表。与个别财务报表相比，合并财务报表主要有如下特点：

（1）合并财务报表反映的对象，是由若干个法人企业组成的会计主体，是经济意义上的会计主体，而不是法律意义上的会计主体；而个别财务报表反映的对象则是单个企业法人，是法律意义上的企业主体。

（2）合并财务报表，是由企业集团中对其他企业有控制权的控股公司编制的，其他企业不需要编制，而所有企业都有编制个别财务报表的义务。

（3）合并财务报表是以个别财务报表为基础编制的。企业编制个别财务报表时，必须按照会计核算的固定模式进行，即根据每一笔经济业务编制记账凭证、登记账簿，并根据账簿数据来填列财务报表。而合并财务报表与此不同，它是以纳入合并财务报表合并范围的企业个别财务报表为基础，根据其他有关资料，调整和抵消有关会计事项对合并财务报表的影响而编制的。

(4) 合并财务报表的编制须运用一些特殊方法。编制合并财务报表，一般须运用工作底稿法、编制抵消分录等特殊方法来完成财务报表的编制工作。而个别财务报表的编制，则基本是以账簿余额或发生额等资料为依据直接填列的。

《企业会计准则第 33 号——合并财务报表》（以下简称《合并财务报表准则》）规范了合并财务报表的编制和列报。

本章着重讲解合并财务报表合并范围的确定以及合并财务报表的编制和列报等问题。

二、合并财务报表的产生和发展

合并财务报表的产生和发展与经济的发展密切相关，是企业在扩张发展过程中对信息管理和需求的必然结果。合并财务报表最早产生于美国，第一份合并财务报表是由美国科尔顿石油公司在 1886 年编制的。1888 年，美国新泽西州公司法开始规定母子公司需编制合并财务报表。第一次世界大战期间，美国在税法中规定母子公司合并纳税，从而导致在全国范围内大部分股份公司开始编制合并财务报表。美国证券交易委员会（SEC）于 1940 年规定，证券上市公司必须编制合并财务报表，由此，编制合并财务报表成为上市公司的法定义务。一些发达国家受美国会计规范的影响，逐步开始重视合并财务报表的编制。英国在 1948 年、德国在 1965 年、法国在 1972 年、日本在 1977 年开始在法律上要求企业集团编制合并财务报表。国际会计准则委员会在 1976 年发布了《第 3 号——合并财务报表》准则，以便协调各国合并财务报表的编制。该准则随着经济的发展逐步被修订和完善，现第 3 号准则已经被《第 27 号——合并财务报表及对子公司投资会计》准则所取代。

合并财务报表之所以能够在全球迅速被推行，并得到会计实务界和理论界的广泛认可，其原因是自第二次世界大战以后，很多发达国家的企业通过兼并重组使企业规模急剧扩张。由于跨行业兼并规模越来越大，很多公司成为巨型公司或大型公司，这些公司多数又是从事跨国经营。这些大型企业或跨国公司都是通过控股形式操纵境内外的子公司进行经营活动的，在这种情况下，作为公司的管理者、投资人、债权人都有详细了解及清楚集团公司整体财务状况和经营成果的愿望，尤其对子公司的经营状况和经济效益情况更须深入把握。这样就需要通过财务报告的形式来提供，由此就产生了合并财务报表。

三、合并范围的确定

我国合并财务报表的合并范围是以控制为基础加以确定的。

（一）控制与母公司、子公司

控制，是指一个企业能够决定另一个企业的财务和经营政策，并能据此从另一个企业的经营活动中获取利益的权力。控制通常具有如下特征：

(1) 控制的主体是唯一的，不是两方或多方。即对被投资单位的财务和经营政策的提议不必征得其他方同意，就可以形成决议并付诸实施。

(2) 控制的内容是被控制方的财务和经营政策，这些财务和经营政策一般是通过行使表决权来决定的。在某些情况下，也可以通过法定程序严格限制董事会、受托人或管理层对特殊目的主体经营活动的决策权，如规定除设立者或发起人外，其他人无权决定特殊目的主体经营活动的政策。

（3）控制的性质是一种权力，是一种法定权力，也可以是通过公司章程或协议、投资者之间的协议授予的权力。

（4）控制的目的是为了获取经济利益，包括为了增加经济利益、维持经济利益、保护经济利益，或者降低所分担的损失等。

（二）母公司与子公司

企业集团由母公司和其全部子公司构成。母公司一般是通过投资形式取得被投资单位的控制权，使被投资单位成为其子公司。如图 15－1 所示，假定 A 公司能够控制 B 公司，A 公司和 B 公司就构成了企业集团。如图 15－2 所示，假定 A 公司能够同时控制 B1 公司、B2 公司、B3 公司和 B4 公司，A 公司和 B1 公司、B2 公司、B3 公司、B4 公司就构成了企业集团。母公司和子公司是相互依存的，有母公司必然存在子公司，有子公司必然存在母公司。

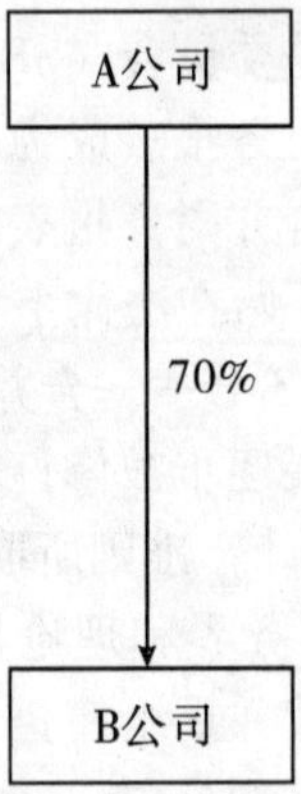

图 15－1　企业集团 1

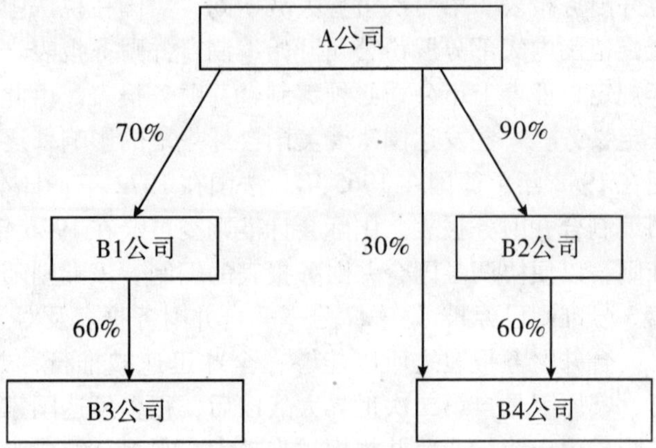

图 15－2　企业集团 2

1. 母公司

母公司是指有一个或一个以上子公司的企业（或主体，下同）。从母公司的定义可以看出，母公司要求同时具备两个条件：

一是必须有一个或一个以上的子公司，即必须满足控制的要求，能够决定另一个企业的财务和经营政策，并有据此从另一个企业的经营活动中获取利益的权力。母公司可以只控制一个子公司，也可以同时控制多个子公司。

如图 15－1 所示，假定 A 公司能够控制 B 公司，A 公司就是 B 公司的母公司。如图 15－2 所示，假定 A 公司能够同时控制 B1 公司、B2 公司、B3 公司和 B4 公司，A 公司就是 B1 公司、B2 公司、B3 公司和 B4 公司的母公司。

二是母公司可以是企业，如《公司法》所规范的股份有限公司、有限责任公司等；也可以是主体，如非企业形式的但形成会计主体的其他组织，如基金等。

2. 子公司

子公司是指被母公司控制的企业。从子公司的定义可以看出，子公司也要求同时具备两个条件：

一是作为子公司必须被母公司控制，并且只能由一个母公司控制，不可能也不允许被两个或多个母公司同时控制。被两个或多个公司共同控制的被投资单位是合营企业，而不是子公司。

如图15－1所示，假定A公司能够控制B公司，B公司就是A公司的子公司。如图15－2所示，假定A公司能够同时控制B1公司、B2公司、B3公司和B4公司，B1公司、B2公司、B3公司和B4公司均为A公司的子公司。

二是子公司可以是企业，如《公司法》所规范的股份有限公司、有限责任公司等，也可以是主体，如非企业形式的但形成会计主体的其他组织，如基金及信托项目等特殊目的主体等。

（三）母公司的控制形式及合并范围

1. 母公司拥有其半数以上表决权的被投资单位应当纳入合并财务报表的合并范围

拥有被投资单位半数以上表决权，是母公司对其拥有控制权最明显的标志。母公司直接或通过子公司间接拥有被投资单位半数以上的表决权，表明母公司能够控制被投资单位，应当将该被投资单位认定为子公司，纳入合并财务报表的合并范围。但是，有证据表明母公司不能控制被投资单位的除外。

表决权是指对被投资单位经营计划、投资方案、年度财务预算方案和决算方案、利润分配方案和弥补亏损方案、内部管理机构的设置、聘任或解聘公司经理及其报酬、公司的基本管理制度等事项持有的表决权，不包括应由股东大会或股东会行使的修改公司章程、增加或减少注册资本、发行公司债券、公司合并、分立、解散或变更公司形式等事项持有的表决权。表决权比例通常与其出资比例或持股比例是一致的，但公司章程另有规定的除外。

通常情况下，当母公司拥有被投资单位半数以上表决权时，母公司就拥有对该被投资单位的控制权，能够主导该被投资单位的股东大会（或股东会，下同），特别是董事会，并对其生产经营活动和财务政策实施控制。在这种情况下，子公司处在母公司的直接控制和管理下进行日常生产经营活动，子公司的生产经营活动成为事实上母公司生产经营活动的一个组成部分。

母公司拥有被投资单位半数以上表决权，通常包括如下三种情况：

（1）母公司直接拥有被投资单位半数以上表决权。

（2）母公司间接拥有被投资单位半数以上表决权。间接拥有半数以上表决权，是指母公司通过子公司而对子公司的子公司拥有半数以上表决权。

（3）母公司直接和间接方式合计拥有被投资单位半数以上表决权。直接和间接方式合计拥有半数以上表决权，是指母公司以直接方式拥有某一被投资单位半数以下的表决权，同时又通过子公司拥有该被投资单位一部分的表决权，二者合计拥有该被投资单位半数以上的表决权。

2. 母公司拥有其半数以下表决权的被投资单位纳入合并财务报表合并范围的条件

在母公司通过直接和间接方式没有拥有被投资单位半数以上表决权的情况下，如果母公司通过其他方式对被投资单位的财务和经营政策能够实施控制时，这些被投资单位也应作为子公司纳入其合并范围。

（1）通过与被投资单位其他投资者之间的协议，拥有被投资单位半数以上表决权。母公司与其他投资者共同投资某企业，母公司与其中的某些投资者签订书面协议，受托管理和控制该被投资单位，从而在被投资单位的股东大会和董事会上拥有该被投资单位半数以上表决权。在这种情况下，母公司对这一被投资单位的财务和经营政策拥有控制权，使该被投资单位成为事实上的子公司，为此必须将其纳入合并财务报表的合并范围。

（2）根据公司章程或协议，有权决定被投资单位的财务和经营政策。被投资单位的公司章程等文件中明确母公司对其财务和经营政策能够实施控制。企业的财务和经营政策直接决定着企业的日常生产经营活动，决定着企业的未来发展。母公司能够控制企业财务和经营政策也就等于能控制整个企业日常生产经营活动。这样，也就使得该被投资单位成为事实上的子公司，从而应当纳入母公司合并财务报表的合并范围。

（3）有权任免被投资单位的董事会或类似机构的多数成员。母公司能够通过任免被投资单位董事会的多数成员控制该被投资单位的日常生产经营活动，被投资单位成为事实上的子公司，从而应当纳入母公司合并财务报表的合并范围。这里的“多数”是指超过半数以上（不包括半数）。同时，需要注意的是，在这种情况下，董事会或类似机构必须能够控制被投资单位，否则该条件不适用。

（4）在被投资单位董事会或类似机构占多数表决权。母公司能够控制董事会或类似机构的会议，从而主导公司董事会的经营决策，使该公司的生产经营活动在母公司的控制下进行，使被投资单位成为事实上的子公司。因此，也应当将其纳入母公司合并财务报表的合并范围。这里的“多数”是指超过半数以上（不包括半数）。同样，需要注意的是，在这种情况下，董事会或类似机构必须能够控制被投资单位，否则该条件不适用。

在判断母公司对子公司是否形成控制且将其纳入合并财务报表的合并范围时，应当贯彻实质重于形式原则。

3. 在确定能否控制被投资单位时还应考虑对公司的潜在表决权

潜在表决权，是指当期可转换的可转换公司债券、当期可执行的认股权证等，不包括在将来某一日期或将来发生某一事项才能转换的可转换公司债券或才能执行的认股权证等。在确定能否控制被投资单位时，应当考虑企业和其他企业持有的被投资单位当期可转换的可转换公司债券、当期可执行的认股权证等潜在表决权因素。

4. 判断母公司能否控制特殊目的主体应考虑的主要因素

（1）母公司为了融资、销售商品或提供劳务等特定经营业务的需要直接或间接设立特殊目的主体。从经营活动方面判断母公司能否控制特殊目的主体：一是设立特殊目的主体主要是为了向母公司提供长期资本，或者为母公司融资以支持与母公司主要经营活动相一致的商品或劳务。如果存在上述情况，表明母公司存在控制特殊目的主体的可能性。但是，仅仅由于特殊目的主体与母公司发生大量交易而存在经济依存关系的，如供应商与客户之间的关系，并不一定形成控制。

（2）母公司具有控制特殊目的主体资产的决策权。这是从决策方面判断母公司能否控制特殊目的主体：一是母公司拥有单方面终止特殊目的主体的权利；二是母公司拥有变更特殊目的主体章程的权利；三是母公司对变更特殊目的主体章程拥有否决权。

（3）母公司通过章程、合同、协议等具有获取特殊目的主体大部分利益的权力。这是从经济利益方面判断母公司能否控制特殊目的主体：一是以未来净现金流量、收益、净资产或其他经济利益的方式，获取由特殊目的主体分配的大部分经济利益的权利；二是从特殊目的主体的预期剩余权益分配中或在清算中获取大部分剩余权益的权力。

（4）母公司通过章程、合同、协议等承担了特殊目的主体的大部分风险。这是从风险方面判断母公司能否控制特殊目的主体：一是资本提供者对特殊目的主体的净资产不享有重大利益；二是资本提供者不具有获取特殊目的主体未来经济利益的权力；三是资本提供者在实质上没有承受特殊目的主体净资产或经营活动的固有风险；四是资本提供者获取的对价基本上类似于贷款人通过贷款或权益获取的回报。例如，母公司通过特殊目的主体直接或间接对向特殊目的主体提供大部分资本的其他投资者保证一定的回报率或信用保护。母公司保留了特殊目的主体剩余权益风险或所有权风险，而其他投资者实质上只是贷款人，因为其他投资者获得的收益或遭受的损失是有限制的。

（四）所有子公司都应纳入母公司合并财务报表的合并范围

母公司应当将其全部子公司纳入合并财务报表的合并范围。即只要是由母公司控制的子公司，不论子公司的规模大小、子公司向母公司转移资金能力是否受到严格限制，也不论子公司的业务性质与母公司或企业集团内其他子公司是否有显著差别，都应当纳入合并财务报表的合并范围。

下列被投资单位不是母公司的子公司，不应当纳入母公司的合并财务报表的合并范围：

1. 已宣告被清理整顿的原子公司

已宣告被清理整顿的原子公司，是指在当期宣告被清理整顿的被投资单位，该被投资单位在上期是本公司的子公司。该子公司实际上在当期已经由股东、董事或股东大会指定的人员组成的清算组或人民法院指定的有关人员组成的清算组对该公司进行日常管理，在清算期间，该公司不得开展与清算无关的经营活动，因此，本公司不能再控制该子公司，不能将该公司继续认定为本公司的子公司。

2. 已宣告破产的原子公司

已宣告破产的原子公司，是指在当期宣告破产的被投资单位，该被投资单位在上期是本公司的子公司。该公司的日常管理已转交到由人民法院指定的管理人，本公司不能控制该被投资单位，不能将该被投资单位认定为本公司的子公司。

3. 母公司不能控制的其他被投资单位

母公司不能控制的其他被投资单位，是指母公司不能控制的除上述情形以外的其他被投资单位，如联营企业、合营企业等。

四、合并财务报表的编制程序

合并财务报表的编制程序，是指合并财务报表编制的基本步骤，主要包括以下方面：

（一）统一会计政策和会计期间

在编制合并财务报表前，母公司应当统一子公司所采用的会计政策，使子公司所采用的会计政策与母公司一致。子公司所采用的会计政策与母公司不一致时，应当按照母公司的会计政策对子公司财务报表进行必要的调整，或者要求子公司按照母公司的会计政策另行编制财务报表。同时，母公司应当统一子公司的会计期间，使子公司的会计期间与母公司保持一致。子公司的会计期间与母公司不一致的，应当按照母公司的会计期间对子公司财务报表进行调整，或者要求子公司按照母公司的会计期间另行编报财务报表。

（二）编制合并工作底稿

合并工作底稿的作用是为合并财务报表的编制提供基础。在合并工作底稿中，对母公司和子公司的个别财务报表各项目的金额进行汇总和抵消处理，最终计算出合并财务报表各项目的合并金额。

（三）编制调整分录和抵消分录

在合并工作底稿中编制调整分录和抵消分录，将内部交易对合并财务报表有关项目的影响进行抵消处理。编制抵消分录，进行抵消处理是合并财务报表编制的关键和主要内容，其目的在于将个别财务报表各项目的加总金额中重复的因素予以抵消。

在合并工作底稿中编制的调整分录和抵消分录，借记或贷记的均为财务报表项目（即资产负债表项目、利润表项目、现金流量表项目和所有者权益变动表项目），而不是具体的会计科目。例如，在涉及调整或抵消固定资产折旧、固定资产减值准备等均通过资产负债表中的“固定资产”项目，而不是“累计折旧”、“固定资产减值准备”等科目来进行调整和抵消。

（四）计算合并财务报表各项目的合并金额

在母公司和子公司个别财务报表各项目加总金额的基础上，分别计算出合并财务报表中各资产项目、负债项目、所有者权益项目、收入项目和费用项目等的合并金额。其计算方法如下：

1. 资产类各项目

其合并金额等于个别报表项目加总金额，加上该项目抵消分录的借方发生额，减去该项目抵消分录的贷方发生额计算确定。

2. 负债类各项目和所有者权益类项目

其合并金额等于个别报表项目加总金额，减去该项目抵消分录的借方发生额，加上该项目抵消分录的贷方发生额计算确定。

3. 有关收入类各项目

其合并金额等于个别报表项目加总金额，减去该项目抵消分录的借方发生额，加上该项目抵消分录的贷方发生额计算确定。

4. 有关费用类项目

其合并金额等于个别报表项目加总金额，加上该项目抵消分录的借方发生额，减去该项目抵消分录的贷方发生额计算确定。

（五）填列合并财务报表

根据合并工作底稿中计算出的资产、负债、所有者权益、收入、费用类以及现金流量表中各项目的合并金额，填列生成正式的合并财务报表。

第二节　合并资产负债表

合并资产负债表是反映企业集团在某一特定日期财务状况的财务报表，由合并资产、负债和所有者权益各项目组成。

一、对子公司的个别财务报表进行调整

在编制合并财务报表时，可将子公司分为同一控制下企业合并中取得的子公司和非同一控制下企业合并中取得的子公司两类。

（一）属于同一控制下企业合并取得的子公司

对于属于同一控制下企业合并取得的子公司的个别财务报表，如果不存在与母公司会计政策和会计期间不一致的情况，则不需要对该子公司的个别财务报表进行调整，即不需要将该子公司的个别财务报表调整为公允价值反映的财务报表，只需要抵消内部交易对合并财务报表的影响即可。

（二）属于非同一控制下企业合并取得的子公司

对于属于非同一控制下企业合并取得的子公司，除了存在与母公司会计政策和会计期间不一致的情况，需要对该子公司的个别财务报表进行调整外，还应当根据母公司为该子公司设置的备查簿的记录，以记录的该子公司的各项可辨认资产、负债及或有负债等在购买日的公允价值为基础，通过编制调整分录，对该子公司的个别财务报表进行调整，以使子公司的个别财务报表反映为在购买日公允价值基础上确定的可辨认资产、负债及或有负债在本期资产负债表日的金额。

二、按权益法调整对子公司的长期股权投资

《合并报表准则》规定，合并财务报表应当以母公司和其子公司的财务报表为基础，根据其他有关资料，按照权益法调整对子公司的长期股权投资后，由母公司编制。

在合并工作底稿中，按权益法调整对子公司的长期股权投资时，应按照《企业会计准则第 2 号——长期股权投资》所规定的权益法进行调整。

合并报表准则也允许企业直接在对子公司的长期股权投资采用成本法核算的基础上编制合并财务报表，但是所生成的合并财务报表应当符合《合并报表准则》的相关规定。

【例 15 - 1】2009 年 1 月 1 日，A 公司用银行存款 3 000 万元购得 B 公司 80% 的股份（假定 A 公司与 B 公司的企业合并不属于同一控制下的企业合并）。A 公司备查簿中记录的 B 公司在 2009 年 1 月 1 日可辨认资产、负债及或有负债的公允价值的资料见表 15 - 1。2009 年 1 月 1 日，B 公司股东权益总额为 3 500 万元，其中股本为 2 000 万元，资本公积为 1 500 万元，盈余公积为 0 元，未分配利润为 0 元。

2009 年，B 公司实现净利润 1 000 万元，提取法定公积金 100 万元，向 A 公司分派现金股利 480 万元，向其他股东分派现金股利 120 万元，未分配利润为 300 万元。B 公司因持有的可供出售的金融资产的公允价值变动计入当期资本公积的金额为 100 万元。

2009 年 12 月 31 日，A 公司个别资产负债表中对 B 公司的长期股权投资的金额为 3 000万元，拥有 B 公司 80% 的股份。A 公司在个别资产负债表中采用成本法核算该项长期股权投资。

2009 年 12 月 31 日，B 公司股东权益总额为 4 000 万元，其中股本为 2 000 万元，资本公积为 1 600 万元，盈余公积为 100 万元，未分配利润为 300 万元。

A 公司与 B 公司个别资产负债表分别见表 15 - 2 和表 15 - 3。

表 15－1　A 公司备查簿

2009 年 1 月 1 日

单位：万元

项目	账目价值	公允价值	公允价值与账面价值的差额	合并报表调整	余额	备注
B 公司						
流动资产	3 800	3 800				
非流动资产	1 900	2 000				
其中：固定资产——甲办公楼	600	700	100	[1]5	695	该办公楼的剩余折旧年限为 20 年，采用年限平均法计提折旧
资产总计	5 700	5 800				
流动负债	1 300	1 300				
非流动负债	900	900				
负债总计	2 200	2 200				
股本	2 000	2 000				
资本公积	1 500	1 600	100			
盈余公积	0	0				
未公配利润	0	0				
股东权益总计	3 500	3 600				
负债和股东权益总计	5 700	5 800				

表 15－2 资产负债表(简表)

编制单位:A 公司　　2009 年 12 月 31 日　　单位:万元

资产	期末余额	年初余额	负债和所有者权益	期末余额	年初余额
流动资产:			流动负债:		
货币资金	1 000	3 000	应付票据	1 000	1 000
应收票据	1 400	1 000	应付账款	3 000	2 000
其中:应收 B 公司票据	400		预收款项	200	300
应收账款	1 800	1 300	其中:预收 B 公司账款	100	
其中:应收 B 公司账款	475		应付职工薪酬	1 000	2 100
预付款项	770		应交税费	800	1 000
存货	1 000	3 800	流动负债合计	6 000	6 400
其中:向 B 公司购入存货	1 000		非流动负债:		
流动资产合计	5 970	9 100	长期借款	2 000	2 000
非流动资产:			应付债券	600	600
持有至到期投资	200	200	非流动负债合计	2 600	2 600
其中:持有 B 公司债券	200	200	负债合计	8 600	9 000
长期股权投资	4 700	1 700	所有者权益(或股东权益):		
其中:对 B 公司投资	3 000		实收资本(或股本)	4 000	4 000
固定资产	4 100	3 300	资本公积	800	800
其中:向 B 公司购入固定资产	200		盈余公积	1 000	732
无形资产	630	700	未分配利润	1 200	468
非流动资产合计	9 630	5 900	所有者权益合计	7 000	6 000
资产总计	15 600	15 000	负债和所有者权益总计	15 600	15 000

表 15－3　资产负债表(简表)

编制单位:B 公司　　2009 年 12 月 31 日　　单位:万元

资产	期末余额	年初余额	负债和股东权益	期末余额	年初余额
流动资产:			流动负债:		
货币资金	500	300	应付票据	400	300
应收票据	300	100	其中:应付票据——A 公司	400	
应收账款	760	600	应付账款	500	600
预付款项	400		其中:应付 A 公司账款	500	
其中:预付 A 公司账款	100		预收款项		50
存货	1 100	2 900	应付职工薪酬	100	350
流动资产合计	3 060	3 900	应交税费	60	200
非流动资产:			流动负债合计	1 060	1 500
可供出售金融资产	800	700	非流动负债:		
持有至到期投资			长期借款	700	700
长期股权投资			应付债券	200	200
固定资产	2 100	1 300	其中:应付债券——A 公司	200	200
其中:向 A 公司购入固定资产	108		非流动负债合计	900	900
无形资产			负债合计	1 960	2 400
非流动资产合计	2 900	2 000	股东权益:		
			股本	2 000	2 000
			资本公积	1 600	1 500
			其中:可供出售金融资产公允价值变动	100	
			盈余公积	100	0
			未分配利润	300	0
			股东权益合计	4 000	3 500
资产总计	5 960	5 900	负债和股东权益总计	5 960	5 900

表 15－4　合并工作底稿

2009 年

单位：万元

项目	A公司			B公司			合计	抵消分录		少数股东权益	合并
	报表金额	借方	贷方	报表金额	借方	贷方	金额	借方	贷方		金额
利润表项目											
营业收入	8 700			6 300			15 000	[11]1 000 [13]300 [17]3 500			10 200
营业成本	4 450			4 570			9 020	[12]200	[11]1 000 [13]270 [17]3 500		4 450
营业税金及附加	300			125			425				425
销售费用	15			10			25				25
管理费用	100			12	[1]①5		117	[16]1	[14]10		108
财务费用	300			90			390		[18]20		370
资产减值损失	25						25		[7]25		0
投资收益	500	[3]480	[2]796				816	[18]20 [19]796			0
营业利润	4 010②	480	796	1 493	5		5 814	5 817	4 825		4 822
营业外支出	10						10		[15]10		0
利润总额	4 000	480	796	1 493	5		5 804	5 817	4 835		4 822
所得税费用	1 320			493			1 813				1 813
净利润	2 680	480	796	1 000	5		3 991	5 817	4 835		3 009
少数股东损益								(19)199		199	199

（续上表）

项目	A公司			B公司			合计金额	抵消分录		少数股东权益	合并金额
	报表金额	借方	贷方	报表金额	借方	贷方		借方	贷方		
归属于母公司所有者的净利润											2 810
所有者权益变动表项目											
未分配利润——年初	468			0			468	[19]0			468
归属于母公司所有者的净利润											2 810
利润分配	1 948			700			2 648		[19]100 [19]600		1 948
未分配利润——年末	1 200	480	796	300	5		1 811	[5]295 6 311	[19]295 *5 830*		1 330
归属于少数股东的未分配利润——年初										0	0
少数股东损益										199	199
对少数股东的利润分配										120	120
归属于少数股东的未分配利润——年末										79	79
资本公积——年初	800			1 500		100	2 400	[5]1 600			800
可供出售金融资产公允价值变动净额				100			100	[5]100			0

(续上表)

项目	A公司			B公司			合计金额	抵消分录		少数股东权益	合并金额
	报表金额	借方	贷方	报表金额	借方	贷方		借方	贷方		
权益法下被投资单位其他所有者权益变动的影响			[4]80				80				80
资本公积——年末	800		80	1 600		100	2 580	[5]1 700			880
盈余公积——年初	732			0			732	[19]0			732
提取盈余公积	268			100			368		[19]100		268
盈余公积——年末	1 000			100			1 100	0	100		1 000
资产负债表项目											
流动资产:											
贷币资金	1 000			500			1 500				1 500
应收票据	1 400			300			1 700		[9]400		1 300
其中:应收B公司票据	400						400		[9]400		0
应收账款	1 800			760			2 560	[7]25	[6]500		2 085
其中:应收B公司账款	475						475	[7]25	[6]500		0
预付款项	770			400			1 170		[8]100		1 070
其中:预付A公司账款				100			100		[8]100		0
存货	1 000			1 100			2 100		[12]200		1 900
其中:向B公司购入存货	1 000						1 000		[12]200		800
流动资产合计	5 970			3 060			9 030	25	1 200		7 855
非流动资产:											

(续上表)

项目	A公司			B公司			合计金额	抵消分录		少数股东权益	合并金额
	报表金额	借方	贷方	报表金额	借方	贷方		借方	贷方		
可供出售金融资产				800			800				800
持有至到期投资	200						200		[10]200		0
其中:持有B公司债券	200						200		[10]200		0
长期股权投资	4 700	[2]796 [4]80	[3]480				5 096		[5]3 396		1 700
其中:对B公司投资	3 000	[2]796 [4]80	[3]480				3 396		[5]3 396		0
固定资产	4 100			2 100	100③	[1]5	6 295	[14]10 [15]10	[13]30 [16]1		6 284
其中 B公司——甲办公楼					100④	[1]5	95				95
其中 向B公司购入固定资产	200						200	[14]10	[13]30		180
其中 向A公司购入固定资产				108			108	[15]10	[16]1		117
无形资产	630						630				630
商誉								[5]120			120
非流动资产合计	9 630	876	480	2 900	100	5	13 021	140	3 627		9 534
资产总计	15 600	876	480	5 960	100	5	22 051	165	4 827		17 389
流动负债:											
应付票据	1 000			400			1 400	[9]400			1 000

（续上表）

项目	A公司			B公司			合计金额	抵消分录		少数股东权益	合并金额
	报表金额	借方	贷方	报表金额	借方	贷方		借方	贷方		
其中：应付票据——A公司				400			400	[9]400			0
应付账款	3 000			500			3 500	[6]500			3 000
其中：应付A公司账款				500			500	[6]500			0
预收款项	200						200	[8]100			100
其中：预收B公司账款	100						100	[8]100			0
应付职工薪酬	1 000			100			1 100				1 100
应交税费	800			60			860				860
流动负债合计	6 000			1 060			7 060	1 000			6 060
非流动负债：											
长期借款	2 000			700			2 700				2 700
应付债券	600			200			800	[10]200			600
其中：应付债券——A公司				200			200	[10]200			0
非流动负债合计	2 600			900			3 500	200			3 300
负债合计	8 600			1 960			10 560	1 200			9 360
所有者权益（或股东权益）：											

（续上表）

项目	A公司			B公司			合计金额	抵消分录		少数股东权益	合并金额
	报表金额	借方	贷方	报表金额	借方	贷方		借方	贷方		
实收资本（或股本）	4 000			2 000			6 000	[5]2 000			4 000
资本公积	800		[4]80	1 600		100⑤	2 580	[5]1 700			880
其中：可供出售金融资产公允价值变动				100			100	100			0
盈余公积	1 000			100			1 100	[5]100			1 000
未分配利润	1 200	[3]480	[2]796	300	[1]5		1 811	[5]295 [11]1000 [13]300 [17]3 500 [12]200 [16]1 [18]20 [19]796 [19]199 [19]0 6 311	[11]1 000 [13]270 [17]3 500 [14]10 [18]20 [7]25 [15]10 [19]100 [19]600 [19]295 5 830	[19]199	1 330
少数股东权益										[5]819	819
所有者权益合计	7 000	480	876	4 000	5	100	11 491	10 111	5 830	819	8 029
负债和所有者权益总计	15 600	480	876	5 960	5	100	22 051	11 311	5 830	819	17 389

（续上表）

项目	A 公司			B 公司			合计金额	抵消分录		少数股东权益	合并金额
	报表金额	借方	贷方	报表金额	借方	贷方		借方	贷方		
现金流量表项目											
经营活动产生的现金流量：											
销售商品、提供劳务收到的现金	7 675			5 990			13 665		[21]3 600 [22]300		9 765
收到其他与经营活动有关的现金											
经营活动现金流入小计	7 675			5 990			13 665		3 900		9 765
购买商品、接受劳务支付的现金	1 420			3 270			4 690	[21]3 600			1 090
支付给职工以及为职工支付现金	1 100			250			1 350				1 350
支付的各项税费	1 820			758			2 578				2 578
支付其他与经营流动有关的现金	45			22			67				67
经营活动现金流出小计	4 385			4 300			8 685	3 600			5 085
经营活动产生的现金流量净额	3 290			1 690			4 980	3 600	3 900		4 680
投资活动产生的现金流量：											

（续上表）

项目	A公司			B公司			合计金额	抵消分录		少数股东权益	合并金额
	报表金额	借方	贷方	报表金额	借方	贷方		借方	贷方		
收回投资收到的现金											
取得投资收益收到的现金	500						500		[20]500		0
处置固定资产、无形资产和其他长期资产收回的现金净额	120						120		[23]120		0
处置子公司及其他营业单位收到的现金净额											
收到其他与投资活动有关的现金											
投资活动现金流入小计	620						620		620		0
购建固定资产、无形资产和其他长期资产支付的现金	930			800			1 730	[22]300 [23]120			1 310
投资支付的现金											
取得子公司及其他营业单位支付的现金净额	3 000						3 000				3 000

（续上表）

项目	A公司			B公司			合计金额	抵消分录		少数股东权益	合并金额
	报表金额	借方	贷方	报表金额	借方	贷方		借方	贷方		
支付其他与投资活动有关的现金											
投资活动现金流出小计	3 930			800			4 730	420			4 310
投资活动产生的现金流量净额	-3 310			-800			-4 110	200			-4 310
筹资活动产生的现金流量：											
吸收投资收到的现金											
取得借款收到的现金											
收到其他与筹资活动有关的现金											
筹资活动现金流入小计											
偿还债务支付的现金											
分配股利、利润或偿付利息支付的现金	1 980			690			2 670	[20]500			2 170
其中：子公司支付给少数股东的股利、利润				120			120				120
支付其他与筹资活动有关的现金											

（续上表）

项目	A公司			B公司			合计金额	抵消分录		少数股东权益	合并金额
	报表金额	借方	贷方	报表金额	借方	贷方		借方	贷方		
筹资活动现金流出小计	1 980			690			2 670	500			2 170
筹资活动产生的现金流量净额	-1 980			-690			-2 670	500			-2 170
现金及现金等价物净增加额	-2 000			200			-1 800				-1 800
年初现金及现金等价物余额	3 000			300			3 300				3 300
年末现金及现金等价物余额	1 000			500			1 500				1 500

注：①[1]、[2]、[3]……为前面所编制的调整分录的顺序号。

②加下划线的数据是由上面数据计算而得的结果。

③此金额为合计金额。

④此金额由表15-1：A公司备查簿中记录的“公允价值与账面价值的差额”100万元直接转入。

⑤此金额由表15-1：A公司备查簿中记录的“公允价值与账面价值的差额”100万元直接转入。

假定B公司的会计政策和会计期间与A公司一致，不考虑A公司和B公司合并资产、负债的所得税影响。

《企业会计准则第2号——长期股权投资》规定，投资企业在确认应享有被投资单位净损益的份额时，应当以取得投资时被投资单位各项可辨认资产等的公允价值为基础，对被投资单位的净利润进行调整后确认。在本例中，A公司在编制合并财务报表时，应当首先根据A公司的备查簿中记录的B公司可辨认资产、负债在购买日（2009年1月1日）的公允价值的资料（见表15－1），调整B公司的净利润。按照A公司备查簿中的记录，在购买日，B公司可辨认资产、负债及或有负债的公允价值与账面价值存在差异仅有一项，即甲办公楼，公允价值高于账面价值的差额为100万元（700－600），按年限平均法每年应补计提的折旧额为5万元（100÷20）。本教材将影响合并财务报表项目需编制的调整分录、抵消分录统一编号。该编号就是合并工作底稿（表15－4）中所列示的顺序号。假定甲办公楼由B公司总部使用。在合并工作底稿中应作的调整分录如下：

［1］借：管理费用　　50 000

　　贷：固定资产——累计折旧　　50 000

据此，以B公司2009年1月1日各项可辨认资产等的公允价值为基础，重新确定的B公司2009年的净利润为995万元（1 000－5）。

［2］2009年12月31日，A公司对B公司的长期股权投资的账面余额为3 000万元（假定未发生减值）。根据《合并报表准则》的规定，在合并工作底稿中将对B公司的长期股权投资由成本法调整为权益法。有关调整分录如下：

确认A公司在2009年B公司实现净利润995万元中所享有的份额796万元（995×80%）：

借：长期股权投资——B公司　　7 960 000

　贷：投资收益——B公司　　7 960 000

［3］确认A公司收到B公司2009年分派的现金股利，同时抵消原按成本法确认的投资收益480万元：

借：投资收益——B公司　　4 800 000

　贷：长期股权投资——B公司　　4 800 000

［4］A公司在2009年确认B公司除净损益以外所有者权益的其他变动中所享有的份额80万元（资本公积的增加额100万元×80%）：

借：长期股权投资——B公司　　800 000

　贷：资本公积——其他资本公积——B公司　　800 000

在连续编制合并财务报表的情况下，应编制调整分录如下：

借：长期股权投资——B公司　（7 960 000－4 800 000＋800 000）3 960 000

　贷：盈余公积——年初　　116 000

　　　未分配利润——年初　　2 844 000

　　　资本公积——其他资本公积——B公司　　800 000

三、编制合并资产负债表时应进行抵消处理的项目

合并资产负债表是以母公司和子公司的个别资产负债表为基础编制的。个别资产负债表是以单个企业为会计主体进行会计核算的结果，它从母公司本身或从子公司本身的角度对自身的财务状况进行反映。这样，从发生内部交易的企业来看，发生交易的各方都在其个别资产负债表中进行了反映。例如，企业集团母公司与子公司之间发生的赊购赊销业务，对于赊销企业而言，一方面确认营业收入、结转营业成本、计算营业利润，并在其个别资产负债表中反映为应收账款；而对于赊购企业而言，在内部购入的存货未实现对外销售的情况下，则在其个别资产负债表中反映为存货和应付账款。在这种情况下，资产、负债和所有者权益类各项目加总的金额中，必然包含重复计算的因素。作为反映企业集团整体财务状况的合并资产负债表，必须将这些重复计算的因素予以扣除，对这些重复的因素进行抵消处理。这些需要扣除的重复因素，就是合并财务报表编制时需要进行抵消处理的项目。

编制合并资产负债表时需要进行抵消处理的，主要有如下项目：

（一）长期股权投资与子公司所有者权益的抵消处理

母公司对子公司进行的长期股权投资，一方面反映为长期股权投资以外的其他资产的减少，另一方面反映为长期股权投资的增加。子公司接受这一投资时，一方面增加资产，另一方面作为实收资本（或股本，下同）处理，在其个别资产负债表中一方面反映为实收资本的增加，另一方面反映为相对应的资产的增加。从企业集团整体来看，母公司对子公司进行的长期股权投资实际上相当于母公司将资本拨付给下属核算单位，并不会引起整个企业集团的资产、负债和所有者权益的增减变动。因此，编制合并财务报表时，应当在母公司与子公司财务报表数据简单相加的基础上，将母公司对子公司长期股权投资项目与子公司所有者权益项目予以抵消。

子公司所有者权益中不属于母公司的份额，即子公司所有者权益中抵消母公司所享有的份额后的余额，在合并财务报表中作为“少数股东权益”处理。在合并资产负债表中，“少数股东权益”项目应当在“所有者权益”项目下单独列示。

【例 15－2】沿用【例 15－1】，2009 年 12 月 31 日，A 公司对 B 公司长期股权投资经调整后的金额为 3 396 万元（投资成本 3 000 万元＋权益法调整增加的长期股权投资 396 万元）与其在 B 公司经调整的股东权益总额中所享有的金额 3 276 万元［（股东权益账面余额 4 000 万元＋甲办公楼购买日公允价值高于账面价值的差额 100 万元－甲办公楼购买日公允价值高于账面价值的差额按 20 年计提的折旧额 5 万元）×80%］之间的差额，为商誉。至于 B 公司股东权益中 20% 的部分，即 819 万元［（股东权益账面余额 4 000 万元＋甲办公楼购买日公允价值高于账面价值的差额 100 万元－甲办公楼购买日公允价值高于账面价值的差额按 20 年计提的折旧额 5 万元）×20%］属于少数股东权益，在抵消处理时应作为少数股东权益处理。其抵消分录如下：

[5] 借：股本 20 000 000
资本公积——年初 16 000 000
——本年 1 000 000
盈余公积——年初 0
——本年 1 000 000
未分配利润——年末 2 950 000
商誉 1 200 000
贷：长期股权投资 33 960 000
少数股东权益 8 190 000

其中：商誉 120 万元 = 3 000 万元 - （B 公司 2009 年 1 月 1 日的所有者权益总额 3 500 万元 + B 公司固定资产公允价值增加额 100 万元） × 80% ①

其合并工作底稿如表 15 - 4 所示。

《合并报表准则》规定，子公司持有母公司的长期股权投资、子公司相互之间持有的长期股权投资，也应当比照上述母公司对子公司股权投资的抵消方法进行抵消处理。

（二）内部债权与债务的抵消处理

母公司与子公司、子公司相互之间的债权和债务项目，是指母公司与子公司、子公司相互之间因销售商品、提供劳务以及发生结算业务等原因产生的应收账款与应付账款、应收票据与应付票据、预付账款与预收账款、其他应收款与其他应付款、持有至到期投资与应付债券等项目。发生在母公司与子公司、子公司相互之间的这些项目，一方在其个别资产负债表中反映为资产，而另一方则在其个别资产负债表中反映为负债。但从企业集团整体角度来看，它只是内部资金运动，既不能增加企业集团的资产，也不能增加负债。为了消除个别资产负债表直接加总中的重复计算因素，在编制合并财务报表时应当将内部债权债务项目予以抵消。

1. 应收账款与应付账款的抵消处理

（1）初次编制合并财务报表时应收账款与应付账款的抵消处理。

在应收账款计提坏账准备的情况下，某一会计期间坏账准备的金额是以当期应收账款为基础计提的。在编制合并财务报表时，随着内部应收账款的抵消，与此相联系也须将内部应收账款计提的坏账准备予以抵消。内部应收账款抵消时，其抵消分录为：借记“应付账款”项目，贷记“应收账款”项目；内部应收账款计提的坏账准备抵消时，其抵消分录为：借记“应收账款——坏账准备”项目，贷记“资产减值损失”项目。

【例 15 - 3】A 公司 2009 年个别资产负债表（表 15 - 2）中应收账款 475 万元为 2009 年向 B 公司销售商品发生的应收销货款的账面价值，A 公司对该笔应收账款计提的坏账准备为 25 万元。B 公司 2009 年个别资产负债表（表 15 - 3）中应付账款 500 万元为 2009 年向 A 公司购进商品存货发生的应付购货款。

在编制合并财务报表时，应将内部应收账款与应付账款相互抵消；同时应将内部应收

① 关于商誉价值的计算，一种是按股权投资时计算，另一种是按期末数据计算。商誉的产生就是企业合并时，投出成本大于应享有被投资单位权益份额的差额。

账款计提的坏账准备予以抵消，其抵消分录为：

［6］借：应付账款　　5 000 000

　　贷：应收账款　　5 000 000

［7］借：应收账款——坏账准备　　250 000

　　贷：资产减值损失　　250 000

其合并工作底稿如表 15－4 所示。

（2）连续编制合并财务报表时内部应收账款坏账准备的抵消处理。

就合并财务报表而言，内部应收账款计提的坏账准备的抵消是与抵消当期资产减值损失相对应的，上期抵消的坏账准备的金额，即上期资产减值损失抵减的金额，最终将影响到本期合并所有者权益变动表中期初未分配利润金额的增加。由于利润表和所有者权益变动表是反映企业一定会计期间经营成果及其分配情况的财务报表，其上期期末未分配利润就是本期所有者权益变动表期初未分配利润。本期编制合并财务报表是以本期母公司和子公司当期的个别财务报表为基础编制的，随着上期编制合并财务报表时内部应收账款计提的坏账准备的抵消，以此个别财务报表为基础加总得出的期初未分配利润与上一会计期间合并所有者权益变动表中的未分配利润金额之间将产生差额。为此，编制合并财务报表时，必须将上期因内部应收账款计提的坏账准备抵消而产生的资产减值损失对本期期初未分配利润的影响予以抵消，调整本期期初未分配利润的金额。

在连续编制合并财务报表进行抵消处理时，首先，将内部应收账款与应付账款予以抵消，即按内部应收账款的金额，借记"应付账款"项目，贷记"应收账款"项目。其次，应将上期资产减值损失中抵消的内部应收账款计提的坏账准备对本期期初未分配利润的影响予以抵消，即按上期资产减值损失项目中抵消的内部应收账款计提的坏账准备的金额，借记"应收账款——坏账准备"项目，贷记"未分配利润——年初"项目。再次，对于本期个别财务报表中内部应收账款相对应的坏账准备增减变动的金额也应予以抵消，即按照本期个别资产负债表中期末内部应收账款相对应的坏账准备的增加额，借记"应收账款——坏账准备"项目，贷记"资产减值损失"项目，或按照本期个别资产负债表中期末内部应收账款相对应的坏账准备的减少额，借记"资产减值损失"项目，贷记"应收账款——坏账准备"项目。

在第三期编制合并财务报表的情况下，必须将第二期内部应收账款期末余额相应的坏账准备予以抵消，以调整期初未分配利润的金额。然后，计算确定本期内部应收账款相对应的坏账准备增减变动的金额，并将其增减变动的金额予以抵消。其抵消分录与第二期编制的抵消分录相同。

2. 其他债权与债务项目的抵消处理

【例 15－4】A 公司 2009 年个别资产负债表（表 15－2）中预收账款 100 万元为 B 公司预付账款；应收票据 400 万元为 B 公司 2009 年向 A 公司购买商品开具的票面金额为 400 万元的商业承兑汇票；B 公司应付债券 200 万元为 A 公司所持有。对此，在编制合并资产负债表时，应作如下账务处理：

［8］将内部预收账款与内部预付账款抵消时，应编制如下抵消分录：

借：预收款项　　1 000 000

　贷：预付款项　　1 000 000

［9］将内部应收票据与内部应付票据抵消时，应编制如下抵消分录：

借：应付票据　　4 000 000

　贷：应收票据　　4 000 000

［10］将持有至到期投资中债券投资与应付债券抵消时，应编制如下抵消分录：

借：应付债券　　2 000 000

　贷：持有至到期投资　　2 000 000

其合并工作底稿如表 15－4 所示。

如果债券投资企业持有的企业集团内部成员企业的债券并不是从发行债券的企业直接购进，而是在证券市场上从第三方手中购进的。在这种情况下，持有至到期投资中的债券投资与发行债券企业的应付债券抵消时，可能会出现差额，应当计入合并利润表的投资收益或财务费用项目。

（三）存货价值中包含的未实现内部销售损益的抵消处理

存货价值中包含的未实现内部销售损益是由于企业集团内部商品购销、劳务提供活动所引起的。在内部购销活动中，销售企业将集团内部销售作为收入确认并计算销售利润，而购买企业则是以支付购货的价款作为其成本入账。在本期内未实现对外销售而形成期末存货时，其存货价值中也相应地包括两部分内容：一部分为真正的存货成本（即销售企业销售该商品的成本）；另一部分为销售企业的销售毛利（即其销售收入减去销售成本的差额）。对于期末存货价值中包括的这部分销售毛利，从企业集团整体来看，并不是真正实现的利润。因为从整个企业集团来看，集团内部企业之间的商品购销活动实际上相当于企业内部物资调拨活动，既不会实现利润，也不会增加商品的价值。从这个意义上说，将期末存货价值中包括的这部分销售企业作为利润确认的部分，称为未实现内部销售损益。因此，在编制合并资产负债表时，应当将存货价值中包含的未实现内部销售损益予以抵消。编制抵消分录时，按照集团内部销售企业销售该商品的销售收入，借记“营业收入”科目，按照销售企业销售该商品的销售成本，贷记“营业成本”科目，按照当期期末存货价值中包含的未实现内部销售损益的金额，贷记“存货”科目。

1. 当期内部购进商品并形成存货情况下的抵消处理

在企业集团内部购进并且在会计期末形成存货的情况下，如前所述，一方面将销售企业实现的内部销售收入及其相对应的销售成本予以抵消，另一方面将内部购进形成的存货价值中包含的未实现内部销售损益予以抵消。

【例 15－5】B 公司 2009 年向 A 公司销售商品 1 000 万元，其销售成本为 800 万元，该商品的销售毛利率为 20%。A 公司购进的该商品 2009 年全部未实现对外销售而形成期末存货。

在编制 2009 年合并财务报表时，应进行如下抵消处理：

［11］借：营业收入　　10 000 000

　　贷：营业成本　　10 000 000

[12] 借：营业成本　　2 000 000

　　贷：存货　　2 000 000

其合并工作底稿如表 15 - 4 所示。

2. 连续编制合并财务报表时内部购进商品的抵消处理

对于上期内部购进商品全部实现对外销售的情况下，由于不涉及内部存货价值中包含的未实现内部销售损益的抵消问题，在本期连续编制合并财务报表时不涉及对其进行处理。但在上期内部购进并形成期末存货的情况下，在编制合并财务报表进行抵消处理时，存货价值中包含的未实现内部销售损益的抵消，直接导致上期合并财务报表中合并净利润金额的减少，最终造成合并所有者权益变动表中期末未分配利润金额的减少。由于本期合并财务报表是以母公司和子公司本期个别财务报表为基础编制的，而母公司和子公司个别财务报表中未实现内部销售损益是作为其实现利润的部分包括在期初未分配利润之中，以母子公司个别财务报表中期初未分配利润为基础计算得出的合并期初未分配利润的金额就可能与上期合并财务报表中的期末未分配利润的金额不一致。因此，本期编制合并财务报表时必须在合并母子公司期初未分配利润的基础上，将上期抵消的未实现内部销售损益对本期期初未分配利润的影响予以抵消，调整本期期初未分配利润的金额。

在连续编制合并财务报表的情况下，必须将上期抵消的存货价值中包含的未实现内部销售损益对本期期初未分配利润的影响予以抵消，调整本期期初未分配利润的金额；然后对本期内部购进存货进行抵消处理，其具体抵消处理程序和方法如下：

（1）将上期抵消的存货价值中包含的未实现内部销售损益对本期期初未分配利润的影响进行抵消，即按照上期内部购进存货价值中包含的未实现内部销售损益的金额，借记“未分配利润——年初”科目，贷记“营业成本”科目。

（2）对于本期发生内部购销活动的，将内部销售收入、内部销售成本及内部购进存货中未实现内部销售损益予以抵消，即按照销售企业内部销售收入的金额，借记“营业收入”科目，贷记“营业成本”科目。

（3）将期末内部购进存货价值中包含的未实现内部销售损益予以抵消。对于期末内部购买形成的存货（包括上期结转形成的本期存货），应按照购买企业期末内部购入存货价值中包含的未实现内部销售损益的金额，借记“营业成本”科目，贷记“存货”科目。

（四）内部固定资产交易的抵消处理

内部固定资产交易是指企业集团内部发生与固定资产有关的购销业务。对于企业集团内部固定资产交易，根据销售企业销售的是产品还是固定资产，可以将其划分为两种类型：第一种类型是企业集团内部企业将自身生产的产品销售给企业集团内的其他企业作为固定资产使用；第二种类型是企业集团内部企业将自用的固定资产出售给企业集团内的其他企业作为固定资产使用。

第一种类型下，企业集团内部的母公司或子公司将自身生产的产品销售给企业集团内部的其他企业作为固定资产使用，这种类型的内部固定资产交易发生得比较多，也比较普遍。以下重点介绍这种类型的内部固定资产交易的抵消处理。

固定资产的使用寿命较长，往往要跨越几个会计年度。对于内部交易形成的固定资产，不仅在该内部固定资产交易发生的当期需要进行抵消处理，而且在以后使用该固定资产的期间也需要进行抵消处理。固定资产在使用过程中是通过折旧的方式将其价值转移到产品价值之中的，由于固定资产按原价计提折旧，在固定资产原价中包含未实现内部销售损益的情况下，每期计提的折旧费中也必然包含着未实现内部销售损益的金额，由此也需要对其内部交易形成的固定资产每期计提的折旧费进行相应的抵消处理。如果购买企业对该项固定资产计提了固定资产减值准备，由于固定资产减值准备是按原价为基础进行计算确定的，在固定资产原价中包含未实现内部销售损益的情况下，对该项固定资产计提的减值准备中也必然包含着未实现内部销售损益的金额，由此也需要对该内部交易形成的固定资产计提的减值准备进行相应的抵消处理。

1. 内部交易形成的固定资产在购入当期的抵消处理

购买企业购进的固定资产，在其个别资产负债表中以支付的价款作为该固定资产的原价列示，因此首先就必须将该固定资产原价中包含的未实现内部销售损益予以抵消。其次，购买企业对该固定资产计提了折旧，折旧费计入相关资产的成本或当期损益。由于购买企业是以该固定资产取得成本作为原价计提折旧，取得成本中包含未实现内部销售损益，在相同的使用寿命下，各期计提的折旧费要大于不包含未实现内部销售损益时计提的折旧费，因此还必须将当期多计提的折旧额从该固定资产当期计提的折旧费中予以抵消。其抵消处理程序如下：

首先，将与内部交易形成的固定资产相关的销售收入、销售成本以及原价中包含的未实现内部销售损益予以抵消。

其次，将内部交易形成的固定资产当期多计提的折旧费和累计折旧（或少计提的折旧费和累计折旧）予以抵消。对内部交易形成的固定资产当期多计提的折旧费抵消时，应按当期多计提的折旧额，借记“固定资产——累计折旧”科目，贷记“管理费用”等科目（假设该固定资产是为管理部门所用）。

【例 15 - 6】2009 年 1 月 1 日，B 公司以 300 万元的价格将其生产的产品销售给 A 公司，其销售成本为 270 万元，A 公司购买该产品作为管理用固定资产使用，按 300 万元入账。假设 A 公司对该固定资产按 3 年的使用寿命采用年限平均法计提折旧，预计净残值为 0。本章为简化抵消处理，假定 A 公司该内部交易形成的固定资产按 12 个月计提折旧。应编制抵消分录如下：

[13] 与该固定资产相关的销售收入、销售成本以及原价中包含的未实现内部销售损益的抵消。

借：营业收入	3 000 000	
贷：营业成本		2 700 000
固定资产——原价		300 000

[14] 该固定资产当期多计提折旧额的抵消。

该固定资产折旧年限为 3 年，原价为 300 万元，预计净残值为 0，当年计提的折旧额为 100 万元，而按抵消其原价中包含的未实现内部销售损益后的原价计提的折旧额为 90 万元，当期多计提的折旧额为 10 万元。本例中应当按 10 万元分别抵消管理费用和累计折旧。

借：固定资产——累计折旧	100 000	
贷：管理费用		100 000

通过上述抵消分录，在合并工作底稿中固定资产累计折旧额减少 10 万元，管理费用减少 10 万元，在合并财务报表中该固定资产的累计折旧为 90 万元，该固定资产当期计提的折旧费为 90 万元。

其合并工作底稿如表 15－4 所示。

2. 连续编制合并财务报表时内部交易形成的固定资产的抵消处理

在之后的会计期间，该内部交易形成的固定资产仍然以原价在购买企业的个别资产负债表中列示，因此必须将原价中包含的未实现内部销售损益的金额予以抵消；要将期初未分配利润中包含的未实现内部销售损益予以抵消，以调整期初未分配利润的金额。

首先，按照原价中包含的未实现内部销售损益的金额，借记“未分配利润——年初”科目，贷记“固定资产——原价”科目。

其次，由于以前会计期间按包含未实现内部销售损益的原价为依据而多计提折旧，必须按照以前会计期间累计多计提的折旧额抵消期初累计折旧。以前会计期间累计折旧抵消而影响到期初未分配利润的，还必须调整期初未分配利润的金额。即按以前会计期间抵消该内部交易形成的固定资产多计提的累计折旧额，借记“固定资产——累计折旧”科目，贷记“未分配利润——年初”科目。

最后，该内部交易形成的固定资产在本期仍然计提了折旧，由于多计提折旧导致本期有关资产或费用项目增加并形成累计折旧，为此，一方面必须将本期多计提折旧而计入相关资产的成本或当期损益的金额予以抵消；另一方面必须将本期多计提折旧而形成的累计折旧额予以抵消，即按本期该内部交易形成的固定资产多计提的折旧额，借记“固定资产——累计折旧”科目，贷记“管理费用”等科目。

3. 内部交易形成的固定资产在清理期间的抵消处理

在这种情况下，购买企业内部交易形成的固定资产实体已不复存在，包含未实现内部销售损益在内的该内部交易形成的固定资产的价值已全部转移到用其加工的产品价值或各期损益中，因此不存在未实现内部销售损益的抵消问题。对于整个企业集团而言，随着该内部交易形成的固定资产的使用寿命届满，其包含的未实现内部销售损益也转化为已实现利润。但是，由于销售企业因该内部交易所实现的利润，作为期初未分配利润的一部分结转到购买企业对该内部交易形成的固定资产进行清理的会计期间为止，为此，必须调整期初未分配利润。在固定资产进行清理的会计期间，如果仍计提了折旧，本期计提的折旧费中仍然包含多计提的折旧额，因此需要将多计提的折旧额予以抵消。

第二种类型下，企业集团内部企业将其自用的固定资产出售给集团内部的其他企业。对于销售企业而言，在其个别资产负债表中表现为固定资产的减少，同时在其个别利润表中表现为固定资产处置损益，当处置收入大于该固定资产账面价值时，表现为本期营业外收入；当处置收入小于固定资产账面价值时，则表现为本期营业外支出。对于购买企业而言，在其个别资产负债表中表现为固定资产的增加，其固定资产原价中既包含该固定资产在原销售企业中的账面价值，也包含销售企业因该固定资产出售所实现的损益。但对于整个企业集团而言，这一交易属于集团内部固定资产调拨性质，它既不能产生收益，也不会发生损失，固定资产既不能增值也不会减值。因此，必须将销售企业因该内部交易所实现的固定资产处置损益予以抵消，同时将购买企业固定资产原价中包含的未实现内部销售损益的金额予以抵消。抵消后，在合并财务报表中该固定资产原价仍然以销售企业的原账面价值反映。

【例 15－7】2009 年 6 月 29 日，A 公司将其账面价值为 130 万元的一台设备以 120 万元的价格出售给 B 公司作为管理用固定资产使用。A 公司因该内部固定资产交易发生处置损失 10 万元。B 公司以 120 万元作为该项固定资产的成本入账，并按 5 年的使用寿命采用年限平均法计提折旧，预计净残值为 0。B 公司在 2009 年计提了 6 个月折旧。2009 年合并财务报表时的抵消分录如下：

［15］该固定资产的处置损失与固定资产原价中包含的未实现内部销售损益的抵消。

借：固定资产——原价　　100 000

　贷：营业外支出　　100 000

［16］该固定资产折旧年限为 5 年，入账金额为 120 万元，预计净残值为 0，2009 年计提的折旧额为 12 万元，而按包含的未实现内部销售损益的原价计提的折旧额为 13 万元，当期少计提的折旧额为 1 万元。本例中应当按 1 万元分别抵消管理费用和累计折旧。

借：管理费用　　10 000

　贷：固定资产——累计折旧　　10 000

通过上述抵消分录，在合并工作底稿中固定资产累计折旧额增加 1 万元，管理费用增加 1 万元，在合并财务报表中该固定资产的累计折旧为 13 万元，该固定资产当期计提的折旧费为 13 万元。

其合并工作底稿如表 15－4 所示。

在连续编制合并财务报表时，其抵消分录为：

借：盈余公积——年初　　1 000

　　未分配利润——年初　　9 000

　贷：固定资产——累计折旧　　10 000

四、报告期内增减子公司的会计处理

（一）增加子公司

母公司因追加投资等原因控制了另一个企业即实现了企业合并。根据《企业会计准则第 20 号——企业合并》的规定，企业合并形成母子公司关系的，母公司应当编制合并日或购买日的合并资产负债表。有关合并日或购买日合并资产负债表的编制，请参见第七章“企业合并”的相关内容。但是，在企业合并发生当期的期末和以后会计期间，母公司应当根据《合并报表准则》的规定编制合并资产负债表。《合并报表准则》规定，在编制合并资产负债表时，应当区分同一控制下的企业合并增加的子公司和非同一控制下的企业合并增加的子公司两种情况。

（1）同一控制下企业合并增加的子公司，视同该子公司从设立起就被母公司控制，编制合并资产负债表时，应当调整合并资产负债表所有相关项目的期初数。相应地，合并资产负债表的留存收益项目应当反映母公司如果一直作为一个整体运行至合并日应实现的盈余公积和未分配利润的情况。

（2）非同一控制下企业合并增加的子公司，应当从购买日开始编制合并财务报表，不调整合并资产负债表的期初数。

（二）处置子公司

在报告期内，如果母公司失去了决定被投资单位的财务和经营政策的能力，不能再从其经营活动中获取利益，则母公司不再控制被投资单位，被投资单位从本期开始不再是母公司的子公司，不应继续将其纳入合并财务报表的合并范围，不调整合并资产负债表的期初数。

五、合并资产负债表编制

为了便于理解和掌握合并资产负债表的编制方法，了解合并资产负债表编制的过程，现就本节中合并资产负债表的编制举例综合说明如下：

【例15－8】沿用【例15－1】、【例15－2】、【例15－3】、【例15－4】、【例15－5】、【例15－6】和【例15－7】，A公司和B公司2009年12月31日的个别资产负债表分别参见表15－2和表15－3。

根据上述资料，首先，A公司应当设计合并工作底稿（见表15－4），将A公司、B公司个别资产负债表的数据过入合并工作底稿，并计算资产负债表各项目的合计金额。其次，编制调整分录，按照A公司备查簿中所记录的B公司各项可辨认资产、负债及或有负债在购买日的公允价值的资料（见表15－1）调整B公司的财务报表，将B公司的财务报表调整成以购买日可辨认资产、负债及或有负债的公允价值为基础编制的财务报表，再按照权益法调整A公司对B公司的长期股权投资。最后，编制抵消分录，将A公司与B公司之间的内部交易对合并资产负债表的影响予以抵消，编制完成合并资产负债表（见表15－5）。

六、合并资产负债表的格式

合并资产负债表格式综合考虑了企业集团中一般工商企业的财务状况列报的要求，与个别资产负债表的格式基本相同，主要增加了四个项目：一是在“无形资产”项目下增加了“商誉”项目，用于反映非同一控制下企业合并中取得的商誉，即在控股合并下母公司对子公司的长期股权投资（合并成本）大于其在购买日子公司可辨认净资产公允价值份额的差额。二是在“所有者权益”项目下增加了“归属于母公司所有者权益合计”项目，用于反映企业集团的所有者权益中归属于母公司所有者权益的部分，包括实收资本（或股本）、资本公积、库存股、盈余公积、未分配利润和外币报表折算差额等项目的金额。三是在“所有者权益”项目下，增加了“少数股东权益”项目，用于反映非全资子公司的所有者权益中不属于母公司的份额。四是在“未分配利润”项目之后、“少数股东权益”项目之前，增加了“外币报表折算差额”项目，用于反映境外经营的资产负债表折算为人民币表示的资产负债表时所发生的折算差额中归属于母公司所有者权益的部分。合并资产负债表的一般格式如表15－5所示。

表 15－5　合并资产负债表

会合 01 表

编制单位：A 公司　　　　2009 年 12 月 31 日　　　　单位：万元

资产	期末余额	年初余额	负债和所有者权益	期末余额	年初余额
流动资产：			流动负债：		
货币资金	1 500		短期借款		
应收票据	1 300		交易性金融负债		
应收账款	2 085		应付票据	1 000	
预付款项	1 070		应付账款	3 000	
其他应收款			预收款项		
存货	1900		应付职工薪酬	1 100	
一年内到期非流动资产			应交税费	860	
其他流动资产			应付利息		
流动资产合计	7 855		其他应付款		
非流动资产：			一年内到期的非流动负债		
可供出售金融资产	800		其他流动负债		
持有至到期投资			流动负债合计	6 060	
长期应收款			非流动负债：		
长期股权投资	1 700		长期借款	2 700	
投资性房地产			应付债券	600	
固定资产	6 284		长期应付款		
在建工程			专项应付款		
工程物资			预计负债		
固定资产清理			递延所得税负债		
无形资产	630		其他非流动负债		
开发支出			非流动负债合计	3 300	
商誉	120		负债合计	9 360	
长期待摊费用			所有者权益（或股东权益）：		
递延所得税资产			实收资本（或股本）	4 000	
其他非流动资产			资本公积	880	
非流动资产合计	9 534		减：库存股		
			盈余公积	1 000	
			未分配利润	1 330	
			外币报表折算差额		
			归属于母公司所有者权益合计	7 210	
			少数股东权益	819	
资产总计	17 389		所有者权益合计	8 029	
			负债和所有者权益总计	17 389	

第三节　合并利润表

一、合并利润表编制时应进行抵消处理的项目

合并利润表应当以母公司和子公司的利润表为基础，在抵消母公司与子公司、子公司之间发生的内部交易对合并利润表的影响后，由母公司合并编制。

利润表作为以单个企业为会计主体进行会计核算的结果，分别从母公司本身和子公司本身反映其在一定会计期间的经营成果。在以其个别利润表为基础计算的收入和费用等项目的加总金额中，也必然包含重复计算的因素，因此，编制合并利润表时，也需要将这些重复的因素予以剔除。

合并利润表编制时需要进行抵消处理的主要有如下项目：

（一）内部营业收入和内部营业成本的抵消处理

内部营业收入是指企业集团内部母公司与子公司、子公司之间发生的商品销售（或劳务提供，下同）活动所产生的营业收入。内部营业成本是指企业集团内部母公司与子公司、子公司之间发生的销售商品的营业成本。

在企业集团内部母公司与子公司、子公司之间发生内部购销交易的情况下，母公司和子公司都从自身的角度，以自身独立的会计主体进行核算反映其损益情况。对于销售企业而言，以其内部销售确认当期销售收入并结转相应的销售成本，计算当期内部销售商品损益。对于购买企业而言，其购进的商品可能用于对外销售，也可能是作为固定资产、工程物资、在建工程、无形资产等资产使用。在购买企业将内部购进的商品用于对外销售时，可能出现以下三种情况：第一，内部购进商品全部实现对外销售；第二，内部购进的商品全部未实现销售，形成期末存货；第三，内部购进的商品部分实现对外销售、部分形成期末存货。在购买企业将内部购进的商品作为固定资产、工程物资、在建工程、无形资产等资产使用时，则形成其固定资产、工程物资、在建工程、无形资产等资产。

1. 内部相互之间销售商品，期末全部实现对外销售

对于销售企业而言，销售给企业集团内其他企业与销售给企业集团外部企业的会计处理相同，即在本期确认销售收入、结转销售成本、计算销售商品损益，并在其个别利润表中反映；对于购买企业而言，一方面要确认向企业集团外部企业的销售收入，另一方面要结转销售内部购进商品的成本，在其个别利润表中分别作为营业收入和营业成本反映，并确认销售损益。也就是说，对于同一购销业务，在销售企业和购买企业的个别利润表中都作了反映。但从整个企业集团来看，销售企业向购买企业销售商品实现的收入属于内部销售收入，相应的，购买企业向企业集团外部企业销售该商品的销售成本则属于内部销售成本。因此在编制合并利润表时，就必须将重复反映的内部营业收入与内部营业成本予以抵消。

【例 15－9】假设 A 公司 2009 年利润表的营业收入中有 3 500 万元，为向 B 公司销售产品取得的销售收入，该产品销售成本为 3 000 万元。B 公司在本期将该产品全部售出，其销售收入为 5 000 万元，销售成本为 3 500 万元，并分别在其利润表中列示。

对此，编制合并利润表将内部销售收入和内部销售成本予以抵消时，应编制如下抵消分录：

［17］借：营业收入　　35 000 000

　　贷：营业成本　　35 000 000

其合并工作底稿如表 15－4 所示。

2. 母公司与子公司、子公司之间销售商品，期末未实现对外销售而形成存货的抵消处理

在内部购进的商品未实现对外销售的情况下，其抵消处理参见本章第二节中“存货价值中包含的未实现内部销售损益的抵消处理”的相关内容。

3. 母公司与子公司、子公司之间销售商品，期末部分实现对外销售、部分形成期末存货的抵消处理

内部购进的商品部分实现对外销售、部分形成期末存货的情况，可以将内部购买的商品分解为两部分来理解：一部分为当期购进并全部实现对外销售；另一部分为当期购进但未实现对外销售而形成期末存货。

【例 15－9】介绍的就是前一部分的抵消处理；【例 15－5】介绍的则是后一部分的抵消处理。其中，【例 15－5】B 公司 2009 年向 A 公司销售商品 1 000 万元，其销售成本为 800 万元，该商品的销售毛利率为 20%。A 公司购进的该商品 2009 年全部未实现对外销售而形成期末存货。【例 15－9】A 公司销售成本为 3 000 万元，B 公司在本期将该产品全部售出，其销售收入为 5 000 万元，销售成本为 3 500 万元，并分别在其利润表中列示。

将【例 15－9】和【例 15－5】的抵消处理合在一起，就是第三种情况下的抵消处理。其抵消处理如下：

借：营业收入　　(35 000 000＋10 000 000) 45 000 000

　贷：营业成本　　(35 000 000＋10 000 000) 45 000 000

借：营业成本　　(0＋2 000 000) 2 000 000

　贷：存货　　(0＋2 000 000) 2 000 000

（二）企业内部购进商品作为固定资产、无形资产等资产使用时的抵消处理

企业集团内母公司与子公司、子公司之间将自身的产品销售给其他企业作为固定资产（作为无形资产等的处理原则类似）使用的抵消处理，参见本章第二节中“内部交易形成的固定资产在购入当期的抵消处理”的相关内容。

（三）内部应收款项计提的坏账准备等减值准备的抵消处理

编制合并资产负债表时，需要将内部应收账款与应付账款相互抵消，与此相适应需要将内部应收账款计提的坏账准备予以抵消。相关抵消处理参见本章第二节中“应收账款与应付账款的抵消处理”的相关内容。

（四）内部投资收益（利息收入）和利息费用的抵消处理

企业集团内部母公司与子公司、子公司之间可能相互提供信贷，以及相互持有对方债券的内部交易。在持有母公司或子公司发行的企业债券的情况下，发行债券的企业计付的利息费用作为财务费用处理，并在其个别利润表“财务费用”项目中列示；而持有债券的企业，将购买的债券在其个别资产负债表“持有至到期投资”项目中列示，当期获得的利

息收入则作为投资收益处理，并在其个别利润表“投资收益”项目中列示。在编制合并财务报表时，应当在抵消内部发行的应付债券和持有至到期投资等内部债权债务的同时，将内部应付债券和持有至到期投资相关的利息费用与投资收益相互抵消。

【例 15－10】沿用【例 15－4】，B 公司 2009 年确认应向 A 公司支付的债券利息费用总额为 20 万元（假定该债券的票面利率与实际利率相差较小）。

在编制合并利润表时，应将内部债券投资收益与应付债券利息费用相互抵消，其抵消分录为：

［18］借：投资收益　　　　200 000

　　　　贷：财务费用　　　　200 000

其合并工作底稿参见表 15－4 所示。

（五）内部之间持有对方长期股权投资的投资收益的抵消处理

内部投资收益是指母公司对子公司或子公司对母公司、子公司之间的长期股权投资的收益，即母公司对子公司的长期股权投资在合并工作底稿中按权益法调整的投资收益，实际上就是子公司当期营业收入减去营业成本和期间费用、所得税费用等后的余额与其持股比例相乘的结果。

在子公司为全资子公司的情况下，母公司对某一子公司在合并工作底稿中按权益法调整的投资收益，实际上就是该子公司当期实现的净利润。编制合并利润表时，是将子公司的营业收入、营业成本和期间费用视为母公司本身的营业收入、营业成本和期间费用同等看待，与母公司相应的项目进行合并，因此，编制合并利润表时，必须将对子公司长期股权投资收益予以抵消。在子公司为全资子公司的情况下，子公司本期净利润就是母公司本期子公司长期股权投资按权益法调整的投资收益。母公司对子公司的长期股权投资按权益法调整的投资收益正好与子公司的本年利润分配项目相抵消。在子公司为非全资子公司的情况下，母公司本期对子公司长期股权投资按权益法调整的投资收益与本期少数股东损益之和就是子公司本期净利润，同样假定子公司期初未分配利润为零，母公司本期对子公司长期股权投资按权益法调整的投资收益与本期少数股东损益之和，正好与子公司本年利润分配项目相抵消。

至于子公司个别所有者权益变动表中本年利润分配项目中的“未分配利润——年初”项目，作为子公司以前会计期间净利润的一部分，在全资子公司的情况下已全额包括在母公司以前会计期间按权益法调整的投资收益之中，从而包括在母公司按权益法调整的本期期初未分配利润之中，因此，也应将其予以抵消。从子公司个别所有者权益变动表来看，期初未分配利润加上本期净利润就是其本期利润分配的来源；而本期利润分配和期末未分配利润则是利润分配的结果。母公司本期对子公司长期股权投资按权益法调整的投资收益和子公司期初未分配利润正好与子公司本年利润分配项目相抵消。在子公司为非全资子公司的情况下，母公司本期对子公司长期股权投资按权益法调整的投资收益、本期少数股东损益和期初未分配利润与子公司本年利润分配项目也正好相抵消。

【例 15－11】沿用【例 15－1】，假设 A 公司和 B 公司 2009 年度所有者权益变动表如表 15－10 所示。

B 公司为 A 公司非全资子公司，A 公司拥有其 80% 的股份。在合并工作底稿中 A 公司按权益法调整的B公司本期投资收益为316万元（995×80%－480），B公司本期少数股东损益为79万元（995×20%－120）。B公司年初未分配利润为0元，B公司本期提取盈余公积100万元、分派现金股利600万元、未分配利润295万元（300－5）。为此，进行抵消处理时，应编制如下抵消分录：

［19］借：投资收益　　7 960 000
　　少数股东损益　　1 990 000
　　未分配利润——年初　　0
　贷：提取盈余公积　　1 000 000
　　对所有者（或股东）的分配　　6 000 000
　　未分配利润——年末　　2 950 000

其合并工作底稿如表15－4所示。

二、报告期内增减子公司的会计处理

（一）增加子公司

母公司因追加投资等原因控制了另一个企业即实现了企业合并。根据《企业会计准则第20号——企业合并》的规定，企业合并形成母子公司关系的，母公司应当编制合并日的合并利润表。有关合并日合并利润表的编制，请参见第七章“企业合并”的相关内容。但是，在企业合并发生当期的期末和以后会计期间，母公司应当根据合并报表准则的规定编制合并利润表，并对以下两种情况分别进行处理：

（1）同一控制下企业合并增加的子公司，应视同合并后形成的报告主体自最终控制方开始实施控制时一直是一体化存续下来的，经营成果应持续计算，因此，在编制合并利润表时，应当将该公司合并当期期初至报告期末的收入、费用、利润纳入合并利润表，而不是从合并日开始纳入合并利润表。由于这部分净利润是因《企业合并准则》规定的同一控制下企业合并的编表原则所致，而非母公司管理层通过生产经营活动实现的净利润，因此应当在合并利润表中单列“其中：被合并方在合并前实现的净利润”项目进行反映。

（2）非同一控制下企业合并增加的子公司，在编制合并利润表时，应当将该子公司购买日至报告期末的收入、费用、利润纳入合并利润表。

（二）处置子公司

母公司在报告期内处置子公司，应当将该子公司期初至处置日的收入、费用、利润纳入合并利润表。

三、合并利润表的编制

为了便于理解和掌握合并利润表的编制方法，了解合并利润表编制的全过程，现就本节中合并利润表的编制举例综合说明如下：

【例15－12】沿用【例15－1】、【例15－3】、【例15－5】、【例15－6】、【例15－7】、【例15－9】、【例15－10】和【例15－11】，A公司与B公司2009年度个别利润表的资料参见表15－6。

表 15－6　利润表（简表）

会合 02 表

编制单位：A 公司　　2009 年度　　单位：万元

项目	A 公司	B 公司
一、营业收入	8 700	6 300
减：营业成本	4 450	4 570
营业税金及附加	300	125
销售费用	15	10
管理费用	100	12
财务费用	300	90
资产减值损失	25	
加：公允价值变动收益（损失以“－”号填列）		
投资收益（损失以“－”号填列）	500	
二、营业利润（亏损以“－”号填列）	4 010	1 493
加：营业外收入		
减：营业外支出	10	
三、利润总额（亏损总额以“－”号填列）	4 000	1 493
减：所得税费用	1 320	493
四、净利润（净亏损以“－”号填列）	2 680	1 000
五、其他综合收益		
六、综合收益总额		

根据上述资料，首先，A 公司应当设计合并工作底稿（见表 15－4），将 A 公司、B 公司个别利润表的数据过入合并工作底稿，并计算利润表各项目的合计金额。其次，编制调整分录，按照 A 公司备查簿中所记录的 B 公司可辨认资产、负债及或有负债在购买日的公允价值的资料（见表 15－1）调整 B 公司的财务报表，将 B 公司的财务报表调整成以购买日可辨认资产、负债及或有负债的公允价值为基础编制的财务报表，按照权益法调整 A 公司对 B 公司的长期股权投资。最后，编制抵消分录，将 A 公司与 B 公司之间的内部交易对合并利润表的影响予以抵消。

四、合并利润表基本格式

合并利润表的格式综合考虑了企业集团中一般工商企业的经营成果列报的要求。

合并利润表主要反映以下几方面的内容：①营业收入，反映企业集团收入总额，其中，营业收入反映企业集团中一般工商企业实现的营业收入，包括主营业务收入和其他业务收入。②营业利润，营业总收入减去营业总成本（营业成本、营业税金及附加、销售费用、管理费用、财务费用、资产减值损失），加上公允价值变动收益、投资收益、汇兑收益，即营业利润。③利润总额，营业利润加上营业外收入，减去营业外支出，即利润总额。④净利润，利润总额减去所得税费用，即净利润。净利润也等于归属于母公司所有者的净利润加上少数股东损益。

与个别利润表相比，主要增加了两个项目，即在“净利润”项目下增加“归属于母公司所有者的净利润”和“少数股东损益”两个项目，分别反映净利润中由母公司所有者所享有的份额和非全资子公司当期实现的净利润中属于少数股东权益的份额，即不属于母公司享有的份额。在属于同一控制下企业合并增加的子公司当期的合并利润表中还应在“净利润”项目之下增加“其中：被合并方在合并前实现的净利润”项目，用于反映同一控制下企业合并中取得的被合并方在合并日以前实现的净利润。但是，“被合并方在合并前实现的净利润”应当在母公司所有者和少数股东之间进行分配，如果全部不属于母公司所有者，则应同时列示在“少数股东损益”项目之中，仍然保持“合并净利=归属于母公司所有者的净利润+少数股东损益”的平衡关系。

根据上述合并工作底稿（表15－4）的合并金额，可编制该企业集团2009年合并利润表（见表15－7）。

表15－7　合并利润表

会合02表

编制单位：A公司　　2009年度　　单位：万元

项目	本年金额	上年金额
一、营业总收入	10 200	
二、营业总成本	5 378	
其中：营业成本	4 450	
营业税金及附加	425	
销售费用	25	
管理费用	108	
财务费用	370	
资产减值损失	0	
加：公允价值变动收益（损失以“－”号填列）		
投资收益（损失以“－”号填列）	0	
其中：对联营企业和合营企业的投资收益		
汇兑收益（损失以“－”号填列）		
三、营业利润（亏损以“－”号填列）	4 822	
加：营业外收入		
减：营业外支出	0	
其中：非流动资产处置损失		

（续上表）

项目	本年金额	上年金额
四、利润总额（亏损总额以“－”号填列）	4 822	
减：所得税费用	1 813	
五、净利润（净亏损以“－”号填列）	3 009	
归属于母公司所有者的净利润	2 810	
六、每股收益：		
（一）基本每股收益		
（二）稀释每股收益		
七、其他综合收益		
八、综合收益总额		

五、子公司发生超额亏损在合并利润表中的反映

《合并报表准则》规定，子公司少数股东分担的当期亏损超过了少数股东在该子公司期初所有者权益中所享有的份额，其余额应当区分下列情况分别进行处理：

（1）公司章程或协议规定少数股东有义务承担，并且少数股东有能力予以弥补的，该项余额应当冲减少数股东权益。

（2）公司章程或协议未规定少数股东有义务承担的，该项余额应当冲减母公司的所有者权益。该子公司以后期间实现的利润，在弥补了由母公司所有者权益所承担的属于少数股东的损失之前，应当全部归属于母公司的所有者权益。

第四节　合并现金流量表

一、合并现金流量表概述

合并现金流量表是综合反映母公司及其所有子公司组成的企业集团在一定会计期间现金和现金等价物的流入和流出的报表。现金流量表作为一张主要报表已经成为世界一些主要国家会计实务的重要内容。

合并现金流量表按照收付实现制反映企业经济业务所引起的现金流入和流出，分为经营活动产生的现金流量、投资活动产生的现金流量、筹资活动产生的现金流量三大类，反映企业集团在一定会计期间的现金流量情况。其中经营活动产生的现金流量的编制方法有直接法和间接法两种。《企业会计准则第 31 号——现金流量表》明确规定企业应当采用直接法列示经营活动产生的现金流量。

合并现金流量表的编制原理、编制方法和编制程序与合并资产负债表、合并利润表的编制原理、编制方法和编制程序相同。首先，编制合并工作底稿，将母公司和所有子公司的个别现金流量表各项目的数据全部过入同一合并工作底稿；其次，根据当期母公司与子公司以及子公司之间产生的影响其现金流量增减变动的内部交易，编制相应的抵消分录，通过抵消分录将个别现金流量表中重复反映的现金流入量和现金流出量予以抵消；最后，在此基础上计算合并现金流量表各项目的合并金额，并填制合并现金流量表。

需要说明的是，某些现金流量在进行抵消处理后，需站在企业集团的角度，重新对其进行分类。例如，母公司持有子公司向其购买商品所开具的商业承兑汇票向商业银行申请贴现，母公司所取得现金在其个别现金流量表反映为经营活动的现金流入，在将该内部商品购销活动所产生的债权与债务抵消后，母公司向商业银行申请贴现取得的现金在合并现金流量表中应重新归类为筹资活动所产生的现金流量予以列示。

合并现金流量表补充资料，既可以母公司和所有子公司的个别现金流量表为基础，在抵消母公司与子公司、子公司之间发生的内部交易对合并现金流量表的影响后进行编制，也可以直接根据合并资产负债表和合并利润表进行编制。

二、合并现金流量表编制时应进行抵消处理的项目

现金流量表作为以单个企业为会计主体进行会计核算的结果，分别从母公司本身和子公司本身反映其一定会计期间现金流入和现金流出。在以其个别现金流量表为基础计算的现金流入和现金流出项目的加总金额中，也必然包含重复计算的因素，因此，编制合并现金流量表时，需要将这些重复的因素予以剔除。

合并现金流量表编制时需要进行抵消处理的项目，主要有如下项目：

（一）以现金投资或收购股权增加投资所产生的现金流量的抵消处理

母公司直接以现金对子公司进行的长期股权投资或以现金从子公司的其他所有者（即企业集团内的其他子公司）处收购股权，表现为母公司现金流出，在母公司个别现金流量表作为投资活动现金流出列示。子公司接受这一投资（或处置投资）时，表现为现金流入，在其个别现金流量表中反映为筹资活动的现金流入（或投资活动的现金流入）。对于企业集团整体而言，母公司以现金对子公司进行的长期股权投资实际上相当于母公司将资本拨付下属核算单位，并不引起整个企业集团现金流量的增减变动。因此，编制合并现金流量表时，应当在母公司与子公司现金流量表数据简单相加的基础上，将母公司当期以现金对子公司长期股权投资所产生的现金流量予以抵消。

（二）取得投资收益收到的现金与分配股利、利润或偿付利息支付的现金的抵消处理

母公司对子公司进行的长期股权投资和债权投资，在持有期间收到子公司分派的现金股利或债券利息，表现为现金流入，在母公司个别现金流量表中作为取得投资收益收到的现金。子公司向母公司分派现金股利或支付债券利息，表现为现金流出，在其个别现金流量表中反映为分配股利、利润或偿付利息支付的现金。对于整个企业集团而言，这种投资收益的现金收支，并不引起整个企业集团的现金流量的增减变动。因此，编制合并现金流量表时，应当在母公司与子公司现金流量表数据简单相加的基础上，将母公司当期取得投资收益收到的现金与子公司分配股利、利润或偿付利息支付的现金予以抵消。

【例15-13】沿用【例15-1】，2009年，B公司实现净利润1 000万元，提取法定公积金100万元，向A公司分派现金股利480万元，向其他股东分派现金股利120万元。沿用【例15-10】，B公司2009年确认应向A公司支付的债券利息费用总额为20万元。

A公司本期收到投资收益为500万元（480+20），应编制如下抵消分录：

［20］借：分配股利、利润或偿付利息支付的现金　　5 000 000

　　贷：取得投资收益收到的现金　　5 000 000

其合并工作底稿如表15-4所示。

（三）以现金结算债权与债务所产生的现金流量的抵消处理

母公司与子公司、子公司之间当期以现金结算应收账款或应付账款等债权与债务，表现为现金流入或现金流出，在母公司个别现金流量表中作为收到其他与经营活动有关的现金或支付其他与经营活动有关的现金，在子公司个别现金流量表中作为支付其他与经营活动有关的现金或收到其他与经营活动有关的现金。对于整个企业集团而言，这种现金结算债权与债务，并不引起整个企业集团的现金流量的增减变动。因此，编制合并现金流量表时，应当在母公司与子公司现金流量表数据简单相加的基础上，将母公司当期以现金结算债权与债务所产生的现金流量予以抵消。

（四）当期销售商品所产生的现金流量的抵消处理

母公司向子公司当期销售商品（或子公司向母公司销售商品或子公司之间销售商品，下同）所收到的现金，表现为现金流入，在母公司个别现金流量表中作为销售商品、提供劳务收到的现金列示。子公司向母公司支付购货款，表现为现金流出，在其个别现金流量表中反映为购买商品、接受劳务支付的现金。对于整个企业集团而言，这种内部商品购销现金收支，并不会引起整个企业集团的现金流量的增减变动。因此，编制合并现金流量表时，应当在母公司与子公司现金流量表数据简单相加的基础上，将母公司与子公司、子公司之间当期销售商品所产生的现金流量予以抵消。

【例15-14】沿用【例15-4】、【例15-5】和【例15-9】，假设A公司2009年向B公司销售商品的价款3 500万元中实际收到B公司支付的银行存款2 600万元，同时B公司还向A公司开具了票面金额为400万元的商业承兑汇票。B公司2009年向A公司销售商品1 000万元的价款全部收到。

应编制如下抵消分录：

［21］借：购买商品、接受劳务支付的现金　　36 000 000

　　贷：销售商品、提供劳务收到的现金　　36 000 000

其合并工作底稿如表15-4所示。

【例15-15】沿用【例15-6】，B公司2009年1月1日向A公司销售商品300万元的价款全部收到，A公司将该商品作为固定资产入账。应编制如下抵消分录：

［22］借：购建固定资产、无形资产和其他长期资产支付的现金　3 000 000

　　贷：销售商品、提供劳务收到的现金　　3 000 000

其合并工作底稿如表15-4所示。

（五）处置固定资产等收取的现金净额与购建固定资产等支付现金的抵消处理

母公司向子公司处置固定资产等长期资产，表现为现金流入，在母公司个别现金流量表中作为处置固定资产、无形资产和其他长期资产收回的现金净额列示。子公司表现为现金流出，在其个别现金流量表中反映为购建固定资产、无形资产和其他长期资产支付的现金。对于整个企业集团而言，这种固定资产处置与购置的现金收支，并不会引起整个企业集团的现金流量的增减变动。因此，编制合并现金流量表时，应当在母公司与子公司现金流量表数据简单相加的基础上，将母公司与子公司、子公司之间处置固定资产、无形资产和其他长期资产收回的现金净额与购建固定资产、无形资产和其他长期资产支付的现金相互抵消。

【例15－16】沿用【例15－7】，A公司将已经使用过的固定资产以120万元的价格出售给B公司，该笔款已收到存入银行。合并现金流量表编制时应编制的抵消分录如下：

［23］借：购建固定资产、无形资产和其他长期资产支付的现金 1 200 000

贷：处置固定资产、无形资产和其他长期资产收回的现金 1 200 000

其合并工作底稿如表15－4所示 。

三、报告期内增减子公司的会计处理

（一）增加子公司

母公司因追加投资等原因控制了另一个企业即实现了企业合并。根据《企业会计准则第20号——企业合并》的规定，企业合并形成母子公司关系的，母公司应当编制合并日的合并现金流量表。有关合并日合并现金流量表的编制，请参见第七章“企业合并”的相关内容。但是，在企业合并发生当期的期末和以后会计期间，母公司应当根据《合并报表准则》的规定编制合并现金流量表。《合并报表准则》规定，在编制合并现金流量表时，应当区分同一控制下的企业合并增加的子公司和非同一控制下企业合并增加的子公司两种情况。

（1）同一控制下企业合并增加的子公司，在编制合并现金流量表时，应当将该子公司合并当期期初至报告期末的现金流量纳入合并现金流量表。

（2）非同一控制下企业合并增加的子公司，在编制合并现金流量表时，应当将该子公司购买日至报告期末的现金流量纳入合并现金流量表。

（二）处置子公司

母公司在报告期内处置子公司，应将该子公司期初至处置日的现金流量纳入合并现金流量表。

四、合并现金流量表中有关少数股东权益项目的反映

合并现金流量表编制与个别现金流量表相比，一个特殊的问题就是在子公司为非全资子公司的情况下，涉及子公司与其少数股东之间的现金流入和现金流出的处理问题。

对于子公司与少数股东之间发生的现金流入和现金流出，对于整个企业集团而言，也影响到其整体的现金流入和流出数量的增减变动，必须在合并现金流量表中予以反映。子公司与少数股东之间发生的影响现金流入和现金流出的经济业务包括：少数股东对子公司增加权益性投资、少数股东依法从子公司中抽回权益性投资、子公司向其少数股东支付现

金股利或利润等。为了便于企业集团合并财务报表使用者了解掌握企业集团现金流量的情况，有必要将与子公司与少数股东之间的现金流入和现金流出的情况单独予以反映。

对于子公司少数股东增加在子公司中的权益性投资，在合并现金流量表中应当在“筹资活动产生的现金流量”之下的“吸收投资收到的现金”项目下“其中：子公司吸收少数股东投资收到的现金”项目反映。

对于子公司向少数股东支付现金股利或利润，在合并现金流量表中应当在“筹资活动产生的现金流量”之下的“分配股利、利润或偿付利息支付的现金”项目下“其中：子公司支付给少数股东的股利、利润”项目反映。

对于子公司的少数股东依法抽回在子公司中的权益性投资，在合并现金流量表应当在“筹资活动产生的现金流量”之下的“支付其他与筹资活动有关的现金”项目反映。

五、合并现金流量表的编制

为了便于理解和掌握合并现金流量表编制方法，了解合并现金流量表编制的全过程，现就本节中合并现金流量表的编制举例综合说明如下：

【例 15－17】沿用【例 15－13】、【例 15－14】、【例 15－15】和【例 15－16】，A 公司与 B 公司 2009 年度个别现金流量表的资料参见表 15－8。

表 15－8　现金流量表

编制单位：A 公司　　　　2009 年度　　　　单位：万元

项目	A 公司	B 公司
一、经营活动产生的现金流量：		
销售商品、提供劳务收到的现金	7 675	5 990
收到的税费返还		
收到其他与经营活动有关的现金		
经营活动现金流入小计	7 675	5 990
购买商品、接受劳务支付的现金	1 420	3 270
支付给职工以及为职工支付的现金	1 100	250
支付的各项税费	1 820	758
支付其他与经营活动有关的现金	45	22
经营活动现金流出小计	4 385	4 300
经营活动产生的现金流量净额	3 290	1 690
二、投资活动产生的现金流量：		
收回投资收到的现金		
取得投资收益收到的现金	500	
处置固定资产、无形资产和其他长期资产收回的现金净额	120	
处置子公司及其他营业单位收到的现金净额		

（续上表）

项目	A公司	B公司
收到其他与投资活动有关的现金		
投资活动现金流入小计	620	
购建固定资产、无形资产和其他长期资产支付的现金	930	800
投资支付的现金		
取得子公司及其他营业单位支付的现金净额	3 000	
支付其他与投资活动有关的现金		
投资活动现金流出小计	3 930	800
投资活动产生的现金流量净额	-3 310	-800
三、筹资活动产生的现金流量：		
吸收投资收到的现金		
取得借款收到的现金		
收到其他与筹资活动有关的现金		
筹资活动现金流入小计		
偿还债务支付的现金		
分配股利、利润或偿付利息支付的现金	1 980	690
支付其他与筹资活动有关的现金		
筹资活动现金流出小计	1 980	690
筹资活动产生的现金流量净额	-1 980	-690
四、汇率变动对现金的影响额		
五、现金及现金等价物净增加额	-2 000	200
加：年初现金及现金等价物余额	3 000	300
六、年末现金及现金等价物余额	1 000	500

根据上述资料，首先，A公司应当设计合并工作底稿（见表15－4），将A公司、B公司个别现金流量表的数据过入合并工作底稿，并计算现金流量表各项目的合计金额。其次，编制抵消分录，将A公司与B公司之间的内部交易对合并现金流量表的影响予以抵消。

六、合并现金流量表格式

合并现金流量表的格式综合考虑了企业集团中一般工商企业的现金流入和现金流出列报的要求，与个别现金流量表的格式基本相同。

根据上述合并工作底稿（表15－4）的合并金额，可编制该企业集团2009年度合并现金流量表如表15－9所示。

表 15－9　合并现金流量表

编制单位：A 公司　　2009 年度　　单位：万元

项目	本年金额	上年金额
一、经营活动产生的现金流量：		
销售商品、提供劳务收到的现金	9 765	
收到的税费返还		
收到其他与经营流动有关的现金		
经营活动现金流入小计	9 765	
购买商品、接受劳务支付的现金	1 090	
支付给职工以及为职工支付的现金	1 350	
支付的各项税费	2 578	
支付其他与经营活动有关的现金	67	
经营活动现金流出小计	5 085	
经营活动产生的现金流量净额	4 680	
二、投资活动产生的现金流量：		
收回投资收到的现金		
取得投资收益收到的现金	0	
处置固定资产、无形资产和其他长期资产收回的现金净额	0	
处置子公司及其他营业单位收到的现金净额		
收到其他与投资活动有关的现金		
投资活动现金流入小计	0	
购建固定资产、无形资产和其他长期资产支付的现金	1 310	
投资支付的现金		
取得子公司及其他营业单位支付的现金净额	3 000	
支付其他与投资活动有关的现金		
投资活动现金流出小计	4 310	
投资活动产生的现金流量净额	－4 310	
三、筹资活动产生的现金流量：		
吸收投资收到的现金		
其中：子公司吸收少数股东投资收到的现金		
取得借款收到的现金		
发行债券收到的现金		
收到其他与筹资活动有关的现金		
筹资活动现金流入小计		
偿还债务支付的现金		

（续上表）

项目	本年金额	上年金额
分配股利、利润或偿付利息支付的现金	2 170	
其中：子公司支付给少数股东的股利、利润	120	
支付其他与筹资活动有关的现金		
筹资活动现金流出小计	2 170	
筹资流动产生的现金流量净额	－2 170	
四、汇率变动对现金的影响		
五、现金及现金等价物净增加额	－1 800	
加：年初现金及现金等价物余额	3 300	
六、年末现金及现金等价物余额	1 500	

第五节 合并所有者权益变动表

一、合并所有者权益变动表概述

合并所有者权益变动表是反映构成企业集团所有者权益的各组成部分当期的增减变动情况的财务报表。

合并所有者权益变动表应当以母公司和子公司的所有者权益变动表为基础，在抵消母公司与子公司、子公司相互之间发生的内部交易对合并所有者权益变动表的影响后，由母公司合并编制。合并所有者权益变动表也可以根据合并资产负债表和合并利润表进行编制。

所有者权益变动表作为以单个企业为会计主体进行会计核算的结果，分别从母公司本身和子公司本身反映其在一定会计期间所有者权益构成及其变动情况。在以其个别所有者权益变动表为基础计算的各所有者权益构成项目的加总金额中，也必然包含重复计算的因素，因此，编制合并所有者权益变动表时，也需要将这些重复的因素予以剔除。

编制合并所有者权益变动表时需要进行抵消处理的项目主要有：①母公司对子公司的长期股权投资与母公司在子公司所有者权益中所享有的份额相互抵消，其抵消处理参见本章第二节有关“长期股权投资与子公司所有者权益的抵消处理”的内容。②母公司对子公司、子公司相互之间持有对方长期股权投资的投资收益应当抵消，其抵消处理参见本章第三节中“母公司与子公司、子公司之间持有对方长期股权投资的投资收益的抵消处理”的相关内容。从合并财务报表前后一致的理念、原则出发，将母公司及其全部子公司之间的投资收益和利润分配与其他内部交易一样应当相互抵消。同时，应当关注合并所有者权益变动表中“未分配利润”的年末余额，将其中子公司当年提取的盈余公积归属于母公司的金额进行单项附注披露。

二、合并所有者权益变动表的编制

为了便于理解和掌握合并所有者权益变动表编制方法，了解合并所有者权益变动表编制的全过程，现就本节中合并所有者权益变动表的编制举例说明如下：

【例 15－18】沿用【例 15－1】和【例 15－11】A 公司与 B 公司 2009 年度个别所有者权益变动表，如表 15－10 所示。

根据上述资料，首先，A 公司应当设计合并工作底稿（见表 15－4），将 A 公司、B 公司个别所有者权益变动表的数据过入合并工作底稿，并计算所有者权益变动表各项目的合计金额。其次，编制抵消分录，将 A 公司与 B 公司之间的内部交易对所有者权益变动表的影响予以抵消。

三、合并所有者权益变动表格式

合并所有者权益变动表的格式与个别所有者权益变动表的格式基本相同，所不同的只是在子公司存在少数股东的情况下，合并所有者权益变动表增加“少数股东权益”栏目，用于反映少数股东权益变动的情况。

根据上述合并工作底稿（表 15－4）的合并金额，可编制该企业集团 2009 年合并所有者权益变动表（表 15－11）。

表 15－10　所有者权益变动表(简表)

企业:04

编制单位:A 公司　　2009 年度　　单位:万元

项 目	A 公司					B 公司				
	实收资本(或股本)	资本公积	盈余公积	未分配利润	所有者权益合计	实收资本(股本)	资本公积	盈余公积	未分配利润	所有者权益合计
一、上年年末余额	4 000	800	732	468	6 000	2 000	1 500	0	0	3 500
加:会计政策变更										
前期差错更正										
二、本年年初余额	4 000	800	732	468	6 000	2 000	1 500	0	0	3 500
三、本年增减变动数(减少以“－”号填列)										
(一)净利润				2 680	2 680				1 000	1 000
(二)直接计入所有者权益的利得和损失										
(三)可供出售金融资产公允价值变动净额							100			100
(四)利润分配			268	－1 948	－1 680			100	－700	－600
1. 提取盈余公积			268	－268	0			100	－100	0
2. 对所有者(或股东)的分配				－1 680	－1 680				－600	－600
四、本年年末余额	4 000	800	1 000	1 200	7 000	2 000	1 600	100	300	4 000

表 15－11　合并所有者权益变动表

会合:04 表

编制单位:A 公司　　2009 年度　　单位:万元

项目	本年金额								
	归属于母公司所有者权益							少数股东权益	所有者权益合计
	实收资本（或股本）	资本公积	减:库存股	盈余公积	一般风险准备	未分配利润	其他		
一、上年年末金额	4 000	800		732		468			6 000
加:会计政策变更								720*	
前期差错更正									
二、本年年初余额	4 000	800		732		468		720	6 720
三、本年增减变动金额(减少以“－”号填列)		80		268		862		99	1 309
(一)净利润						2 810		199	3 009
(二)直接计入所有者权益的利得和损失		80						20	100
1. 可供出售金融资产公允价值变动净额								20	20
2. 权益法下被投资单位其他所有者权益变动的影响		80							80
3. 计入所有者权益项目相关的所得税影响									
4. 其他									
上述(一)和(二)小计		80				2 810		219	3 109
(三)所有者投入和减少资本									
1. 所有者投入资本									
2. 股份支付计入所有者权益金额									
3. 其他									

(续上表)

项目	本年金额								
	归属于母公司所有者权益							少数股东权益	所有者权益合计
	实收资本(或股本)	资本公积	减:库存股	盈余公积	一般风险准备	未分配利润	其他		
(四)利润分配				268		-1 948		-120	-1 800
1. 提取盈余公积				268		-268			0
2. 提取一般风险准备									
3. 对所有者(或股东)的分配						-1 680		-120	-1 800
4. 其他									
(五)所有者权益内部结转									
1. 资本公积转增资本(或股本)									
2. 盈余公积转增资本(或股本)									
3. 盈余公积弥补亏损									
4. 其他									
四、本年年末余额	4 000	880		1 000		1 330		819	8 029

*注:720 万元为 2009 年 1 月 1 日,A 公司购买 B 公司 80% 的股份时,按其可辨认净资产的公允价值计算确定的少数股东权益的金额 =(B 公司的所有者权益总额 3500 万元 + B 公司固定资产公允价值增加额 100 万元)×20%

【复习题】

一、思考题

1. 为什么要编制合并财务报表？合并财务报表与个别财务报表有何不同？

2. 合并理论对合并财务报表的编制会产生哪些影响？

3. 为什么在编制合并财务报表时需要抵消子公司所有的利润分配项目？为什么在内部投资抵消后，又需要冲回一部分盈余公积？

4. 为什么在编制合并财务报表时需要抵消公司内部的各项交易？这些项目的抵消会对下期合并财务报表的编制产生影响吗？

二、业务题

胜利公司与前进公司为非同一控制下的两公司。胜利公司于2009年1月1日以900万元取得前进公司70%的股权。在购买日，前进公司固定资产的公允价值超过其账面价值20万元。固定资产的折旧年限为10年。2010年12月31日，胜利公司与前进公司有关账户余额如下：

胜利公司与前进公司有关账户余额

单位：元

项目	胜利公司		前进公司	
	借方	贷方	借方	贷方
银行存款	480 000		268 000	
应收账款	650 000		196 000	
存货	760 000		280 000	
土地使用权	220 000		140 000	
固定资产	3 800 000		1 800 000	
长期股权投资	880 000			
销售成本	1 100 000		1 200 000	
管理费用	416 000		298 000	
财务费用	92 000		36 000	
销售费用	124 000		60 000	
应收股利	250 000			
累计折旧		1 340 000		390 000
应付账款		460 000		228 000
应付职工薪酬		160 000		79 000
短期借款		1 200 000		600 000
股本		1 600 000		480 000
盈余公积		92 000		62 000

（续上表）

项目	胜利公司		前进公司	
	借方	贷方	借方	贷方
未分配利润		1 308 000		439 000
销售收入		2 380 000		2 000 000
投资收益		232 000		
合计	8 772 000	8 772 000	4 278 000	4 278 000

2010 年度，胜利公司与前进公司发生如下交易事项：

（1）胜利公司向前进公司销售商品 300 000 元，其中 200 000 元前进公司尚未销售，仍包括在 2010 年 12 月 31 日的存货中，胜利公司该商品的销售毛利率为 40%。

（2）前进公司向胜利公司销售商品 100 000 元，其中 60 000 元胜利公司尚未对外销售，仍包括在 2010 年 12 月 31 日的存货中，前进公司该商品的销售毛利率为 20%。

（3）胜利公司欠前进公司 200 000 元货款，截至 2010 年 12 月 31 日尚未支付。企业已对该债权计提 800 元的减值准备。

（4）2009 年 1 月 1 日，胜利公司将不用的一台设备转让给前进公司，该设备的固定资产原价为 500 000 元，已计提折旧 200 000 元，预计使用年限为 10 年，该设备尚可使用 6 年。双方确定的转让价款为 360 000 元，前进公司购入后作为固定资产入账并仍采用直线法计提折旧。

要求：

（1）编制 2010 年 12 月 31 日合并财务报表的抵消分录。

（2）编制 2010 年 12 月 31 日合并资产负债表和合并利润表。

第十六章　或有事项列报与披露

【学习目标】

通过本章的学习，能够准确地理解或有事项的概念和特征，掌握预计负债的确认和计量；能够熟练地对亏损合同、重组义务、未决诉讼、未决仲裁、债务担保、产品质量保证等所产生的预计负债进行会计处理，熟悉或有事项的信息披露要求。

【知识点】

或有事项、或有负债、不确定事项、预计负债、或有资产、潜在义务、现实义务、亏损合同、重组义务、未决诉讼、未决仲裁、债务担保、产品质量保证、或有事项的会计披露。

第一节　或有事项概述

一、或有事项的概念

企业在经营活动中有时会面临诉讼、仲裁、债务担保、产品质量保证、重组等具有较大不确定性的经济事项。这些不确定事项对企业的财务状况和经营成果可能会产生较大的影响。《企业会计准则第 13 号——或有事项》（以下简称《或有事项准则》），规范了或有事项的确认、计量和相关信息的披露。

根据《或有事项准则》的规定，或有事项是指过去的交易或者事项形成的，其结果须由某些未来事项的发生或不发生才能决定的不确定事项。常见的或有事项主要包括未决诉讼、未决仲裁、债务担保、产品质量保证（含产品安全保证）、亏损合同、重组义务、环境污染整治、承诺等。

二、或有事项的特征

或有事项具有以下特征：

（一）或有事项是由过去的交易或者事项形成的

或有事项作为一种不确定事项，是由企业过去的交易或者事项形成的。由过去的交易或者事项形成，是指或有事项的现存状况是过去交易或者事项引起的客观存在。

例如，未决诉讼虽然是正在进行中的诉讼，但该诉讼是企业因过去的经济行为导致起诉其他单位或被其他单位起诉，这是现存的一种状况，而不是未来将要发生的事项。

由于或有事项具有因过去的交易或者事项而形成这一特征，未来可能发生的自然灾害、交通事故、经营亏损等事项，不属于或有事项准则规范的内容。

（二）或有事项的结果具有不确定性

或有事项的结果具有不确定性，是指或有事项的结果是否发生具有不确定性或者或有事项的结果预计将会发生，但发生的具体时间或金额具有不确定性。例如有些未决诉讼，被告是否会败诉在案件审理过程中有时是难以确定的，需要根据法院判决情况加以确定。再如，某企业因生产排污治理不力并对周围环境造成污染而被起诉，如无特殊情况，该企业很可能败诉。但是，在诉讼成立时，该企业因败诉将支出多少金额，或者何时将发生这些支出，都可能是难以确定的。

（三）或有事项的结果须由未来事项决定

由未来事项决定，是指或有事项的结果只能由未来不确定事项的发生或不发生才能决定。或有事项对企业是有利影响还是不利影响，或已知是有利影响或不利影响但影响有多大，在或有事项发生时是难以确定的，只能由未来不确定事项的发生或不发生才能证实。例如，企业为其他单位提供债务担保，该担保事项最终是否会要求企业履行偿还债务的连带责任，一般只能看被担保方的未来经营情况和偿债能力。如果被担保方经营情况和财务状况良好且有较好的信用，那么企业将不需要履行该连带责任。只有在被担保方到期无力还款时，企业才承担偿还债务的连带责任。

或有事项与不确定性联系在一起，但会计处理过程中存在的不确定性并不都形成《或有事项准则》所规范的或有事项，企业应当按照或有事项的定义和特征进行判断。例如，折旧的提取虽然涉及对固定资产净残值和使用寿命的估计，具有一定的不确定性，但固定资产原值是确定的，其价值最终会转移到成本或费用中也是确定的，因此折旧不是或有事项。

第二节　或有负债和或有资产

或有事项的结果可能会产生预计负债、或有负债或者或有资产等，其中，预计负债属于负债的范畴，一般符合负债的确认条件而应予确认。随着某些未来事项的发生或者不发生，或有负债可能转化为企业的预计负债或者消失，或有资产也有可能形成企业的资产或者消失。

一、或有负债

或有负债，是指过去的交易或者事项形成的潜在义务，其存在须通过未来不确定事项的发生或不发生予以证实；或过去的交易或者事项形成的现时义务，履行该义务不是很可能导致经济利益流出企业或该义务的金额不能可靠计量。

或有负债涉及两类义务：一类是潜在义务；另一类是现时义务。潜在义务是指结果取决于不确定未来事项的可能义务。也就是说，潜在义务最终是否转变为现时义务，要由未来不确定事项的发生或不发生才能决定。或有负债作为一项潜在义务，其结果如何只能由未来不确定事项的发生或不发生来证实。现时义务是指企业在现行条件下已承担的义务。

作为或有负债的现时义务，其特征是：该现时义务的履行不是很可能导致经济利益流出企业，或者该现时义务的金额不能可靠计量。其中，“不是很可能导致经济利益流出企业”，是指该现时义务导致经济利益流出企业的可能性不超过50%（含50%）。“金额不能可靠计量”是指该现时义务导致经济利益流出企业的“金额”难以合理预计，现时义务履行的结果具有较大的不确定性。

【例16－1】2009年4月1日，B公司从银行贷款美元100万元，期限1年，由A公司担保50%；2009年4月5日，C公司通过银行贷款人民币1 000万元，期限2年，由A公司全额担保。

2009年12月31日，B公司由于受政策影响和内部管理不善等原因，经营效益不如以往，可能不能偿还到期美元债务；C公司经营情况良好，预期不存在还款困难。

本例中，对B公司而言，A公司很可能需履行连带责任；就C公司而言，A公司履行连带责任的可能性极小。根据《或有事项准则》的规定，这两项债务担保形成A公司的或有负债，不符合预计负债的确认条件，A公司应当在2009年12月31日的财务报表附注中披露相关债务担保的被担保单位、担保金额及对财务影响等。

二、或有资产

或有资产，是指过去的交易或者事项形成的潜在资产，其存在须通过未来不确定事项的发生或不发生予以证实。或有资产作为一种潜在资产，其结果具有较大的不确定性，只有随着经济情况的变化，通过某些未来不确定事项的发生或不发生才能证实其是否会形成企业真正的资产。例如，甲企业向法院起诉乙企业侵犯了其专利权。法院尚未对该案件进行公开审理，甲企业是否胜诉尚难判断。对于甲企业而言，将来可能胜诉而获得的赔偿属于一项或有资产，但这项或有资产是否会转化为真正的资产，要由法院的判决结果确定。如果终审判决结果是甲企业胜诉，那么这项或有资产就转化为甲企业的一项资产；如果终审判决结果是甲企业败诉，那么或有资产就消失了，不能形成甲企业的资产。

三、或有负债和或有资产转化为负债（预计负债）和资产

或有负债和或有资产不符合负债或资产的定义和确认条件，企业不应当确认或有负债和或有资产，而应当按照《或有事项准则》的规定进行相应的披露。

但是，影响或有负债和或有资产的多种因素处于不断变化之中，企业应当持续地对这些因素予以关注。随着时间推移和事态的进展，或有负债对应的潜在义务可能转化为现时义务，原本不是很可能导致经济利益流出的现时义务也可能被证实将很可能导致企业流出经济利益，并且现时义务的金额也能够可靠计量。在这种情况下，或有负债就转化为企业的预计负债，应当予以确认。或有资产也一样，其对应的潜在资产最终是否能够流入企业会逐渐变得明确，如果某一时点企业基本确定能够收到这项潜在资产并且其金额能够可靠计量，则应当将其确认为企业的资产。

第三节　预计负债的确认和计量

或有事项的确认和计量通常是指预计负债的确认和计量。或有事项形成的或有资产只有在企业基本确定能够收到的情况下才转变为真正的资产，从而应当予以确认。

一、预计负债的确认条件

与或有事项相关的义务若同时满足下列条件的，应当确认为预计负债：该义务是企业承担的现时义务；履行该义务很可能导致经济利益流出企业；该义务的金额能够可靠地计量。

（一）该义务是企业承担的现时义务

该义务是企业承担的现时义务，是指与或有事项相关的义务是在企业当前条件下已承担的义务，企业没有其他现实的选择，只能履行该现时义务。

《或有事项准则》所指的义务包括法定义务和推定义务。其中，法定义务，是指因合同、法规或其他司法解释等产生的义务，通常是企业在经济管理和经济协调中，依照经济法律、法规的规定必须履行的责任。例如，甲公司与乙公司签订购货合同产生的义务，就属于法定义务。从事矿山开采、建筑施工、危险品生产以及道路交通运输等高危行业，按照国家有关规定提取的安全费也属于法定义务。推定义务，是指因企业的特定行为而产生的义务。企业的特定行为，泛指企业以往的习惯做法、已公开的承诺或已公开宣布的经营政策。由于按照以往的习惯做法，或通过这些承诺或公开的声明，企业向外界表明了它将承担特定的责任，从而使受影响的各方形成了对其履行那些责任的合理预期。例如，A 公司是一家造纸企业，因扩大经营规模，到 B 国创办了一家分公司。假定 B 国尚未针对 A 公司这类企业的生产经营可能产生的环境污染制定相关法律，因而 A 公司的分公司对在 B 国生产经营可能产生的环境污染不承担法定义务。但是，若 A 公司为在 B 国树立良好的形象，自行向社会公告，宣称将对生产经营可能产生的环境污染进行治理，则 A 公司的分公司为此承担的义务就属于推定义务。

（二）履行该义务很可能导致经济利益流出企业

履行该义务很可能导致经济利益流出企业，是指履行与或有事项相关的现时义务时，导致经济利益流出企业的可能性超过 50% 但小于或等于 95%。

履行或有事项相关义务导致经济利益流出企业的可能性，通常分为基本确定、很可能、可能和极小可能四种情况。为便于理解，通常认为发生的概率大于 95% 但小于 100% 的称为“基本确定”，发生的概率大于 50% 但小于或等于 95% 的称为“很可能”，发生的概率大于 5% 但小于或等于 50% 的称为“可能”，发生的概率大于 0 但小于或等于 5% 的称为“极小可能”。

企业因或有事项承担了现时义务，并不说明该现时义务很可能导致经济利益流出企业。例如，2009 年 5 月 1 日，甲企业与乙企业签订协议，承诺为乙企业的 2 年期银行借款提供全额担保。对于甲企业而言，由于担保事项而承担了一项现时义务，但这项义务的履行是否很可能导致经济利益流出企业，需依据乙企业的经营情况和财务状况等因素加以确定。假定2009年年末，乙企业的财务状况恶化，且没有迹象表明可能发生好转，此种情况表明乙企业很可能违约，因而甲企业履行承担的现时义务将很可能导致经济利益流出企业；反之，如果乙企业财务状况良好，一般可以认定乙企业不会违约，因而甲企业履行承担的现时义务不是很可能导致经济利益流出。

（三）该义务的金额能够可靠地计量

该义务的金额能够可靠地计量，是指与或有事项相关的现时义务的金额能够合理地估计。由于或有事项具有不确定性，因或有事项产生的现时义务的金额也具有不确定性，需要估计。要对或有事项确认为一项负债，相关现时义务的金额应当能够可靠估计。只有在其金额能够可靠地估计，并同时满足其他两个条件时，企业才能加以确认。例如，A股份有限公司涉及一起诉讼案。根据以往的审判结果判断，该公司很可能败诉，相关的赔偿金额也可以估算出一个区间。此时，就可以认为该公司因未决诉讼承担的现时义务的金额能够可靠地计量，如果同时满足其他两个条件，就可以将所形成的义务确认为一项负债。

预计负债应当与应付账款、应计项目等其他负债严格区分，这是因为与预计负债相关的未来支出的时间或金额具有一定的不确定性。应付账款是为已收到或已提供的，并已开出发票或已与供应商达成正式协议的货物或劳务支出的负债；应计项目是为已收到或已提供的，但还未支付、未开出发票或未与供应商达成正式协议的货物或劳务支出的负债，尽管有时需要估计应计项目的金额或时间，但是其不确定性通常远小于预计负债。应计项目经常作为应付账款和其他应付账款的一部分进行列报，而预计负债则单独进行列报。

二、预计负债的计量

预计负债的计量主要涉及两个问题：一是最佳估计数的确定；二是预期可获得补偿的处理。

（一）最佳估计数的确定

预计负债应当按照履行相关现时义务所需支出的最佳估计数进行初始计量。最佳估计数的确定应当区分以下两种情况分别处理：

（1）所需支出存在一个连续范围（或区间，下同），且该范围内各种结果发生的可能性相同，则最佳估计数应当按照该范围内的中间值，即上下限金额的平均数确定。

【例16－2】2009年12月20日，甲企业因合同违约而涉及一桩诉讼案。根据企业的法律顾问判断，最终的判决很可能对甲企业不利。2009年12月31日，甲企业尚未接到法院的判决，因而诉讼须承担的赔偿金额也无法准确地确定。不过，据专业人士估计，赔偿金额可能是50万元至70万元之间的某一金额，而且这个区间内每个金额的可能性大致相同。

所以，甲企业应在2009年12月31日的资产负债表中确认一项预计负债，其金额为60万元［(50＋70)÷2］。

（2）所需支出不存在一个连续范围，或者虽然存在一个连续范围但该范围内各种结果发生的可能性不相同。在这种情况下，最佳估计数应按照如下方法确定：

①或有事项涉及单个项目的，按照最可能发生金额确定。“涉及单个项目”指或有事

项涉及的项目只有一个，如一项未决诉讼、一项未决仲裁或一项债务担保等。

【例16-3】2009年11月2日，A公司因与B公司签订了互相担保协议，成为相关诉讼的第二被告。截至2009年12月31日，诉讼尚未判决。但由于B公司经营困难，A公司很可能要承担还款连带责任。据预计，A公司承担还款金额200万元责任的可能性为60%，而承担还款金额100万元责任的可能性为40%（假定不考虑诉讼费）。

本例中，A公司因连带责任而承担了现时义务，该义务的履行很可能导致经济利益流出企业，且该义务的金额能够可靠地计量。根据《或有事项准则》的规定，A公司应在2009年12月31日确认一项预计负债200万元（最可能发生金额），并在附注中作相关披露。

②或有事项涉及多个项目的，按照各种可能结果及相关概率计算确定。"涉及多个项目"指或有事项涉及的项目不止一个，如在产品质量保证中，提出产品保修要求的可能有许多客户。相应的，企业对这些客户负有保修义务。

【例16-4】2009年第一季度，A公司销售产品2万件，销售额8 000万元。A公司的产品质量保证条款规定：产品售出后一年内，如发生正常质量问题，A公司将免费负责修理。根据以往的经验，如果出现较小的质量问题，须发生的修理费为销售额的1%；而如果出现较大的质量问题，则须发生的修理费为销售额的2%。据预测，本季度已售产品中，80%不会发生质量问题，15%将发生较小质量问题，5%将发生较大质量问题。

本例中，2009年第一季度A公司应确认的预计负债金额（最佳估计数）为20万元[（8 000×1%）×15%+（8 000×2%）×5%]。

（二）预期可获得的补偿

企业清偿预计负债所需支出，能够全部或部分由第三方得到补偿的，称为预期可获得的补偿。补偿金额只有在基本确定能够收到时，才能作为资产单独确认。确认的补偿金额不应当超过预计负债的账面价值。

企业预期从第三方获得的补偿，是一种潜在资产，其最终是否真的会转化为企业真正的资产（即企业是否能够收到这项补偿）具有较大的不确定性，企业只能在基本确定能够收到补偿时才能对其进行确认。根据资产和负债不能随意抵消的原则，预期可获得的补偿在基本确定能够收到时应当确认为一项资产，而不能作为预计负债金额的扣减。

补偿金额的确认涉及两个问题：一是确认时间，补偿只有在"基本确定"能够收到时才予以确认；二是确认金额，确认的金额是基本确定能够收到的金额，而且不能超过相关预计负债的账面价值。例如，A公司因或有事项确认了一项预计负债60万元，同时，因该或有事项，A公司还可从B公司获得40万元的赔偿，且这项金额基本确定能收到。在这种情况下，A公司应分别确认一项预计负债60万元和一项资产40万元。如果A公司基本确定能从B公司获得62万元的赔偿，则应分别确认一项预计负债60万元和一项资产62万元。

（三）确定预计负债时还应考虑的其他因素

企业在确定最佳估计数时，应当综合考虑与或有事项有关的风险、不确定性和货币时间价值等因素。

1. 风险和不确定性

风险是对过去的交易或事项结果的变化可能性的一种描述。风险的变动可能增加预计负债的金额。企业在不确定的情况下进行判断需要谨慎，使得收益或资产不会被高估，费用或负债不会被低估。

企业需谨慎行事，充分考虑与或有事项有关的风险和不确定性，既不能忽略风险和不确定性对或有事项计量的影响，也要避免对风险和不确定性进行重复调整，从而在低估和高估预计负债金额之间寻找到平衡点。

2. 货币时间价值

预计负债的金额通常应当等于未来应支付的金额，但未来应支付金额与其现值相差较大的，如油气井及相关的设施或核电站的弃置费用等，应当按照未来应支付金额的现值确定。因货币时间价值的影响，资产负债表日后不久发生的现金流出，要比一段时间之后发生的同样金额的现金流出负有更大的义务。所以，如果预计负债的确认时点距离实际清偿有较长的时间跨度，货币时间价值的影响重大，那么在确定预计负债的金额时，应考虑采用现值计量，即通过对相关未来现金流出进行折现后确定最佳估计数。

将未来现金流出折算为现值时，需要注意以下三点：①用来计算现值的折现率，应当是反映货币时间价值的当前市场估计和相关负债特有风险的税前利率；②风险和不确定性既可以在计量未来现金流出时作为调整因素，也可以在确定折现率时予以考虑，但不能重复反映；③随着时间的推移，即使在未来现金流出和折现率均不改变的情况下，预计负债的现值也将逐渐增长。企业应当在资产负债表日对预计负债的现值进行重新计量。

3. 未来事项

在确定预计负债金额时，企业应当考虑可能影响履行现时义务所需金额的相关未来事项。也就是说，如果有足够的客观证据表明相关未来事项将发生，则应当在预计负债计量中予以考虑相关未来事项的影响，但不应考虑预期处置相关资产形成的利得。

预期的未来事项可能对预计负债的计量较为重要。例如，某核电企业预计在生产结束时清理核废料的费用将因未来技术的变化而显著降低，那么，该企业因此确认的预计负债金额应当反映有关专家对技术发展以及清理费用减少作出的合理预测。但是，这种预计需要得到客观的相关证据予以支持。

三、对预计负债账面价值的复核

企业应当在资产负债表日对预计负债的账面价值进行复核。有确凿证据表明该账面价值不能真实反映当前最佳估计数的，应当按照当前最佳估计数对该账面价值进行调整。

例如，某造纸厂对环境造成了污染，按照当时的法律规定，只需要对污染进行清理。随着国家对环境保护越来越重视，按照现在的法律规定，该企业不但需要对污染进行清理，还很可能要对附近居民进行赔偿。这种法律要求的变化，会对企业预计负债的计量产生影响。企业应当在资产负债表日对为此确认的预计负债金额进行复核，相关因素发生变化表明预计负债金额不再能反映真实情况时，需要按照当前情况下企业清理和赔偿支出的最佳估计数对预计负债的账面价值进行相应的调整。

第四节 预计负债的会计处理

一、未决诉讼或未决仲裁

诉讼，是指当事人不能通过协商解决争议，因而在人民法院起诉、应诉，请求人民法院通过审判程序解决纠纷的活动。诉讼尚未裁决之前，对于被告而言，可能形成一项或有负债或者预计负债；对于原告而言，则可能形成一项或有资产。

仲裁，是指经济法的各方当事人依照事先约定或事后达成的书面仲裁协议，共同选定仲裁机构并由其对争议依法作出具有约束力裁决的一种活动。作为当事人一方，仲裁的结果在仲裁决定公布以前是不确定的，会构成一项潜在义务或现时义务，或者潜在资产。

【例16－5】2009年11月20日，A银行批准B公司的信用贷款（无担保、无抵押）申请，同意向其贷款1 000万元，期限1年，年利率6.2%。2010年11月20日，B公司的借款（本金和利息）到期。B公司具有还款能力，但因与A银行之间存在其他经济纠纷，而未按时归还A银行的贷款。A银行遂与B公司协商，但没有达成协议。2010年12月25日，A银行向法院提起诉讼。截至2010年12月31日，法院尚未对A银行提起的诉讼进行审理。

从2010年12月31日看，A银行可以作“很可能胜诉”的判断，并预计除可以收回本金和利息外，还可能获得罚息等。假定A银行根据规定的标准估计，将来最可能获得罚息等收入12万元。根据《或有事项准则》的规定，A银行不应当确认这项或有资产，而应当在2010年12月31日资产负债表附注中披露或有资产12万元，同时说明很可能收回B公司所欠的贷款本金和利息1 062万元。

B公司如无特殊情况很可能败诉。为此，B公司不仅须偿还贷款木金和利息，还需要支付罚息、诉讼费等费用。假定B公司预计将要支付的罚息、诉讼费等费用估计为10万元至14万元之间，而且这个区间内每个金额的可能性大致相同。根据《或有事项准则》的规定，B公司应在2010年12月31日确认一项预计负债12万元［(10＋14)÷2，其中支付的诉讼费为3万元］，同时在资产负债表附注中进行披露。有关账务处理如下：

借：管理费用——诉讼费	30 000	
营业外支出——罚息支出	90 000	
贷：预计负债——未决诉讼		120 000

对于未决诉讼，企业当期实际发生的诉讼损失金额与已计提的相关预计负债之间的差额，应根据不同情况分别处理：

（1）企业在前期资产负债表日，依据当时实际情况和所掌握的证据合理预计了预计负债，应当将当期实际发生的诉讼损失金额与已计提的相关预计负债之间的差额，直接计入或冲减当期营业外支出。

（2）企业在前期资产负债表日，依据当时实际情况和所掌握的证据，原本应当合理估计诉讼损失，但企业所作的估计却与当时的事实严重不符（如未合理预计损失或不恰当地多计或少计损失），则应当按照重大会计差错更正的方法进行处理。

(3) 企业在前期资产负债表日，依据当时实际情况和所掌握的证据，确实无法合理预计诉讼损失，因而未确认预计负债，则在该项损失实际发生的当期，直接计入当期营业外支出。

(4) 资产负债表日后至财务报告批准报出日之间发生的需要调整或说明的未决诉讼，按照资产负债表日后事项的有关规定进行会计处理。

二、债务担保

债务担保是企业之间经常发生的交易事项。作为提供担保的一方，在被担保方无法履行合同的情况下，需要承担连带的付款责任。从保护投资者、债权人的利益出发，客观、充分地反映企业因担保义务而承担的潜在风险是十分必要的。

【例16－6】2008年9月，B公司从银行贷款人民币600万元，期限2年，由A公司全额担保。2010年9月，B公司贷款逾期未还，银行于2010年10月起诉B公司和A公司。截至2010年12月31日，法院尚未作出裁决。预计A公司要承担600万元还款责任。A公司在2010年12月31日，确认一项预计负债600万元，并在财务报表附注中作相应披露。其有关账务处理如下：

借：营业外支出——赔偿支出　　6 000 000
　贷：预计负债——未决诉讼　　6 000 000

三、产品质量保证

产品质量保证，通常指销售商或制造商在销售产品或提供劳务后，对客户提供服务的一种承诺。在约定期内，若产品或劳务在正常使用过程中出现质量或与之相关的其他属于正常范围的问题，企业负有更换产品、免费或只收成本价进行修理等责任。为此，企业应当在符合确认条件的情况下，于销售成立时确认预计负债。

【例16－7】沿用【例16－4】，2009年第一季度，A公司实际发生的维修费为15万元，“预计负债——产品质量保证”科目2008年年末余额为3万元。2009年度第一季度，A公司的账务处理如下：

(1) 确认与产品质量保证有关的预计负债：

借：销售费用——产品质量保证　　200 000
　贷：预计负债——产品质量保证　　200 000

(2) 发生产品质量保证费用（维修费）：

借：预计负债——产品质量保证　　150 000
　贷：银行存款或原材料等　　150 000

“预计负债——产品质量保证”科目2009年第一季度末的余额

＝200 000－150 000＋30 000＝80 000（元）

在对产品质量保证确认预计负债时，需要注意的是：

第一，如果发现保证费用的实际发生额与预计数相差较大，应及时对预计比例进行调整。

第二，如果企业针对特定批次产品确认预计负债，则在保修期结束时，应将“预计负债——产品质量保证”余额冲销，不留余额。

第三，已对其确认预计负债的产品，如企业不再生产了，那么应在相应的产品质量保证期满后，将“预计负债——产品质量保证”余额冲销，不留余额。

四、亏损合同

亏损合同产生的义务满足预计负债的确认条件，应当确认为预计负债。其中，亏损合同是指履行合同义务不可避免会发生成本超过预期经济利益的合同。预计负债的计量应当反映履行该合同的成本与未能履行该合同而发生的补偿或处罚二者之中的较低者。企业与其他企业签订的商品销售合同、劳务合同、租赁合同等，均可能变为亏损合同。

企业对亏损合同进行会计处理，需要遵循以下两点：

（1）如果与亏损合同相关的义务不需支付任何补偿即可撤销，企业通常就不存在现时义务，不应确认预计负债；如果与亏损合同相关的义务不可撤销，企业就存在现时义务，如果该义务很可能导致经济利益流出企业的金额能够可靠计量的，应当确认为预计负债。

（2）亏损合同存在标的资产的，应当对标的资产进行减值测试并按规定确认减值损失，如果预计亏损超过该减值损失，应将超过部分确认为预计负债；合同不存在标的资产的，亏损合同相关义务满足预计负债确认条件时，应当确认为预计负债。

【例16-8】2009年1月1日，乙公司采用经营租赁方式租入一条生产线生产A产品，租赁期为4年。乙公司利用该生产线生产的A产品每年可获利60万元。2010年12月31日，乙公司决定停产A产品，但经营租赁合同不可撤销，还要持续2年，且生产线无法转租给其他单位。

乙公司执行原经营租赁合同，则该经营租赁合同变成亏损合同，应当在2010年12月31日根据未来应支付租金的最佳估计数确认预计负债。

【例16-9】甲公司2009年12月1日与A公司签订了一项产品销售合同，约定在2010年5月15日以每件150元的价格向A公司提供1万件M产品，若不能按期交货，将对甲公司处以总价款30%的违约金。由于这批产品为定制产品，签订合同时产品尚未开始生产。但企业开始筹备原材料以生产这批产品时，原材料价格突然上涨，预计生产每件产品需要花费成本175元。

假设甲公司产品成本为每件175元，而售价为每件150元，则每售出1件亏25元，不考虑预计销售费用，共计损失25万元。如果撤销合同，则需要缴纳45万元的违约金。因此，这项销售合同变成一项亏损合同。有关账务处理如下：

（1）甲公司应当按照履行合同所需成本与违约金中的较低者（25万元）确认一项预计负债：

借：营业外支出	250 000	
贷：预计负债		250 000

（2）待相关产品生产完成后，将已确认的预计负债25万元，冲减产品成本：

借：预计负债	250 000	
贷：库存商品		250 000

五、重组义务

（一）重组的定义及范围

重组是指企业制定和控制的将显著改变企业组织形式、经营范围或经营方式的计划实施行为。属于重组的事项主要有：

（1）出售或终止企业的部分业务。

（2）对企业的组织结构进行较大调整。

（3）关闭企业的部分营业场所，或将营业活动由一个国家或地区迁移到其他国家或地区。

企业应当将重组与企业合并、债务重组区别开。因为重组通常是企业内部资源的调整和组合，谋求现有资产效能的最大化；企业合并是在不同企业之间的资本重组和规模扩张；债务重组的目的是债权人对债务人作出让步，使债务人减轻债务负担，债权人尽可能减少损失。

企业只有在承诺出售部分业务（即签订了约束性出售协议）时，才能确认因重组而承担了重组义务。

（二）重组义务的确认

企业因重组而承担了重组义务，并且同时满足预计负债确认条件时，才能确认为预计负债。同时存在下列情况的，表明企业承担了重组义务：

（1）有详细、正式的重组计划。包括重组涉及的业务、主要地点、需要补偿的职工人数、预计重组支出、计划实施时间等。

（2）重组计划已对外公告。重组计划已对外公告，重组计划已开始实施，或已向受其影响的各方通告了该计划的主要内容，从而使各方形成了对该企业将实施重组的合理预期。

（3）需要判断重组义务是否同时满足预计负债确认条件，即判断其承担的重组义务是否是现时义务、履行重组义务是否很可能导致经济利益流出企业、重组义务的金额是否能够可靠计量。只有同时满足这三个确认条件，才能将重组义务确认为预计负债。例如，某公司董事会决定关闭一个事业部。如果有关决定尚未传达到受影响的各方，也未采取任何措施实施该项决定，该公司就没有开始承担重组义务，不应确认预计负债；如果有关决定已经传达到受影响的各方并使各方对该公司将关闭事业部形成合理预期，通常表明该公司开始承担重组义务，同时满足该义务很可能导致经济利益流出企业和金额能够可靠地计量的，应当确认预计负债。

（三）重组义务的计量

企业应当按照与重组有关的直接支出确定预计负债金额，并将其计入当期损益。其中，直接支出是企业重组必须承担的直接支出，不包括留用职工岗前培训、市场推广、新系统和营销网络投入等支出。

由于企业在计量预计负债时不应当考虑预期处置相关资产的利得或损失，在计量与重组义务相关的预计负债时，不考虑处置相关资产（厂房、店面，有时是一个事业部整体）可能形成的利得或损失，即使资产的出售构成重组的一部分也是如此。这些利得或损失应当单独确认。

第五节 或有事项的会计披露

一、预计负债的披露

预计负债是一项现实义务，在编制资产负债表时其预计负债额列示在负债项目中，在确认一项负债的同时，还应确认一项支出或费用，这项支出或费用应根据具体的预计负债的性质分别计入销售费用、管理费用、营业外支出等。

为了使会计报表使用者能够获得更充分、详细的有关或有事项的信息，企业还应在会计报表附注中披露以下内容：

（1）预计负债的种类、形成原因以及经济利益流出不确定性的说明。

（2）各类预计负债的期初、期末余额和本期变动情况。

（3）与预计负债有关的预期补偿金额和本期已确认的预期补偿金额。

二、或有负债的披露

或有负债是指不符合负债确认条件，无论是潜在的义务还是现实义务，其结果都具有不确定性的负债。对于这类负债除非或有负债导致经济利益流出企业的可能性属于极小可能时可以不予披露，否则企业必须在财务报表附注中予以披露。具体包括：

（1）或有负债的种类及其形成原因，包括已贴现商业承兑汇票、未决诉讼、未决仲裁、对外担保等形成的或有负债。

（2）经济利益流出不确定性的说明。

（3）或有负债预计产生的财务影响，以及获得补偿的可能性。无法预计的，应当说明原因。

企业在信息披露时，如果涉及未决诉讼、未决仲裁，其披露全部或部分信息预期会对企业会造成重大不利影响的，企业可以根据情况不披露这些信息，但应当披露该未决诉讼、未决仲裁的性质，以及没有披露这些信息的事实和原因。

三、或有资产的披露

或有资产作为一种潜在资产，不符合资产确认条件，因而不予确认。企业通常不应当披露或有资产，但或有资产很可能会给企业带来经济利益的，应当披露其形成的原因、预计产生的财务影响等。

【复习题】

一、思考题

1. 什么是或有事项？或有事项包括哪些特征？
2. 预计负债应如何确认和计量？
3. 预计负债的最佳估计数应如何确定？

4. 预计可获得补偿额的来源和确认条件是什么？

5. 待执行合同变成亏损合同的交易事项，其确认预计负债的原则是什么？

6. 或有负债披露的内容是什么？

二、业务题

1. 2009 年 11 月 10 日，光明公司发现大力公司假冒其商标，生产销售甲产品，侵害了本公司的商标权，为此，光明公司于 2009 年 11 月 20 日向法院提起诉讼，要求大力公司赔偿损失 1 000 万元。基于所掌握的足够证据，光明公司预计很可能胜诉，并获得补偿 1 000 万元。至 2009 年 12 月 31 日，案件尚在进一步审理中。光明公司在 2009 年度的财务报告附注中就此项诉讼事项产生的原因及其对公司的财务影响作了披露。

要求：判断光明公司对上述事项的会计处理是否正确？如不正确，请说明理由并给出正确的会计处理。

2. 2009 年 11 月 20 日，海珠银行批准东方公司的信用贷款（无担保、无抵押）申请，同意向其贷款 1 000 万元，期限一年，年利率 6%。2010 年 11 月 20 日，东方公司的借款（本金和利息）到期。东方公司具有还款能力，但因与海珠银行之间存在其他经济纠纷，而未按时归还海珠银行的贷款。海珠银行遂与东方公司协商，但没有达成协议。2010 年 11 月 22 日，银行向法院提起诉讼。截至 2010 年 12 月 31 日，法院尚未对海珠银行的诉讼进行审理。根据专家意见，银行很可能在诉讼中获胜，除借款本金利息外，还将最可能获得包括罚息在内的收入 20 万元；东方公司很可能败诉，预计将要支付的罚息、诉讼费用等估计为 18 万 ~20 万元（含诉讼费 2 万元）。

要求：

（1）对海珠银行的或有事项是否要确认？是否要披露？如果要确认，请编制有关的会计分录，并说明相关科目如何在利润表和资产负债表中列示。

（2）对东方公司的或有事项是否要确认？是否要披露？如果要确认，请编制有关会计分录，并说明相关科目如何在利润表和资产负债表中列示。

3. 东方公司 2010 年销售甲产品 8 000 台，每台售价 3 000 元，并承诺提供为期 1 年的售后保修服务。根据以往经验，要求小修的可能性为 20%，每台的修理费约 50 元；要求大修的可能性为 5%，每台的修理费约 120 元。

要求：计算应确认的预计负债的金额，并作出相应的会计分录。

4. 东方公司于 2010 年 10 月收到甲公司的起诉，甲公司声称东方公司侵犯了其软件的版权，要求东方公司予以赔偿，赔偿金额为 100 万元。在应诉过程中，东方公司发现诉讼所涉及的软件主体部分是企业有偿委托 A 公司开发的。如果该软件确有侵权问题，A 公司应承担连带责任，对东方公司应给予赔偿。2010 年 12 月 31 日，东方公司尚未收到法院的判决。但根据法律诉讼的进展情况以及律师的意见，认为对甲公司赔偿的可能性在 50% 以上，最有可能发生的赔偿金额为 90 万元。从 A 公司处能够得到的补偿基本可以确定，最可能获得的补偿金额为 94 万元。假定东方公司可能承担的诉讼费为 3.2 万元。

要求：对上述事项进行必要的会计处理。

第十七章 关联方披露

【学习目标】

通过本章的学习，理解关联方、关联方关系、关联方交易等基本概念和特征；基本掌握关联方关系的认定条件和认定方法，能够运用本章所学的知识，准确地判断关联方关系及其关联方交易，清楚关联方交易的类型和方式；掌握关联方披露的基本要求。

【知识点】

关联方、控制、母公司、子公司、共同控制、合营企业、重大影响、联营企业、关联方关系、关联方交易、关联方交易的类型、关联方披露。

第一节 关联方披露概述

关联方关系及其交易的披露，有助于会计信息使用者了解企业真实的财务状况和经营成果。《企业会计准则第 36 号——关联方披露》（以下简称《关联方披露准则》）规范了关联方关系及其交易的披露。关联方一般是指有关联的各方，关联方关系是指有关联的各方之间存在的内在联系。《关联方披露准则》规定：一方控制、共同控制另一方或对另一方施加重大影响，以及两方或两方以上同受一方控制、共同控制或重大影响的，构成关联方。因此，关联方关系往往存在于控制或被控制、共同控制或被共同控制、施加重大影响或被施加重大影响的各方之间。关联方具有以下特征：

（1）关联方涉及两方或多方。关联方关系是有关联的双方或多方之间的相互关系。关联方关系必须存在于两方或多方之间，任何单独的个体不能构成关联方关系。例如，一个企业不能构成关联方关系。

（2）关联方以各方之间的影响为前提。这种影响包括控制或被控制、共同控制或被共同控制、施加重大影响或被施加重大影响的各方之间，即建立控制、共同控制和施加重大影响是关联方存在的主要特征。

《关联方披露准则》所指的"控制"、"共同控制"和"重大影响"，与《企业会计准则第 2 号——长期股权投资》及《企业会计准则第 33 号——合并财务报表》等准则的规定相同。本章着重讲解关联方关系的判断标准、关联方交易的类型、信息披露应包含的内容等问题。

第二节 关联方关系的认定

关联方关系的存在是以控制、共同控制或重大影响为前提条件的。在判断是否存在关联方关系时，应当遵守实质重于形式的原则。《关联方披露准则》第三条是判断关联方关系是否存在的基本标准，界定了构成企业关联方关系的有关内容。

一、关联方关系的认定

根据《关联方披露准则》的规定，关联方关系存在于：

（1）该企业的母公司，不仅包括直接或间接地控制该企业的其他企业，也包括能够对该企业实施直接或间接控制的单位等。

①某企业直接控制一个或多个企业。例如，母公司控制一个或若干个子公司，则母公司与子公司之间存在关联方关系。

②某企业通过一个或若干中间企业间接控制一个或多个企业。例如，母公司通过其子公司间接控制子公司的子公司，表明母公司与其子公司的子公司存在关联方关系。

③一个企业直接地和通过一个或若干中间企业间接地控制一个或多个企业。例如，母公司对某一企业的投资虽然没有达到控股的程度，但由于其子公司也拥有该企业的股份或权益，如果母公司与其子公司对该企业的投资之和达到拥有该企业一半以上表决权资本的控制权，则母公司直接和间接地控制该企业，表明母公司与该企业之间存在关联方关系。

（2）该企业的子公司，包括直接或间接地被该企业控制的其他企业，也包括直接或间接地被该企业控制的企业、单位、基金等特殊目的实体。

（3）与该企业受同一母公司控制的其他企业。因为两个或多个企业有相同的母公司，对它们都具有控制能力，即两个或多个企业如果有相同的母公司，它们的财务和经营政策都由相同的母公司决定，各个被投资企业之间由于受相同母公司的控制，可能为自身利益而进行的交易受到某种限制。因此，《关联方披露准则》规定与该企业受同一母公司控制的两个或多个企业之间构成关联方关系。

（4）对该企业实施共同控制的投资方。这里的共同控制包括直接的共同控制和间接的共同控制。需要强调的是，对企业实施直接或间接共同控制的投资方与该企业之间是关联方关系，但这些投资方之间并不能仅仅因为共同控制了同一家企业而视为存在关联方关系。例如，A、B、C 三家企业共同控制 D 企业，从而 A 和 D、B 和 D 以及 C 和 D 存在关联方关系。如果不存在其他关联方关系，A 和 B、A 和 C 以及 B 和 C 之间不构成关联方关系。

（5）对该企业施加重大影响的投资方。这里的重大影响包括直接的重大影响和间接的重大影响。对企业实施重大影响的投资方与该企业之间是关联方关系，但这些投资方之间并不能仅仅因为对同一家企业具有重大影响而视为存在关联方关系。例如，A 企业和 C 企业均能够对 B 企业施加重大影响，如果 A 和 C 不存在其他关联方关系，则 A 和 C 不构成关联方关系。

(6) 该企业的合营企业。合营企业，指按照合同规定经营活动由投资双方或若干方共同控制的企业。合营企业的主要特点在于投资各方均不能对被投资企业的财务和经营政策单独作出决策，必须由投资各方共同作出决策。因此，合营企业是以共同控制为前提的，两方或多方共同控制某一企业时，该企业则为投资者的合营企业。例如，A、B、C、D 企业各占 F 企业表决权资本的25%，按照合同规定，投资各方按照出资比例控制 F 企业，由于出资比例相同，F 企业由 A、B、C、D 企业共同控制，在这种情况下，A 和 F、B 和 F、C 和 F 以及 D 和 F 之间构成关联方关系。

(7) 该企业的联营企业。联营企业，指投资方对其具有重大影响，但不是投资者的子公司或合营企业的企业。联营企业和重大影响是相联系的，如果投资者能对被投资企业施加重大影响，则该被投资企业视为投资者的联营企业。

(8) 该企业的主要投资者个人及与其关系密切的家庭成员。主要投资者个人，是指能够控制、共同控制一个企业或者对一个企业施加重大影响的个人投资者。有两种情况：

①某一企业与其主要投资者个人之间的关系。例如，王某是 A 企业的主要投资者，则 A 企业与王某构成关联方关系。

②某一企业与其主要投资者个人关系密切的家庭成员之间的关系。例如，A 企业的主要投资者王某的儿子与 A 企业构成关联方关系。

(9) 该企业或其母公司的关键管理人员及与其关系密切的家庭成员。关键管理人员，是指有权力负责计划、指挥和控制企业活动的人员。通常情况下，企业关键管理人员负责管理企业的日常经营活动，并且负责制定经营计划、战略目标、指挥调度生产经营活动等，主要包括董事长、董事、董事会秘书、总经理、总会计师、财务总监、主管各项事务的副总经理以及行使类似职能的人员等。有两种情况：

①某一企业与其关键管理人员之间的关系。例如，A 企业的总经理与 A 企业构成关联方关系。

②某一企业与其关键管理人员关系密切的家庭成员之间的关系。例如，A 企业的总经理的儿子与 A 企业构成关联方关系。

(10) 该企业主要投资者个人、关键管理人员或与其关系密切的家庭成员控制、共同控制或施加重大影响的其他企业。与主要投资者个人或关键管理人员关系密切的家庭成员，是指在处理与企业的交易时可能影响该个人或受该个人影响的家庭成员，如父母、配偶、兄弟、姐妹和子女等。判断与主要投资者个人或关键管理人员关系密切的家庭成员是否为一个企业的关联方，应当视他们在处理与企业交易时的相互影响程度而定。对于这类关联方，应当根据主要投资者个人、关键管理人员或与其关系密切的家庭成员对两家企业的实际影响力具体分析判断。有 4 种情况：

①某一企业与受该企业主要投资者个人控制、共同控制或施加重大影响的其他企业之间的关系。例如，A 企业的主要投资者 H 拥有甲企业 60% 的表决权资本，则 A 和甲存在关联方关系。

②某一企业与受该企业主要投资者个人关系密切的家庭成员控制、共同控制或施加重大影响的其他企业之间的关系。例如，A 企业的主要投资者乙的妻子拥有 C 企业 60% 的表决权资本，则 A 和 C 存在关联方关系。

③某一企业与受该企业关键管理人员控制、共同控制或施加重大影响的其他企业之间的关系。例如，A 企业的关键管理人员 D 控制了丙企业，则 A 和丙存在关联方关系。

④某一企业与受该企业关键管理人员关系密切的家庭成员控制、共同控制或施加重大影响的其他企业之间的关系。例如，A 企业的财务总监 Y 的妻子是丁企业的董事长，则 A 和丁存在关联方关系。

企业设立的企业年金基金也构成企业的关联方。

二、关联方关系界定的例外情况

如上所述，控制、共同控制和重大影响是判断关联方关系的基本标准，不符合标准的应当排除在外。具体而言，仅与企业存在下列关系的各方不构成企业的关联方：

（1）与该企业发生日常往来的资金提供者、公用事业部门、政府部门和机构，以及与该企业发生大量交易而存在经济依存关系的单个客户、供应商、特许商、经销商和代理商之间，不构成关联方关系。在日常经营活动中，企业往往与资金提供者、公用事业部门，以及与企业发生大量交易的供应商、代理商、购买者等往来比较密切，与国有企业与政府部门和机构也有较多的联系，但是如果上述相应各方不存在控制和被控制、共同控制和被共同控制、施加重大影响和被施加重大影响，则不构成关联方关系。

（2）共同控制的合营企业的合营者之间，通常不构成关联方关系。因为，如果两个企业按照合同分享一个合营企业的控制权，某个企业单方面无法作出合营企业的经营和财务的决策，而合营企业是一个独立的法人，合营方各自对合营企业有重大影响，但各合营者无法影响其他合营者。在没有其他关联关系的情况下，仅因为某一合营企业的共同合营者，不能认定各合营者之间是关联方。

（3）仅仅同受国家控制而不存在控制、共同控制或重大影响关系的企业，不构成关联方关系。因为，在我国，国家控制的企业如国有企业不同于《关联方披露准则》所讲的存在控制、共同控制、重大影响关系的企业，国有企业都是独立法人和市场主体，实行自主经营、自负盈亏，相互之间不存在《关联方披露准则》所指的控制、共同控制或重大影响关系，不符合关联方关系。此外，如果将仅受国家控制，但不存在控制、共同控制或重大影响关系的企业都视为关联方，这些企业之间的交易都作为关联交易来处理，在实务中无法操作，而且会扭曲关联方及其交易的本质，掩盖真正的关联方及其交易。所以，如果将同受国家控制的企业之间视为关联方，在不存在控制、共同控制和重大影响时，则所有的国有企业由于其拥有共同的所有者而都成为关联方，这就扩大了关联方的范围，混淆了关联方及其交易的本质特征。

第三节　关联方交易

一、关联方交易的判断

关联方交易，是指关联方之间转移资源、劳务或义务的行为，而不以是否收取价款为判断标准。这一定义的要点有以下三点：

（1）按照关联方定义，构成关联方关系的企业之间、企业与个人之间的交易，即通常是在关联方关系已经存在的情况下，关联各方之间的交易。

（2）资源或义务的转移是关联方交易的主要特征，一般情况下，在资源或义务转移的同时，风险和报酬也相应地转移。

（3）关联方之间资源或义务的转移价格，是了解关联方交易的重要方面。

二、关联方交易的类型

《关联方披露准则》列举了关联方交易的类型，是判断关联方交易的标准，其原则是以交易是否发生为依据，而不以是否收取价款为前提。关联方的交易类型主要有：

（1）购买或销售商品。购买或销售商品是关联方交易较常见的交易事项，例如，企业集团成员之间互相购买或销售商品，从而形成了关联方交易。

（2）购买或销售除商品以外的其他资产。例如，母公司出售给其子公司设备或建筑物等。

（3）提供或接受劳务。例如，A 企业是 B 企业的联营企业，A 企业专门从事设备维修服务，B 企业的所有设备均由 A 企业负责维修，B 企业每年支付设备维修费用 300 万元。

（4）担保。担保包括在借贷、买卖、货物运输、加工承揽等经济活动中，为了保障其债权实现而实行的担保等。当存在关联方关系时，一方往往为另一方提供为取得借款、买卖等经济活动中所需要的担保。

（5）提供资金（贷款或股权投资）。例如，企业从其关联方取得资金，或权益性资金在关联方之间的增减变动等。

（6）租赁。租赁通常包括经营租赁和融资租赁等，关联方之间的租赁合同也是主要的交易事项。

（7）代理。代理主要是依据合同条款，一方可为另一方代理某些事务，如代理销售货物或代理签订合同等。

（8）研究与开发项目的转移。在存在关联方关系时，有时某一企业所研究与开发的项目会由于一方的要求而放弃或转移给其他企业。例如，B 公司是 A 公司的子公司，A 公司要求 B 公司停止对某一新产品的研究和试制，并将 B 公司研究的现有成果转给 A 公司最近购买的、研究与开发能力超过 B 公司的 C 公司继续研制，从而形成关联方交易。

（9）许可协议。当存在关联方关系时，关联方之间可能达成某项协议，允许一方使用另一方商标等，从而形成了关联方之间的交易。

（10）代表企业或由企业代表另一方进行债务结算。

（11）关键管理人员薪酬。企业支付给关键管理人员的报酬，也是一项主要的关联方交易。

第四节 关联方信息披露

《关联方披露准则》要求，企业财务报表中应披露所有关联方关系及其交易的相关信息，具体内容包括：

一、企业无论是否发生关联方交易，均应披露关联方关系

关联方关系存在于母公司和子公司之间的，应当披露母公司和所有子公司的名称，母公司和子公司的业务性质、注册地、注册资本（或实收资本、股本）及其变化，以及母公司对该子公司的持股比例和表决权比例。在披露母公司名称时，母公司不是该企业最终控制方的，还应当披露企业集团内对该企业享有最终控制权的企业（或主体）的名称。母公司和最终控制方均不对外提供财务报表的，还应当披露母公司之上与其最相近的对外提供财务报表的母公司名称。

二、发生关联方交易时需披露的关联方关系及关联方信息

企业与关联方发生关联方交易的应当在附注中披露该关联方关系的性质、交易类型及交易要素。关联方关系的性质，是指关联方与该企业的关系，即关联方是该企业的子公司还是合营企业或联营企业等。交易类型通常包括购买或销售商品、购买或销售商品以外的其他资产、提供或接受劳务、担保、提供资金（贷款或股权投资）、租赁、代理、研究与开发项目的转移、许可协议、代表企业或由企业代表另一方进行债务结算等。交易要素至少应当包括：交易的金额；未结算项目的金额、条款和条件，以及有关提供或取得担保的信息；未结算应收项目坏账准备金额；定价政策。关联方交易的金额应当披露两年期的比较数据。

关联方交易的披露应遵循重要性原则。对企业财务状况和经营成果有影响的关联方交易，应当区分关联方以及交易类型披露；不具有重要性的，类型相似的非重大交易可合并披露，但以不影响财务报表阅读者正确理解企业财务状况、经营成果为前提。判断关联方交易是否重要，不应以交易金额的大小作为判断标准，而应当以交易对企业财务状况和经营成果的影响程度来确定。

三、对外提供合并财务报表时需要披露的关联方关系及关联方信息

对外提供合并财务报表的，对于已经包括在合并范围内各企业之间的交易不予披露。合并财务报表是将企业集团作为一个整体来反映与其有关的财务信息，在合并财务报表中，企业集团作为一个整体看待，企业集团内的交易已不属于交易，并且已经在编制合并财务报表时予以抵消。因此，《关联方披露准则》规定对外提供合并财务报表的，对于已经包括在合并范围内并已抵消的各企业之间的交易不予披露。

【复习题】

一、思考题

1. 什么是关联方？其特征是什么？

2. 关联方的判断标准是什么？构成关联方的主要情形有哪些？

3. 与企业的主要投资者个人、关键管理人员或与其关系密切的家庭成员控制、共同控制或施加重大影响的其他企业之间如何判断关联方关系？

4. 如何判断关联方交易？关联方交易的类型有哪些？对关联方交易应披露哪些信息？

5. 对关联方关系的认定应包括哪些层次？应如何披露关联方关系的信息？

6. A公司为上市公司，A公司的母公司为M公司，M公司的母公司为F公司，F公司的母公司为W公司，A公司下面又有若干子公司和孙公司。A公司在会计报表附注中披露关联方关系时，应当如何披露这种多重的关联关系？

二、业务题

1. 甲公司为乙公司及丙公司的母公司；丙公司与丁公司共同出资组建了戊公司，在戊公司的股权结构中，丙公司占45%，丁公司占55%。投资合同约定，丙公司和丁公司共同决定戊公司的财务和经营政策。上述公司之间构成关联方关系的有（　　），并说明理由。

A. 甲公司和乙公司　　B. 甲公司与丙公司

C. 乙公司与丙公司　　D. 丙公司与戊公司

E. 丁公司与戊公司

2. 下列属于关联方关系的是（　　），并说明理由。

A. 甲公司董事长同时任乙公司的总经理，甲公司和乙公司的关系

B. A公司和B公司同受W公司的重大影响，A公司和B公司的关系

C. M公司拥有N公司10%的股份，N公司生产产品的技术资料全部依赖于M公司，M公司和N公司的关系

D. 丙公司拥有丁公司20%的股份，但是丙公司没有参与丁公司的任何政策制定，丙公司和丁公司的关系

E. A公司和B公司组建合营企业C，A公司和B公司组建合营企业D，合营企业C和合营企业D的关系

3. 甲、乙、丙、丁四家公司均为股份有限公司。甲公司的董事长为乙公司的总经理；丙公司的第二大股东为李四，李四拥有丙公司19%的表决权资本，李四的儿子李小三拥有丁公司55%的表决权资本；丁公司拥有甲公司60%的表决权资本。

要求：请说明四家公司之间的相互关系。

第十八章　中期财务报告

【学习目标】

通过本章的学习，要求了解中期财务报告的含义和特征，明确中期财务报告与年度财务报告之间的主要区别；掌握中期财务报告的编制原则、编制要求，熟悉中期财务报告信息披露的要求和内容；能够运用本章所学的知识编制中期财务报告。

【知识点】

中期财务报告、中期财务报告内容、一体观、独立观、重要性原则、统一性原则、及时性原则、中期财务报告编制要求。

第一节　中期财务报告概述

信息技术的迅猛发展，在一定程度上降低了信息披露成本，为中期财务报告提供了技术支持。现代企业理论与信息经济学为中期财务报告提供了理论基础。从信息学的角度，提供中期财务报告在时间上缩短了委托人与代理人之间的信息不对称。

《企业会计准则第 32 号——中期财务报告》（以下简称《中期财务报告准则》）主要规范了企业中期财务报告的编制方法和中期财务报告信息的披露内容，有助于保证会计信息的充分披露，满足会计信息使用者的决策需要。

中期财务报告，是指以中期为基础编制的财务报告。“中期”，是指短于一个完整的会计年度（自公历 1 月 1 日起至 12 月 31 日止）的报告期间，它可以是一个月、一个季度或者半年，也可以是其他短于一个会计年度的期间，如 1 月 1 日至 9 月 30 日的期间等。由此可以得出，中期财务报告包括月度财务报告、季度财务报告、半年度财务报告，也包括年初至本中期末的财务报告。

中期财务报告准则规定，中期财务报告至少应当包括以下部分：①资产负债表；②利润表；③现金流量表；④附注。这是中期财务报告最基本的构成。在编制中期财务报告时，应注意以下三点：

（1）资产负债表、利润表、现金流量表和附注是中期财务报告至少应当编制的法定内容，对其他财务报表或者相关信息，如所有者权益（或股东权益）变动表等，企业可以根据需要自行决定。但其他财务报表或者相关信息一旦在中期财务报告中提供，就应当遵循《中期财务报告准则》的各项规定。如企业编制的所有者权益（或者股东权益）变动表，其内容和格式应当与上年度相一致。

（2）中期资产负债表、利润表和现金流量表的格式和内容应当与上年度财务报表相一致。但如果当年新施行的会计准则对财务报表格式和内容作了修改的，中期财务报表应当按照修改后的报表格式和内容编制，与此同时，在中期财务报告中提供的上年度比较财务报表的格式和内容也应当作相应的调整。如《中期财务报告准则》规定，基本每股收益和稀释每股收益应当在中期利润表中单独列示。企业在提供比较中期财务报告时，应当按准则的要求作出相应调整。

（3）中期财务报告中的附注相对于年度财务报告中的附注而言，是适当简化的。中期财务报告附注的编制应当遵循重要性原则。如果某项信息没有在中期财务报告附注中披露，会影响到投资者等信息使用者对企业财务状况、经营成果和现金流量判断的正确性，那么就认为这一信息是重要的。企业至少应当在中期财务报告附注中披露《中期财务报告准则》规定的信息。

第二节 中期财务报告编制中的确认和计量

一、中期财务报告确认和计量的基本原则

（一）中期会计要素的确认和计量原则应当与年度财务报表相一致

中期财务报告中各会计要素的确认和计量原则应当与年度财务报告所采用的原则相一致，即企业在中期根据所发生交易或者事项，对资产、负债、所有者权益（股东权益）、收入、费用和利润等会计要素进行确认和计量时，应当符合相应会计要素的定义和确认、计量的标准，不能因为财务报告期间的缩短而改变。

企业在中期资产负债表日对于待处理财产损益项目，也应当像会计年度末一样，将其计入当期损益，不能递延到以后中期，因为它已经不符合资产的定义和确认标准。

【例18－1】A公司为一家化工生产企业，需要编制季度财务报告。2009年6月30日，A公司在盘点库存时，发现一批账面价值为100万元的存货已经毁损。对A公司而言，该批存货已无任何价值，不会再给企业带来经济利益，不再符合资产的定义。因此，在编制A公司第二季度财务报告时，该批存货就不能再作为资产列报，而应当确认为一项损失。

企业在中期资产负债表日不能把潜在义务（即使该义务很可能在会计年度的以后中期变为现时义务）确认为负债，也不能把当时已经符合负债确认条件的现时义务（即使履行该义务的时间和金额还须等到会计年度以后中期才能够完全确定）递延到以后中期进行确认。

（二）中期会计计量应当以年初至本中期末为基础

《中期财务报告准则》规定，中期会计计量应当以年初至本中期末为基础，财务报告的频率不应当影响年度结果的计量。也就是说，无论企业中期财务报告的频率是月度、季度还是半年度，企业中期会计计量的结果最终应当与年度财务报告中的会计计量结果相一致。为此，企业中期财务报告的计量应当以年初至本中期末为基础，即企业在中期应当以年初至本中期末作为中期会计计量的期间基础，而不应当以本中期作为会计计量的期间基础。

（三）中期采用的会计政策应当与年度财务报告相一致

中期采用的会计政策应当与年度财务报告相一致，会计政策、会计估计变更应当符合规定。为了保持企业前后各期会计政策的一贯性，以提高会计信息的可比性和有用性，企业在中期不得随意变更会计政策，应当采用与年度财务报告相一致的会计政策。如果上年度资产负债表日之后按规定变更了会计政策，且该变更后的会计政策将在本年度财务报告中采用，中期财务报告应当采用该变更后的会计政策。

对于会计估计变更，企业在一个会计年度内，前一个或者几个中期（如季度）的会计估计在以后一个中期或者几个中期（如季度）里发生了变更，应当按照《中期财务报告准则》及《企业会计准则第28号——会计政策、会计估计变更和差错更正》的规定，不对以前中期已经报告过的会计估计金额作追溯调整，也不重新编制以前中期的财务报表，企业只需在变更当期或者以后期间按照变更后的会计估计进行会计处理。

会计估计变更的影响数计入变更当期，如果还影响到以后期间的话，还应当将会计估计变更的影响数计入以后期间，同时在附注中作相应披露。

二、季节性、周期性或者偶然性取得收入的确认和计量

企业取得季节性、周期性或者偶然性收入，应当在发生时予以确认和计量，不应当在中期财务报表中预计或者递延，但会计年度末允许预计或者递延的除外。

企业经营的季节性特征，是指企业营业收入的取得或者营业成本的发生主要集中在全年度的某一季节或者某段期间内。例如，供暖企业的营业收入主要来自冬季，冷饮企业的营业收入主要来自夏季。

企业经营的周期性特征，是指企业每隔一个周期就会稳定地取得一定的收入或者发生一定成本的情况。例如，某房地产开发企业开发房地产通常需要一个周期，如需要2～3年才能完成开发，而该企业又不同时开发多个项目，这样在房地产开发完成并出售之前，企业不能确认收入，所发生的相关成本费用则作为房地产的开发成本，企业通常只有在将所开发完成的房地产对外出售之后才能确认收入。

【例18－2】F公司为一家房地产开发公司，采取滚动开发房地产的方式，即每开发完成一个房地产项目后，再开发下一个房地产项目。该公司于2009年1月1日开始开发一住宅小区，小区建成完工需2年。公司采取边开发边销售楼盘的策略。假定该公司在2009年各季度分别收到楼盘销售款1 000万元、3 000万元、2 500万元和2 000万元；为小区建设分别发生开发成本2 000万元、1 500万元、2 200万元和1 800万元。在2010年各季度分别收到楼盘销售款2 500万元、3 000万元、3 000万元和1 000万元；为小区建设分别发生开发成本1 000万元、1 700万元、1 500万元和300万元。小区所有商品房于2010年11月完工，12月全部交付购房者，并办理完有关产权手续。

F公司的经营业务具有明显的周期性特征，公司只有在每隔一个周期，待房地产开发完成并实现对外销售后，才能确认收入，即公司只有在2010年12月所建商品房完工，与商品房有关的风险和报酬已经转移给了购房者，符合收入确认标准后，才能确认收入。在2010年12月之前各中期不能将已经收到的楼盘销售款直接确认为收入，企业应当在收到这些款项时将其作为预收款处理。另外，该公司对于其经营的周期性特征，应当根据《中

期财务报告准则》的要求在各有关中期财务报告附注中予以披露。

三、会计年度中不均匀发生的费用的确认和计量

《中期财务报告准则》规定，企业在会计年度中不均匀发生的费用，应当在发生时予以确认和计量，不应在中期财务报表中预提或者待摊，但会计年度末允许预提或者待摊的除外。通常情况下，与企业生产经营和管理活动有关的费用往往是在一个会计年度的各个中期内均匀发生的，各中期之间发生的费用不会有较大差异。但是，对于一些费用，如员工培训费等，往往集中在会计年度的个别中期内。对于这些会计年度中不均匀发生的费用，企业应当在发生时予以确认和计量，不应当在中期财务报表中予以预提或者待摊。也就是说，企业不应当为了使各中期之间收益的平滑化而将这些费用在会计年度的各个中期之间进行分摊。

第三节 中期财务报告的编制

一、中期财务报告的编制原则

（一）与年度财务报告一致性原则

企业在编制中期财务报告时，应当将中期视同为一个独立的会计期间，所采用的会计政策应当与年度财务报表所采用的会计政策相一致，包括会计要素确认和计量原则相一致。企业在编制中期财务报告时不得随意变更会计政策。

（二）重要性原则

重要性是企业编制中期财务报告的一项十分重要的原则。在遵循重要性原则时应注意以下几点：

（1）重要性程度的判断应当以中期财务数据为基础，而不得以预计的年度财务数据为基础。这里所指的“中期财务数据”，既包括本中期的财务数据，也包括年初至本中期末的财务数据。主要考虑有些对于预计的年度财务数据显得不重要的信息对于中期财务数据而言可能是重要的。

（2）重要性原则的运用应当保证中期财务报告包括了与理解企业中期末财务状况和中期经营成果及其现金流量相关的信息。企业在运用重要性原则时，应当避免在中期财务报告中由于不确认、不披露或者忽略某些信息而对信息使用者的决策产生误导。

（3）重要性程度的判断需要根据具体情况作具体分析和职业判断。通常，在判断某一项目的重要性程度时，应当将项目的金额和性质结合在一起予以考虑，而且在判断项目金额的重要性时，应当以资产、负债、净资产、营业收入、净利润等直接相关项目数字为比较基础，并综合考虑其他相关因素。在一些特殊情况下，单独依据项目的金额或者性质加以判断其重要性。例如，企业发生会计政策变更，该变更事项对当期期末财务状况或者当期损益的影响可能比较小，但对以后期间财务状况或者损益的影响却比较大，因此会计政

策变更从性质上属于重要事项，应当在财务报告中予以披露。

（三）及时性原则

编制中期财务报告的目的是为了向会计信息使用者提供比年度财务报告更加及时的信息，以提高会计信息的决策有用性。中期财务报告所涵盖的会计期间短于一个会计年度，其编报的时间通常也短于年度财务报告，所以，中期财务报告应当能够提供比年度财务报告更加及时的信息。为了体现企业编制中期财务报告的及时性原则，中期财务报告计量相对于年度财务数据的计量而言，在很大程度上依赖于估计。例如，企业通常在会计年度末对存货进行全面、详细的实地盘点，因此，对年末存货可以达到较为精确的计价。但是在中期末，由于时间上的限制和成本方面的考虑，有时不大可能对存货进行全面、详细的实地盘点，在这种情况下，对于中期末存货的计价就在更大程度上依赖于会计估计，但是，企业应当确保所提供的中期财务报告包括了相关的重要信息。

需要强调的是，中期财务报告编制的重要性和及时性原则是企业编制中期财务报告时需要特殊考虑的两个原则。同时，对于其他会计原则，如可比性原则、谨慎性原则、实质重于形式原则等，企业在编制中期财务报告时也应当像编制年度财务报告一样予以遵循。

根据《中期财务报告准则》的规定，上年度编制合并财务报表的，中期期末也应当编制合并财务报表，而且合并财务报表的合并范围、合并原则、编制方法和合并财务报表的格式与内容等应当与上年度合并财务报表相一致，但当年企业会计准则有新规定的除外。上年度财务报告除了包括合并财务报表，还包括母公司财务报表的，中期财务报告也应当包括母公司财务报表。报告中期内处置了应纳入合并范围的子公司，中期财务报告应包括当年子公司处置前的相关财务信息。如果企业在报告中期内新增了子公司，在这种情况下，企业在中期末就需要将该子公司财务报表纳入合并财务报表的合并范围中。

二、中期财务报告的编制要求

（一）中期合并财务报表和母公司财务报表的编报要求

按照我国企业准则规定，上年度编制合并财务报表的，中期期末应当编制合并财务报表。上年度财务报告除了包括合并财务报表，还包括母公司财务报表的，中期财务报告也应当包括母公司财务报表。具体包括以下内容：

（1）上年度编报合并财务报表的企业，其中期财务报告也应当编制合并财务报表，而且合并财务报表的合并范围、合并原则、编制方法和合并财务报表的格式与内容等也应当与上年度合并财务报表相一致，但当年企业会计准则有新规定的除外。

（2）上年度财务报告包括了合并财务报表，但报告中期内处置了所有应纳入合并范围的子公司，中期财务报告应包括当年子公司处置前的相关财务信息。

（3）如果企业在报告中期内新增了子公司，在这种情况下，企业在中期末就需要将该子公司财务报表纳入合并财务报表的合并范围中。

（4）应当编制合并财务报表的企业，如果在上年度财务报告中除了提供合并财务报表之外，还提供了母公司财务报表，如上市公司，那么在其中期财务报告中除了应当提供合并财务报表外，也应当提供母公司财务报表。

（二）比较财务报表的编制要求

为了提高财务报告信息的可比性、相关性和有用性，企业在中期末，除了编制中期末资产负债表、中期利润表和现金流量表外，还应当提供前期比较财务报表。《中期财务报告准则》规定，中期财务报告应当按照规定提供下列比较财务报表：

（1）本中期末的资产负债表和上年度末的资产负债表。

（2）本中期的利润表、年初至本中期末的利润表以及上年度可比期间的利润表。其中，上年度可比期间的利润表包括上年度可比中期的利润表和上年度年初至上年可比中期末的利润表。

（3）年初至本中期末的现金流量表和上年度年初至上年可比中期末的现金流量表。

【例 18－3】A 公司按照要求需提供季度财务报告，则该公司在截至 2009 年 3 月 31 日、6 月 30 日和 9 月 30 日，应分别提供各季度的财务报表，包括：

（1）2009 年第一季度财务报告应当提供的财务报表见表 18－1：

表 18－1　2009 年第一季度应提供的财务报表

报表类别	本年度中期财务报表时间（或期间）	上年度比较财务报表时间（或期间）
资产负债表	2009 年 3 月 31 日	2008 年 12 月 31 日
利润表（本中期）	2009 年 1 月 1 日至 3 月 31 日	2008 年 1 月 1 日至 3 月 31 日
现金流量表	2009 年 1 月 1 日至 3 月 31 日	2008 年 1 月 1 日至 3 月 31 日

在第一季度财务报告中只需提供一张利润表，因为在第一季度，本中期利润表即年初至本中期末利润表。相应的，上年度的比较财务报表也只需提供一张利润表。

（2）2009 年第二季度财务报告应当提供的财务报表见表 18－2：

表 18－2　2009 年第二季度应提供的财务报表

报表类别	本年度中期财务报表时间（或期间）	上年度比较财务报表时间（或期间）
资产负债表	2009 年 6 月 30 日	2008 年 12 月 31 日
利润表（本中期）	2009 年 4 月 1 日至 6 月 30 日	2008 年 4 月 1 日至 6 月 30 日
利润表（年初至本中期末）	2009 年 1 月 1 日至 6 月 30 日	2008 年 1 月 1 日至 6 月 30 日
现金流量表	2009 年 1 月 1 日至 6 月 30 日	2008 年 1 月 1 日至 6 月 30 日

（3）2009 年第三季度财务报告应当提供的财务报表见表 18－3：

表 18－3　2009 年第三季度应提供的财务报表

报表类别	本年度中期财务报表时间（或期间）	上年度比较财务报表时间（或期间）
资产负债表	2009 年 9 月 30 日	2008 年 12 月 31 日
利润表（本中期）	2009 年 7 月 1 日至 9 月 30 日	2008 年 7 月 1 日至 9 月 30 日
利润表（年初至本中期末）	2009 年 1 月 1 日至 9 月 30 日	2008 年 1 月 1 日至 9 月 30 日
现金流量表	2009 年 1 月 1 日至 9 月 30 日	2008 年 1 月 1 日至 9 月 30 日

需要说明的是，企业在中期财务报告中提供比较财务报表时，应当注意以下几个方面：

第一，企业在中期内按新会计准则的规定，对财务报表项目进行了调整，则上年度比较财务报表项目及其金额应当按照本年度中期财务报表的要求进行调整，以确保其与本年度中期财务报表的相应信息相互可比。同时，企业还应当在附注中说明财务报表项目重新调整的原因及内容。

第二，企业在中期内发生了会计政策变更的，其累积影响数能合理确定且涉及本会计年度以前中期财务报表净损益和其他相关项目数字的，应当予以追溯调整，视同该会计政策在整个会计年度一贯采用；对于比较财务报表可比期间以前的会计政策变更的累积影响数，应当根据规定调整比较财务报表最早期间的期初留存收益，财务报表其他相关项目的数字也应当一并调整。同时，在附注中说明会计政策变更的性质、内容、原因及其影响数；无法追溯调整的，应当说明原因。

第三，对于在本年度中期内发生的调整以前年度损益事项，企业应当调整本年度财务报表相关项目的年初数，同时，中期财务报告中相应的比较财务报表也应当为已经调整以前年度损益后的报表。

（三）中期会计政策变更的会计处理要求

《中期财务报告准则》规定，企业在中期发生了会计政策变更的，应当按照《企业会计准则第 28 号——会计政策、会计估计变更和差错更正》规定处理，并在财务报告附注中作相应披露。会计政策变更的累积影响数能够合理确定且涉及本会计年度以前中期财务报表相关项目数字的，应当予以追溯调整，视同该会计政策在整个会计年度一贯采用。同时，上年度可比中期财务报表也应当作相应调整。

一般情况下，企业应当根据《中期财务报告准则》的要求，对以前年度比较中期财务报表最早期间的期初留存收益和这些财务报表其他相关项目的数字，进行追溯调整；同时，涉及本会计年度内会计政策变更以前各中期财务报表相关项目数字的，也应当予以追溯调整，视同该会计政策在整个会计年度和可比中期财务报表期间一贯采用。反之，会计政策变更的累积影响数不能合理确定，以及不涉及本会计年度以前中期财务报表相关项目数字的，应当采用未来适用法。同时，在财务报表附注中说明会计政策变更的性质、内容、原因及其影响数，如果累积影响数不能合理确定的，也应当说明理由。

企业中期财务报告中应披露下列会计政策变更的影响数：①披露会计政策变更对以前年度的累积影响数，包括对比较中期财务报表最早期间期初留存收益的影响数；②以前年度可比中期损益的影响数；③披露会计政策变更对变更中期、年初至变更中期末损益的影响数；④披露会计政策变更对当年度会计政策变更前各中期损益的影响数。

企业需要编制季度财务报告的，对会计政策变更的累积影响数能够合理确定且涉及本会计年度以前中期财务报表相关项目数字进行调整时，会计政策变更发生在会计年度内第一季度企业除了计算会计政策变更的累积影响数并作相应的账务处理之外，在财务报表的列报方面，只需要根据变更后的会计政策编制第一季度和当年度以后季度财务报表，并对根据《中期财务报告准则》要求提供的、以前年度比较财务报表最早期间的期初留存收益和这些财务报表的其他相关项目数字作相应调整。在财务报告附注的披露方面，应当披露会计政策变更对以前年度的累积影响数（包括对比较财务报表最早期间期初留存收益的影响数和以前年度可比中期损益的影响数）和对第一季度损益的影响数，在当年度第一季度之后的其他季度财务报表附注中，则应当披露第一季度发生的会计政策变更对当季度损益的影响数和年初至本季度末损益的影响数。

如果企业的会计政策变更发生在会计年度内第一季度之外的其他季度，如第二季度、第三季度等，其会计处理相对于会计政策变更发生在第一季度而言要复杂。企业除了应当计算会计政策变更的累积影响数并作相应的账务处理之外，在财务报表的列报方面，还需要调整根据《中期财务报告准则》要求提供的、以前年度比较财务报表最早期间的期初留存收益和比较财务报表其他相关项目的数字，以及在会计政策变更季度财务报告中或者变更以后季度财务报告中所涉及的本会计年度内发生会计政策变更之前季度财务报表相关项目的数字。在财务报告的附注披露方面，企业需要披露会计政策变更对以前年度的累积影响数，主要有：①对比较财务报表最早期间期初留存收益的影响数；②以前年度可比中期损益的影响数，包括可比季度损益的影响数和可比年初至季度末损益的影响数；③对当年度变更季度、年初至变更季度末损益的影响数；④当年度会计政策变更前各季度损益的影响数。此外，在发生会计政策变更以后季度财务报表附注中也需要作相应披露。

第四节　中期财务报告附注

一、中期财务报告附注披露要求

中期财务报告附注，是对中期资产负债表、利润表、现金流量表等报表中列示项目的文字描述或明细阐述，以及对未能在这些报表中列示项目的说明等。其目的是使财务报告信息对会计信息使用者的决策更加相关、有用，但同时又要考虑成本效益原则。

（一）中期财务报告附注应当以年初至本中期末为基础编制

编制中期财务报告的目的是向报告使用者提供自上年度资产负债表日之后所发生的重要交易或者事项，因此，中期财务报告附注应当以“年初至本中期末”为基础进行编制，而不应当仅仅只披露本中期所发生的重要交易或者事项。

【例 18 -4】甲公司为一家水产品生产和销售企业，需要对外提供季度财务报告，公司水产品的收获和销售主要集中在每年的第三季度。该公司在 2009 年 1 月 1 日至 9 月 30 日间（即年初至第三季度末）累计实现净利润 400 万元，其中第一季度发生亏损 1 400 万元，第二季度发生亏损 1 200 万元，第三季度实现净利润 3 000 万元。第三季度末的存货（冷冻水产品）为 150 万元，公司考虑到该批存货已经过了销售旺季，可变现净值已经远低于账面价值，确认了存货跌价损失 120 万元。

尽管该批存货跌价损失仅仅占甲公司第三季度净利润总额的 4%（120/3 000），可能并不重要。但是，该项损失占公司 1—9 月累计净利润的 30%（120/400），对于理解甲公司 2009 年第 1—9 月的经营成果而言，却属于重要事项。所以，甲公司应当在第三季度财务报告附注中披露该事项。在实务工作中，企业还应当综合考虑资产规模、经营特征等因素，以对重要性作出较为合理的判断。

（二）中期财务报告附注应当对自上年度资产负债表日之后发生的重要交易或者事项进行披露

为了全面反映企业财务状况、经营成果和现金流量，《中期财务报告准则》规定，中期财务报告附注应当以年初至本中期末为基础编制，披露自上年度资产负债表日之后发生的，有助于理解企业财务状况、经营成果和现金流量变化情况的重要交易或者事项。此外，对于理解本中期财务状况、经营成果和现金流量有关的重要交易或者事项，也应当在附注中作相应披露。

【例 18 -5】A 公司在 2009 年 1 月 1 日至 6 月 30 日累计实现净利润 3 000 万元，其中，第二季度实现净利润 200 万元，公司在第二季度转回前期计提的坏账准备 150 万元，第二季度末应收账款余额为 800 万元。

尽管该公司第二季度转回的坏账准备仅仅占 A 公司 1—6 月份净利润总额的 5%（150/3 000），可能并不重要，但是该项转回金额占第二季度净利润的 75%（150/200），占第二季度末应收账款余额的 18.75%（150/800），这两个数据对于理解第二季度（4—6 月份）经营成果和第二季度末财务状况而言，属于重要事项，所以，A 公司应当在第二季度财务报告附注中披露该事项。在实务工作中，企业还应当综合考虑资产规模、经营特征等因素，以对重要性作出较为合理的判断。

二、中期财务报告附注应披露的内容

《中期财务报告准则》规定，中期财务报告附注至少应当包括以下信息：

（1）中期财务报告所采用的会计政策与上年度财务报表相一致的声明。企业在中期会计政策发生变更的，应当说明会计政策变更的性质、内容、原因及其影响数；无法进行追溯调整的，应当说明原因。

（2）会计估计变更的内容、原因及其影响数；影响数不能确定的，应当说明原因。

（3）前期差错的性质及其更正金额；无法进行追溯重述的，应当说明原因。

（4）企业经营的季节性或者周期性特征。

（5）存在控制关系的关联方发生变化的情况；关联方之间发生交易的，应当披露关联方关系的性质、交易类型和交易要素。

（6）合并财务报表的合并范围发生变化的情况。

（7）对性质特别或者金额异常的财务报表项目的说明。

（8）证券发行、回购和偿还情况。

（9）向所有者分配利润的情况，包括在中期内实施的利润分配和已提出或者已批准但尚未实施的利润分配情况。

（10）根据《企业会计准则第35号——分部报告》规定披露分部报告信息的，应当披露主要报告形式的分部收入与分部利润（亏损）。

（11）中期资产负债表日至中期财务报告批准报出日之间发生的非调整事项。

（12）上年度资产负债表日以后所发生的或有负债和或有资产的变化情况。

（13）企业结构变化情况，包括企业合并、对被投资单位具有重大影响、共同控制或者控制关系的长期股权投资的购买或者处置，终止经营等。

（14）其他重大交易或者事项，包括重大的长期资产转让及其出售情况、重大的固定资产和无形资产取得情况、重大的研究和开发支出、重大的资产减值损失情况等。

企业在提供有关关联方交易、分部收入与分部利润（亏损）信息时，应当同时提供本中期（或者本中期末）和本年度初至本中期末的数据，以及上年度可比中期（或者可比期末）和可比年初至本中期末的比较数据。

此外，在同一会计年度内，如果以前中期财务报告中的某项估计金额在最后一个中期发生了重大变更、而企业又不单独编制该最后中期的财务报告的，企业应当在年度财务报告的附注中披露该项会计估计变更的内容、原因及其影响金额。假如一家公司需要编制半年度财务报告的企业，但不单独编制下半年财务报告，如果该公司对于上半年财务报告中所采用的会计估计在下半年作了重大变更，应当在其年度财务报告的附注中予以说明。

【复习题】

一、思考题

1. 什么是中期财务报告？编制中期财务报告应遵循什么原则？
2. 中期财务报告与年度财务报告有何不同？
3. 中期财务报告披露的内容是什么？
4. 中期财务报告的确认和计量的原则是什么？
5. 会计年度中不均匀发生的费用应如何确认和计量？
6. 企业在会计年度中发生会计政策变更应如何进行处理？
7. 中期财务报告附注的编制要求是什么？
8. 中期财务报告附注的信息披露应包括哪些内容？
9. 什么是中期财务报告编制中的一体观和独立观？

二、业务题

1. 判断题

（1）在编制中期财务报告过程中，对重要性进行判断时，中期会计计量相对于年度财务数据的计量而言，在很大程度上依赖于估计。（　　）

（2）在中期财务报告中，合并财务报表的合并范围发生变化的情况需要在报表附注中反映。（　　）

（3）一体论的优点在于中期财务报告所反映的经营业绩和财务状况比较可靠，不容易被操纵。（　　）

（4）如果当年新施行的会计准则对财务报表格式和内容作了修改，中期财务报告应当按照修改前的报表格式和内容编制，上年度比较财务报表的格式内容无须调整。（　）

2. 以下不属于中期财务报告中应当提供比较财务报表的是（　　）。

A. 本中期末的资产负债表和上年度末的资产负债表

B. 年初至本中期末的现金流量表和上年度年初至可比本中期末的现金流量表

C. 年初至本中期末的股东权益变动表和上年度年初至可比本中期末的股东权益变动表

D. 本中期的利润表、年初至本中期末的利润表以及上年可比期间的利润表

3. 请从上海证券交易所或深圳证券交易所网站下载一份上市公司的中期财务报告，并对该报告进行分析总结，从独立观和一体观的角度说明中期财务报告的特点。

第十九章 分部报告

【学习目标】

通过本章的学习，了解分部报告产生的背景和动因，理解分部报告与合并财务报告之间的关系；掌握地区分布与业务分部的含义、范围及确定方法；熟悉报告分部的确定标准，掌握分部报告信息披露的形式和内容。

【知识点】

分部、分部报告、经营分部、业务分部、地区分部、主导行业分部、报告分部、分部资产、分部负债、分部利润、分部收入、分部费用、主要报告形式、次要报告形式。

第一节 分部报告概述

分部报告是对企业合并财务报告的必要补充，是会计信息披露体系不可或缺的组成部分，是分析和确定从事多种业务企业的机会和风险的一个可靠而有力的工具。随着市场经济的发展，企业的生产经营规模日益扩大，出现了大量跨行业、跨地区的大型企业。经营范围也逐步突破单一业务界限，成为从事多种产品生产经营或从事多种业务经营活动的综合经营体；同时，经营的地域范围也日益扩大，有的企业分别在国内不同地区甚至在境外设立分公司或子公司。在这种情况下，反映不同产品（或劳务）和不同地区经营的风险和报酬信息越来越普遍地受到会计信息使用者的重视。

通过分部报告能够达到的目的有：①能够更好地理解企业以往的业绩；②可以更准确地评估企业的风险和收益；③可以从整体上对企业作出更有根据的判断，对未来的发展趋势作出合理的预期。分部信息被普遍认为对满足财务报表使用者的需要是必须的。随着企业跨行业和跨地区经营，许多企业生产和销售各种各样的产品和提供多种劳务，这些产品和劳务广泛分布于各个行业或不同地区。由于企业各种产品在其整体的经营活动中所占的比重各不相同，其营业收入、成本费用以及产生的利润（亏损）也不尽相同。每种产品（或提供的劳务）在不同地区的经营业绩也存在差异。只有分析每种产品（或所提供劳务）和不同经营地区的经营业绩，才能更好地把握企业整体的盈利能力。企业的整体风险，是由企业经营的各个业务部门（或品种）或各个经营地区的风险和报酬构成的。一般而言，企业在不同业务部门和不同地区的经营，会具有不同的利润率、发展机会、未来前景和风险。要评估企业整体的风险和报酬，必须借助企业在不同业务和不同地区经营的信息（分部信息）。

《企业会计准则第35号——分部报告》（以下简称《分部报告准则》）主要规范了企业分部报告的编制方法和分部信息的披露内容，有助于保证会计信息的充分披露，满足会计信息使用者的决策需要。

第二节　经营分部的确定

一、经营分部的定义

经营分部，是指企业内同时满足下列条件的组成部分：①该组成部分能够在日常活动中产生收入、发生费用；②企业管理层能够定期评价该组成部分的经营成果，以决定向其配备资源、评价其业绩；③企业能够取得该组成部分的财务状况、经营成果和现金流量等有关会计信息。凡同时满足以上条件的企业内部组成部分的，就应确认为一个经营分部。该经营分部承担了不同于其他组成部分的风险和报酬。

企业在确定经营分部时，主要是看作为某一分部的组成部分是否承担了不同于其他组成部分的风险和报酬。对于某些企业而言，某一经营分部可能是一个业务部门，也可能是由若干个业务部门组成一个经营分部；企业可能将生产某一种产品或提供某种劳务的部门作为一个经营分部，也可能将生产若干种（一组）相关产品或提供一组劳务的部门作为一个经营分部。作为一般规则，单个业务分部中不包括风险和报酬具有显著差异的产品或劳务。

二、经营分部的确定

（一）经营分部确定应考虑的因素

通常情况下，一个企业的内部组织和管理结构，以及向董事会或者类似机构的内部报告制度，是企业确定分部的基础。企业在确定经营分部时，应当结合企业内部管理要求，并考虑下列因素：

1. 各单项产品或劳务的性质

各单项产品或劳务的性质，包括产品或劳务的规格、型号、最终用途等。一般情况下，生产的产品和提供劳务的性质相同或相似的，其风险、报酬率及其成长率可能较为接近，因此，可以将其划分到同一经营分部之中。而对于性质完全不同的产品或劳务，则不能将其划分到同一经营分部之中。例如，某企业的生产经营范围包括机械制造、旅游及餐饮业、交通运输、合成纤维生产等，在确定经营分部时，必须分别将其作为不同的经营分部处理，而不能将机械制造与旅游及餐饮业作为一个经营分部处理。

2. 生产过程的性质

生产过程的性质，包括采用劳动密集型或资本密集型方式组织生产、使用相同或者相似设备和原材料、采用委托生产或加工方式等。对于其生产过程相同或相似的，可以将其划分为一个经营分部，如按资本密集型和劳动密集型划分经营部门。对于资本密集型的部门而言，其占用的设备较为先进，占用的固定资产较多，所负担的折旧费也较多，其经营成本受资产折旧费用的影响较大，受技术进步因素的影响也较大；而对于劳动密集型部门而言，其使用的劳动力较多，相对而言劳动力的成本即人工费用的影响较大，其经营成果受人工成本的高低影响很大。

3. 产品或劳务的客户类型

产品或劳务的客户类型，包括大宗客户、零散客户等。对于购买产品或接受劳务的同一类型的客户，如果其销售条件基本相同，例如相同或相似的销售价格、销售折扣，相同或相似的售后服务，因而具有相同或相似的风险和报酬。而不同的客户，其销售条件不尽相同，由此可能导致其具有不同的风险和报酬。例如，某计算机生产企业，其生产计算机可以分为商用计算机和个人用计算机。商用计算机的主要销售客户是企业，一般是大宗购买，对计算机专用性要求比较强，售后服务相对较为集中；而个人用计算机，其客户对计算机的通用性要求较高，其售后服务相对较为分散。

4. 销售产品或提供劳务的方式

销售产品或提供劳务的方式，包括批发、零售、自产自销、委托销售、承包等。企业销售产品或提供劳务的方式不同，其承受的风险和报酬也不相同。例如，在赊销方式下，可以扩大销售规模，但发生的收账费用较大，并且发生应收账款坏账的风险也很大；而在现销方式下，则不存在应收账款的坏账问题，不会发生收账费用，但销售规模的扩大有限。

5. 生产产品或提供劳务受法律、行政法规的影响

生产产品或提供劳务受法律、行政法规的影响，包括经营范围或交易定价限制等。企业生产产品或提供劳务总是处于一定的经济法律环境之下，其所处的环境必然对其经营活动产生影响。对在不同法律环境下生产的产品或提供的劳务进行分类，进而向会计信息使用者提供不同法律环境下产品生产或劳务的信息，有利于会计信息使用者对企业未来的发展走向作出判断和预测。对相同或相似法律环境下的产品生产或劳务提供进行归类，以提供其经营活动所生成的信息，同样有利于明晰地反映该类产品生产和劳务提供的会计信息。例如，商业银行、保险公司等金融企业易受特别的、严格的政策监管，在考虑该类企业确定分部产品和劳务是否相关时，应当考虑所受监管政策的影响。

企业在具体确定经营分部时，特定的分部不大可能同时符合上述列明的全部因素。通常情况下，经营分部应当在包含了上述所列明的大部分因素时予以确定。

6. 地区分部的影响

地区分部是指企业内可区分的、能够在一个特定的经济环境内提供产品或劳务的组成部分，该组成部分承担了不同于在其他经济环境内提供产品或劳务组成部分的风险和报酬。

企业在确定经营分部时，要考虑作为某一分部的组成部分是否承担了不同于其他组成部分的风险和报酬，而不是单纯以某个行政区域为划分依据。作为某个地区分部的生产或经营区域，应当具有相同或相似的风险和报酬率。这一区域可以是单一国家（或地区），也可以是两个或两个以上具有相同或相似经营风险和报酬的国家（或地区）的组合；可以是一个国家内的一个行政区域，也可以是一个国家两个或两个以上行政区域的组合。具有重大不同风险和报酬环境中经营的区域，不能将其作为同一个地区分部处理。

7. 企业的风险和报酬

企业的风险和报酬，既可能受到其资产（经营）的地理位置的极大影响，也可能受到客户（市场）的地理位置的极大影响。前者是指产品的生产地或提供劳务的主要场所

（即资产所在地），后者是指产品的销售地或者劳务的提供地（即客户所在地）。在实务中，风险和报酬可能来自前者也可能来自后者。企业的组织形式和内部报告结构通常会提供证据，用于判断企业的地区风险究竟是来自资产所在地还是客户所在地。企业在确定经营分部时，应当考虑分部经营活动的主要风险和报酬是与其生产产品或提供劳务的地区相关，还是与其经营活动的市场及客户所在地区更相关，从而选择以资产所在地或者客户所在地为基础确定经营分部。如果经营活动的主要风险和报酬与其生产产品或提供劳务的地区相关，则应当选择以资产所在地划分经营分部；如果经营活动的主要风险和报酬与其经营活动的市场及客户所在地区更相关，则应当选择以客户所在地划分经营分部。

（二）分部确定举例

中石化是中国乃至亚洲最大的石油和石化公司之一，其分部报告具有代表性。中石化经营分部的划分主要分为管理勘探及生产、炼油、营销及分销、化工及企业与其他业务等。由于这些分部均制造或分销不同的产品，应用不同的生产程序，而且在营运及毛利方面各具特点，故每个分部都是各自独立的管理。

中石油的年度报告主要分为五个经营分部：①勘探及生产分部，指勘探及油田开发生产部门。其产品是原油及天然气，业务活动是将这些产品销售给本集团的炼油分部及外界客户；②炼油分部，指炼油企业加工及提炼源自本集团勘探及生产分部和外界供应商的原油，以及制造及销售石油产品给本集团化工及营销及分销分部及外界客户；③营销及分销分部，在中国拥有并经营油库及加油站，并通过批发及零售网络，在中国分销和销售已提炼的石油产品，主要为汽油及柴油；④化工分部，制造及销售石化产品、衍生石化产品及其他化工产品给外界客户；⑤企业及其他分部，主要职责包括集团公司的进出口公司的贸易业务和其他附属公司所进行的研究和开发工作。

（三）经营分部确定的特殊原则

1. 特殊原则

通常情况下，一个企业的内部组织和管理结构，以及向董事会或者类似机构的内部报告制度，是企业确定分部的基础。但是，如果一个企业的内部组织和管理结构，以及向董事会或类似机构的内部报告制度，即不以产品或劳务为基础，也不以地区为基础，那么确定经营分部时，应当遵循以下原则：

（1）如果企业向董事会或类似机构进行报告所使用的分部符合经营分部的定义，管理层就不必考虑低一级的内部信息分类标准。也就是说，对于符合《分部报告准则》相关定义的内部报告分部，并不要求对此作进一步细分。

（2）如果企业向董事会或类似机构进行报告所使用的分部不符合经营分部的定义，管理层就需要对内部管理单位作进一步细分，以便使所报告的信息与企业的产品和劳务分类或者企业的地区分类相一致。例如，Y 出版集团公司主要出版财会类、财政类、工商管理类、经济理论类等图书，出于管理目的考虑，该出版集团公司下设八个编辑中心，每个编辑中心均出版上述几类图书。Y 公司允许八个编辑中心在经营上相对独立，每月报送给公司董事会的财务报告列出了八个编辑中心的总收入和费用，且上述各类图书的出版未曾中断。Y 公司认为本公司存在四个业务分部，即财会类、财政类、工商管理类和经济理论类。虽然有八个编辑部门，但形成独立收入、费用的是四类图书，所以应以四类图书作为业务分部。

2. 合并条件

在实务中，并非所有内部报告的独立经营部分均作为独立的经营分部考虑。在某些情况下，两个或两个以上的经营分部具有实质上的相似性，此时，将它们合并披露可能更为恰当。两个或两个以上的经营分部同时满足下列条件的，可以予以合并：

（1）具有相近和长期财务业绩。包括具有相近的长期平均毛利率、资金回报率、未来现金流量等。

（2）企业在确定经营分部时，应当结合企业内部管理要求，并考虑下列因素：①所处经济、政治环境的相似性。所处经济、政治环境的相似性，包括境外经营所在地区经济和政治的稳定程度等。不同生产经营所在地经济、政治环境的差异，意味着其生产经营活动所面临经济、政治风险的不同，因此不能将其归并为一个经营分部；反之，对于经济、政治环境基本相似的国家或地区，在确定经营分部时应将其归并为一个经营分部。②在不同地区经营之间的关系。在不同地区经营之间的关系，包括在某地区进行产品生产，而在其他地区进行销售等。在不同地区的经营之间存在着紧密的联系，意味着这些不同地区的经营具有相同的风险和报酬，应当将这些地区的经营作为一个经营分部处理；反之，当两个地区的经营之间没有直接的联系时，不应将其作为一个经营分部处理。③经营的接近程度大小。经营的接近程度大小，包括在某地区生产的产品是否需在其他地区进一步加工生产等。生产经营接近程度较高的地区可以作为一个经营分部处理；反之，生产经营接近程度不高的地区，通常表明其在生产经营方面所面临的风险和报酬不同，因此，在确定经营分部时，不应将其作为一个经营分部处理。④与某一特定地区经营相关的特别风险。与某一特定地区经营相关的特别风险，包括气候异常变化、政治动乱等。如果某一特定地区在生产经营上存在着特别风险，则不能将其与其他经营分部合并作为一个经营分部处理；反之，如果某一特定地区在生产经营上并不存在着特别的经营风险，则可能会将它与其他经营分部合并作为一个经营分部处理。⑤外汇管理规定。外汇管理规定，即境外经营所在地区是否实行外汇管制。外汇管制的规定直接影响企业内部资金的调度和转移，从而有可能影响企业的经营风险。在实行外汇管制的国家或地区，转移资金相对较为困难，要承受较大的资金转移风险；而外汇可以自由流动的国家或地区，转移资金较为容易，其资金转移风险相对较小。因此，不能将实行外汇管制的国家或地区与外汇自由流动的国家或地区，作为一个经营分部处理；对于实行外汇管制的国家和地区，也不能一概而论地将其作为一个经营分部处理。⑥外汇风险。外汇风险，即外汇汇率变动的风险。通常情况下，在外汇汇率波动不大的国家或地区，其生产经营所面临的风险和报酬基本相同，可以作为一个经营分部处理；而在外汇汇率波动较大的国家或地区，其生产经营所面临的风险和报酬不同，一般应单独设立经营分部。

两个或两个以上的经营分部具有相近的长期财务业绩，通常表明这两个或两个以上的经营分部所面临的风险、所获报酬、长期平均毛利率、资金回报率、未来现金流量等相近。如果同时满足确定经营分部时所考虑因素的相似性，在确定经营分部时，可以将这些业务分部予以合并。

【例 19－1】Y 公司是一家跨国公司，总部设在美国，主要生产 A、B、C、D 四个品牌的皮箱、手提包、公文包、皮带等，以及负责相关产品的运输、销售，每种产品均由独立的业务部门完成。其生产的产品主要销往中国内地、中国香港、日本、欧洲、韩国等地。

2009 年度，Y 公司的相关收入、费用、利润等信息见表 19－1。假定经预测，生产皮箱的 4 个品牌在今后 5 年内平均销售利润率与本年度差异不大，并且各品种皮箱的生产过程、客户类型、销售方式等类似，该公司将经营分部作为主要报告形式提供分部信息。

表 19－1　公司 2009 年度相关信息

单位：万元

项目	品牌 A	品牌 B	品牌 C	品牌 D	手提包	公文包	皮带	销售公司	运输公司	合计
营业收入	106 000	130 000	100 000	95 000	260 000	230 000	69 000	270 000	50 000	1 310 000
其中：对外交易	100 000	120 000	80 000	90 000	180 000	150 000	50 000	270 000	50 000	1 090 000
分部间交易	6 000	10 000	20 000	5 000	80 000	80 000	19 000			220 000
营业费用	74 200	92 300	69 000	66 500	156 000	142 600	55 200	220 000	30 000	905 800
其中：对外交易	60 000	78 300	57 000	62 000	149 000	132 000	47 200	205 000	30 000	820 500
分部间交易	14 200	14 000	12 000	4 500	7 000	10 600	8 000	15 000		85 300
营业利润	31 800	37 700	31 000	28 500	104 000	87 400	13 800	50 000	20 000	404 200
销售毛利率	30%	29%	31%	30%	40%	38%	20%	18.5%	40%	
资产总额	350 000	400 000	300 000	250 000	650 000	590 000	250 000	700 000	300 000	3 790 000
负债总额	150 000	170 000	130 000	100 000	300 000	200 000	150 000	300 000	180 000	1 680 000

从上述资料可以看出，Y 公司生产皮箱的部门有 4 个，分别生产品牌 A、品牌 B、品牌 C、品牌 D，其销售毛利率分别是 30%、29%、31%、30%。由于其近 5 年平均销售毛利率差异不大，因此可以认为这 4 个皮箱分部具有相近的长期财务业绩；同时，A、B、C、D 这 4 个部门都生产皮箱，其生产过程、客户类型、销售方式等类似，符合确定业务分部所考虑因素的相似性。因此，Y 公司在确定经营分部时，可以将生产 4 个品牌皮箱的分部予以合并，组成一个“皮箱分部”。合并后，“皮箱分部”的分部收入为 431 000 万元，分部费用为 302 000 万元，分部利润为 129 000 万元。

第三节　报告分部的确定

一、重要性标准的判断

报告分部是指符合经营分部的定义，按规定应予披露的经营分部。报告分部的确定应当以经营分部为基础，而经营分部的划分通常以不同的风险和报酬为基础来确定。存在多种产品经营或者跨多个地区经营的企业可能会拥有大量的、规模较小的、不是很重要的分部，而大量单独披露如此之多的小分部信息不仅会给财务报表使用者带来困惑，给报表编制者也带来不必要的披露成本。因此，报告分部的确定应当考虑重要性原则，符合重要性标准的经营分部才能确定为报告分部。

同理，对于一个企业而言，赚取利润或蒙受损失均来自与外部客户的交易。对通过与外部客户交易产生了大量收入的分部进行信息披露，能够为使用者更好地理解企业财务报表提供相关信息，将有助于会计信息使用者从企业整体上对企业的风险和报酬作出更有根据的评估。因此，在确定报告分部时，除按企业的内部管理采用垂直一体化经营方式确定外，作为报告分部的经营分部的大部分收入应当是企业与外部客户交易而获得的。

企业以经营分部为基础确定报告分部时，其大部分收入是对外交易收入，且满足下列条件之一的，企业应当将其确定为报告分部：

（一）该分部的分部收入占所有分部收入合计的10%或者以上

分部收入是指可归属于分部的对外交易收入和对其他分部交易收入。从上述定义可以看出，分部收入包括两部分：一是对外交易收入，二是对其他分部交易收入。

当某分部的分部收入大部分是对外交易收入，并且满足上述条件时，则可以将其确定为报告分部；反之，当某分部的分部收入大部分是通过与其他分部交易而取得，并且企业的内部管理不属于按垂直一体化经营的不同层次来划分的，即使满足上述10%的条件，也不能将其确定为报告分部。

【例19－2】沿用【例19－1】，皮箱分部合并后，其分部收入合计43.1亿元，其中对外交易收入合计39亿元。对外交易收入占该分部收入合计的比例为90%（39÷43.1×100%），即大部分收入为对外交易取得。同时，由于皮箱分部收入占所有分部收入合计的比例为32.9%（431 000÷1 310 000 ×100%），满足了不低于10%的条件，因此，该企业在确定报告分部时，应当将皮箱分部确定为报告分部。

（二）该分部的分部利润（亏损）的绝对额，占所有盈利分部利润合计额的10%或者以上

分部利润（亏损），是指分部收入减去分部费用后的余额。分部费用，是指可归属于分部的对外交易费用和对其他分部交易费用。当企业的分部收入大部分是通过对外交易取得的，并且该分部的分部利润或者分部亏损的绝对额占所有盈利分部利润合计额的10%或者以上，则可以将其确定为报告分部。

【例19－3】B公司生产家用电器，其总部设在北京市，产品主要销往全国各地，在北京、天津、上海、辽宁、陕西、浙江、四川、湖南、广东等省（市）均设有分公司，假定各分公司之间没有内部交易，其营业收入均为对外交易而取得。各分公司有关财务信息见表19－2。

表 19－2　B 公司总部及分公司相关信息

单位：万元

项目	北京	天津	上海	辽宁	陕西	浙江	四川	湖南	广东	合计
营业收入	10 000	2 000	5 000	500	300	3 500	1 000	700	3 000	26 000
占收入合计的百分比	38.5%	7.7%	19.2%	1.9%	1.2%	13.5%	3.8%	2.7%	11.5%	100%
营业费用	8 000	1 500	3 500	700	950	2 500	1 580	600	2 400	21 730
营业利润（亏损）	2 000	500	1 500	(200)	(650)	1 000	(580)	100	600	4 270

注：括号内数字表示亏损数额，下同！

从上述资料可以看出，由于B公司各分公司均没有内部交易，因此，各分公司取得的营业收入均为对外交易而产生的，符合大部分收入为对外交易收入的条件。如果从分部收入占所有分部收入合计的10%或者以上的条件来看，只有北京、上海、浙江、广东分公司符合报告分部的确定条件。

由于B公司的各分公司经营有盈有亏，其中，盈利分部分别是北京、天津、上海、浙江、湖南、广东，其分部利润总额合计为5 700万元；亏损分部分别是辽宁、陕西、四川其分部亏损总额合计的绝对额为1 430万元。由于5 700万元>1 430万元，该公司在对各分部的分部利润或亏损进行比较时，应当以5 700万元为比较基数，通过各分部利润或亏损的绝对额占5 700万元的百分比是否达到10%或者以上来判断是否应确定为报告分部(具体计算见表19－3)。通过计算可以看出，满足分部利润（亏损）达到规定条件的分部共有6个，分别是北京、上海、陕西、浙江、四川和广东。B公司在确定报告分部时，应当将上述6个分部作为报告分部。

表 19－3　B 公司分部信息

单位：万元

项目	北京	天津	上海	辽宁	陕西	浙江	四川	湖南	广东	合计
营业收入	10 000	2 000	5 000	500	300	3 500	1 000	700	3 000	26 000
占收入合计的百分比	38.5%	7.7%	19.2%	1.9%	1.2%	13.5%	3.8%	2.7%	11.5%	100%
营业费用	8 000	1 500	3 500	700	950	2 500	1 580	600	2 400	21 730
营业利润（亏损）	2 000	500	1500	(200)	(650)	1 000	(580)	100	600	4 270
占分部利润总额的百分比	35.1%	8.8%	26.3%	3.5%	11.4%	17.5%	10.2%	1.8%	10.5%	—

（三）该分部的分部资产占所有分部资产合计额的10%或者以上

分部资产，是指分部经营活动使用的可以归属于该分部的资产。具体而言，分部资产应符合下列两个条件：一是在分部的经营中使用、可直接归属于该分部；二是能够以合理的基础分配给该分部。根据上述定义，分部资产应当包括但不限于以下项目：分部在经营活动中所使用的流动资产、固定资产、融资租入的资产、可直接归属于或者以合理的基础分配于某分部的商誉、无形资产等。而递延所得税资产，以及服务于整个企业或者管理总部的资产，则不属于分部资产。

企业在计量分部资产时，应当按照分部资产的账面价值进行计量，即按扣除相关累计折旧或摊销额以及累计减值准备后的金额计量。

当某一分部的大部分收入是对外交易收入，并且分部资产占所有分部资产合计额的10%或者以上，则可以将其确定为报告分部。

【例19－4】沿用【例19－1】，由于4个品牌皮箱已经合并为一个皮箱分部，因此，Y公司应比较生产皮箱、手提包、公文包、皮带的各个分部以及销售公司、运输公司等部门的分部资产情况。具体计算见表19－4。通过计算可以看出，皮箱分部、手提包分部、公文包分部、销售公司分部的分部资产占所有分部资产合计额的比例分别为34.3%、17.1%、15.6%、18.5%，符合不低于10%的要求，因此，Y公司在确定报告分部时，应当将皮箱分部、手提包分部、公文包分部、销售公司分部作为报告分部。

表19－4 Y公司各分部信息

单位：万元

项目	皮箱	手提包	公文包	皮带	销售公司	运输公司	合计
营业收入	431 000	260 000	230 000	69 000	270 000	50 000	1 310 000
其中：对外交易	390 000	180 000	150 000	50 000	270 000	50 000	1 090 000
分部间交易	41 000	80 000	80 000	19 000			220 000
…							
资产总额	1 300 000	650 000	590 000	250 000	700 000	300 000	3 790 000
占分部资产合计的百分比	34.3%	17.1%	15.6%	6.6%	18.5%	7.9%	100%

二、低于10%重要性标准的选择

经营分部未满足三个重要性判断标准的，可以按照下列规定进行处理：

（一）不考虑该分部的规模，直接将其指定为报告分部的

在这种情况下，无论该分部是否满足10%的重要性标准，企业都可以根据需要直接将其指定为报告分部。

（二）不将该分部直接指定为报告分部的

可将该分部与一个或一个以上类似的、未满足规定条件的其他分部合并为一个报告分部。

对分部报告的10%的重要性测试可能会导致存在多种业务或多地区经营的企业拥有大

量未满足10%数量临界线的小经营分部，在这种情况下，如果企业没有直接将这些分部指定为报告分部的，则可以将一个或一个以上类似的、未满足重要性标准的小分部合并成一个报告分部。

（三）不将该分部指定为报告分部且不与其他分部合并的

如果企业不将某分部直接指定为报告分部，并且也不将该分部与其他未作为报告分部的其他分部合并为一个报告分部，则企业应当把这些分部作为其他项目（即未分配项目），应当在披露分部信息时，将其作为其他项目单独披露。

三、报告分部75%的标准

企业的经营分部达到规定的10%重要性标准确认为报告分部后，确定为报告分部的各经营分部的对外交易收入合计额占合并总收入或企业总收入的比重应当达到75%的比例。如果未达到75%的标准，企业必须增加报告分部的数量，将其他未作为报告分部的经营分部纳入报告分部的范围，直到该比重达到75%。此时，其他未作为报告分部的经营分部很可能未满足前述规定的三个10%的重要性标准，但为了使报告分部的对外交易收入合计额占合并总收入或企业总收入的总体比重能够达到75%的比例要求，也应当将其确定为报告分部。

【例19-5】沿用【例19-1】，根据报告分部的确定条件，符合条件已被确定为报告分部的分别是皮箱分部、手提包分部、公文包分部、销售公司分部，由于各报告分部的对外交易收入占企业总收入的比重分别为35.8%、16.5%、13.7%和24.8%，合计为90.8%，已达到75%的限制性标准，不需再增加报告分部的数量，具体计算见表19-5。

表19-5　公司各分部信息

单位：万元

项目	皮箱	手提包	公文包	销售公司	小计	…	合计
营业收入	431 000	260 000	230 000	270 000	1 191 000	…	1 310 000
其中：对外交易	390 000	180 000	150 000	270 000	990 000	…	1 090 000
分部间交易	41 000	80 000	80 000			…	220 000
对外交易收入占企业总收入百分比	35.8%	16.5%	13.7%	24.8%	90.8%		100%

【例19-6】沿用【例19-3】，B公司根据规定已将北京、上海、陕西、浙江、四川和广东6个分部确定为报告分部，由于6个报告分部的对外交易收入合计额占企业总收入的比重为87.7%，已达到75%的限制性标准，不需再增加报告分部的数量。具体计算见表19-6。

表 19－6 公司各分部信息

单位：万元

项目	北京	上海	陕西	浙江	四川	广东	小计	…	合计
营业收入	10 000	5 000	300	3 500	1 000	3 000	22 800	…	26 000
占企业总收入的百分比	38.5%	19.2%	1.2%	13.5%	3.8%	11.5%	87.7%	…	100%
…									

四、垂直一体化经营下报告分部的确定

如前所述，当经营分部的大部分收入是通过与企业外部客户交易取得时，在满足其他重要性条件的情况下，可以将该经营分部确定为报告分部。但是，如果企业的内部管理按照垂直一体化经营的不同层次来划分，即使其大部分收入不通过对外交易取得，仍可将垂直一体化经营的不同层次确定为独立业务分部对外报告。

【例 19－7】某石油化工企业的子公司分别从事石油勘探、炼制、营销分销及化工等业务，并独立进行管理，各子公司承担了不同的风险和报酬。在日常经营过程中，负责石油勘探及生产业务的子公司生产的90%左右的原油及天然气均销售给炼油公司，其余的销售给企业的外部客户。

虽然负责勘探及生产业务的子公司所取得的大部分收入来自负责炼油的子公司，不符合大部分收入应当来自对外部交易取得的规定，但是，由于该企业对各个子公司分别进行经营管理，并且各个子公司承担了不同的风险和报酬，因此，该企业在确定报告分部时，可以将石油勘探及生产子公司、炼油子公司、营销及分销子公司、化工子公司等经营分部分别作为报告分部。

五、提供可比信息报告分部的确定

企业在确定报告分部时，除应当遵循相应的确定标准以外，还应当考虑不同会计期间分部信息的可比性和一贯性。对于某一分部，在上期可能满足报告分部的确定条件从而确定为报告分部，但本期可能并不满足报告分部的确定条件。此时，如果企业认为该分部仍然重要，单独披露该分部的信息能够更有助于报表使用者了解企业的整体情况，则不需考虑该分部的规模，仍应当将该分部确定为本期的报告分部。

六、报告分部的数量

报告分部的数量通常不应超过 10 个。报告分部的数量如超过 10 个，应当以经营分部的合并条件为基础，对相关的报告分部予以合并。

第四节 分部信息的披露

企业应当以内部组织结构、管理要求、内部报告制度为依据确定经营分部，以经营分部为基础确定报告分部，并按规定披露分部信息。

一、分部报告信息披露的内容

企业的分部报告应当按规定披露下列分部信息：

（一）总体说明

确定报告分部考虑的因素、报告分部的产品和劳务的类型。该部分信息的披露，实际上是对分部报告的总体说明和介绍。

（二）分部收入

分部收入，是指可归属于分部的对外交易收入和对其他分部的交易收入。

可以归属于分部的收入源于两个渠道：一是可以直接归属于分部的收入，即直接由分部的业务交易而产生的收入；二是可以间接归属于分部的收入，即将企业交易产生的收入在相关分部之间进行分配，按属于某分部的收入金额确认为该分部收入。

同时，还应该披露企业取得的来自本国的对外交易收入总额以及企业从其他国家取得的对外交易收入总额。

分部收入通常不包括下列项目：

（1）利息收入（包括因预付或借给其他分部款项而确认的利息收入）和股利收入，但分部的日常活动是金融性质的除外。企业是以企业整体为基础来计划和管理投资、融资行为的，与某个分部的经营无直接关联。利息和股利收入通常不是其个别分部的日常经营活动的一部分，这是因为预付或借给其他分部款项而确认的利息收入与此相同。但是，如果某个分部的日常经营活动的全部或绝大部分是资产的借贷或投资，那么该分部的经营就主要是金融性质，分部收入包括利息收入和股利收入，以及出售投资和清偿债务实现的利得等。对此类分部，这些项目就属于营业收入的一部分。在实务中，其经营主要是金融性质的分部包括商业银行、证券公司、保险公司、财务公司、金融租赁公司等。

（2）营业外收入。营业外收入包括企业实现的与日常活动无直接关系的各项经济利益的总流入，如处置固定资产净收益、出售无形资产净收益、处置抵债资产收入、罚没收益等。由于分部利润采用的是日常经营收入的概念，与日常经营收入无关的营业外收入不应包括在内。

（3）处置投资产生的净收益，但分部的日常活动是金融性质的除外。企业处置投资产生的净收益，包括出售投资获得的收益以及债务清偿所获得的收益两部分。由于处置投资产生的净收益不属于企业的日常活动范畴，因此也不应包括在分部收入中。但是，如果分部的日常活动是金融性质，则处置投资形成的净收益属于其日常经营收入范畴，就应当包括在分部收入之中。

（4）采用权益法核算的长期股权投资收益，但分部的日常活动是金融性质的除外。

（三）分部费用

分部费用，是指可归属于分部的对外交易费用和对其他分部交易所产生的费用。分部费用主要由可归属于分部的对外交易费用构成，通常包括营业成本、营业税金及附加、销售费用等。在披露分部费用时，折旧费、摊销费及其他重大的非现金费用应当单独披露。

与分部收入的确认相同，可以归属于分部的费用也来自两个渠道：一是直接由分部交易活动所发生的费用；二是间接归属于分部的费用，即企业将发生的交易费用，按相关性分配给各个分部的费用。

分部费用通常不包括下列项目：

（1）利息费用（包括因预收或向其他分部借款而确认的利息费用），但分部的日常活动是金融性质的除外。

（2）营业外支出，如处置固定资产、无形资产等发生的损失。

（3）处置投资产生的净损失，但分部的日常活动是金融性质的除外。

（4）采用权益法核算的长期股权投资确认的投资损失，但分部的日常活动是金融性质的除外。

（5）所得税费用。因为所得税费用通常是针对企业整体，而不是针对某一分部的。

与企业整体相关的管理费用及其他费用，不包括在分部费用中。但如果是企业代某个分部支付的费用，这些费用与分部的经营活动相关，则属于分部费用。

（四）分部利润（亏损）

分部利润（亏损）指分部收入减去分部费用后的余额。因此，不属于分部收入和分部费用的项目，在计算分部利润（亏损）时不得作为考虑的因素。从这个意义上说，分部利润（亏损）与企业的利润（亏损）总额或净利润（净亏损）包含的内容不同。企业在披露分部信息时，分部利润（亏损）应当单独进行披露。如果企业需要提供合并财务报表的，分部利润（亏损）应当在调整少数股东损益前确定。每一报告分部的利润（亏损）总额相关信息，包括利润（亏损）总额组成项目及计量的相关会计政策信息。

（五）每一报告分部的资产总额相关信息

分部资产包括企业在分部的经营中使用的、可直接归属于该分部的资产，以及能够以合理的基础分配给该分部的资产。分部资产的披露金额应当按照扣除相关累计折旧或摊销额以及累计减值准备后的金额确定，即按照分部资产的账面价值来确定。具体披露分部资产总额时，当期发生的在建工程成本总额、购置的固定资产和无形资产的成本总额，应当单独披露。对于不属于任何一个分部的资产，应当作为其他项目单独披露。

通常，分部资产与分部利润、分部费用等之间存在一定的对应关系，即如果分部利润包括利息或股利收入，则分部资产中就应当包括相应的应收账款、贷款、投资或其他金融资产，如果分部费用中包括固定资产的折旧费用，分部资产中就应当包括该项固定资产；如果分部费用包括某项无形资产或商誉的摊销额或减值额，分部资产中就应当包括该项无形资产或商誉。

（六）每一报告分部的负债总额相关信息

分部负债，是指分部经营活动形成的可归属于该分部的负债，不包括递延所得税负债。与分部资产的确认条件相同，分部负债的确认也应当符合下列两个条件：一是可直接归属于该分部；二是能够以合理的基础分配给该分部。

根据上述定义，分部负债应当包括但不限于以下项目：应付账款、其他应付款、预收账款、预计负债等。

分部负债通常不包括下列项目：借款、应付债券、融资租入固定资产所发生的相关债务、在经营活动之外为融资目的而承担的负债、递延所得税负债等。

需要说明的是，一般情况下，企业发生的借款或发行的债券通常是以整个企业为基础而发生或发行的，不可能直接归属于某个分部。但是，如果某个分部的分部费用包括利息支出，那么其分部负债中就应包含该项借款或应付债券。

对于不属于任何一个分部的负债，应当作为其他项目单独披露。

（七）补充信息

除上述已经作为报告分部信息组成部分披露外，企业还应当披露下列信息：

（1）每一产品和劳务或每一类似产品和劳务组合的对外交易收入。

（2）企业取得的来自本国的对外交易收入总额以及位于本国的非流动资产总额（不包括金融资产、独立账户资产、递延所得税资产，下同），企业从其他国家取得的对外交易收入总额以及位于其他国家的非流动资产总额。

（3）企业对主要客户的依赖程度。该项信息应以与主要客户的交易额占公司总交易额的比重确定。

【例 19－8】沿用【例 19－1】，假定 Y 公司总部资产总额为 20 000 万元，总部负债总额为 12 000 万元，其他资料见表 19－7。

表 19－7　公司各分部信息

单位：万元

项目	品牌 A	品牌 B	品牌 C	品牌 D	手提包	公文包	皮带	销售公司	运输公司	合计
折旧费用	8 250	8 850	5 900	5 320	20 620	13 150	8 100	23 620	14 500	108 310
摊销费用	750	900	1 040	490	860	1 350	230	210		5 830
资本性支出	20 000	15 000	50 000	8 500	35 000	7 600		850	400	137 350

根据上述相关资料可以判断，Y 公司披露分部信息，确定的报告分部分别是皮箱分部、手提包分部、公文包分部和销售公司分部；皮带分部和运输公司分部等合并为其他分部。具体披露分部信息见表 19－8（注：前期的比较数据略）。

表 19－8　公司各分部信息

单位：万元

项目	皮箱	手提包	公文包	销售公司	其他	抵消	合计
一、营业收入	431 000	236 000	230 000	270 000	119 000	（220 000）	1 090 000
其中：对外交易收入	390 000	180 000	150 000	270 000	100 000		
分部间交易收入	41 000	80 000	80 000		19 000	（220 000）	
二、营业费用	302 000	156 000	142 600	220 000	85 200	（85 300）	820 500
三、营业利润	129 000	104 000	87 400	50 000	33 800	（134 700）	269 500
四、资产总额	1 300 000	650 000	590 000	700 000	570 000		3 810 000
五、负债总额	550 000	300 000	200 000	300 000	342 000		1 692 000
六、补充信息							
1. 折旧和摊销费用	31 500	21 480	14 500	23 830	22 830		
2. 资本性支出	93 500	35 000	7 600	850	400		

注：括号中的数据代表减少额。

二、分部信息与企业合并财务报表信息的衔接

企业披露的分部信息，应当与合并财务报表或企业财务报表中的总额信息相衔接。

（一）企业的对外交易收入

分部收入在与企业的对外交易收入相衔接时，需要将分部之间的内部交易进行抵消，各个报告分部的对外交易收入加上未包含在任何分部中的对外交易收入金额之和，应当与企业的对外交易收入总额相一致。

（二）分部利润（亏损）

应当与企业营业利润（亏损）和企业净利润（净亏损）相衔接。由于分部收入和分部费用与企业的对外交易收入和对外交易费用存在差异，导致企业分部利润（亏损）与企业营业利润（亏损）和企业净利润（净亏损）之间也存在一定差异。例如，非金融企业的长期股权投资实现的投资收益，构成了企业营业利润的一个组成，但却不属于分部利润；企业的净利润是通过利润总额扣除所得税费用以后计算得来的，但分部利润的计算并没有考虑所得税的扣除因素。因此，企业的分部利润（亏损）在进一步考虑不属于分部的收入或费用等调整因素之后，可以计算出企业的营业利润（亏损）和企业的净利润（净亏损）。

（三）分部资产总额

应当与企业资产总额相衔接。企业资产总额由归属于分部的资产总额和未分配给各个分部的资产总额组成。分部资产总额加上未分配给各个分部的资产总额的合计额，与企业资产总额相一致。

（四）分部负债总额

应当与企业负债总额相衔接。企业负债总额由归属于分部的负债总额和未分配给各个分部的负债总额组成。分部负债总额加上未分配给各个分部的负债总额的合计额，与企业负债总额相一致。

三、其他披露要求

企业在编制分部报告时，除对上述信息进行披露以外，还应当对下列内容进行披露：

（一）分部间转移价格的确定及其变更

企业在计量分部之间发生的交易收入时，需要确定分部间转移交易价格。一般情况下，分部之间的交易定价不同于市场公允交易价格，为准确计量分部间转移交易，企业在确定分部间交易收入时，应当以实际交易价格为基础计量。转移价格的确定基础应当在附注中予以披露。同时，因企业不同期间生产的产品成本不同，可能会导致不同期间分部间转移价格的确定产生差异，对于转移交易价格的变更情况，也应当在附注中进行披露。

（二）分部会计政策

分部会计政策，是指编制合并财务报表或企业财务报表时采用的会计政策，以及与分部报告特别相关的会计政策。由于分部信息是企业整体财务信息的一个分解，企业提供分部信息所采用的会计政策，应当与编制企业集团合并财务报表或企业财务报表时所采用的会计政策相一致。同时，由于分部信息不同于企业整体财务信息，而某些分部信息对于外

部会计信息使用者而言是有用的和相关的，因此，企业提供分部信息时除采用与编制企业集团合并财务报表或企业财务报表时相一致的会计政策以外，还会采用一些与分部特别相关的会计政策，即使这些与分部特别相关的会计政策不同于企业编制集团合并财务报表或企业财务报表时所采用的会计政策。与分部报告特别相关的会计政策包括分部的确定、分部间转移价格的确定方法，以及将收入和费用分配给分部的基础等。

企业应当披露分部会计政策。但是，如果分部会计政策与合并财务报表或企业财务报表一致，并且已按《企业会计准则第 30 号——财务报表列报》和《企业会计准则第 33 号——合并财务报表》等规定在附注中进行了相关披露，则不需要在披露分部信息时重复披露。

有些会计政策变更只与分部报告相关，如分配分部收入和费用的基础发生的变更等，这种变更不会影响到企业合并财务报表或企业财务报表的总额信息。当企业改变了其分部信息采用的会计政策，并且这种变更对分部信息产生了实质性的影响，企业应当披露这一变更情况，具体按照《企业会计准则第 28 号——会计政策、会计估计变更和差错更正》的规定披露，并按规定提供相关比较数据。如果提供比较数据不切实可行的，应当说明原因。例如，企业因管理战略改变对经营业务范围作出变更或对经营地区作出调整，使企业原已确定的经营分部中所面临的风险和报酬产生较大差异，从而使企业必须改变原对分部所作的分类。在这种情况下，企业就应当对此项分部会计政策变更予以披露。

此外，企业改变分部的分类且提供比较数据不切实可行的，应当在改变分部分类的年度分别披露改变前和改变后的报告分部信息。

（三）比较信息

企业在披露分部信息时，为可比起见，应当提供前期的比较数据。对于某一分部，如果本期满足报告分部的确定条件从而确定为报告分部的，即使前期没有满足报告分部的确定条件从而未确定为报告分部的，也应当提供前期的比较数据。但是，提供比较数据不切实可行的除外。

【复习题】

一、思考题

1. 什么是分部报告？分部报告与合并财务报告之间是一种什么关系？
2. 分部报告产生的背景与动因是什么？
3. 什么是经营分部？经营分部应如何确定？
4. 什么是报告分部？报告分部的确定标准是什么？
5. 分部报告是如何披露会计信息的？

二、业务题

1. 判断题

（1）经营分部的对外交易收入合计额占合并总收入或企业总收入的比重应该达到75%，可被列为报告分部。（　　）

（2）分部收入包括该分部对外部客户销售赚取的收入，以及该分部与企业内部其他分部进行交易赚取的收入和股利收入。（　　）

（3）分部间转移交易应当以历史交易价格为基础计量，且转移价格的确定基础及其变更情况应当予以披露。(　　)

（4）披露分部资产总额时，当期发生的在建工程成本总额、购买的固定资产、无形资产的成本总额和递延所得税资产总额应当单独披露。(　　)

（5）地区分部是以某行政区域作为划分依据，可以是单一国家，也可以是两个或两个以上相邻的国家组合；可以是一个国家内的行政区域，也可以是一个国家或两个以上相邻的行政区域的组合。(　　)

2. 选择题

（1）下列项目中，属于分部费用的有（　　）。

A. 营业成本　　B. 营业税金及附加

C. 销售费用　　D. 所得税费用

（2）企业的某一个组成部分有自己的收入，但不是从企业开始创立时就有的，要成为一个报告分部，它必须具备的条件是（　　）。

A. 收入的大部分来自外部客户　　B. 必须没有分部间的收入

C. 收入中必须有一部分来源于外部客户　　D. 内部没有收入发生

（3）纵向一体化企业的一个部分（　　）。

A. 可以同时是经营分部和应报告的经营分部

B. 不可以是经营分部，但可以是应报告的经营分部

C. 不可以是经营分部和应报告的经营分部

D. 可以是经营分部，但不可以是应报告的经营分部

3. 广东东方公司有四个行业分部，2009 年 12 月 31 日的资产与 2009 年度的收入、损益等相关资料如下：

单位：万元

项目	商场	交通运输	咨询公司	旅行社	合计
对外营业收入	100	200	60	80	440
分部间收入	0	100	0	0	100
营业收入合计	100	300	60	80	540
资产	200	260	80	500	1 040
经营利润（亏损）	25	55	（10）	20	90

要求：

（1）根据 10% 重要性标准确认报告分部。

（2）根据 75% 判定标准确认报告分部。

（3）编制分部信息披露的调整表。

第五编 特殊环境会计

编头案例

安然公司成立于1985年，总部设在美国得克萨斯州的休斯敦。该公司曾是世界上最大的天然气交易商和最大的电力交易商，鼎盛时期其年收入超过1 000亿美元，雇佣2万多员工，其业务遍布北美洲、欧洲、亚洲和世界其他地区，曾在《财富》杂志“全球500强”中名列前50名。安然公司在经营方面存在的问题最终暴露出来，主要是利用复杂的财务合伙形式虚报盈余，掩盖巨额债务。破产一年前，安然公司的股票为每股85美元，最后却不到1美元，使该公司股票的持有者损失极其惨重。安然曾以“规避金融风险专家”而著称，也许正是这种规避风险的“专家企业”才可能犯下这样的错误。它骄傲自大，轻视举债风险，特别是企业外部宏观经济环境变迁带来的风险，对美国社会经济大气候突然恶劣没有进行充分的估计。在美国经济一帆风顺时，安然是华尔街股市的宠儿，即便有不正常的举债，人们也不会怀疑，而在美国总体经济趋于衰退，市场需求降低时，债权人的金融风险逐渐暴露出来，许多以前可以不被重视的风险开始放大，安然也就难以维持原有的财务状况，更无法“创新”更高明的衍生工具取信于人，只好宣布四年以来的首次季度亏损，亏损额高达6.38亿美元。1997年以来，安然虚报近6亿美元盈余的谎言无法再遮掩下去。最终谁也挽救不了安然，只有破产才能把剩余的财产加以保全。

第二十章　物价变动会计

【学习目标】

通过本章的学习，理解物价变动对传统历史成本会计的影响；理解资本保全理论；掌握一般物价水平会计模式、现行成本会计模式、现行成本/不变币值会计模式的概念与优缺点；掌握一般物价水平会计模式、现行成本会计模式的会计处理程序与方法；了解现行成本/不变币值会计模式的会计处理程序等。

【知识点】

物价变动会计、资本保全理论、会计收益、经济收益、货币性资产、非货币性资产、购买力损益、资产持有损益、历史成本会计、一般物价水平会计、现行成本会计、现行成本/不变币值会计。

第一节　物价变动会计概述

一、物价变动的概念及类型

（一）物价变动的概念

物价反映商品或劳务在市场上的交换价值，物价变动就是商品或劳务价格的上涨或下跌。货币购买力是指单位货币所能购买到的商品或服务的能力。当物价上涨时，用同样数量的货币所能买到的商品或劳务的数量就会减少；当物价下跌时，用同样数量的货币所能买到的商品或劳务的数量就会增加。物价变动与货币购买力呈反比。物价越高，货币购买力越低；物价越低，货币购买力则越高。物价变动的原因主要有：需求拉动；成本推动；货币发行量、流通速度与供求关系；政府经济政策；科技进步与劳动生产率变化；竞争与垄断；重大突发事件等。

（二）物价变动的类型

考察物价变动，需要注意三个问题：一是物价变动是指个别物价变动还是一般物价水平变动；二是物价变动是一时的还是持续的；三是物价变动的方向是上涨还是下跌。由此，我们必须区分个别物价变动和一般物价水平变动这两种类型。

1. 个别物价变动

个别物价变动是指某一特定的、具体的商品或劳务在同一市场的不同时期的价格变化。

2. 一般物价水平变动

一般物价水平变动以全部商品或劳务的价格为对象，从综合的角度看，是指一个国家或地区商品或劳务价格平均水平的变动情况。通常以一般物价指数（我国用社会商品零售物价总指数）衡量。一般物价水平持续的、超过一定幅度的上涨，就是通货膨胀；而一般物价水平持续的、超过一定幅度的下跌，则是通货紧缩。

个别物价变动与一般物价水平变动之间既有联系又有区别。

（1）二者的联系：个别物价的普遍涨跌会导致一般物价水平的涨跌（尽管涨跌幅度可能存在一定差异），因此，一般物价水平变动以个别物价变动为基础；反之，一般物价水平变动又对个别物价变动产生影响。

（2）二者的区别：个别物价变动与商品交换并存；一般物价水平变动与纸币流通相关，并常与通货膨胀或通货紧缩联系在一起。从这一点看，个别物价变动属于微观现象，具有多样化的特点；一般物价水平变动属于宏观现象，具有普遍性的特点。

物价变动程度可用物价指数来衡量。物价指数是反映两个时期商品或劳务价格水平变动的指标，分为个别物价指数和一般物价指数。

个别物价指数＝报告期特定商品或劳务单价÷基期特定商品或劳务单价

一般物价指数＝报告期有代表性的一揽子商品和劳务的价格总额÷基期同样的一揽子商品和劳务的价格总额

二、物价变动对传统财务会计的影响

传统财务会计以货币计量（及币值不变）为基本假设，以历史成本为计量基础。如果不发生物价变动，货币本身的价值相对稳定，那么以历史成本为基础提供的会计信息就能如实地反映经济主体的财务状况和经营成果。然而，在物价急剧变动的情况下，如出现严重的通货膨胀，货币本身的价值发生剧烈变动，由此将导致以货币计量和反映的会计信息失去可靠性与决策相关性，各利益相关方将无法根据失真的会计信息来评价公司的财务状况和经营业绩，并作出正确决策。物价持续性大幅度变动，对传统财务会计的理论和实务均产生重大影响。

（一）对传统会计理论的影响

物价变动对传统会计理论的影响主要表现在：

1. 冲击了对币值不变的假设

货币计量能对会计事项和情况进行全面综合的反映。货币计量的前提是币值稳定，即使发生变动，其变动幅度必须很小，不会影响它的计量功能。但是物价剧烈变动（尤其是物价剧烈上涨）基本上否定了币值不变的假设，影响了会计计量单位的稳定性，会计信息也失去了原有的科学性。

2. 冲击了历史成本计量属性

历史成本是传统会计最基本的计量属性。在物价大幅度持续上涨或下跌的情况下，以历史成本计量为基础提供的会计信息无法反映企业的真实财务状况和经营成果。例如，当存货的重置成本高于历史成本时，按照历史成本结转销售成本，会少摊成本而虚增收益，使得资本补偿不足、再生产难以为继；将虚增利润当作真实利润必然导致利润过度分配。反之，当存货重置成本低于历史成本时，以历史成本结转销售成本，会多计成本而虚减收益，纳税不足。

3. 冲击了配比原则

配比原则包括因果配比和时间配比两个方面。传统财务会计通过价格配比尽可能实现价值配比，使由此计算的盈亏符合客观实际。这就形成了如下现象：收入按当期市场价格标准实现并按市场价格反映，而与收入配比的成本、费用，既有按现时价格水平支付的工资等有关费用，又有按以前价格水平从资产结转过来的成本、费用。有些资产（如固定资产等）从资产到结转为当期成本、费用可能要经过若干年时间。这中间如果出现较大幅度的物价上涨，必然会使与收入配比的成本、费用不足以补偿已消耗的全部生产要素占用的资金，即以较高的现行价格计算的销售收入与过去偏低的历史成本配比，导致配比原则名存实亡。

（二）对传统会计实务的影响

1. 财务报表不能真实反映企业的财务状况和经营成果

就通货膨胀而言，物价变动对传统会计实务的影响表现在：①低估了非货币性资产的价值；②未反映货币性资产的购买力变动损失；③未反映负债带来的货币购买力利得；④高估收益。

2. 误导利润分配和偿债决策

在物价持续上涨的情况下，由于财务报表提供企业虚假的盈利能力和偿债能力信息，导致将虚假利润进行过度分配，高估企业偿债能力，侵蚀企业的再生产能力，严重误导利润分配决策和偿债决策。

3. 不能确保固定资产及时有效的更新

在通货膨胀的情况下，按历史成本计提的固定资产折旧费小于更新固定资产需要的金额，使固定资产得不到及时有效的更新，进而削弱企业生产经营能力。

4. 无法正确反映企业投入资本的保全情况

尽管企业所有者投资的主要目的是获取收益，但资本保全是获取收益的前提。将按历史成本计价的资产消耗价值与按现行价格计价的营业收入进行配比计算确认的收益，不是企业的真实收益，在物价上涨的情况下，由于以较高的收入与较低的成本相配比，会产生少计费用和虚增收益。而虚利的实现不仅使企业承担了不应有的纳税义务，对虚利的分配还会导致企业不自觉的自我清算，从而无法正确反映投入资本的保全情况。

三、物价变动会计的变迁

一般情况下，非通货膨胀或通货紧缩的物价变动，不会对传统财务会计的财务报告造成重大影响。物价变动会计就是利用一定的物价资料，对企业传统的财务报表和会计模式作出调整修正，以反映或消除持续性的一般物价水平变动对会计信息的影响所采取的会计程序与方法，以保证企业财务报表使用者能够注意到物价变动对企业财务状况和经营成果等会计信息的影响。虽然从理论上看，物价变动会计既要考察通货膨胀会计又要考察通货紧缩会计，但普遍性的持续性的物价上涨相对于物价下跌更为常见，因此，物价变动会计主要是指通货膨胀会计。

物价变动会计是财务会计的一个新分支。最早对物价变动会计进行探讨的是美国。美国会计学家斯威尼（H. W. Sweeney）在1936年出版的《币值稳定会计》中首次提出：在会计确认、计量和报告中要考虑币值变动的影响。但直到20世纪70年代，由于各国通货膨胀的严重影响，才使物价变动问题受到会计界的普遍关注，进而各国会计准则也相应对物价变动影响的报告和揭示提出了各种建议和要求。到20世纪80年代中期，由于西方国家通货膨胀下降或减退，各国对物价变动会计的兴趣开始逐渐减退。从物价变动会计模式的应用情况来看，历史成本/不变币值会计模式的使用较为普遍，在发展中国家的会计实践中得到广泛运用。现行成本/名义货币会计模式在英联邦国家等发达国家有着较成熟的应用经验。现行成本/不变币值会计模式目前主要在美国和加拿大企业按自愿原则采用。

近年来，物价变动会计不再是热门话题，国际会计准则理事会（IASB）于2004年1月发布的《改进国际会计准则》中，废止了《国际会计准则第15号——反映物价变动影响的信息》，说明国际会计准则理事会已不对物价变动会计作强制性要求。当然，物价变动会计运用与否，与以下几个因素密切相关。

（一）物价变动会计的运用与不同国家的经济发展水平相关

从发达国家的运用情况考察，具有以下两个基本特点：一是建立物价变动会计制度的国家较为普遍；二是以传统历史成本财务报表为基础，以按现行成本调整的财务报表为补充。而发展中国家则不同，主要表现在：一是建立物价变动会计制度的国家较少；二是以传统历史成本财务报表为基础，以按一般物价水平调整的财务报表为补充。

（二）物价变动会计的运用与不同时期的会计环境相关

会计的发展是反应性的，会计环境的重要性在任何时候无论怎么强调都不过分。科技与经济是最主要最复杂的会计环境要素。随着科技与经济的迅猛发展，衍生金融工具比物价变动对传统财务会计的冲击更为强烈，使得国际会计界将研究焦点转移至公允价值计量研究。从某种意义上说，公允价值计量部分解决了物价变动会计要解决的重编财务报表问题，而且把物价变动的关注纳入会计确认环节。

（三）物价变动会计的运用与会计准则的国际趋同相关

我国2006年2月发布的《企业会计准则》实现了与国际会计准则的实质性趋同，其中的《企业会计准则第19号——外币折算》规定：“企业对处于恶性通货膨胀经济中的境外经营的财务报表，应当按照下列规定进行折算：对资产负债表项目运用一般物价指数予以重述，对利润表项目运用一般物价指数变动予以重述，再按照最近资产负债表日的即期汇率进行折算。在境外经营不再处于恶性通货膨胀经济中时，应当停止重述，按照停止之日的价格水平重述的财务报表进行折算。”由此可以看出，该规定主要采用一般物价水平会计的原则。目前，包括我国在内的世界许多国家都已发布企业会计准则持续全面趋同路线图（或其征求意见稿）。因此，物价变动会计将如何发展，会计学界需要关注会计准则的动态，使之持续、全面地跟进国际进展。

四、物价变动会计的理论基础

物价变动会计产生的外在条件是物价持续剧烈变动，其内因则来自资本维持和真实收益确定的要求。物价变动会计的理论基础是资本保全理论。按照该理论，企业确认的收益必须以保证资本完整无损为前提，即企业一定时期的收入与所需补偿的资本之间的差额才可视为收益。怎样计量资本已完整无损地获得了足额补偿，是资本保全理论的核心问题。

在物价持续变动的情况下，要确定企业资本是否真正得到保全，首先必须消除物价变动的影响。由此，资本概念裂变分化成财务资本和实物资本两个概念，继而在此基础上形成财务资本保全理论和实物资本保全理论。在物价变动的前提下，不同的资本保全理论不仅是不同收益概念的理论依据，而且是不同会计模式的理论基础。

（一）财务资本保全理论

财务资本是指企业所有者投入企业的货币资本，它所代表的价值以货币数量表示，它等同于企业的净资产或所有者权益。根据财务资本保全理论，企业当期期末净资产的金额扣除当期所有者的投资和对所有者的分配后，超过当期期初净资产金额时，其超出金额才是当期收益。其计算公式为：

本期收益 = 期末净资产 - 本期所有者追加投资 + 本期向所有者分派利润 - 期初净资产

财务资本保全的计量属性一般采用历史成本，计量单位既可用名义货币，也可用不变币值（一般购买力）货币。若采用历史成本/名义货币核算，它没有考虑物价上涨对资本购买力的影响，保全的仅仅是贬值了的原始资本数额，所确认的利润代表这一期间名义货币资本的增加。若采用历史成本/不变币值核算，则考虑了通货膨胀对资本购买力的影响，保持了原有资本的购买力，所确认的利润能够代表该期间购买力的增加。符合财务资本保全理论确认的这种会计收益是综合收益（也称为全面收益）。值得注意的是，传统财务会计尚未完全实现财务资本保全的要求，因为传统会计收益是以“交易观”为基础，即根据“收入/费用观”确认的收益。与综合收益相比，传统会计收益没有确认那些已经导致净资产价值发生变动的未实现收益。

（二）实物资本保全理论

实物资本是指企业的实物资产，反映企业实际具有的生产能力或经营能力，而企业的生产经营能力一般以一定期间企业生产的产品或劳务的实物数量表示。根据实物资本保全理论，只有当期末实物生产能力或经营能力在扣除了当期所有者的投资和对所有者的分配额后，超过期初的实物生产能力或经营能力时，其超出金额才可确认为当期收益。实物资本保全理论要求采用现时成本计量属性，已耗用资产在未得到重置之前，不确认营业收益。对于计量单位，则可采用名义货币或不变币值货币。在实物资本保全理论下，原有的生产规模或经营能力得以保全，利润代表了这一时期实物资产经营能力的增加。因此，实物资本保全理论下确认的收益是真实的收益而非名义上的收益，即“经济收益”。

五、物价变动会计的主要模式

由于消除物价变动影响的局部改革法（如固定资产的加速折旧法等）未能从根本上解决由于物价变动引起的一系列问题，会计界转而通过改变现行会计模式的全面改革法来消除物价变动的影响。一般有三种做法：一是改变计量单位，用不变币值货币取代名义货币；二是改进计量属性，用现行成本取代历史成本；三是同时改变计量单位和计量属性。计量属性与计量单位的有机结合，形成了四种会计计量模式：历史成本会计；一般物价水平会计；现行成本会计；现行成本/不变币值会计。如表 20 - 1 所示。

表 20-1 四种会计计量模式

计量属性＼计量单位	名义货币	不变币值货币
历史成本	历史成本/名义货币（历史成本会计）	历史成本/不变币值货币（一般物价水平会计）
现行成本	现行成本/名义货币（现行成本会计）	现行成本/不变币值货币（现行成本/不变币值会计）

历史成本/名义货币，是目前采用的传统会计计量模式。它以币值稳定为前提，不考虑物价变动对会计信息的影响，不能体现资本保全。

历史成本/不变币值货币，即一般物价水平会计。它改进了计量单位，旨在反映或消除一般物价水平变动对会计的影响。

现行成本/名义货币，构成现行成本会计。它改进了会计计量属性，旨在反映或消除个别物价变动对会计的影响。

现行成本/不变币值货币，构成现行成本/不变币值会计。它同时改进了会计计量单位和计量属性，旨在反映或消除一般物价水平变动和个别物价变动对会计的影响。

第二节 一般物价水平会计

一、一般物价水平会计概述

（一）一般物价水平会计的含义

一般物价水平会计（general price level accounting），也称一般购买力会计（general purchasing power accounting），是指按本期一般物价指数将历史成本财务报表中各项会计数据加以调整，从而消除一般物价水平变动的影响，按期末货币的现时购买力反映企业的财务状况和经营成果的一种会计程序与方法。

一般物价水平会计是通货膨胀会计环境下的产物，它采用历史成本/不变币值货币的会计模式，仍以历史成本为计量属性，认为历史成本计量属性本身不存在缺陷，关键在于需要一个稳定的、可比的计量单位，即以不变币值货币单位来代替不断贬值的货币单位，作为计量企业财务状况和经营成果的尺度。

（二）一般物价水平会计的特点

1. 期末按一般物价指数对以历史成本为基础的财务报表进行重新表述

在日常会计核算方面，不需要进行特殊的或单独的会计处理。但是，在期末，需要采用报告日的一般物价指数或报告期内的平均物价指数，对以历史成本为计量基础的、以名义货币为计量单位的财务报表各项目予以“普调”，调整为不变币值货币额，并重新编制财务报表，实现对企业财务状况和经营成果的重新表述。这种重新表述，可以使不同时期的会计数据能够按照相等购买力的货币单位加以比较，从某种程度上可以消除通货膨胀等物价变动因素的影响。

2. 需要计算确定货币性项目的购买力损益

在物价变动时期，货币性项目直接受到物价变动的影响，尽管货币性项目的金额固定不变的，但其实际购买力却发生了显著变化。

在通货膨胀时期，因单位货币购买力下降，相同金额的货币性资产实际代表的商品或劳务数量减少了，持有货币性资产会产生购买力损失；持有货币性负债和权益则带来购买力收益。与此相反，在通货紧缩时期，因货币购买力上升，持有货币性资产会获得购买力利得，而持有货币性负债和权益则带来购买力损失。因此，在一般物价水平会计下，要计算并确认货币性项目的购买力损益。

二、一般物价水平会计的基本程序和方法

一般物价水平会计主要是在报告期末根据一般物价指数和传统财务报表数据，重新编制一般物价水平财务报表。其基本程序分为四步：①将传统财务报表项目划分为货币性项目和非货币性项目；②将非货币性项目的金额按一般物价指数进行调整；③计算持有货币性项目所发生的购买力变动损益；④编制按一般物价指数反映的财务报表。

（一）划分货币性项目与非货币性项目

货币性项目与非货币性项目受一般物价水平变动的影响是不同的。货币性项目直接承受一般物价水平变动的影响，非货币性项目不直接承受一般物价水平变动的影响。因此，在编制一般物价水平的财务报表前，必须将财务报表项目区分为货币性项目与非货币性项目。

1. 货币性项目

货币性项目是指金额固定或以货币直接反映，在物价变动的情况下，其货币金额固定不变的，只是其实际购买力发生变动的资产、负债和所有者权益项目。货币性项目有两个显著特点：一是金额固定不变，即金额不随物价的变动而改变；二是在物价变动的情况下，货币性项目会发生购买力损益。

货币性项目的类别可以分为：

（1）货币性资产项目。货币性资产是指企业持有的货币资金和将以固定或可确定金额收取的资产，包括货币资金、应收账款、应收票据、应收利息、应收股利、其他应收款、长期应收款等。

（2）货币性负债项目。货币性负债是将来必须支付固定金额货币的债务，包括应付账款、应付票据、应付职工薪酬、应付股利、应付利息、应付债券、应交税费、短期借款、长期借款等。

（3）货币性所有者权益项目。主要包括股利固定的优先股和企业停业清理时对剩余资产只有固定要求权的优先股。

2. 非货币性项目

非货币性项目是指在以一般物价指数换算时，期末金额并不是固定不变的，而是随一般物价水平的上升而金额增加，随一般物价水平的下降而金额减少的项目。非货币性项目有两个显著特点：一是在重编财务报表时，非货币性项目的金额应按一般物价指数变动的幅度予以调整；二是在物价变动的情况下，非货币性项目不会发生购买力损益。

非货币性项目的类别可分为：

（1）非货币性资产项目。主要有存货、固定资产、无形资产、在建工程、工程物资、生物资产、投资性房地产等。

（2）非货币性负债项目。主要是按合同规定以固定数量的商品或劳务偿还的预收款项等。

（3）非货币性所有者权益项目。主要有普通股、参与分红优先股、可转换优先股等。

（二）按一般物价指数调整非货币性项目的金额

对传统历史成本财务报表的非货币性项目的金额按一般物价指数进行调整，以消除一般物价水平变动对企业财务状况和经营成果的影响。调整可用的一般物价指数有年初一般物价指数、年末一般物价指数、年均一般物价指数等，不同的调整对象应使用不同的物价指数。

利润表项目中，企业的收入、费用是年内不同时期发生额的合计，为了简化换算工作，一般假定收入、费用在年内均衡发生，因此，采用年均一般物价指数进行调整。

资产负债表应反映企业年末的财务状况，其非货币性项目通常采用年末一般物价指数进行调整。基本计算公式为：

调整系数 = 年末一般物价指数 ÷ 基期一般物价指数

调整后金额 = 调整前金额 × 调整系数

其中，“基期一般物价指数”是相对于“年末一般物价指数”而言的，表示计算时需调整项目发生时的一般物价指数。

非货币性项目涉及资产负债表和利润表，因此必须分别对两张报表进行调整。

1. 资产负债表项目

（1）货币性项目的调整。

年初数的调整系数 = 年末一般物价指数 ÷ 年初一般物价指数

由于年末金额已按照年末的不变币值货币单位表述，所以不必调整，也可以说调整系数为1。

（2）非货币性项目（留存收益项目除外）的调整。

年初数的调整系数 = 年末一般物价指数 ÷ 取得、形成时的一般物价指数

年末数的调整系数 = 年末一般物价指数 ÷ 取得、形成时的一般物价指数

（3）留存收益项目的调整。

留存收益一般采用余额法加以调整，根据资产负债表的有关项目金额倒挤。

调整数 =（调整后的资产合计数 − 调整后的负债合计数）− 调整后的股本和资本公积

2. 利润表项目

（1）利润表各发生额项目（折旧费用、营业成本项目除外）的调整。

调整系数 = 年末一般物价指数 ÷ 年均一般物价指数

（2）利润表折旧费用项目的调整。

折旧费的调整应与固定资产项目的调整相一致。按某项固定资产原价计提的折旧费，应以取得该项固定资产时的一般物价指数作为调整系数的分母，据此计算折旧费的调整金额。

调整系数 = 年末一般物价指数 ÷ 该固定资产取得、形成时的一般物价指数

（3）利润表营业成本项目的调整。

调整后的营业成本 = 调整后的存货年初数 + 调整后的存货本年增加数 − 调整后的存货年末数

调整后的存货本年增加数 = 存货本年增加数 × 年末一般物价指数或年均一般物价指数

（4）利润表股利分配项目的调整。

股利应根据其分配时的物价指数作为调整系数中的分母：

调整系数 = 年末一般物价指数 ÷ 股利分配时的一般物价指数

（三）计算货币性项目净额的购买力损益

在物价变动的情况下，物价变动直接影响到货币性项目，因此，尽管货币性项目的金额固定不变，但其实际购买力却发生了变化。在物价上涨时，货币性资产的购买力下降，即企业持有的或可望在未来收回的货币所代表的是比以前低的购买力，因而给企业带来损失；而此时持有的货币性负债，企业则可以用购买力下降的货币偿还以前的债务，从而给企业带来利得。物价下跌时的情况则相反。因此，计算并确认货币性项目净额的购买力损益，是一般物价水平会计的一项重要程序。

货币性项目购买力损益有两种计算方法：第一，先分别计算货币性资产、货币性负债的购买力损益，然后二者相抵，确定净损益；第二，先将货币性资产与货币性负债余额相抵，然后按货币性项目净额计算购买力损益。无论采用哪种方法，均需要确定换算系数，即年末一般物价指数除以年初或年均一般物价指数，以此将货币性资产、货币性负债或货币性项目净额的名义货币额换算为不变币值货币额。下面介绍第二种方法。

1. 确定货币性项目净额

货币性项目净额 = 货币性资产总额 − 货币性负债总额

2. 计算货币性项目净额的购买力损益

货币性项目净额购买力损益 = 年末实际持有的货币性项目净额 − 年末应持有的货币性项目净额 = 年末实际持有的货币性项目净额 −（年初货币性项目净额 × 年末一般物价指数 ÷ 年初一般物价指数 + 年内货币性项目增加额 × 年末一般物价指数 ÷ 年均一般物价指数 − 年内货币性项目减少额 × 年末一般物价指数 ÷ 年均一般物价指数）

若计算结果为正，其差额为购买力利得；若计算结果为负，则差额为购买力损失。

（四）编制一般物价水平财务报表

在前述会计程序的基础上，编制一般物价水平的资产负债表、利润表。

【例 20－1】ABC 公司 2009 年度资产负债表、利润表分别如表 20－2、表 20－3 所示。其他资料如下：

（1）以 2009 年年末物价指数确定的年末货币作为不变币值货币。

（2）年初存货购于2008年年初；年末存货购于2009年年初。

（3）年初固定资产购于2008年年初。

（4）股本以及资本公积年初数均形成于2008年年初。

（5）一般物价指数：2008年年初100，年末110；2009年年末165；年均137.5。

根据上述资料，编制ABC公司2009年一般物价水平财务报表。

表20-2 ABC公司资产负债表

2009年12月31日　　单位：元

资产	年初数	年末数	负债和所有者权益	年初数	年末数
货币性资产	20 000	28 600	货币性负债	8 200	18 800
存货	16 000	20 000	股本	80 000	80 000
固定资产	60 000	60 000	资本公积	5 800	5 800
减：累计折旧	2 000	4 000	留存收益	0	0
资产总计	94 000	104 600	负债和所有者权益总计	94 000	104 600

表20-3 ABC公司利润表

2009年　　单位：元

项目	金额
营业收入	40 000
减：营业成本*	16 000
管理费用等	8 200
折旧费用	2 000
利润总额	13 800
减：所得税费用	4 200
净利润	9 600
加：年初留存收益	0
减：应付股利	9 600
年末留存收益	0

*营业成本（16 000）=期初存货（16 000）+本期进货（20 000）-期末存货（20 000）

根据上述资料，编制一般物价水平财务报表的基本程序如下：

（1）划分货币性项目与非货币性项目，分别调整货币性项目与非货币性项目，具体调整过程见表20-4。

（2）调整利润表项目，具体调整过程见表20-5。

（3）计算货币性项目净额的购买力损益，见表20-6。

（4）重编一般物价水平财务报表，见表20-7、表20-8。

表 20 - 4　货币性项目与非货币性项目调整表

单位：元

项目	年初数	年末数
货币性资产	20 000 × 165 ÷ 110 = 30 000	28 600 × 165 ÷ 165 = 28 600
存货	16 000 × 165 ÷ 100 = 26 400	20 000 × 165 ÷ 110 = 30 000
固定资产	60 000 × 165 ÷ 100 = 99 000	60 000 × 165 ÷ 100 = 99 000
减：累计折旧	2 000 × 165 ÷ 100 = 3 300	4 000 × 165 ÷ 100 = 6600
调整后资产合计	152 100	151 000
货币性负债	8 200 × 165 ÷ 110 = 12 300	18 800 × 165 ÷ 165 = 18 800
调整后负债合计	12 300	18 800
股本	80 000 × 165 ÷ 100 = 132 000	80 000 × 165 ÷ 100 = 132 000
资本公积	5 800 × 165 ÷ 100 = 9 570	5 800 × 165 ÷ 100 = 9 570
留存收益	152 100 - 12 300 - 132 000 - 9 570 = -1 770	151 000 - 18 800 - 132 000 - 9 570 = -9 370

表 20 - 5　利润表项目调整表

单位：元

项目	金额
营业收入	40 000 × 165 ÷ 137.5 = 48 000
期初存货	16 000 × 165 ÷ 100 = 26 400
加：本期进货	20 000 × 165 ÷ 137.5 = 24 000
减：期末存货	20 000 × 165 ÷ 110 = 30 000
营业成本	20 400
管理费用等	8 200 × 165 ÷ 137.5 = 9 840
折旧费用	2 000 × 165 ÷ 100 = 3 300
所得税费用	4 200 × 165 ÷ 137.5 = 5 040
应付股利	9 600 × 165 ÷ 137.5 = 11 520

表 20－6　货币性项目净额购买力损益计算表

单位：元

<table>
<tr><th colspan="2">项目</th><th>名义货币额</th><th>调整系数</th><th>不变币值货币额</th></tr>
<tr><td colspan="2">年初货币性项目净额</td><td>20 000－8 200＝11 800</td><td>$\frac{165}{110}$</td><td>17 700</td></tr>
<tr><td rowspan="6">货币性项目净额年内变动额</td><td>销货</td><td>40 000</td><td>$\frac{165}{137.5}$</td><td>48 000</td></tr>
<tr><td>本期进货</td><td>－20 000</td><td>$\frac{165}{137.5}$</td><td>－24 000</td></tr>
<tr><td>管理费用等</td><td>－8 200</td><td>$\frac{165}{137.5}$</td><td>－9 840</td></tr>
<tr><td>所得税费用</td><td>－4 200</td><td>$\frac{165}{137.5}$</td><td>－5 040</td></tr>
<tr><td>分配股利</td><td>－9 600</td><td>$\frac{165}{137.5}$</td><td>－11 520</td></tr>
<tr><td>小计</td><td>－2 000</td><td>$\frac{165}{137.5}$</td><td>－2 400</td></tr>
<tr><td colspan="2">年末货币性项目净额</td><td>28 600－18 800＝9 800</td><td>$\frac{165}{136}$</td><td>11 890</td></tr>
<tr><td colspan="2">货币性项目净额购买力损失</td><td colspan="3">9 800－［17 700＋(－2 400)］＝－5 500</td></tr>
</table>

表 20－7　ABC 公司资产负债表

2009 年 12 月 31 日

单位：元

资产	年初数	年末数	负债和所有者权益	年初数	年末数
货币性资产	30 000	28 600	货币性负债	12 300	18 800
存货	26 400	30 000	股本	132 000	132 000
固定资产	99 000	99 000	资本公积	9 570	9 570
减：累计折旧	3 300	6 600	留存收益	－1 770	－9 370
资产总计	152 100	151 000	负债和所有者权益总计	152 100	151 000

表 20－8　ABC 公司利润表

2009 年　　单位：元

项目	金额
营业收入	48 000
减：营业成本	20 400
管理费用等	9 840
折旧费用	3 300
利润总额	14 460
减：所得税费用	5 040
净利润	9 420
加：货币性项目净额购买力损益	－5 500
不变币值净收益	3 920
加：年初留存收益	－1 770
可供分配利润	2 150
减：应付股利	11 520
年末留存收益	－9 370

三、一般物价水平会计的评价

一般物价水平会计作为改变会计计量单位的尝试，采用一般物价指数将代表不同时期购买力的历史币值调整为现行币值。它在提高会计信息相关性和可比性方面进行了有效的探索，也在一定程度上反映了一般物价水平变动对会计的影响。

（一）一般物价水平会计的优点

1. 方法简便、易于理解

不改变传统的历史成本计量基础，不变动会计账簿记录，只是按一般物价指数对历史成本财务报表的数字进行调整，其过程比较简单，也容易理解。选用的物价指数是由政府定期公布的，数据获取比较方便，不会耽搁报表的公布时间，具有客观性、可验证性，便于审计监督。

2. 增强了财务报表的可比性

因各企业都采用相同的一般物价指数调整各自的财务报表项目，不仅消除了物价变动的影响，而且增强了企业不同时期财务报表的纵向可比性和不同企业之间同一时期财务报表的横向可比性。

3. 反映物价变动对企业财务状况和经营成果的影响

在一定程度上反映了物价变动对企业财务状况和经营成果的影响，尤其是购买力损益的计算，能够揭示人们在一般物价水平发生变动的情况下持有货币性项目可能受到的影响。

（二）一般物价水平会计的缺点

1. 不能确切反映企业真实的财务状况和经营成果

在这种会计模式下，计算货币性项目的购买力损益时，如果企业拥有大量的资产或债务，则在物价剧烈变动时会产生巨额的购买力损益，其账面上有巨额的亏损或盈利，不能确切反映企业真实的财务状况和经营成果，从而可能误导会计信息使用者的决策。

2. 不能确切反映企业各类资产价值的实际变化

个别物价变动和一般物价变动情况有时是不一致的。企业所持有的资产项目也是多种多样的，每种资产的物价和一般物价的变动也可能不一致。所以，用一般物价指数进行调整不能确切反映企业各类资产价值的实际变化。

3. 不容易区分货币性项目与非货币性项目

该模式需要区分货币性与非货币性项目，但有些项目如可转换债券、优先股、递延所得税、外币债券等比较难以区分，因而容易影响随之进行的财务报表调整的真实性，进而影响会计信息的决策有用性。

第三节　现行成本会计

一、现行成本会计概述

（一）现行成本会计的含义

现行成本会计（current cost accounting），亦称现行重置成本会计（current replacement accounting），是指不改变传统会计的计量单位，以资产的现行成本（现行重置成本）作为计量基础，以便反映和消除物价变动对企业财务状况和经营成果影响的一种会计程序和方法。现行成本会计采用现行成本/名义货币的会计模式，它是一种较为完善的物价变动会计。

（二）现行成本会计的特点

1. 资产按现行成本计量

现行成本会计根据个别（非一般）物价水平的变化，对企业期末持有的资产和生产经营过程中耗费的资产，均以现行成本进行重新计量，以消除物价变动的影响。而且，现行成本会计要求按特定资产的现行成本对企业价值的变化不断进行计量，使会计信息具有较大的客观性。

2. 在实物资本保全概念下确定企业真实的经济收益

现行成本会计认为，只有在实物资本或生产经营能力得到保全的情况下，才能确认企业的收益。由于资产按现行成本计量，现行成本会计用现行成本弥补了生产中耗费的实物资产，从而较好地维持了企业的再生产能力。这种以实物资本保全理论为依据的会计模式在保全了实物资本或生产经营能力的前提下确认的收益，是企业真实的经济收益。

3. 需要确认资产持有损益

现行成本会计模式要求根据物价变动，按现行成本对非货币性资产（实物资产）进行重新计量，进而形成非货币性资产历史成本与现行成本之间的差额，即资产持有损益。由于这种会计模式要求计算确认并报告资产持有损益，因此，现行成本会计模式下的企业收益由营业收益和资产持有损益构成。

二、现行成本会计的基本程序与方法

现行成本会计的基本程序包括：确定各项资产的现行成本；计算非货币性资产的持有损益；按现行成本重编财务报表。

（一）确定各项资产的现行成本

确定企业资产现行成本的依据主要有：①外购资产主要是企业资产的现行市场牌价和卖方报价；②自制资产主要是资产的再生产成本等；③若采用上述方法不能直接确定各项资产的现行成本，则可根据各项资产的历史成本与个别物价指数估算。

（二）计算各项非货币性资产的持有损益

在现行成本会计中，计算资产持有损益是一个核心问题。物价变动时，非货币性资产（主要是存货、固定资产等实物资产）的现行成本与历史成本之间的差额，称为资产持有损益。当现行成本大于历史成本时，会产生持有利得；当现行成本小于历史成本时，则会形成持有损失。

非货币性资产持有损益分为已实现持有损益和未实现持有损益两类。前者指已经销售或已经转换了的资产的现行成本与历史成本之差，其中，存货的已实现持有损益与销货有关，而固定资产的已实现持有损益则与折旧费有关；后者是指期末企业尚持有的实物资产的现行成本与历史成本之差。

在现行成本会计下，资产持有损益可按以下原则予以列示：

（1）根据实物资本保全理论，因物价变动产生的资产持有损益，反映在资产负债表中的所有者权益项下，这种做法因可保证实物资本保全而被广泛采用。

（2）根据财务资本保全理论的处理方法，对资产持有损益单独设项，作为所得税费用后净收益前的调整项目，列入利润表中，最终调整企业的期末留存收益。

（三）按现行成本重编财务报表

按现行成本重编的财务报表主要包括资产负债表、利润表。

1. 资产负债表项目

（1）货币性项目不需要调整。

（2）非货币性项目将历史成本调整为现行成本。

2. 利润表项目

（1）营业成本和折旧费用项目，按现行成本调整。

（2）其余项目均以历史成本计量，不需要调整。

【例 20－2】ABC 公司 2009 年 12 月 31 日的资产负债表及 2009 年度的利润表，如表 20－9、表 20－10 所示。其他资料如下：

（1）存货、固定资产、普通股均于 2008 年 12 月 31 日开始经营时投入，2009 年 1 月 1 日的历史成本与现行成本相同；固定资产预计使用年限为 10 年，净残值为 0，采用直线折旧法。

（2）2009 年 12 月 31 日存货的现行成本为 1 000 000 元。

（3）2009 年 12 月 31 日固定资产的现行成本为 500 000 元，其净值的现行成本为 450 000元。

（4）存货采用先进先出法，营业成本在2009年内均匀发生，其现行成本为1 940 000元。

（5）现金股利在2009年12月31日支付。

（6）营业收入为现行成本，所得税费用、管理费用等现行成本与历史成本相同。

根据上述资料，编制ABC公司2009年现行成本会计的财务报表。

表20－9　ABC公司资产负债表（以历史成本为基准）

2009年12月31日

单位：元

资产	期末数	期初数	负债和所有者权益	期末数	期初数
货币资金	600 000	450 000	应付账款	360 000	250 000
存货	600 000	400 000	应付债券	400 000	400 000
固定资产	400 000	400 000	股本	600 000	600 000
减：累计折旧	40 000	0	留存收益	200 000	0
资产总计	1 560 000	1 250 000	负债和所有者权益总计	1 560 000	1 250 000

表20－10　ABC公司利润表（以历史成本为基准）

2009年

单位：元

项目	金额
营业收入	2 000 000
减：营业成本	1 200 000
管理费用等	400 000
折旧费	40 000
利润总额	360 000
减：所得税费用	100 000
净利润	260 000
减：应付股利	60 000
留存收益	200 000

根据上述资料，编制现行成本会计的财务报表的基本程序如下：

（1）确定各项资产的现行成本。

表20－11　货币性项目

单位：元

项目	年初	年末
货币资金	450 000	600 000
应付账款	250 000	360 000
应付债券	400 000	400 000

表 20-12　非货币性项目

单位：元

项目	年初	年末
存货	400 000	1 000 000
固定资产（净值）	400 000	450 000

对于普通股，仍按历史成本表述，2008 年 12 月 31 日和 2009 年 12 月 31 日均为 600 000 元。

留存收益的现行成本计算如下：

2008 年 12 月 31 日：450 000 + 400 000 + 400 000 - 250 000 - 400 000 - 600 000 = 0（元）

2009 年 12 月 31 日：600 000 + 1 000 000 + 450 000 - 360 000 - 400 000 - 600 000 = 690 000（元）

营业收入、管理费用（折旧费除外）、所得税费用、应付股利的现行成本金额与历史成本金额相同。

折旧费按固定资产现行成本平均余额计算摊提如下：

固定资产现行成本的平均余额 =（500 000 + 400 000）÷ 2 = 450 000（元）

折旧费 = 450 000 ÷ 10 = 45 000（元）

（2）计算各项非货币资产的持有收益。

表 20-13　ABC 公司资产持有损益计算表

截至 2009 年 12 月 31 日

单位：元

<table>
<tr><th colspan="2">项目</th><th>时间</th><th>现行成本</th><th>历史成本</th><th>差额</th><th>合计</th></tr>
<tr><td rowspan="2">已实现持有损益</td><td>存货（营业成本）</td><td>—</td><td>1 940 000</td><td>1 200 000</td><td>740 000</td><td>740 000</td></tr>
<tr><td>固定资产（折旧费用）</td><td>—</td><td>45 000</td><td>40 000</td><td>5 000</td><td>5 000</td></tr>
<tr><td rowspan="4">未实现持有损益</td><td rowspan="2">存货</td><td>年初</td><td>400 000</td><td>400 000</td><td>0</td><td rowspan="2">400 000</td></tr>
<tr><td>年末</td><td>1 000 000</td><td>600 000</td><td>400 000</td></tr>
<tr><td rowspan="2">固定资产</td><td>年初</td><td>400 000</td><td>400 000</td><td>0</td><td rowspan="2">90 000</td></tr>
<tr><td>年末</td><td>450 000</td><td>360 000</td><td>90 000</td></tr>
<tr><td>合计</td><td colspan="5">—</td><td>1 235 000</td></tr>
</table>

在本例中，采用现行成本计量的非货币项目仅限于存货、固定资产，其中，存货的已实现利得与转为营业成本部分有关，固定资产的已实现持有利得与其价值转化为折旧部分有关。

（3）按现行成本编制财务报表。

表 20－14 ABC 公司资产负债表（以现行成本为基准）

2009 年 12 月 31 日 单位：元

资产	期末数	期初数	负债和所有者权益	期末数	期初数
货币资金	600 000	450 000	应付账款	360 000	250 000
存货	1 000 000	400 000	应付债券	400 000	400 000
固定资产	500 000	400 000	股本	600 000	600 000
减：累计折旧	50 000	0	留存收益	690 000	0
资产总计	2 050 000	1 250 000	负债和所有者权益总计	2 050 000	1 250 000

表 20－15 ABC 公司利润表（以现行成本为基准）

2009 年 单位：元

项目	金额
营业收入	2 000 000
减：营业成本	1 940 000
管理费用等	400 000
折旧费	45 000
利润总额	－385 000
减：所得税费用	100 000
净利润	－485 000
加：当年资产持有损益	1 235 000
年初留存收益	0
减：应付股利	60 000
年末留存收益	690 000

三、现行成本会计的评价

（一）现行成本会计的优点

1. 增强了会计信息决策的有用性

现行成本会计模式能真实地反映企业的财务状况和经营成果，增强会计信息的决策有用性。在现行成本会计下，现行营业收入与现行营业成本配比，能较为正确地反映物价变动条件下企业实际的营业利润。历史成本是沉没成本，制定未来决策往往需要现行成本，现行成本会计为经济决策提供了更为相关的会计信息。

2. 能够全面、客观地反映企业的经营管理业绩

现行成本会计将企业损益区分为经营收益与资产持有损益。前者反映企业管理者的经

营管理水平；后者虽然取决于物价变动因素，但仍与管理者的应变能力密切相关。将二者分别列示于利润表中，可以更加全面、科学地对经理阶层进行业绩考评。

3. 有利于揭示企业的实物资本保全情况

现行成本会计按现行重置成本补偿成本费用，可以确保已耗资产的收回，维持企业的资本和再生产能力，有助于为企业扩大再生产夯基固本。

（二）现行成本会计的缺点

1. 工作量大，不易管理与推广

由于现行成本会计模式依赖于现行成本资料，而对各种资产现行成本进行估价的工作量非常大，且特定资产的必要物价指数资料未必能获得，审计工作的难度和成本也明显加大，因此，现行成本会计模式的应用推广和管理都具有一定难度。

2. 主观随意性较强

现行成本的确定需要大量物价资料、广泛的对比和复杂的计算，尤其是采用估价方法或利用个别物价指数来确定现行成本时，容易掺入大量主观估计，导致偏差。

3. 没有考虑一般物价水平的变化

现行成本会计模式没有考虑受一般物价水平影响的货币性项目购买力的变化，未能完全消除物价变动对会计信息的影响。企业各期资产的现行成本只是反映了资产在不同时期的现行价值，并没有考虑一般物价水平的变化，在进行多期比较时无法反映企业财务状况和经营成果的真实变动情况。

第四节　现行成本/不变币值会计

一、现行成本/不变币值会计概述

（一）现行成本/不变币值会计的含义

现行成本/不变币值会计模式是以现行成本为计量基础，以不变币值货币为计量单位，全面反映和消除物价变动对会计信息影响的会计程序和方法。

现行成本/不变币值会计将一般物价水平会计和现行成本会计进行有机结合，不仅能反映和消除一般物价水平变动对会计信息的影响，而且能反映和消除个别物价变动对会计信息的影响。前两节介绍的两种会计模式只是从某一方面揭示和消除物价变动对会计信息的影响。一般物价水平会计可以揭示和消除一般物价水平变动对会计信息的影响，却不能反映和消除个别物价变动对会计信息的影响；而现行成本会计只能揭示和消除个别物价变动对会计信息的影响，却无法反映和消除一般物价变动对会计信息的影响。因此，两种会计模式尽管比历史成本会计模式能提供更为可靠和相关的会计信息，但是仍然存在明显缺陷。为弥补这种缺陷，会计学者们将二者有机地结合起来，提出了现行成本/不变币值会计模式，它是先按现行成本会计模式进行调整后，再按一般物价水平会计模式进行处理的一种物价变动会计模式。

（二）现行成本/不变币值会计的特点

现行成本/不变币值会计所采用的理论基础是实物资本保全下的稳值货币/现行成本观，即全部资本保全理论。

现行成本/不变币值会计模式与传统财务会计模式、一般物价水平会计模式和现行成本会计模式相比，具有以下三个特点：

（1）不仅改变计量基础（用现行成本取代历史成本），而且改变计量单位（用不变币值货币取代名义货币）。

（2）既确认货币性项目的购买力损益，又确认非货币性项目的持有损益，而且二者的计算结果分别与一般物价水平会计模式和现行成本会计模式下货币性项目购买力损益和资产持有损益计算结果相同。

（3）对资产持有损益要进行分解。在最终编制的现行成本/不变币值财务报表中，资产持有损益要被区分为一般物价水平变动影响的金额和个别物价水平变动影响的金额两部分，并将后者单项列示。

【例20－3】ABC企业2009年年初购入10 000元存货，2009年末该存货的现行成本为16 000元；本年一般物价指数年末比年初上涨50%。则年末该存货的持有损益计算如下：

个别物价水平变动影响的存货现行成本增加额＝16 000－10 000＝6 000（元）

个别物价指数上涨率＝6 000÷10 000×100%＝60%

现行成本增加额中一般物价水平变动的影响数＝10 000×50%＝5 000（元）

个别物价水平变动影响超过一般物价水平变动影响的金额＝6 000－5 000＝1 000（元）

或：＝10 000×（60%－50%）＝1 000（元）

二、现行成本/不变币值会计的基本程序

前已述及，现行成本/不变币值会计模式是一般物价水平会计模式和现行成本会计模式的有机结合。因此，现行成本/不变币值会计模式下编制财务报表的程序和方法也表现为这两种会计模式下编制财务报表的程序和方法的有机结合。其基本程序为：

（1）按现行成本对历史成本/名义货币财务报表数据进行调整，确定资产持有损益。

（2）按现行成本/名义货币重编财务报表。

（3）按不变币值货币对现行成本/名义货币财务报表数据进行调整，确定货币性项目的购买力损益。

（4）计算非货币性项目的资产持有损益并予以分解，确定个别物价变动超过一般物价水平变动对资产持有损益的影响数。

（5）编制现行成本/不变币值财务报表。

三、现行成本/不变币值会计的评价

现行成本/不变币值会计模式，作为一般物价水平会计模式和现行成本会计模式的有机结合体，既具备了二者的优点，又具有二者的缺点。除此之外，它还有自身的优缺点。

（一）现行成本/不变币值会计的优点

这是一种完全彻底的物价变动会计模式，也是一种较为理想的物价变动会计模式。该

模式能够同时揭示一般物价水平变动和个别物价变动的影响，并分别反映由于一般物价水平变动而引起的货币性项目上的购买力损益和个别物价变动引起的资产持有损益，能够为有关决策提供更为相关的会计信息，可以更加真实地反映企业收益和更好地评价经理阶层的工作业绩。

（二）现行成本/不变币值会计的缺点

其缺点主要表现在：①大大增加了会计调整的难度和工作量，在会计信息复杂、内容繁多的情况下，准确有效运用的难度增大，不符合成本—效益原则。②取得数据的资料过于复杂，计算也较为烦琐，提供的信息不易被会计信息使用者所理解，因此，该模式的可操作性及其应用范围受到很大限制。

【复习题】

一、简答题

1. 如何理解物价变动会计的理论基础？
2. 简述物价变动会计的三种基本模式及其各自的优缺点。
3. 简述一般物价水平会计和现行成本会计的基本程序和方法。
4. 什么是货币性项目购买力损益？如何计算和报告？
5. 什么是资产持有损益？它分为哪两类？如何计算？

二、业务题

1. ABC 公司 2009 年度资产负债表、利润表分别如下表所示。其他资料如下：

（1）以 2009 年年末物价指数确定的年末货币作为不变币值货币。

（2）年初存货购于 2008 年年初；年末存货购于 2009 年年初。

（3）年初固定资产购于 2008 年年初。

（4）股本以及资本公积年初数均形成于 2008 年年初。

（5）一般物价指数：2008 年年初 100，年末 110；2009 年年末 165；年均 137.5。

根据上述资料，编制 ABC 公司 2009 年一般物价水平财务报表。

ABC 公司资产负债表

2009 年 12 月 31 日　　　　单位：元

资产	年初数	年末数	负债和所有者权益	年初数	年末数
货币性资产	30 000	42 900	货币性负债	13 800	28 200
存货	24 000	30 000	股本	120 000	120 000
固定资产	90 000	90 000	资本公积	7 200	7 200
减：累计折旧	3 000	6 000	留存收益	0	1 500
资产总计	141 000	156 900	负债和所有者权益总计	141 000	156 900

ABC 公司利润表

2009 年度　　　　　　　　　　　　　　　　　　单位：元

项目	金额
营业收入	60 000
减：营业成本*	24 000
管理费用等	12 300
折旧费用	3 000
利润总额	20 700
减：所得税费用	6 300
净利润	14 400
加：年初留存收益	0
减：应付股利	12 900
年末留存收益	1 500

* 营业成本（24 000）= 期初存货（24 000）+ 本期进货（30 000）- 期末存货（30 000）

2. ABC 公司 2009 年 12 月 31 日的资产负债表及 2009 年度的利润表如下表所示，其他资料如下：

（1）存货、固定资产、普通股均于 2008 年 12 月 31 日开始经营时投入，2009 年 1 月 1 日的历史成本与现行成本相同；固定资产预计使用年限为 10 年，净残值为 0，采用直线折旧法。

（2）存货现行成本：年末 1 500 000 元。

（3）固定资产原值的现行成本：年末 750 000 元。

（4）固定资产净值的现行成本：年末 675 000 元。

（5）存货采用先进先出法，营业成本在 2009 年内均匀发生，其现行成本为 2 910 000 元。

根据上述资料，编制 ABC 公司 2009 年现行成本会计的财务报表。

ABC 公司资产负债表（以历史成本为基准）

2009 年 12 月 31 日　　　　　　　　　　　　　　单位：元

资产	期末数	期初数	负债和所有者权益	期末数	期初数
货币资金	64 300	43 000	应付账款	664 300	453 000
存货	900 000	410 000	应付债券	200 000	200 000
固定资产	600 000	600 000	股本	400 000	400 000
减：累计折旧	60 000	0	留存收益	240 000	0
资产总计	1 504 300	1 053 000	负债和所有者权益总计	1 504 300	1 053 000

ABC 公司利润表（以历史成本为基准）

2009 年　　　　单位：元

项目	金额
营业收入	4 000 000
减：营业成本	2 800 000
管理费用等	700 000
折旧费	60 000
利润总额	440 000
减：所得税费用	140 000
净利润	300 000
减：应付股利	60 000
留存收益	240 000

第二十一章　企业清算会计

【学习目标】

通过本章的学习，了解企业清算的业务处理程序、普通清算和破产清算的差异，熟悉清算会计的核算特点及清算会计的工作内容；熟悉普通清算会计和破产清算会计处理程序，掌握普通清算和破产清算的会计处理方法；熟练地运用本章所学知识进行企业清算的会计处理工作。

【知识点】

企业清算、企业解散、企业合并与兼并、企业破产、企业清算程序、破产财产、普通清算、破产清算、普通清算会计、破产清算会计、清算损益、清算费用。

第一节　企业清算会计概述

一、企业清算概述

（一）企业清算的原因

企业清算是指企业按章程规定解散以及由于破产或其他原因宣布终止经营后，对企业的财产、债权、债务进行全面清查，并进行收取债权、清偿债务和分配剩余财产的经济活动。

导致企业清算的原因很多，概括起来主要有：

1. 企业解散

合资、合作、联营企业在合作期满后，不再续约解散；合作企业的一方或多方违反合同章程而提前终止合作关系解散；企业发生严重经营性亏损，停业整顿后仍然达不到扭亏目的，由主管部门申请报经批准解散。无论何种形式的解散，均须进行清算处理。

2. 企业合并与兼并

因产业结构调整、产业布局变化而出现的兼并、合并等事项均会造成两个或两个以上企业合并为一个企业，应对被合并的企业在财务上进行清算；或一个企业兼并其他的企业，应对被兼并的企业进行清算。

3. 企业破产

企业破产是指企业因管理不善造成严重亏损，不能清偿到期债务，依据《中华人民共和国破产法》（以下简称《破产法》）的规定，由人民法院宣告破产，对破产企业在人民法院宣告日起破产日内成立清算机构，接受企业并负责对其进行破产处理。

4. 其他原因

企业因自然灾害、战争等不可抗力遭受损失，使企业无法经营下去，应进行清算；企业因违法经营，造成环境污染或危害社会公众利益，被停业撤销，应进行清算。

（二）企业清算的类型

企业的清算按清算性质可分为普通清算、行政清算和司法清算；按清算原因可分为普通清算和破产清算。

1. 普通清算

普通清算又称为“解散清算”，是指对因经营期满或者其他经营方面的原因，导致不宜或不能继续经营而自愿或被迫解散的企业所进行的清算。按企业规定的经营期限是否届满和企业终止法人资格的程度不同，普通清算又可分为非完全解散清算和完全解散清算。非完全解散清算，又称为“产权转让清算”，是指对因营业期满或其他原因，由合营一方将其所拥有的产权转让给另一方继续经营的解散企业所进行的清算。完全解散清算，是指对宣告解散并且各方都不再继续经营的企业所进行的清算。

2. 破产清算

破产清算是指对依法宣告破产的企业所进行的清算。所谓破产，是指当债务人的全部资产不足以清偿到期债务时，债权人通过一定的程序将债务人的全部资产平均受偿，从而使债务人免除不能清偿的其他债务，并由法院宣告破产解散。当企业资产的公允价值低于其全部债务，亦无债务展期、和解、重整的可能性时，企业实际上已经破产。

普通清算和破产清算，二者既有区别又有联系，如表 21－1 所示。

表 21－1　普通清算和破产清算之间的区别和联系

		普通清算	破产清算
区别	清算的性质不同	属于自愿清算或行政清算	属于司法清算
区别	清算组的构成组织不同	一般由企业或企业主管机关成立清算组进行清算	要依照法律规定组织清算组进行清算
区别	处理利益关系的侧重点不同	重点是将剩余财产在企业内部各投资者之间进行分配	重点是将有限的财产在企业外部各债权人之间进行分配
联系		都是结束被清算企业的各种债权、债务和法律关系的企业清算活动	

（三）企业清算程序

无论是哪种清算，其清算的业务程序基本一致。企业清算的一般业务程序为：

1. 成立清算组

企业宣布经营终止时，应当在规定的期限内成立清算组。清算组即清算机构，是企业经营终止后执行清算事务并代表企业行使职权的权力组织。有限责任公司的清算组，由股东组成；股份有限公司的清算组，由股东大会指定人选；宣告破产的企业，则由人民法院组成清算组负责企业清算期间的一切事宜。

清算组的主要职权有：

（1）按清算的原则和程序，制订清算计划和清算方案。

（2）清理企业的财产，编制资产负债表和财产清单。

（3）通知或公告债权人。

（4）处理与清算企业的未了结业务和各项遗留问题。

（5）清缴企业所欠税款。

（6）清理企业的债权和债务。

（7）合理分配企业偿债后的剩余财产。

（8）办理企业注销登记手续。

2. 清查债务

清算组成立后，应按有关规定时间通知或公告债权人；债权人应在规定时间内向清算组申报债权，并提供证明材料和有关债权的说明；清算组要逐笔审核、登记，编制企业债务明细表。

3. 清查财产和债权

清算企业的财产，包括宣布清算时企业的财产和清算期间取得的财产（如收回的债权等）。

对在企业宣布经营终止前6个月至终止之日的期间内，在企业宣布经营终止前，其属于以下性质的财产应予以追回并作为清算财产：

（1）隐匿、私分或者无偿转让的财产。

（2）非正常压价处理的财产。

（3）对原来没有财产担保的债务提供的财产担保。

（4）提前清偿的未到期债务。

（5）放弃的债权。

已经作为担保的财产，相当于债务数额的部分不属于清算财产，超过所担保的债务数额的部分属于清算财产。租入、借入、代外单位加工和代销的财产，因企业对其不拥有所有权，因此也不属于清算财产。清算组在对企业财产进行清查的同时，对企业的债权也要一并全面地清理催收。

4. 清偿债务

清算组在全面清算企业财产、债权和债务后，首先应将清算财产用于支付企业清算期间为开展清算工作所支出的全部费用，对支付清算费用后的剩余财产，应依照下列顺序逐项清偿企业的债务：

（1）支付应付未付的职工工资、劳动保险费等。

（2）缴纳所欠税款。

（3）清偿其他各项无担保债务。

如果企业财产不足以清偿债务，要立即向法院申请宣告破产，待法院宣告破产后，清算组应将清算事务移交给法院。对宣告破产的企业，当破产财产不足以清偿同一顺序债务时，则在同一顺序内按比例清偿。

5. 分配剩余财产

清偿债务后的剩余财产应在投资者之间进行分配。其中，有限责任公司应按投资各方的出资比例或企业章程、协议规定的方法进行分配。股份有限公司应按优先股股份面值向优先股股东分配；优先股股东分配后的剩余部分，应按照普通股股东的股份比例分配给普通股股东。如果剩余财产不足以全额偿付优先股股本，则按优先股股东股份面值的比例分配。

6. 编制清算报告和办理企业注销手续

清算结束，清算组应编制清算报告，清算报告经注册会计师验证后，报股东会或企业主管机关，并报企业原注册登记机关，办理注销手续，同时公告企业终止。

二、企业清算会计的内容

清算会计是指对被宣告解散企业各项清算业务进行反映和监督，向有关债权人、投资人及政府主管部门披露企业的财务状况、清算过程及结果等会计信息的一种专门会计。按企业清算的程序，清算会计工作的内容主要包括：

1. 进行财产清查，编制资产负债表和财产目录

进行财产清查目前可用的作价方法、依据及适用范围见表21－2。

表21－2　财产清查作价方法

清算财产的作价方法	清算财产的作价依据	适用范围
账面价值法	以财产的账面净值为标准	适用于账面价值与实际价值相差不大的财产
重估价值法	以资产的现行市场价格为依据	适用于账面价值与实际价值相差很大，或企业合同、章程、投资各方协议中规定企业解散时应按重估价值作价的财产
变现收入法	以清算财产出售或处理时的成交价格为依据	适用于价值较小、数量零星的清算财产
招标作价法	通过招标从投标者所出价格中选择最高价格来作价	适用于清算大宗财产和成套设备
收益现值法	以财产的收益现值为依据	适用于清算企业的整体财产或某些特殊的资产，如无形资产等

2. 核算和监督清算费用的支付

清算费用包括清算组人员工资、办公费、公告费、差旅费、诉讼费、审计费、公证费、财产估价费和变卖费等。

3. 核算和监督债权的收回和债务的偿还

4. 核算和监督企业的清算损益

若为清算净收益，在依法弥补以前年度亏损后，应视同利润依法缴纳所得税。

清算损益是企业清算过程中发生的清算收益同清算损失和清算费用相抵后的余额。清算过程中的清算收益大于清算损失、清算费用的部分为清算净收益；反之，为清算净损失。

清算收益是企业清算过程中所取得的全部收益。主要包括：

（1）经营收益是指清算过程中处理没有完结的经营业务取得的收入，如销售产品、半成品等。

（2）财产变现收益是指财产变卖取得的收入大于账面价值的差额。

（3）财产估价收益是指对不需变现的财产的估价大于其账面价值的差额。

（4）财产盘盈收益是指盘盈财产的实际变现价值。

（5）无法偿付的债务，是指由于债权人自身的原因而导致确实无法偿付或不用偿付的债务。

清算损失主要包括经营损失、财产变现损失、财产估价损失、财产盘亏损失和无法收回的债权造成的坏账损失。

5. 核算和监督剩余财产的分配

6. 编制清算会计报表

清算会计报表主要包括：

（1）清算资产负债表是反映清算企业在清算报告日的资产、负债和清算净损益的报表。

（2）清算损益表是反映清算企业在清算期间发生的清算损益、损失和费用情况的报表。

（3）债务清偿表是反映清算企业债务偿还情况的报表。

三、企业清算会计的特征

清算会计与正常持续经营下的会计相比，具有以下几个特征：

（一）清算会计的期间

清算会计期间是指从清算开始至清算结束的时间范围。具体而言就是指自清算机构接管企业开始，作为清算企业由常规会计转入清算会计的标志，企业依法清算完毕并向有关机构注销注册登记之日为清算结束。

（二）清算会计基础

清算会计的计价基础一般采用现金制，即以可变现价值对资产计价，以法律为依据确认和计量资产、债务和所有者权益。

（三）清算会计的对象

清算会计的对象包括清算企业清算开始时所持有的资产、债务，清算期间发生的收益与损失以及偿还各项债务后剩余财产分配等。

（四）清算会计报表

清算企业应编制清算开始时的资产负债表、清算损益表、清算财务表、优先全额偿付债务表、一般债务清偿表、剩余财产分配表等。

为了更加清楚地理解清算会计，我们对传统财务会计与清算会计的会计对象、会计目标、会计假设、会计原则等方面进行了比较，见表21－3。

表21－3　传统财务会计与清算会计比较

		传统财务会计	清算会计
会计对象		企业生产经营过程中的资金运动	清算过程中债权的回收、债务的清偿、财产的处理、各项损益和费用的发生以及剩余财产的分配等资金运动
会计目标	会计信息的使用者	企业外部投资者、债权人、政府有关部门等	除企业的债权人、政府有关部门外，还包括管理破产案件的法院
	会计信息的内容	提供企业财务状况和经营成果等会计信息	提供企业清算财产处理、分配以及债务偿还的会计信息
会计假设	不同	会计主体假设	企业被宣告破产后失去了法人资格，会计主体的地位也不复存在
		持续经营假设	终止经营假设
		会计分期假设	从企业被宣告解散之日到清算终了为清算会计期间，其长短具有不确定性
	相同	货币计量假设	
会计原则	不同	历史成本原则	可变现价格计价原则。企业进入清算后，在终止经营的前提下，资产在按实际成本计价的同时按可变现价值来计价
		权责发生制原则	收付实现制原则
		划分收益性支出与资本性支出原则	收益性支出原则
	相同	客观性原则、可比性原则、及时性原则、明晰性原则、相关性原则	

第二节　普通清算会计

一、普通清算会计的基本程序

普通清算分为非完全解散清算和完全解散清算。由于非完全解散清算的核算与完全解散清算的核算程序基本相同，故本节仅介绍完全解散清算的核算，非完全解散清算的核算不再赘述。在完全解散清算的情况下，由于企业终止经营，因此，清算组应变卖企业所有的财产，清偿所有的债务，并将剩余财产在投资者之间分配。完全解散清算会计的核算程序一般为：

（1）全面清查财产，编制清查后的财产盘点表和资产负债表。

（2）核算和监督财产物资的处置、债权的回收、债务的偿付以及清算费用的支付和结转。

（3）计算清算损益，编制清算损益表和清算结束日的资产负债表。

（4）归还投资各方资本，分配剩余财产并结平各账户。

二、普通清算的会计科目设置

普通清算属于对企业正常终止的清算，不需另设新的账户体系。清算组对普通清算进行核算时，仍要增设“清算费用”、“清算损益”账户。存在土地转让业务的企业，还应设置“土地转让收益”科目。

（1）“清算费用”科目。本科目核算清算过程中发生的各项费用。

（2）“清算损益”科目。本科目核算清算过程中因财产清查、资产变卖、债权回收、债务偿付等发生的收益或损失。借款利息、贴现息、出售财产的销售收入与账面价值之差，均记入“清算损益”。

（3）“土地转让收益”科目。本科目核算被清算企业转让土地使用权取得的收入，企业支付的职工安置费，发生的与转让土地使用权有关的成本、税费，如应缴的有关税金、支付的土地评估费用等，也在本科目中核算。“清算费用”最终转入“清算损益”。“清算费用”贷方余额，即清算净收益，应视同利润，在按规定抵补以前年度亏损后，还需缴纳所得税。

清算结束时，清算收益减去清算费用和清算损失，加上土地转让收益后的差额为清算净收益，在依照税法规定弥补以前年度亏损后，应当视同利润按照规定的税率缴纳所得税。该科目余额应转入“利润分配”科目。

三、普通清算的账务处理

下面以 ABC 有限责任公司为例，说明企业普通清算的会计核算。

【例 21－1】ABC 有限责任公司由甲、乙两方投资组成，投资比例分别为 60% 和 40%。由于经营期满，于 2007 年 6 月 1 日解散公司，6 月 29 日清算结束。其截至解散清算前一日的资产负债表如表 21－4 所示。

表 21－4　资产负债表

2007 年 5 月 31 日　　　　单位：元

资产	金额	负债及所有者权益	金额
流动资产：		流动负债：	
货币资金	1 292 500	短期借款	182 500
应收票据	22 500	应付票据	50 000
应收账款	150 500	应付账款	90 000

（续上表）

其他应收款	40 000	应付职工薪酬	69 500
存货	300 500	应交税费	38 860
流动资产合计	1 806 000	其他应付款	1 140
固定资产：		流动负债合计	432 000
固定资产原价	1 570 000	所有者权益：	
减：累计折旧	1 080 000	实收资本	860 000
固定资产净值	490 000	资本公积	205 000
无形资产	18 500	盈余公积	267 500
		未分配利润	550 000
		所有者权益合计	1 882 500
资产合计	2 314 500	负债及所有者权益合计	2 314 500

资产负债表中有关项目金额的详细资料如下：货币资金 1 292 500 元，其中，库存现金为 14 750 元，银行存款为 1 277 750 元；存货 300 500 元，其中，原材料为 85 000 元，产成品为 195 000 元，低值易耗品为 20 500 元；实收资本 860 000 元，其中，甲、乙双方投资额分别为 516 000 元和 344 000 元。

清算组对该清算企业清算的核算过程如下：

1. 全面清查财产并编制清查后的财产盘点表和资产负债表

在企业清算工作开始时，应进行全面财产清查，编制财产清点表与清点前的资产负债表，根据财产清查结果进行账务处理如下：

（1）将确实无法收回的应收账款 5 000 元核销，列为坏账损失。编制会计分录如下：

借：清算损益　　5 000
　贷：应收账款　　5 000

（2）存货中原材料盘盈 15 000 元，产成品盘亏 20 000 元。编制会计分录如下：

借：原材料　　15 000
　　清算损益　　5 000
　贷：库存商品　　20 000

（3）清查固定资产，发现短少机器一台，原价 80 000 元，已提折旧 24 000 元。编制会计分录如下：

借：累计折旧　　24 000
　　清算损益　　56 000
　贷：固定资产　　80 000

（4）核销确实无法支付的应付账款 10 000 元。编制会计分录如下：

借：应付账款　　10 000
　贷：清算损益　　10 000

根据以上账务处理后的账户余额，编制清查后的资产负债表，如表 21－5 所示。

表 21－5 资产负债表

编制单位：ABC 有限责任公司　　2007 年 6 月 1 日　　单位：元

资产	金额	负债和所有者权益	金额
流动资产：		流动负债：	
货币资金	1 292 500	短期借款	182 500
应收票据	22 500	应付票据	50 000
应收账款	145 500	应付账款	80 000
其他应收款	40 000	应付职工薪酬	69 500
存货	295 500	应交税费	38 860
流动资产合计	1 796 000	其他应付款	1 140
固定资产：		流动负债合计	422 000
固定资产原价	1 490 000	所有者权益：	
减：累计折旧	1 056 000	实收资本	860 000
固定资产净值	434 000	资本公积	205 000
无形资产	18 500	盈余公积	267 500
		未分配利润	550 000
		待转清算损益	－56 000
		所有者权益合计	1 826 500
资产总计	2 248 500	负债和所有者权益总计	2 248 500

2. 核算清算费用及财产物资的处理、债权的回收、债务的偿付

（1）将面值为 22 500 元的应收票据进行贴现，贴现利息为 225 元，贴现款为 22 275 元，并存入银行。贴现利息计入“清算损益”。编制会计分录如下：

借：银行存款　　22 275
　　清算损益　　225
　贷：应收票据　　22 500

（2）收回各项应收账款 145 500 元存入银行。编制会计分录如下：

借：银行存款　　145 500
　贷：应收账款　　145 500

（3）收回其他应收款 40 000 元存入银行。编制会计分录如下：

借：银行存款　　40 000
　贷：其他应收款　　40 000

（4）变卖各项存货，实得销售收入为 429 700 元（其中，应交增值税 62 435 元），所得款项存入银行。各项存货的账面价值分别为：原材料 100 000 元，产成品 175 000 元，低值易耗品 20 500 元。销售收入与账面价值之差计入“清算损益”。编制会计分录如下：

借：银行存款　　429 700
　贷：原材料　　100 000
　　库存商品　　175 000
　　周转材料——低值易耗品　　20 500
　　清算损益　　71 765
　　应交税费——应交增值税（销项税额）　　62 435

（5）出售各项固定资产，收到价款610 000元存入银行，同时，按收入的5%计算应交营业税。出售收入与账面价值之差计入“清算损益”。编制会计分录如下：

借：累计折旧　　1 056 000
　银行存款　　610 000
　贷：固定资产　　1 490 000
　　清算损益　　145 500
　　应交税费　　30 500

（6）出售无形资产（专利权），收到价款16 000元存入银行，同时，按收入的5%计算应交营业税。出售收入与账面价值之差计入“清算损益”。编制会计分录如下：

借：银行存款　　16 000
　清算损益　　3 300
　贷：无形资产　　18 500
　　应交税费　　800

（7）计算清算过程中应交的城市维护建设税6 562元和教育费附加为2 812元。编制会计分录如下：

借：清算损益　　9 374
　贷：应交税费　　9 374

（8）以银行存款归还短期借款182 500元，支付借款利息2 750元。借款利息计入“清算损益”。编制会计分录如下：

借：短期借款　　182 500
　清算损益　　2 750
　贷：银行存款　　185 250

（9）以银行存款支付不带息应付票据本金50 000元。编制会计分录如下：

借：应付票据　　50 000
　贷：银行存款　　50 000

（10）以银行存款偿付应付账款80 000元。编制会计分录如下：

借：应付账款　　80 000
　贷：银行存款　　80 000

（11）从银行提取现金34 500元，支付应付的职工工资。编制会计分录如下：

借：库存现金　　34 500
　贷：银行存款　　34 500

借：应付职工薪酬　　　　34 500

　贷：库存现金　　　　34 500

（12）以现金60 000元发放职工的遣散补助费，其中，35 000元从应付福利费中开支，其余列入“清算费用”。现金的不足部分45 250元从银行提取。编制的会计分录如下：

借：库存现金　　　　45 250

　贷：银行存款　　　　45 250

借：应付职工薪酬　　　　35 000

　　清算费用　　　　25 000

　贷：库存现金　　　　60 000

（13）以银行存款缴纳各种应交税费139 157元和应交的教育费附加3 952元。编制会计分录如下：

借：应交税费　　　　143 109

　贷：银行存款　　　　143 109

（14）以银行存款28 000元支付各项清算费用。编制会计分录如下：

借：清算费用　　　　28 000

　贷：银行存款　　　　28 000

（15）将清算费用计53 000元转入“清算损益”账户。编制会计分录如下：

借：清算损益　　　　53 000

　贷：清算费用　　　　53 000

3. 计算清算损益并编制清算损益表和清算结束日的资产负债表

将ABC有限责任公司上述的各项清算损益登账并结账，计算出“清算损益”账户余额为贷方余额92 616元，为清算净收益。依据有关规定，清算净收益应视同利润，在按规定抵补以前年度亏损后缴纳所得税。该公司没有以前年度未弥补的亏损事项，因此净收益应全额缴纳所得税，税率按25%计算。计算出应交的所得税23 154元。计提和以银行存款上缴所得税时，编制会计分录如下：

借：清算损益　　　　23 154

　贷：应交税费　　　　23 154

借：应交税费　　　　23 154

　贷：银行存款　　　　23 154

将税后的清算净收益69 462元转入“利润分配——未分配利润”账户。编制会计分录如下：

借：清算损益　　　　69 462

　贷：利润分配——未分配利润　　　　69 462

依据上述清算结果，编制ABC有限责任公司清算利润表和清算结束日的资产负债表，如表21-6、表21-7所示。

表 21－6　清算损益表

编制单位：ABC 有限责任公司　　2007 年 6 月 1 日—2007 年 6 月 29 日　　单位：元

项目	本期数	累计数
一、清算收益	227 265	227 265
其中：1. 核销的应付账款收益	10 000	10 000
2. 出售存货的净收益	71 765	71 765
3. 出售固定资产的净收益	145 500	145 500
二、清算损失	134 649	134 649
其中：1. 坏账损失	5 000	5 000
2. 存货盘存净损失	5 000	5 000
3. 固定资产盘亏	56 000	56 000
4. 应收票据贴现利息	225	225
5. 出售无形资产损失	3 300	3 300
6. 应交的城建税和教育费附加	9 374	9 374
7. 短期借款利息	2 750	2 750
8. 结转的清算费用	53 000	53 000
三、清算净收益	92 616	92 616
减：所得税	23 154	23 154
四、税后净收益	69 462	69 462

表 21－7　资产负债表（清算后）

编制单位：ABC 有限责任公司　　2007 年 6 月 29 日　　单位：元

资产	金额	负债和所有者权益	金额
银行存款	1 944 553	实收资本	860 000
		资本公积	205 000
		盈余公积	267 500
		未分配利润	612 053
		其中：清算损益	62 053
资产总计	1 944 553	负债和所有者权益总计	1 944 553

4. 归还投资各方资本和分配剩余财产及结平各账户

按投资比例计算甲、乙双方应收回的投资和分配的剩余财产如下：

甲方应分：516 000＋(205 000＋267 500＋612 053)×60%＝1 166 732（元）

乙方应分：344 000＋(205 000＋267 500＋612 053)×40%＝777 821（元）

根据以上分配结果，以银行存款支付时，编制会计分录如下：

借：实收资本——甲方　　516 000

　　　　　　——乙方　　344 000

　　资本公积　　205 000

　　盈余公积　　267 500

　　利润分配——未分配利润　　612 053

　贷：银行存款　　1 944 553

第三节　破产清算会计

破产一词从不同的角度出发有不同的含义。从经济意义上看，是指经济活动的彻底失败，也就是说资不抵债时发生的实际意义上的破产，不能清偿到期债务而发生的一种状况；从法律意义上看，破产是指债务人不能清偿到期债务时，为了维护债权人及债务人的利益，由法院强制执行其全部财产，公平清偿全体债权人，或在法院监督下，由债务人与债权人会议达成和解协议，整顿复苏企业，清偿债务，避免倒闭清算的法律制度。其基本特征是债务人丧失了偿债能力，无论自愿与否均不能清偿到期债务；破产是为了保护全体债权人的合法权益，强调债务的履行在债权人之间的公平；破产是商品经济社会发展到一定阶段必然出现的法律现象，它既表明了债务人所处的经济状态，又是一种特定的法律程序，从破产申请到宣告破产清算，均是在法院主持下按照法定程序进行的；破产必然导致企业经济活动的终止和法人主体资格的消失。

一、破产处理的基本程序

从时间上看，企业破产要经历一个从企业申请破产起到破产财产分配为止的全过程。这一过程一般要经过破产申请、和解整顿、破产宣告、破产清算四个程序。

（一）破产申请阶段

1. *破产申请的提出*

根据我国《破产法》的规定，当债务人不能清偿到期债务时，债权人和债务人均有权提出破产申请。破产申请是指具有破产申请资格的当事人，即债权人、债务人以及与破产行为有利害关系者，向人民法院提出的对债务人资产实行破产的请示。提出破产申请是企业实施破产的前提。

（1）债权人提出破产申请。

申请破产的债权人可以是法人，也可以是自然人（公民）。对债权数额也没有限制，只要是债权人，无论债权数额多少，都享有破产申请权。债权人提出破产申请时，应当向人民法院提供以下证据材料：债权人的基本情况；债权发生事实及有关证据；债权性质和数额，债权有财产担保的，应当提供相应的证据；债务人到期不能清偿的事实和理由等。

（2）债务人提出破产申请。

几乎所有国家的破产法，都赋予债务人或破产对象本身当然的破产申请权。由债务人提出破产申请，较之于由他人提出，更有积极意义。首先，能准确反映破产对象不能清偿到期债务需要进行破产的事实；其次，有助于减少破产损失，包括债权人的损失与债务人的损失。目前我国大多数的破产案件均为债务人提出破产申请。

债务人提出破产申请，应向人民法院提供企业亏损情况说明、会计报表、企业财产情况明细表和有形资产的处所、债权清册和债务清册，包括债权人和债务人名单、住所、开户银行、债权债务发生的时间、债权债务的数额、有无争议等，以及破产企业上级主管部门或者政府授权部门同意其破产申请的意见等资料。

（3）清算组提出破产申请。

在必要的清算业务中，如果发现被清算公司已资不抵债，不能清偿到期债务又没有自行申请破产的，清算组织可以提出破产申请，这是清算组的一个重要义务。

清算组织提出破产申请时，应向人民法院提交以下材料：公司清算情况说明、会计报表、公司财务状况明细表和有形资产的处所、债权和债务清册、公司性质证明、清算组织的资格证明。

2. 破产申请的撤回

破产申请权是一项民事诉讼权利，按照民事诉讼处分原则，当事人有权在法律规定的范围内处分自己的民事诉讼权利，即当事人既可以提出破产申请，也可以撤回申请。而且撤回申请并不影响再度提出破产申请。

债权人撤回破产申请没有必要征得被申请人的同意，但须征得人民法院的同意。人民法院对于债权人撤回申请的要求，应作出准予或不准予撤回的裁定。

3. 破产申请的受理

债务人所在地的人民法院在收到破产申请后，对债务人是否达到了破产界限及破产申请是否提供了规定的材料进行审查，并在7日内决定是否立案。审查后认为符合法律规定的，应当受理破产案件。受理破产案件后，应组成合议庭进行审理，应当在10日内就破产申请的受理时间、债务人名称、申报债权的时间、地点和逾期未申报的法律后果、第一次债权人会议召开的日期地点等发布公告。债权人应在规定的时间内向人民法院申报债权，逾期未申报的，视为自动放弃债权。债务人则应在收到法院通知之日起，停止清偿债务。

债权申报届满后15日内，由人民法院召集并主持第一次债权人会议。债权人会议是由申报债权的全体债权人组成，以维护债权人共同利益为目的，在法院监督下讨论决定有关破产事宜，表达债权人意思的破产机构，是债权人行使破产参与权的场所。债权人会议的职权有：①审查有关债权的证明材料，确认债权有无财产担保及其数额；②讨论通过和解协议草案；③讨论通过破产财产的处理和分配方案。

（二）和解整顿阶段

为了减少企业破产造成的社会损失，挽救尚有可能避免破产、恢复生机的企业，我国《破产法》中还专门设立了破产和解与整顿制度。破产整顿程序并不是破产处理的必经程序。和解与整顿是法院依法裁定宣告企业破产之前的一个重要程序。

1. 破产和解制度

破产和解制度是指在破产程序中，债权人和债务人以互谅互让为基础，为了使债务人免除破产、中止破产程序，就到期债务的延期支付和减额清偿达成协议，并经法院认可后，发生法律效力的一种制度。破产和解制度的目的就是预防企业破产，法院认可和解协议后，便公告终止破产程序。

2. 破产整顿制度

破产整顿制度是指企业出现了破产原因或出现了破产原因的危险时，法院依照关系人的申请，对企业进行重整和振兴，以避免企业破产的一种破产预防制度。该制度可以对债务人进行救济，不仅可以恢复其清偿能力，而且可以恢复其生产经营能力，从而在根本上解决债务人所面临的经济困境，使预防破产的程序目的真正落到实处。

（三）破产宣告阶段

破产宣告，是指法院根据破产申请人的请求或法院根据自己的职权，确认债务人确已存在无法清除的破产原因，决定对债务人开始破产清算的活动。

1. 破产宣告的实质

破产案件的受理，标志着企业进入法定破产程序，但并不意味着该企业非破产不可。破产宣告，实质上是人民法院以裁定的形式从法律角度确认企业事实上破产的法律行为。

2. 破产宣告程序

破产宣告是决定企业命运的重大法律行为，必须严格按照法定程序进行。

（1）破产宣告的公告。

人民法院裁定宣告企业破产的同时，必须发布公告。其内容包括：破产企业的名称、住所地址；企业亏损、资产负债状况；宣告企业破产的理由和法律依据；宣告企业破产的日期；宣告企业破产后破产企业的财产、账册、文书、资料和印章等的保护措施。

（2）破产宣告的通知。

人民法院在发布公告的基础上，发布宣告“破产”的通知，通知须载明公告事项予以送达。通知除送达债务人、债权人以外，还须送达破产企业的开户银行，限定其银行账户只能供清算组使用，通知时应附上宣告企业破产的裁定书副本。人民法院宣告企业破产后，可将宣告企业破产的裁定书副本抄送有关政府监察部门和审计部门，以使其及时查明企业破产的责任。

（3）破产宣告的登记。

企业破产宣告除了依法进行公告，发出通知外，还必须到主管的国家机关和破产事务所进行登记。我国现有法律对此尚无明确规定。但随着《破产法》的不断完善，企业破产宣告登记制度将会逐步建立起来。

（四）破产清算阶段

根据我国《破产法》的规定，人民法院应当自宣告企业破产之日起 15 日内成立清算组，接管破产企业。破产清算的基本程序包括：

（1）依法成立清算机构。

（2）通知或公告债权人并分类登记确认债务。

（3）调查处理企业财产，确定清算方案。

（4）处理与清算有关的未了结事务。

（5）收取债权，变现清算财产，清偿债务。

（6）分配企业偿债后的剩余财产。

（7）在企业财产不足以清偿债务时申请宣告破产。

（8）注销企业登记，结束清算。

破产财产分配完毕，破产企业注销登记后，人民法院应宣布清算组撤销，破产清算工作全部结束，破产程序即可终结。

除此之外，依据我国《破产法》的规定，还有两种情况也可终止破产程序：一是经整顿，企业能够按照和解协议清偿债务的，人民法院依法终结企业的破产程序并予以公告；二是破产财产不足支付清算费用的，人民法院依法终结企业的破产程序。

二、破产清算会计的程序

自宣告破产至清算组接管期间，破产企业的会计工作主要有以下三项内容：

（1）清查企业财产及债权、债务。

（2）按办理年度决算的要求，进行有关会计处理，结平各损益类账户和本年利润账户，并编制宣告破产日的账户余额表、资产负债表和自年初至破产日的损益表。

（3）妥善保管企业的各种档案、文书，并在清算组进驻后及时向清算组办理移交手续。

清算组接管破产企业后，应设置新的会计科目，建立新的账户体系，对破产清算进行核算。破产清算会计核算的一般程序是：

（1）设置会计科目，建立新的账户体系。

（2）结转各破产清算账户的期初余额。

（3）在财产清查的基础上，编制清查后的财产盘点表和资产负债表。

（4）核算和监督破产企业财产的处置。

（5）核算和监督清算费用的支付。

（6）核算和监督破产企业财产的分配，结平各账户。

（7）编制清算会计报表，办理企业注销登记。

三、破产清算会计的核算

企业进入破产清算以后，会计主体由破产企业变为清算组，破产财产的处置、债务的清偿以及相应的会计处理均由清算组进行。

（一）破产企业资产的构成

1. 破产资产

（1）破产资产的确认标准。

破产资产是指企业被宣告破产后，用以支付破产费用、偿付破产债务的资产。需要注意的是，并不是存放于破产企业的任何资产都属于破产资产，破产资产的确认除了应符合资产的一般定义特征外，还应符合破产资产的如下确认标准：

①破产资产必须是具有一定货币价值的、能够清偿债务的资产或财产权利。②破产资产必须是破产企业可以独立支配的资产。所谓独立支配意味着应对财产进行必要的区分。

凡是不能由破产企业独立支配的资产，如破产企业受托加工、代销的存货等，不应确认为破产资产。③破产资产必须是符合法律规定时限的资产。破产宣告时属于破产企业的资产以及破产宣告后破产程序终结前取得的各种资产，均属于破产资产。④破产资产必须是可以依照破产程序强制清偿的资产，凡是不应当经破产程序清偿的资产以及国家法律明确规定禁止强制执行的财产，不应确认为破产资产。如抵押给债权人的、由债权人享有优先受偿权的固定资产等。

（2）破产资产的内容构成。

依照破产资产的确认标准及有关法规的规定，破产资产应包括以下内容：

①破产宣告时，破产企业经营管理的全部资产。②破产企业在破产宣告后至破产程序终结前取得的资产。包括：破产企业收回的各种应收款项形成的资产；人民法院受理破产案件前6个月至破产宣告之日，破产企业由于无效行为如隐匿、私分或无偿转让资产、非正常压价出售资产、对没有财产担保的债务提供担保、对未到期的债务提前清偿、放弃自己的债权等，依照法律规定应由清算组追回的财产；破产程序终结后的一年内，如果发现破产企业有上述行为，其财产亦应追回，作为破产资产。③破产企业未到期的、应在将来行使的财产请求权。如暂存于企业财产的收回权、财产被损害产生的赔款请求权等。④担保资产的数额大于担保债务数额的差额应作为破产资产。⑤破产企业与他人组成法人型或合伙型联营企业的，破产企业作为出资人投入的财产和应得收益应当收回，作为破产资产。⑥破产企业的抵消资产数额大于抵消债务数额的差额应作为破产资产。⑦应当由破产企业行使的其他财产权利应属于破产资产，如专利权、著作权。⑧党、团、工会等组织占用破产企业的资产应属于破产资产。

在终止经营的前提下，资产的可变现价值并不一定等于持续经营前提下资产的价值，为了真实地计量破产资产的价值，提高债权人的受偿比例，保护全体债权人的切身利益，企业破产清算时，必须按资产的实际可变现价值重新进行计量，并以资产变现后的实际负担能力偿付债务；同时，在破产会计中，根据有关法律法规的规定，破产企业必须严格划分破产资产与非破产资产的界限，但由于破产企业的资产在实物整体上的不可分割性，决定了企业难以从实物数量上进行划分，因此，有必要在对破产企业的全部资产进行重新计量的基础上从中划分出破产资产的价值额。

对破产资产的计量方法有很多，一般情况下，应根据破产资产的构成及具体特点的不同而采用不同的方法。应用的主要方法有：账面净值法、重置成本法、现行市价法、清算价格法、协商估价法、调查分析法等。破产企业在实际对破产资产进行重新计量时，往往是结合各种破产资产的特点，将上述方法交叉使用。

2. 非破产资产

非破产资产是指根据破产法以及有关法律法规的规定，具有专门用途的、不能用于偿付破产债务的资产。非破产资产包括担保资产、抵消资产、受托资产、其他非破产资产等。

（二）破产企业权益的构成

1. 破产债务和非破产债务

破产债务是在破产宣告前成立的，依法申报确认，并应从破产财产中公平、强制清偿的债务。

(1) 破产债务的特点。①普通债务是因债权人让渡财产或提供劳务，依据民法或合同规定所享有的权利，这种债务的履行由双方自愿完成，是个别清偿，而破产债务则只能通过破产程序强制履行，破产债务履行中个别的、自由的清偿反而为法律所禁止。②普通债务的履行不受债务人财产的限制，而破产债务的履行则受债务人财产价值的限制，破产资产价值是债务人履行破产债务的最高数额，如果破产资产大于破产债务，则破产债务能够得到全额偿付，如果破产资产小于破产债务，则破产债务只能得到部分偿付，如果没有破产资产，则破产债务无法得到偿付。③普通债务和破产债务的构成不同。普通债务包括有担保债务和无担保债务，而破产债务仅包括无担保债务。④普通债务是破产债务取得的前提和条件。破产债务首先是一种普通债务，一般产生于破产宣告前，在破产宣告前没有得到偿付，破产宣告后依据破产法及有关法律法规的规定，确认为破产债务。⑤普通债务与破产债务的诉讼时效不同，普通债务的诉讼时效长短要根据债务内容具体分析，而破产债务的诉讼时效为三个月，破产法明确规定，“未收到通知的债权人应当自公告之日起三个月内，向人民法院申报债权”，“逾期未申报债权的，视为自动放弃债权”。

(2) 破产债务的确认标准。①破产债务首先必须符合普通债务的确认条件，是在破产宣告前成立的债权。②破产债务必须是按照破产程序申报、经人民法院和债权人会议确认、清算组核实的债务。③破产债务必须是债权人对债务人整体财产的财产请求权，包括无财产担保债务和放弃优先受偿权利的有财产担保债务。凡是对债务人特定财产的请求权，在放弃这种特殊权利之前，不应确认为破产债务。④破产债务必须按破产清算程序强制执行。

(3) 破产债务的内容构成。①无财产担保债务。无财产担保债务是指破产宣告前成立的、没有提供财产担保、不具有优先受偿权利的债务。这种债务具有涉及的债权人分散、偿付金额不大等特点。②放弃优先受偿权利的债务。放弃优先受偿权利的债务是指原来具有财产担保，但因自愿或其他原因而放弃由担保而产生的优先受偿权利的债务。③担保差额债务。由于担保资产的价值低于担保债务而未受清偿的部分。④保证债务。保证债务是指为破产企业的债务提供保证的保证人，在代破产企业清偿债务后形成的代为清偿债务。⑤抵消差额债务。抵消差额债务是指破产企业对债权人的债务数额大于债权数额的差额。⑥赔偿债务。赔偿债务是指企业被宣告破产、清算组接管破产企业后，由于清算组解除破产企业未履行的合同而给另一方当事人造成损害的损害赔偿额。

非破产债务是指根据有关法律法规的规定，不属于破产债务的范围、由特定资产偿付的债务。它包括担保债务、优先清偿债务、抵消债务、受托债务等。

另外，债权人逾期未申报债权、债权人为个人利益参加破产程序的费用以及破产宣告前对债务人的刑事或行政处罚等也属于非破产债务。破产宣告后不得作为破产债权再追缴。

2. 清算净资产

清算净资产是指破产企业所有者权益净额。由接管的原所有者权益总额和破产宣告日至破产程序终结日发生的清算损益构成。

（三）破产企业资产、权益的核算程序和方法

1. 设置破产清算会计科目并建立新的账户体系

（1）增设“清算费用”科目，核算被清算企业在清算期间发生的各项费用。支付各项清算费用时，记入该账户的借方；清算结束时，应将该账户余额从贷方转入“清算损益”账户。

（2）增设“土地转让收益”科目，核算被清算企业转让土地使用权取得的收入和发生的有关成本、税费等。取得土地使用权转让收入时，记入该账户的贷方；结转转让成本、用土地使用权所有支付职工安置费以及支付转让的有关税费时，记入该账户的借方；清算终结时，应将该账户的余额转入“清算损益”账户。

（3）增设“清算损益”科目，核算被清算企业在破产清算期间处置资产、确认债务等发生的损益和被清算企业的所有者权益。其核算内容包括：①被清算企业在清算期间处置资产发生的损益。发生的收益记入该账户的贷方，发生的损失记入该账户的贷方；②被清算企业在清算期间确认债务发生的损益。确认债务的减少数额，记入该账户的贷方。③结转的被清算企业的所有者权益，包括实收资本、资本公积、盈余公积、利润分配等。结转各项所有者权益账户时，如为贷方余额，记入该账户的贷方；如为借方余额，记入该账户的借方。④结转的有关账户的余额，包括清算费用、土地转让收益和有关资产负债账户的余额。结转有关账户的借方余额，记入该账户的借方；结转的贷方余额，转入该账户的贷方。

2. 结转各破产清算账户的期初余额

开设新账后，清算组应按照破产企业移交的、截至清算开始日的账户余额表中各账户的余额，根据各账户的相互对应关系，逐一转入新设的相应账户中，并编制新的科目余额表。结转时，均要编制结转分录，据以登录新账户的期初余额，注销旧账。

3. 对于破产清算期间相关业务进行处理

（1）对于破产企业在人民法院受理破产案件前六个月至破产宣告之日的期间内所发生的隐匿、私分或无偿转让财产等《破产法》规定的无效行为，清算组应向人民法院申请追回财产，将其计入破产财产，同时，根据具体情况分别增加破产企业的清算损益或恢复破产企业的债务。

（2）预计破产清算期间发生的清算费用数额，经过债权人会议审议通过后，作为“清算损益”和“优先清偿债务”入账。

（3）预计应支付给社会保障部门的破产安置费用数额，并作为“清算损益”和“其他债务——应付破产安置费用”入账。

（4）变卖、处理破产资产时按实际收回的金额，借记“银行存款”等账户，按账面价值贷记“破产资产——材料”、“破产资产——产成品”等账户，按其差额借记或贷记“清算损益”账户。

（5）清偿债务、分配剩余财产时，借记“破产债务”、“实收资本”等账户，贷记“破产资产”等账户。

（四）清算损益的构成及会计处理

清算损益是破产企业自破产宣告日起至清算结束日的清算期间的清算成果。

1. 清算损益的确认标准

（1）清算损益是破产企业在清算期间发生的收益、损失、费用相抵后的清算结果。

（2）清算收益的发生，必然导致破产企业资产的增加或负债的减少；清算损失、费用的发生必然导致破产企业资产的减少或负债的增加。

（3）构成清算损益的破产费用必须是在破产清算中为了破产债权人的共同利益所支付的费用，凡是破产债权人为了个人利益而发生的费用，不应属于破产费用。另外，破产费用只能在破产资产中支付，且可以先于破产债权优先支付。

2. 清算损益的构成内容

清算损益包括清算收益、清算损失和清算费用。

（1）清算收益。清算收益具体包括以下内容：①清算期间破产企业财产变卖收入高于其账面成本之间的差额，包括存货变现收益、固定资产变现收益、对外投资变现收益、应收款项变现收益（如应收票据）、无形资产变现收益等；②清算期间因破产企业债权人的原因而确实无法偿还的债务、消除的债务以及以变现资产不足以清偿的免责债务；③清算期间发生的财产盘盈作价收入；④如果破产企业在破产宣告日前有尚未完结的经济业务或尚未履行的经济合同，则应由清算组决定是否继续完成业务或继续履行合同，由此产生的经营损益并入清算收益中；⑤清算组追回的破产企业自人民法院受理破产案件前六个月至破产宣告之日，因隐匿私分或无偿转让财产、放弃自己的债权等而转移的财产的价值。

（2）清算损失。清算损失具体包括以下内容：①清算期间破产企业财产变现收入低于其账面成本之间的差额，包括存货变现损失、固定资产变现损失、对外投资变现损失、应收款项变现损失、无形资产变现损失等；②清算期间破产企业依据破产法以及有关法律法规的规定重新确认债务而产生的债务增加额。

（3）清算费用。根据我国《破产法》的规定，破产费用应包括各项清算管理费用、诉讼费用、共益费用、破产安置费用以及对预计数的调整。具体内容包括：①清算管理费用，主要是指破产财产管理、变卖和分配所需要的费用；②破产案件诉讼费用，是指清算组在破产案件审理过程中支付的费用，包括破产宣告公告费、破产案件受理费、破产债权调查费等；③共益费用，是指为债权人的共同利益而在破产程序中支付的其他费用；④破产安置费用，是指根据我国有关法律法规的规定，优先用于安置破产企业职工的费用支出。

根据《破产法》及有关法律法规的规定，当破产财产不足以支付破产费用时，人民法院应当宣告破产程序终结。因此，清算组一般应预先测算破产费用额，如果预计破产财产不足以支付破产费用，应当及时通知债权人会议并申报人民法院进行破产裁决，宣告破产程序终结。另外，债权人会议有权审查和监督清算组对破产费用的使用情况。

清算收益抵减清算费用和清算损失后的净收益或净损失直接增加或减少清算净资产。

3. 破产清算损益的核算原则

破产清算期间，破产企业发生的各种清算收益应借记有关账户，贷记"破产清算损益"账户；发生的各种清算费用和损失，应借记"破产清算损益"账户，贷记有关账户；破产清算期期末，应将"破产清算损益"账户的余额转入"清算净资产"账户。

（五）债务清偿和剩余财产分配的核算

1. 债务清偿的顺序

根据《破产法》的规定，在破产企业财产清偿顺序的原则是担保债权优先于职工债权。

整个破产清偿的顺序是先从破产财产里扣除破产费用和共益债务后，剩余财产按以下顺序分配：首先是员工的工资报酬，包括加班费、补偿费、基本养老保险等；其次是国家的税收；再次才是普通债权人的债权。

而抵押权人的债权并没有放在以上清偿程序里，是因为破产企业的抵押财产一开始就被剔除出来，用以偿还抵押权人的债权。也就是说，在《破产法》里，首先受到保护的是抵押权人的利益。

在破产清偿时，前一顺序的债务得到全额偿还之前，后一顺序的债务不予分配。破产财产不足以清偿同一顺序的清偿要求时，按照同一比例向债权人清偿。分配方案依法确定后，清算组应及时执行，通知债权人限期领取财产。债权人逾期未领取的，清算组可将分配财产予以提取，以及时完成分配工作。

2. 债务清偿的账务处理原则

破产企业清偿各种债务时，应按照其资产与债务之间的对等关系，借记有关资产账户，贷记有关负债账户。由于破产资产小于破产债务而无法偿付的债务，根据《破产法》的有关规定，破产企业不再偿付。因此，应借记“破产债务”账户，贷记“破产清算损益”账户。

3. 剩余财产分配

剩余财产是指破产企业以破产资产按破产程序偿付债务后尚未分配完的财产。它属于投资者所有，应依据各投资者的投资比例对剩余财产进行分配。

剩余财产的分配方式与债务清偿的方式基本相同，主要以货币分配为主，如果财产的变现比较困难，可以将实物作价分配。

四、账务处理举例

（一）处置破产财产的核算

破产财产是指企业破产后可用于清算和偿债的全部资产。处置破产财产是清算组的一项重要工作。以下对不同的破产财产收益分别说明其处置时的账务处理。

1. 债权的核算

按实际收回的金额或预计可变现金额，借记“银行存款”、“产成品”等科目，按应收金额和实收金额或预计可变现金额的差额，借记（或贷记）“清算损益”科目，按应收金额，贷记“应收款或应收票据”等科目。对于不能收回的应收款项，按核销的金额，借记“清算损益”科目，贷记“应收款”等科目。

【例 21－2】清算组有应收款项 10 278 600 元，经过多方面催收，收回现金 7 000 000 元，产成品 1 000 000 元，还有 2 278 600 元收不回来，已确认为坏账损失。经评估，该产品的可变现净值为 800 000 元。

对于不能收回的应收款项，按核销的金额作会计分录如下：

借：清算损益　　2 278 600
　贷：应收账款　　2 278 600

收回应收款等债权，按实际收回的金额或预计可变现金额作会计分录如下：

借：清算损益　　200 000
　　库存商品　　800 000
　　银行存款　　7 000 000
　贷：应收账款　　8 000 000

2. 存货的核算

在变卖材料、产成品等有关存货时，按实际变卖收入和收取的增值税额借记“银行存款”等科目，按其账面价值和变卖收入的差额，借记（或贷记）“清算损益”科目，按账面价值，贷记“材料”、“产成品”等科目，按收取的增值税额，贷记“应交税费——应交增值税（销项税额）”科目。

【例 21－3】清算组处理存货变卖收入见表 21－8。

表 21－8　处理存货变卖收入表

单位：元

	账面价值	变价收入（不含税）	增值税	价税合计
材料	2 360 274	2 000 000	340 000	2 340 000
半成品	223 000	100 000	17 000	117 000
产成品	1 650 158	1 500 000	255 000	1 755 000
合计	4 233 432	3 600 000	612 000	4 212 000

清算组编制变卖存货取得变卖收入的会计分录如下：

借：银行存款　　4 212 000
　　清算损益　　21 432
　贷：原材料　　2 360 274
　　　生产成本　　223 000
　　　库存商品　　1 650 158
　　　应交税费——应交增值税（销项税额）　　612 000

3. 处置存货需要缴纳的税金核算

处置、销售产品等应缴纳的消费税等，借记“清算损益”科目，贷记“应交税费”科目。按缴纳的增值税、消费税等流转税计算应交的城市维护建设税、教育费附加等，借记“清算损益”科目，贷记“应交税费——应交城市维护建设税、应交教育费附加”科目。

4. 处置固定资产及在建工程的核算

处置机器设备、房屋等固定资产以及在建工程，按实际变卖收入，借记“银行存款”等科目，按其账面价值和变卖收入的差额，借记（或贷记）“清算损益”科目，按账面价值，贷记“固定资产”、“在建工程”等科目。转让相关资产应缴纳的有关税费等，借记“清算损益”科目，贷记“应交税费”等科目。

【例21－4】清算组有固定资产净值5 148 550元，其评估值和变现价值见表21－9（变现收入按5%税率交纳营业税）。

表21－9　固定资产评估值和变现价值

单位：元

	账面价值	评估值	变现率	变现收入
厂房设备	1 785 916	2 000 000	100%	2 000 000
模　　具	2 174 526	900 000	10%	90 000
办公用品	347 190	120 000	100%	120 000
汽　　车	840 918	450 000	80%	360 000
合　　计	5 148 550	3 470 000	—	2 570 000

根据上表，清算组编制处置固定资产取得变现收入的会计分录：

借：银行存款　　2 570 000
　　清算损益　　2 578 550
　贷：固定资产——厂房设备　　1 785 916
　　　　　　　——模具　　2 174 526
　　　　　　　——办公用品　　347 190
　　　　　　　——汽车　　840 918

借：清算损益　　128 500
　贷：应交税费——应交营业税　　128 500

【例21－5】在建工程已经发生大幅度贬值，其原账面价值26 850 813元，经评估，价值为17 000 000元，其变现收入为10 000 000元。

借：银行存款　　10 000 000
　　清算损益　　16 850 813
　贷：在建工程　　26 850 813

借：清算损益　　500 000
　贷：应交税费——应交营业税　　500 000

5. 无形资产的核算

转让商标权、专利权等资产，按其实际变卖收入，借记“银行存款”等科目，按实际变卖收入与账面价值的差额，借记（或贷记）“清算损益”科目，按资产的账面价值，贷记“无形资产”等科目；转让相关资产应缴纳的有关税费，借记“清算损益”科目，贷记“应交税费”等科目。

【例21－6】某破产企业无形资产——商标价值的500 000元已没有转让价值，把它转入清算损益科目。

借：清算损益　　500 000

　　贷：无形资产——商标　　500 000

如果转让的是土地使用权，企业的土地使用权依取得方式的不同分为无偿划拨取得和有偿转让取得两种。清算组在对转让土地使用权进行核算时，应区分两种不同情况来进行：

第一，转让无偿划拨取得的土地使用权。

借：银行存款（实际转让收入）

　　贷：土地转让收益（实际转让收入）

第二，转让有偿取得的土地使用权，因为破产企业取得时已经记入“无形资产”账户，所以清算组在转让时，应按其实际转让收入，借记“银行存款”账户；按其账面价值，贷记“无形资产”账户；按实际转让收入与账面价值的差额，借记或贷记（一般应为贷记）“土地转让收益”账户。

借：银行存款（实际转让收入）

　　土地转让收益（损失）

　　贷：无形资产

　　　　土地转让收益（收益）

无论是有偿转让还是无偿转让，其转让所得，依据有关规定，首先应该用于破产企业职工的安置，安置后的剩余部分列入破产企业财产。

依据有关规定，土地使用权转让所得首先应该用于破产企业职工的安置，安置后的剩余部分列入破产企业财产。清算组在以土地使用权转让所得支付职工安置费时，应按实际支付金额，作会计分录如下：

借：土地转让收益

　　贷：库存现金/银行存款

如果土地使用权转让所得不足支付职工安置费，而以其他破产清算财产支付时，应作会计分录如下：

借：清算损益（按其实际支付金额）

　　贷：库存现金/银行存款

对于转让土地使用权所缴纳的营业税等税费，作会计分录如下：

借：土地转让收益

　　贷：应交税费

清算终止，将土地使用权转让净损益转入清算损益。若为净收益，则作会计分录如下：

借：土地转让收益

　　贷：清算损益

若为净损失，则作会计分录如下：

借：清算损益

　　贷：土地转让收益

6. 转让对外投资的核算

（1）分回的投资收益，采用成本法核算的，按实际取得的款项金额，作会计分录如下：

借：银行存款

　贷：清算损益

采用权益法核算长期投资，原来已将应分得的投资收益记入“投资收益”科目，那么，在清算期间分回投资收益时，则应冲减投资：

借：银行存款

　贷：长期股权投资

（2）将破产企业原来持有的各种长期、短期投资对外转让时，作会计分录如下：

借：银行存款（按实际取得的收入）

　　清算损益（实际取得的收入小于投资账面价值的差额）

　贷：投资（按投资的账面价值）

　　　清算损益（实际取得的收入大于投资账面价值的差额）

（二）清算费用的核算

在破产清算过程中发生的破产清算费用，应通过“清算费用”账户进行核算。实际支付各项破产清算费用时，按实际发生额，作会计分录如下：

借：清算费用

　贷：库存现金（或银行存款）

清算终结时，结转“清算费用”科目的金额，作会计分录如下：

借：清算损益

　贷：清算费用

【例21－7】ABC公司在破产清算过程中发生下列破产清算费用：①以现金支付清算组成员工资5 000元；②以银行存款支付某会计师事务所资产评估费和审计费共计5 900元；③以现金支付聘请律师费用1 500元；④开出支票，购入各种办公用品510元；⑤银行存款支付设备维修费用4 500元；⑥以现金支付仓库保管人员工资900元；⑦以现金支付清算组成员差旅费700元；⑧转账支付水电费830元；⑨转账支付破产案件受理费7 000元；⑩转账支付破产公告费用1 200元。

根据以上业务，作会计分录如下：

借：清算费用——工资	5 000	
——审计费	5 900	
——律师费	1 500	
——办公费	510	
——财产保管费	5 400	
——差旅费	700	
——水电费	830	
——诉讼费	7 000	
——公告费	1 200	
贷：库存现金		8 100
银行存款		19 940

（三）清偿债务的核算

根据我国《破产法》的规定，破产财产在优先支付破产费用后，应按以下顺序清偿：①破产企业所欠职工工资和劳动保险费用；②破产企业所欠税款；③破产债权。

按照以上债务的清偿顺序，各种债务在清偿时的账务处理如下：

（1）清偿所欠职工工资和劳动保险费用，按实际支付的金额，作会计分录如下：

借：应付职工薪酬

　贷：库存现金（或银行存款）

支付破产企业留守人员的工资等费用时，按实际支付的金额，直接记入“清算费用”科目，作会计分录如下：

借：清算费用

　贷：库存现金（或银行存款）

（2）清偿所欠税款，按实际支付的金额，作会计分录如下：

借：应交税费

　贷：银行存款

（3）清偿其他债务，应按实际清偿的金额，作会计分录如下：

借：应付票据

　　其他应付款

　　短期借款

　贷：库存现金（或银行存款）

（4）清算终结时，破产财产不足以清偿债务，破产企业未偿清剩余债务的责任依法免除，债权人不得再进行追讨，但又发现破产财产的除外。在这种情况下，未偿清的剩余债务应予以注销，作会计分录如下：

借：应付票据

　　其他应付款

　　长期借款

　贷：清算损益

【例21－8】B企业因经营管理不善，资不抵债，无力偿还到期债务，被法院宣告破产。清算组接管破产企业后，经过对破产财产的核实和估价，破产财产变现总额为1 367 180元。经核证确认的债务情况如下：

（1）应付职工工资76 790元，以现金支付。

（2）应付职工社会保险费8 900元，转账支付。

（3）应交税金39 600元。

（4）应付破产债权2 047 850元，其中：甲银行890 000元，乙银行790 000元，丙公司356 260元，丁公司11 590元。

（5）破产清理费用15 850元，以现金支付。

（6）结转清算损益。

根据上述资料，作会计分录如下：

（1）拨付破产费用：

借：清算费用　15 850

　贷：库存现金　15 850

（2）偿还职工工资：

借：应付职工薪酬　76 790

　贷：库存现金　76 790

（3）偿还社会保险费：

借：应付职工薪酬　8 900

　贷：银行存款　8 900

（4）偿还所欠税款：

借：应交税费　39 600

　贷：银行存款　39 600

（5）偿还破产债权。

破产财产拨付破产费用和偿还优先债务后的剩余额如下：

1 456 270 -（15 850 + 76 790 + 8 900 + 39 600）= 1 315 130（元）

清偿比例 = 1 315 130 ÷ 2 047 850 ≈ 0. 6422

可偿还甲银行：890 000 × 0. 6422 = 571 558（元）

可偿还乙银行：790 000 × 0. 6422 = 507 338（元）

可偿还丙公司：356 260 × 0. 6422 = 228 790（元）

可偿还丁公司：11 590 × 0. 6422 = 7 444（元）

借：长期借款——甲银行　571 558

　　　　——乙银行　507 338

　其他应付款——丙公司　228 790

　　　　——丁公司　7 444

　贷：银行存款　1 315 130

（6）转清算损益。

清算终结，该破产企业未偿清剩余债务的责任依法免除，所欠债务予以注销，作会计分录如下：

借：长期借款——甲银行　318 442

　　　　——乙银行　282 662

　其他应付款——A 公司　27 470

　　　　——B 公司　4 146

　贷：清算损益　632 720

（四）财产分配的核算

剩余财产是指破产企业以破产资产按破产程序偿付债务后尚未分配完的财产。从数量上看，剩余财产等于破产企业破产宣告时的全部资产减去偿付各种债务后的差额。它属于投资者所有，并应依据各投资者的出资比例进行分配，其实质是对投资者所投资本的返还。

剩余财产的分配方式与债务清偿的方式基本相同，主要以货币分配为主，如果财产的变现比较困难，可以将实物作价分配。分配时，应编制会计分录如下：

借：清算损益

　贷：银行存款

【复习题】

一、思考题

1. 试比较普通清算会计和破产清算会计的区别。
2. 简述企业破产的处理程序。
3. 简述清算会计工作的主要内容。
4. 破产资产应如何进行计量？

二、业务题

1. 某清算企业清算期间发生以下经济业务：

（1）将企业对外投资 800 000 元转让，收进价款 600 000 元存入银行。

（2）计算处置固定资产和无形资产应交营业税金为 87 200 元，予以转账。

要求：编制上述经济业务的会计分录。

2. 某清算企业发生下列经济业务：

（1）将库存材料一批变卖，收进价款 30 000 元，增值税税额 5 100 元，一并存入银行，该批材料账面价为 27 500 元。

（2）以银行存款支付清算工作人员工资 3 240 元。

要求：根据以上经济业务编制会计分录。

参考文献

［1］财政部．企业会计准则 2006［M］．北京：经济科学出版社，2006.

［2］财政部．企业会计准则——应用指南 2006［M］．北京：中国财政经济出版社，2006.

［3］财政部会计司编写组．企业会计准则讲解 2010［M］．北京：人民出版社，2010.

［4］中国注册会计师协会．会计［M］．北京：中国财政经济出版社，2009.

［5］财政部会计资格评价中心．中级会计实务［M］．北京：经济科学出版社，2009.

［6］约翰·拉森．现代高级会计［M］．张文贤译．大连：东北财经大学出版社，2009.

［7］帕勒．高级会计学［M］．杨有红等译．北京：中国人民大学出版社，2006.

［8］比姆斯．高级会计学（第九版）［M］．陈宋生，杜美杰改编．北京：中国人民大学出版社，2007.

［9］常勋．财务会计四大难题［M］．上海：立信会计出版社，2002.

［10］常勋．高级财务会计（第三版）［M］．沈阳：辽宁人民出版社，2009.

［11］阎达五，耿建新，戴德明．高级会计学［M］．北京：中国人民大学出版社，2007.

［12］王文斌，林钟高．高等会计学［M］．上海：立信会计出版社，1995.

［13］裘宗舜．高级财务会计［M］．大连：东北财经大学出版社，1999.

［14］刘永泽，傅荣．高级财务会计［M］．大连：东北财经大学出版社，2007.

［15］梁莱歆．高级财务会计（第二版）［M］．北京：清华大学出版社，2007.

［16］张劲松，李瑛．高级财务会计［M］．北京：科学出版社，2008.

［17］王华．高级财务会计［M］．大连：东北财经大学出版社，2001.

［18］杜兴强．高级财务会计［M］．厦门：厦门大学出版社，2007.

［19］葛敬东．高级财务会计学［M］．广州：中山大学出版社，2003.

［20］汤云为．高级财务会计［M］．上海：上海三联书店，1995.

［21］储一昀．高级财务会计［M］．上海：复旦大学出版社，2006.

［22］万宇洵．高级财务会计学［M］．成都：西南财经大学出版社，2003.

［23］李现宗等．高级财务会计学［M］．北京：首都经济贸易大学出版社，2005.